LE DROIT CONSTITUTIONNEL TURC

ENTRE COUPS D'ÉTAT ET DÉMOCRATIE

Comprendre le Moyen-Orient
Collection dirigée par Jean-Paul Chagnollaud

Dernières parutions

Aline KORBAN, *Les représentations identitaires dans les journaux télévisés au Liban*, 2017.
Dominique LE NEN, *De Gaza à Jénine. Tant que la guerre durera*, 3e édition, 2017.
Najib LYAN, *L'envers du paradis. Une certaine histoire des chrétiens du Liban*, 2017.
Amal NADER, *Les négociations illusoires. Liban, Syrie, Israël, 1991-2000*, 2017.
Boualem FARDJAOUI, *Le conflit à Gaza de 2008-2009 dans le discours médiatique. Quand la guerre devient une affaire de géopolitique mondiale*, 2017.
Wael SALEH, *La conception de l'Etat dans la pensée égyptienne contemporaine, Continuités et ruptures dans l'interprétation des liens entre religion et politique*, 2017.
Boualem KADRI et Djamal BENHACINE (dir), *La mise en tourisme des territoires dans le monde arabe*, 2016.
Glenda SANTANA DE ANDRADE, Quelle citoyenneté dans les camps de réfugiés ? *Les palestiniens au Liban*
Louis BLIN, *Le monde arabe dans les albums de Tintin*, 2de édition, 2016.
Julia ROY, *L'ONU et les réfugiés palestiniens, Le rôle de l'UNRWA*, 2016.
Jonathan HASSINE, *Les réfugiés et déplacés de Syrie, Une reconstruction nationale en question, 2016*
Mohamed-Ali ADRAOUI (dir.), *Les islamistes et le monde, Islam politique et relations internationales*, 2015.
Gaït Gauhar ARCHAMBEAUD, *Afghanistan, anthropologie de l'égalité sur une zone de fracture du système-monde,* 2015.
Louis BLIN, *Le monde arabe dans les albums de Tintin*, 2015.
Nicolas TENEZE, *Israël et sa dissuasion, histoire et politique d'un paradoxe*, 2015.
Inan SEVINÇ, *L'exécution des arrêts de la Cour européenne des droits de l'homme par la Turquie*, 2015.
Mesut BEDIRHANOĞLU, *La conception turque de la laïcité, à l'épreuve du standard européen de société démocratique*, 2015.

Ibrahim Ö. KABOĞLU et Eric SALES

LE DROIT CONSTITUTIONNEL TURC

ENTRE COUPS D'ÉTAT ET DÉMOCRATIE

Seconde édition revue et augmentée

L'Harmattan

Ouvrages principaux des auteurs :

Ibrahim Ö. KABOĞLU
Professeur de droit constitutionnel
Université de Marmara

Ibrahim Ö. KABOĞLU, Anayasa Hukuku Dersleri (Cours de Droit constitutionnel), 9ème éd.,Legal yay., İstanbul, 2014 ;

Ibrahim Ö. KABOĞLU, Özgürlükler Hukuku 1. İnsan Hakları Genel Kuramına Giriş (Droit des libertés 1. Introduction à la théorie générale des droits de l'homme), İmge Kitabevi, Ankara, Ekim, 2013 ;

Ibrahim Ö. KABOĞLU, Anayasa Yargısı, Avrupa Modeli ve Türkiye (Contentieux constitutionnel, Le modèle européen et la Turquie), Ankara, 4ème édition, 2007 ;

Ibrahim Ö. KABOĞLU, Özgürlükler Hukuku (Droit des libertés), 6ème édition, İmge kitabevi, Ankara, 2002 ;

Ibrahim Ö. KABOĞLU, Çevre hakkı (Droit à l'environnement), Ankara, 3ème édition, İmge kitabevi, Ankara, 1996 ;

Ibrahim Ö. KABOĞLU, Kolektif Özgürlükler (Libertés collectives), Dicle Üniversitesi Hukuk Fakültesi yay., Diyarbakır, 1989.

Eric SALES
Maître de conférences de droit public, HDR
Université Montpellier I

Eric SALES, « *Le droit constitutionnel de la Vème République* », Ellipses, février 2015, (403 pages) ;

Eric SALES (sous la dir.), « *La question préjudicielle de constitutionnalité en Europe* », éd. Beta, Istanbul, septembre 2011, (200 pages) ;

Eric SALES, « *Le droit au logement dans la jurisprudence française. Etude comparée des jurisprudences constitutionnelle, administrative et judiciaire* », Atelier National de Reproduction des Thèses, 2002, (440 pages).

5-7, rue de l'École-Polytechnique, 75005 Paris
http://www.editions-harmattan.fr

ISBN : 978-2-343-14521-1
EAN : 9782343145211

PREFACE

Si « préface » veut dire « invitation à lire l'ouvrage présenté », cette définition convient parfaitement au livre conçu et rédigé par deux universitaires reconnus, Ibrahim Kaboğlu, professeur à l'Université de Marmara, et Eric Sales, qui fut pendant six ans professeur à l'Université de Galatasaray et qui est aujourd'hui revenu dans son Université à Montpellier. Car ce livre, qui se présente comme un manuel, est davantage qu'un manuel. Il est, à partir de l'exemple turc, un essai sur la part que le droit et en particulier le droit constitutionnel peut apporter à la construction de la démocratie. En ce sens, il doit être mis entre toutes les mains. Et il retrouve ainsi sa qualité de « manuel »...

La philosophie, la sociologie, l'histoire, l'économie, l'anthropologie et d'autres savoirs encore sont régulièrement mobilisés pour comprendre, situer, décrire, évaluer les mouvements politiques des sociétés. A juste titre. Mais, le savoir constitutionnel est souvent oublié. A tort. Car une constitution donne à une société ses principes, son organisation et les droits et libertés dont ses membres jouissent. Et ces trois qualités forment précisément les trois chapitres de l'ouvrage après celui, indispensable, consacré à l'histoire constitutionnelle profonde.

Une société est nécessairement plurielle, traversée de conceptions de vie différentes, d'activités potentiellement contraires ; ce qui fait d'une société une association politique, c'est-à-dire, un corps politique, c'est la constitution. Si le droit est divisé en plusieurs branches, la constitution est le texte qui, en Turquie comme ailleurs, contient les valeurs in-formant ces différentes branches. En 1954, alors qu'il n'existait pas de contrôle de constitutionnalité des lois en France, le doyen Vedel affirmait que le droit administratif n'était pas auto-fondé mais trouvait ses bases dans la constitution[2]. Aujourd'hui, cette thèse peut être étendue au droit des finances publiques, des collectivités locales, du travail, de la famille, des sociétés, au droit pénal, commercial, international qui, tous, se rattachent à la constitution par le moyen des valeurs qu'elle énonce : par exemple, la libre administration locale, la légalité des délits et des peines, la

---

[2] GEORGES VEDEL, *Les bases constitutionnelles du droit administratif*, EDCE, 1954, n°8, p. 21.

présomption d'innocence, la liberté du mariage, la propriété privée, le droit à l'emploi....

Au demeurant, dire de la constitution qu'elle occupe la « position suprême » ne veut pas dire qu'elle est en « position hégémonique ». Le droit de la famille, le droit pénal ou le droit social existaient avant que soient exposées les valeurs constitutionnelles et ils continuent d'exister après ; ils sont « seulement » mis en cohérence par le partage de bases constitutionnelles qui leur donnent une forme commune. S'il faut employer une image, elle n'est pas celle de la pyramide du haut de laquelle la constitution imposerait sa loi aux branches du droit ; elle est plutôt celle du réseau au cœur duquel la constitution serait le lieu où passeraient et repasseraient sans cesse les savoirs juridiques.

Une constitution n'est pas seulement un texte « technique » ; elle est aussi un miroir magique qui fait advenir la figure du citoyen qu'elle expose dans ses valeurs. Pour paraphraser Simone de Beauvoir « on ne nait pas citoyen, on le devient ». Et, on le devient par la constitution. L'état de nature ne connait pas le citoyen mais l'être humain pris dans ses déterminations sociales – sexe, âge, profession, religion, revenus, ... - qui font apparaître nécessairement les différences, les inégalités de fait dans la répartition du capital économique, culturel, symbolique. La fonction magique d'une constitution est, précisément, de faire passer de l'état de nature à l'état civil, de transformer les êtres humains en citoyens par la grâce des valeurs communes qu'elle énonce. Elle est ce miroir dans lequel l'égalité en droits construit la figure du citoyen. Ce que disait Siéyès : du point de vue de la citoyenneté, les différences de sexe, d'âge, d'origine n'ont pas d'importance[3].

Ce moment constitutionnel où se construit la figure politique du citoyen est toujours fragile et jamais achevé tant l'état de nature continue à imposer sa vision « naturelle » des inégalités, des discriminations et des séparations ; l'être humain n'est jamais loin sous le citoyen. Aussi est-il important pour maintenir la civilisation contre la barbarie que soient diffusées les valeurs constitutionnelles. Car c'est par elles que les expériences de vie trouvent leur forme et leur figure commune. L'homme est pluriel ; il est consommateur, parent d'élève, automobiliste, piéton, mari, père, musicien, ... Sans les valeurs constitutionnelles, chacune de ces expériences de vie se déroule de manière autonome, compartimentée et « primaire » ; avec

---

[3] SIEYES, *Qu'est-ce que le Tiers-Etat ?,* PUF, 1982.

les valeurs constitutionnelles, ces expériences sont reliées par la figure du citoyen. Ce qui se traduit dans les expressions « avoir un comportement citoyen » dans sa manière de consommer, de conduire, de travailler, … Autrement dit, la figure du citoyen que construisent les valeurs constitutionnelles diffuse la souveraineté démocratique dans toutes les activités sociales et pas seulement dans l'activité d'électeur.

L'homme n'est homme que par la conscience, conscience de lui-même et de lui-même parmi les autres. « Je est un autre » écrivait Rimbaud. Toutes les tragédies du XXème siècle ont pour cause l'oubli ou l'ignorance ou la destruction de la conscience de soi quand les hommes abdiquent ou sont contraints d'abdiquer leur moi dans un grand tout : le parti, l'Etat, la religion, la race, … Et ce qui fait la conscience humaine, c'est le sens critique, la tension permanente entre certitude et doute, c'est le fameux « Que sais-je ? » de Montaigne, l'interrogation continue sur les savoirs.

Les valeurs constitutionnelles expriment cette tension constitutive de la conscience humaine puisqu'elles sont des promesses que la misère du monde interroge sans cesse. L'égalité entre les hommes et les femmes, la liberté individuelle, la fraternité sont, entre autres, des valeurs constitutionnelles que l'exclusion, les injustices, l'arbitraire démentent quotidiennement. De cet écart entre les promesses constitutionnelles et la misère du monde naît la possibilité d'une critique de la positivité sociale, critique à l'autorité renforcée par le fait de pouvoir s'enraciner non dans un ailleurs idéologique mais directement dans les valeurs énoncées dans la constitution. Ainsi, les valeurs constitutionnelles permettent aux hommes de prendre conscience de leur statut de citoyen, c'est-à-dire, de sujets de droit autonomes, capables de s'autodéterminer, de maîtriser leur histoire, de la réfléchir, de la discuter et de la penser.

Etudier, lire, penser le droit constitutionnel turc d'Ibrahim Kaboğlu et Eric Sales, c'est étudier, lire et penser le passage toujours inachevé à l'état civilisé. En Turquie puisque c'est l'objet de l'ouvrage. Mais aussi en tout point du monde puisque l'objet de l'ouvrage est ce qui constitue – au sens fort du terme – une société en association politique et que partout toute société, en partant de son histoire, s'interroge toujours sur ses principes fondateurs, son organisation publique et les droits et libertés de ses membres.

Dominique Rousseau
Directeur de l'Ecole de droit de la Sorbonne, Paris 1

TABLE DES SIGLES ET ABREVIATIONS

- **AIJC** : Annuaire International de Justice Constitutionnelle
- **AYHD** : Revue de droit constitutionnel
- **AYMKD** : Revue des arrêts de la Cour constitutionnelle
- **AKP** : Parti de la Justice et du développement
- **CC** : Cour constitutionnelle (AYM en turc)
- **CCDH** : Conseil consultatif des droits de l'homme
- **CE** : Conseil d'Etat (D en turc)
- **CEDH** : Convention européenne des droits de l'homme
- **CHP** : Parti républicain du peuple (ancien PRP)
- **CNS** : Conseil national de sécurité
- **Cour EDH** : Cour européenne des droits de l'homme
- **CSE** : Les cours de sûreté d'Etat (DGM en turc)
- **CSJP** : Conseil supérieur des Juges et des Procureurs (HSYK en turc)
- **CSRT** : Conseil supérieur de la Radio et de la Télévision (RTUK en turc)
- **DDP** : Parti de la Démocratie et de l'Evolution
- **DDK** : Conseil de contrôle de l'Etat
- **DEP** : Parti de la Démocratie
- **DGM** : Cours de sûreté de l'Etat
- **GANT** : Grande Assemblée Nationale de Turquie (TBMM en turc)
- **HEP** : Parti du travail du peuple
- **LPP** : Loi sur les partis politiques
- **MGK** : Conseil national de sécurité
- **MNP** : Parti de l'ordre national
- **OIT** : Organisation internationale du travail
- **ÖZDEP** : Parti de la liberté et de la démocratie
- **PIDCP** : Pacte international des droits civils et politiques
- **PIDESC** : Pacte international des droits économiques, sociaux et culturels
- **REFAH PARTISI** : Parti de la Prospérité
- **RDP** : Revue de droit public
- **STP** : Parti Socialiste de Turquie
- **TBKP** : Parti communiste unifié de Turquie
- **TİP** : Parti ouvrier de Turquie
- **YSK** : Conseil supérieur électoral

SOMMAIRE

INTRODUCTION

La Turquie est souvent mal connue, voire méconnue. S'il fallait en donner un exemple, le débat politique qui s'est déroulé en France, lors de la campagne référendaire relative au traité portant création d'une Constitution pour l'Europe, atteste bien des idées reçues véhiculées par certains responsables politiques français concernant ce pays. A ce moment-là, la peur des électeurs français a été largement alimentée afin qu'ils soient convaincus de la nécessité de dire « *non* » à la Constitution européenne pour dire « *non* » à l'entrée de la Turquie dans l'Union européenne. Il fallait donc refuser ce nouveau contrat social pour écarter cet « *autre* » présenté comme dangereux car inconnu ou caricaturé. Il est sans doute encore temps de rectifier cette conception ou tout du moins de donner les éléments permettant de mieux comprendre la Turquie longtemps présentée comme « l'homme malade de l'Europe ».

Il existe effectivement depuis longtemps en Turquie un désir d'Europe. D'un point de vue historique, on peut en retrouver les signes dès l'époque des Tanzimat. A partir de 1839 et jusqu'au début du XXème siècle, l'élite ottomane – pendant cette période de réformes – a souhaité construire un Etat moderne en prenant les Etats européens pour modèles. Avec Atatürk, la même idée se développe, avec une contradiction importante, puisque son objectif essentiel résidait dans la création d'une Turquie moderne et d'une société turque à l'européenne mais sans les Européens vis-à-vis desquels il était important de s'affranchir à la suite de la guerre d'indépendance. Surtout, depuis 1949 avec l'admission de la Turquie au Conseil de l'Europe, depuis 1963 avec le contrat d'association passé avec la Communauté économique européenne, depuis 1987 avec le dépôt officiel de sa candidature à l'entrée dans la Communauté européenne, depuis 1999 avec, à la suite du Conseil européen d'Helsinki, l'affirmation selon laquelle la Turquie est un pays candidat qui a vocation à rejoindre l'Union européenne selon les mêmes critères qui s'appliquent aux autres pays candidats et avec l'ouverture, en 2005, des négociations d'adhésion, il est possible d'identifier le pays comme un Etat européen ou pour le moins comme un Etat européen en devenir. Chacun sait que différents critères – ceux de Copenhague – s'imposent aux Etats déposant leur candidature et que, parmi eux, le critère politique doit être satisfait pour permettre le début du processus d'intégration. Il implique notamment la présence d'institutions stables garantissant la démocratie, l'Etat de droit, les droits de l'homme, le respect des minorités et leur protection. Si la Turquie fait désormais partie des pays candidats, il faut donc en conclure que son droit constitutionnel remplit complètement les exigences européennes en la matière ou qu'il dispose des éléments suffisamment nécessaires pour ce faire.

Le détour par l'étude du droit constitutionnel turc peut offrir en conséquence un éclairage intéressant en la matière même si, à lui seul, il ne permet pas de comprendre totalement la Turquie, son histoire, sa population et sa culture. Néanmoins, la Constitution, en tant que pacte social, ainsi que la pratique constitutionnelle contribuent à mettre en évidence les caractéristiques identitaires de la Turquie autour de différents principes fondamentaux – et au premier chef, du principe de laïcité – ou encore de différentes valeurs fondant le ciment de la société turque. Le droit constitutionnel constitue donc une base incontournable pour découvrir la Turquie, ses institutions, son régime politique et ses évolutions.

A l'heure actuelle, une telle étude paraît également indispensable au regard des tensions politiques internes qui traversent le pays. En 2008, une réforme constitutionnelle, dont le but avéré était d'autoriser le port du foulard au sein des universités, a été censurée par la Cour constitutionnelle pour violation du principe constitutionnel intangible de laïcité. Dans le courant de la même année, le parti politique au pouvoir faisait l'objet d'une procédure inédite de demande de dissolution devant les juges constitutionnels pour méconnaissance du même principe constitutionnel fondamental. Il semble important de rappeler la pression exercée par l'Europe sur la Turquie et plus particulièrement sur la Cour constitutionnelle à cette occasion. La présidence de l'Union européenne[4] tout comme le Conseil de l'Europe[5] n'ont pas hésité à affirmer haut et fort la prévalence des

---

[4] Voir la déclaration de la présidence de l'UE, du 17 mars 2008, à l'égard de la mise en accusation de l'AKP, par laquelle elle a exprimé « *sa confiance dans la capacité des autorités judiciaires turques à résoudre cette question conformément aux plus hauts critères démocratiques, dans le plein respect des préférences exprimées par les électeurs turcs lors des dernières élections parlementaires* ».

[5] Par sa résolution 1622, du 26 juin 2008, l'Assemblée du Conseil de l'Europe a déclaré que "*l'action judiciaire engagée contre le parti au pouvoir, le Premier ministre et le Président de la République nuit sérieusement à la stabilité politique du pays, ainsi qu'au fonctionnement démocratique des institutions de l'Etat* ". Il a été précisé à la Turquie que la dissolution d'un parti politique ne pouvait être "*qu'une mesure d'exception, ne se justifiant que dans le cas où le parti concerné faisait*

exigences démocratiques sur la justice constitutionnelle. Après la décision de la Cour constitutionnelle ayant débouché sur une simple sanction financière, la Commission de Venise a remis un avis, le 13 mars 2009, en proposant des réformes sur les dispositions constitutionnelles et législatives relatives à l'interdiction des partis politiques en Turquie en suggérant de les faire au travers d'une refonte globale du texte fondamental pour remplacer une Constitution militaire, faisant suite au coup d'Etat de 1980, par une Constitution civile[6]. Réactions qui, sur le plan du principe, ne vont pas sans rappeler celles des Etats membres de l'Union Européenne qui, dans un tout autre contexte en 2000, ont suspendu leurs relations diplomatiques avec l'Autriche lorsqu'une coalition entre l'extrême droite et le parti conservateur était en préparation, avant d'insérer dans le Traité de Nice de nouvelles règles permettant directement à l'Europe de réagir à titre préventif en cas de menaces graves pesant sur les droits et libertés fondamentaux[7]. Si cette affaire autrichienne a permis de mettre en évidence un patrimoine constitutionnel commun[8] à l'Union Européenne, espérons que l'affaire turque marquera surtout les esprits pour avoir mis en avant, sans perturber la stabilité politique, la laïcité défendue par ce pays candidat à l'Union et qui est une valeur sous-jacente à la Convention européenne des droits de l'homme et partagée par des pays européens.

Par la suite, en 2010, l'AKP a fait voter un nouveau projet de révision constitutionnelle pour modifier la composition de la Cour constitutionnelle sous le prétexte que la saisine individuelle, également introduite par la réforme, allait nécessiter une augmentation

---

usage de la violence ou menaçait la paix civile ou l'ordre constitutionnel démocratique".

[6] Cet avis va dans le sens du projet de Constitution civile défendu par l'AKP et dont le contenu a été rédigé par un professeur de droit (M. Özbudun) désigné par ce parti et dont le nom est directement cité dans l'avis de la Commission de Venise dont il est lui-même l'un des membres.

[7] Dans l'affaire turque l'Europe a rappelé l'importance de respecter le choix des urnes alors que dans l'affaire autrichienne le respect des valeurs européennes devait primer sur une coalition politique les menaçant mais néanmoins issue d'une alliance dont la légitimité démocratique était belle et bien réelle. Si l'histoire de l'Europe permet, notamment, de comprendre les réactions précipitées des partenaires de l'Autriche, il ne faudrait pas que l'Europe mette trop rapidement de côté l'histoire et les valeurs laïques d'un pays candidat à l'adhésion comme la Turquie.

[8] Dominique Rousseau, « *La notion de patrimoine constitutionnel européen* », in Le patrimoine constitutionnel européen, Science et technique de la démocratie, n° 18, Editions du Conseil de l'Europe, Strasbourg, 1997, p. 16 et s.

du nombre de juges pour être en mesure de répondre à l'augmentation corrélative du contentieux qui en résulterait. A cette occasion, les standards européens ont à nouveau été exploités par l'AKP[9] pour défendre la désignation d'une partie du contingent des juges constitutionnels par la Grande Assemblée Nationale de Turquie (GANT) afin de leur donner, comme ailleurs en Europe, une plus grande légitimité démocratique et surtout de permettre à l'AKP de maîtriser globalement la Cour constitutionnelle.

Plus récemment, en mai 2013, les manifestations pacifiques du parc de Gezi – bien connues sous le nom de « *printemps turc* » – ont donné lieu à de graves et démesurées représailles policières à la suite desquelles l'Europe, encore elle, a décidé, dans une ambiance de violation caractérisée des droits de l'homme, la réouverture de chapitres jusque-là bloqués. Pour achever ce rapide tour d'horizon, les affaires de corruption ayant frappé les plus hautes sphères du pouvoir exécutif, les premières élections présidentielles turques au suffrage universel direct en août 2014 et la tentative de coup d'Etat de juillet 2016 suivie d'une purge massive inédite et d'une révision constitutionnelle adoptée par référendum le 16 avril 2017[10] attestent, s'il le fallait, de tout l'intérêt qu'il est important de porter au droit constitutionnel de la Turquie et à son préoccupant basculement autoritaire. A ce titre, si un détour par l'étude de l'histoire constitutionnelle turque s'impose (Chapitre 1), ne serait-ce que pour mieux comprendre le présent, il s'avère tout aussi intéressant d'analyser les principes constitutionnels intangibles (Chapitre 2), l'organisation constitutionnelle des pouvoirs (Chapitre 3) et la protection des droits et libertés fondamentaux (Chapitre 4).

---

[9] Cette technique semble bien développée par l'AKP : le foulard n'est pas un problème en Europe avait expliqué Recep Tayyip Erdoğan à Madrid ; les règles de dissolution des partis politiques ne respectent pas les standards européens… Il ne faudrait pas que la convocation régulière du modèle européen favorise peu à peu l'émergence et la mise en place en Turquie d'un islam politique. Car le grand paradoxe serait alors de compromettre l'adhésion de celle-ci à l'Union Européenne.

[10] V. la loi constitutionnelle 6771 et sa traduction en anglais dans l'avis de la Commission de Venise, 875/2017, CDL-REF(2017)018, du 23 février 2017.

Chapitre 1 – L'histoire constitutionnelle de la Turquie

Pour bien comprendre le droit constitutionnel actuel (Section 3), il est important de revenir un instant sur les origines du droit constitutionnel républicain (Section 2) et de remonter jusqu'au droit constitutionnel ottoman (Section 1).

Section 1 – Le droit constitutionnel ottoman[11]

Il convient de donner quelques éléments de base, de façon générale, sur le système de l'Empire ottoman (§1) avant d'aborder les réformes constitutionnelles de cette période (§2) et celle de la monarchie constitutionnelle (§3).

§ 1 – Le système de l'Empire ottoman

Deux éléments fondamentaux déterminent le système politique ottoman : le Sultan et l'organisation de l'Etat. Dans l'Empire ottoman, le pouvoir est intégralement incarné par le rôle central temporel et spirituel du Sultan[12]. Ses pouvoirs revêtent trois formes : pouvoir de gouvernement dans un sens large, pouvoir de juridiction et garant de l'Islam[13]. Le Sultan (Padişah) est assisté par le Divan (Conseil de gouvernement) dans l'exercice de ses pouvoirs temporels. Le Divan est présidé par un grand Vizir, nommé par le Sultan, qui détient la quasi-totalité des pouvoirs politico-administratifs[14]. Du point de vue de l'organisation politique, l'Empire ottoman est un Etat centralisé. Toutefois, la "centralisation ottomane ne débouche pas sur une homogénéisation ou sur une uniformisation de l'Empire"[15]. Quant au système juridique de l'Empire, il s'agit d'un système mixte entre le caractère temporel et le caractère spirituel. La légitimité spirituelle du

---

[11] Sur l'Empire ottoman (1299-1923), v. notamment l'*Histoire de l'Empire ottoman*, sous la direction de Robert Mantran, Fayard, 1989.

[12] V. Franck Rouvière, *Essai sur l'évolution des idées constitutionnelles en Turquie*, Thèse pour le doctorat es sciences politiques, Montpellier, Imprimerie générale du midi, 1910, p. 13 et s.

[13] Ali Fuad Başgil, *La Constitution et le régime politique*, La Turquie coll., *La vie juridique des peuples*, Delagrave, Paris, 1939, p.10 et s.

[14] Rouvière, *Essai sur l'évolution des idées constitutionnelles en Turquie*, p. 15 et s.

[15] Jean Marcou, "L'expérience constitutionnelle turque", *R.D.P*, 2-1996, p. 430.

Sultan s'accentuera à partir de l'utilisation du titre de calife[16]. Toutefois, son pouvoir législatif ne peut être utilisé que dans les limites de la Charia, la loi de l'Islam[17]. De ce fait, l'intervention du Sultan n'est possible que dans le silence de la loi de l'Islam. C'est à partir du développement de l'Empire qu'un droit public séculier (le Kanun) est né[18]. D'après le professeur Bülent Nuri Esen, "*Quand les Turcs s'emparèrent de Byzance (Istanbul), leur Souverain Mohamet le Conquérant, fit élaborer un code connu sous le nom de 'Code du Roi Conquérant'...il y avait chez les Byzantins, les lois de l'Empereur Justinien... Les lois du Roi Conquérant seront refondues durant le règne de Soliman le Magnifique, ce qui fera appeler ce dernier le "législateur". La structure constitutionnelle de l'Etat ottoman repose toujours sur un fondement religieux. Ce qui fait que le pouvoir spirituel domine le pouvoir temporel... Selim Ier conquiert l'Egypte, s'empare du Califat et devient le détenteur du pouvoir spirituel. Les deux pouvoirs, temporel et spirituel, sont désormais dans une seule main. L'Empire Ottoman est alors un Etat monocratique et centralisé.*"[19] Néanmoins, la centralisation doit être comprise dans un contexte spécifique : "*Le fait essentiel est que les Turcs, au milieu d'un grand triomphe, reconnurent spontanément et généreusement aux populations conquises le droit de se gouverner d'après leurs propres lois et coutumes.*"[20]

Au-delà de la structure politico-étatique, une dichotomie profonde existait entre Etat et société civile dans l'Empire ottoman. "*D'un côté,*

---

[16] Le titre de calife (commandeur des croyants), obtenu après la victoire de Selim 1er (1512-1520) sur les égyptiens, donne aux sultans une autorité sur les musulmans du monde entier.

[17] Marcou, "L'expérience constitutionnelle...", p. 429.

[18] G. Veinstein, "L'Empire dans sa grandeur (XVIe siècle)", in *Histoire de l'Empire ottoman*, p. 169.

[19] Bülent Nuri Esen, *La Turquie*, "Comment ils sont gouvernés ?" (Coll. Sous la direction de Georges Burdeau), L.G.D.J., Paris 1969, pp. 24-25.

[20] André Mary-Rousselière, *La Turquie constitutionnelle (Contribution à l'étude de la politique intérieure turque),* Thèse pour le doctorat (Sciences politiques et économiques), Rennes 1925, p. 252. Voltaire déclare sur la politique tolérante des ottomans dans son traité sur la tolérance : "Sortons de notre petite sphère et examinons le reste du globe. Le grand Turc gouverne en paix vingt peuples de différentes religions; deux cent mille grecs vivent en sécurité à Constantinople..." (Cité par Mary-Rousselière, pp. 252-253). D'après Michelet, "Sous Sélim, sous les autres Sultans, spécialement sous Suleyman, les Turcs ont enseigné aux Chrétiens la modération dans la guerre et la douceur dans la victoire." (cité par Mary-Roussellière, p. 253).

l'Etat fonctionnait essentiellement au profit d'une dynastie ottomane, disposant de fonctionnaires nombreux, fidèles et bien formés ainsi que d'un droit qui découlait autant des ordonnances du pouvoir séculier (Kânun) que de la loi islamique (Charia). De l'autre, la société civile se structurait en communautés religieuses ayant leur propre langue, droit, tribunaux..."[21]

Les prémices constitutionnelles apparurent au début du XIXe siècle : "*Après le second siège de Vienne, la centralisation fut sérieusement compromise. Les grands propriétaires – devenus très influents – ne cessèrent d'accroître leur autorité et finirent par devenir effectivement les chefs de communautés politiques indépendantes*"[22]. Ils défient bientôt l'autorité centrale, et le Sultan est contraint, en 1807, de conclure avec eux un pacte d'alliance par lequel les seigneurs s'engagent à reconnaître l'autorité centrale, à empêcher toute oppression, à assurer la paix et la sécurité, à instruire les forces armées, à réprimer les révoltes et à lever l'impôt[23].

§ 2 – La période des réformes (Tanzimat)

Le déclin de la puissance militaire, la diffusion des idées occidentales et la montée du constitutionnalisme peuvent être conçus comme les dynamiques des réformes amorcées vers le milieu du XIXème siècle.

En 1839, le Sultan proclame une Charte des réformes appelée "Hat de Gülhane" qui posait les principes et les bases d'une organisation de l'Empire ottoman. Le Tanzimat[24] est la période allant de la proclamation de cette Charte à la promulgation de la Constitution de 1876. Parmi les nombreuses réglementations qui caractérisent la période du Tanzimat, la Charte de 1839 (A) et celle de 1856 (B) se trouvent au premier plan. La réception juridique est aussi un processus non négligeable de la période du Tanzimat laquelle a été importante sur le plan historique (C).

---

[21] Marcou, "L'expérience turque...", p. 430-431.

[22] B. N. Esen, *La Turquie*, p. 25.

[23] Pour le débat sur le caractère du pacte d'alliance (sened-i ittifak) qui n'a jamais été appliqué, voyez Bülent Tanör, *Osmanlı-Türk Anayasal Gelişmeleri,* YKY, İstanbul, 10ème éd., pp. 41-64.

[24] Le Tanzimat signifie par son étymologie l'organisation, la réglementation, la mise en ordre et dans un sens plus large, les réformes.

A – La Charte de 1839 (Tanzimat Fermanı)

Cette Charte qui date du 3 novembre 1839 contient les principes concernant les relations entre l'Etat et les citoyens et, en particulier, les fonctions de l'Etat. La Charte posait les bases du droit public ottoman et constituait un premier pas vers la réorganisation du gouvernement central sur le modèle européen. Elle proclamait également les droits essentiels de tous les citoyens ottomans sans prendre en considération leur religion ni leur race.

D'après la Charte, les droits essentiels que l'Etat s'engage à respecter et à protéger sont la liberté individuelle, garantissant la vie et l'honneur, le droit de propriété, garantissant la fortune et l'égalité entre les musulmans et non-musulmans, c'est-à-dire le principe de non-discrimination[25].

A l'évidence la Charte est le premier texte des droits et des garanties octroyés aux peuples des ottomans. Le Sultan chargeait divers conseils de rédiger des lois et de les appliquer ; il reconnaissait l'égalité de tous devant la loi ; il interdisait les corvées et les confiscations. Le Sultan faisait serment de respecter les lois du pays et s'engageait à promulguer celles que les conseils compétents auraient élaborées.

Par ces caractères, suivant un point de vue assez répandu, le Tanzimat fut le prélude d'une Constitution[26] ou bien une charte constitutionnelle[27]. La Charte est également conçue comme un programme de réformes administratives, fiscales, militaires et judiciaires[28].

---

[25] Citons en exemple les principaux passages de la Charte : "1. Les garanties qui assurent à nos sujets une parfaite sécurité, quant à leur vie, à leur honneur et à leur fortune ; 2. Un mode régulier pour asseoir et pour prélever les impôts ; 3. Un mode également régulier pour la levée des soldats et la durée de leur service. (…)". Pour les passages essentiels de la Charte v. Rouvière, *Essai sur l'évolution des idées constitutionnelles…*, p. 57 et s.

[26] Féridoun Fikry, *Le mouvement constitutionnel en Turquie et la loi sur l'organisation fondamentale d'Angora*, (Thèse pour le doctorat), PUF, Paris 1923, p. 13 ; Mary- Roussellière, *La Turquie constitutionnelle*, p. 13.

[27] Gad Franco, *Développements constitutionnels en Turquie*, (Thèse pour le doctorat, Université de Paris, 1925), p. 16.

[28] Selon Mary-Rousselière, la Charte du Tanzimat était "une véritable révolution, car, disait-il, si la Société Turque est essentiellement démocratique, l'égalité qui préside à son organisation politique, le code religieux la dénie absolument aux Chrétiens, faisant de leur abaissement une œuvre méritoire" (p.13). Pour une qualification similaire, v. Rouvière, op.cit., p. 61.

Selon un avis différent, le Tanzimat ne prévoit pas le principe de liberté[29]. Il s'agit là d'une auto-limitation volontaire du pouvoir politique. Du point de vue de la forme, ce n'est qu'une charte ; du point de vue organique, on peut parler d'un programme, d'un directif législatif.

B – La Charte de 1856 (Islahat Fermanı)

Cette Charte, appelée aussi le "Hat Humayoun", après avoir rappelé la Charte de 1839, posait les principes concernant les droits fondamentaux dont les principaux sont les suivants : sécurité pour chacun dans sa vie, dans son honneur, dans sa fortune ; égalité de tous devant la loi ; respect de la propriété individuelle et collective ; admission de tous les sujets aux emplois publics et au service militaire ; liberté des cultes ;...[30]

Par la Charte de 1856 on insiste sur l'égalité entre les musulmans et les non-musulmans dans tous les domaines. C'est ainsi que les non-musulmans obtenaient le droit de participer aux conseils d'administration. En effet, la raison spécifique de la proclamation de cette Charte était, à la différence de celle de 1839, la promesse que l'Empire ottoman avait reçue au Congrès de Paris de 1856 de l'abolition des capitulations (privilèges) dès qu'une amélioration administrative aurait été réalisée[31].

C – L'évaluation de la période du Tanzimat

La réception juridique est la caractéristique de la période du Tanzimat. On assiste à l'apparition d'une nouvelle notion de la loi et à l'ébauche d'un système législatif nouveau, par la codification à partir du système juridique existant d'une part et, par la réception juridique de l'autre. Le Tanzimat jette en même temps les premières bases du

---

[29] Münci Kapani, *Kamu Hürriyetleri*, AÜHF yay., Ankara 1976, p. 83 et s.

[30] Pour le détail v. Rouvière, op.cit., p. 74 et s. ; Mary- Rousselière, op.cit., p. 14 et s.

[31] "Les Puissances qui avaient prêté leur assistance à la Turquie pendant la Guerre de Crimée, comme contrepartie de son admission au "droit public" et au "concert" européen et de la garantie de son intégrité territoriale, décidée à l'article 7 du Traité de Paris, avait demandé que la Porte s'engageât à faire des réformes en faveur des sujets non musulmans" (Talat Miras, "Le Tanzimat et son système législatif", Annales de la Faculté de Droit d'Istanbul, T. XVII, 1967, p. 26).

processus de la création de l'Etat de droit[32]. Ainsi, pour la première fois, a-t-on essayé d'introduire le droit public occidental dans un pays musulman.

Le droit français occupe une place primordiale dans le mouvement de la réception juridique. Plusieurs codes français constituent la source d'inspiration de la nouvelle législation ottomane[33]. Au niveau institutionnel, la création du Conseil d'Etat en 1868 doit être soulignée. Conçu sur le modèle français, il avait des attributions législatives, administratives et contentieuses. Par la création du Conseil d'Etat, la base du "régime administratif" a été jetée[34].
Quant à l'importance du Tanzimat, il convient, tout d'abord, de signaler la divergence des idées sur l'évaluation de la période des réformes. Suivant un point de vue, la période du Tanzimat est un reflet de la superstructure (le droit, la politique, l'idéologie) de la semi-colonisation de l'Empire ottoman[35]. Une autre opinion, plus répandue, considère le Tanzimat comme la base du principe de l'égalité, de la légalité et de la sécurité juridique. La tentative de limitation du pouvoir politique, les avancées vers le laïcisme et la sécularisation sont les faits caractéristiques de la période du Tanzimat. Tout cela permet donc de le présenter comme la phase préparatoire de l'Etat de droit[36].

Quant à la pratique, il est évident que la période initiale et expérimentale du Tanzimat eut un bilan général bien inférieur à celui

---

[32] V. Recai Galip Okandan, *Amme Hukukmuzun Anahatları*, Fakülteler Matbaası, İstanbul 1971, pp. 111-115.

[33] Le code du commerce de 1850, le code de procédure commerciale de 1862, le code du commerce maritime de 1862 et le code de procédure pénale de 1880 peuvent être cités comme exemples.

[34] Pourquoi le modèle français ? Au–delà des relations économiques entre l'Empire ottoman et les Etats européens, le besoin d'une centralisation forte dans le processus d'industrialisation doit être souligné. La France, seul Etat européen qui disposait d'un système centralisé du point de vue administratif et juridique avait été choisie comme modèle dans ce domaine (V. Ali Ülkü Azrak, "Tanzimat'tan Sonra Resepsiyon", Tanzimat'tan Cumhuriyet'e Türkiye Ansiklopedisi, 3, p. 603). D'après G. Franco, "Seule la France a prêté un concours sincère aux efforts des libéraux turcs dans toutes les branches et surtout dans l'organisation de l'instruction publique" (op.cit., p. 19).

[35] Pour les auteurs d'une telle approche, v. Bülent Tanör, *Osmanlı İmparatorluğunda Anayasal Gelişmeler*, (Ders Notları), Istanbul 1982, pp. 73-74.

[36] Pour le détail, v. Okandan, *Amme Hukukumuzun Anahatları*, pp. 111-115 ; Tanör, *Osmanlı İmparatorluğunda Anayasal Gelişmeler*, pp. 71-73.

qu'on avait espéré[37]. De plus, le Tanzimat crée un dualisme juridique, d'un côté le droit islamique et d'autre part le droit européen, qui va continuer jusqu'à la proclamation de la République. De ce fait, le Tanzimat a entamé le processus de l'ouverture des ottomans à la conception juridique occidentale[38].

En ce qui concerne les droits de l'homme, la Charte de 1839 constitue un tournant majeur dans l'histoire ottomano-turque. L'Etat ottoman englobe plusieurs peuples différents sur le plan de leur ethnie, de leur religion et de leur langue, du Maghreb au Machrek, du Moyen-Orient aux Balkans. Ceci dit, on peut avancer qu'au niveau régional, le Tanzimat a joué un certain rôle dans la libération des peuples. Il est évident que les bases des institutions politico-juridiques de la Turquie républicaine ont été jetées dans cette période[39].

§ 3 – La période de la monarchie constitutionnelle

La promulgation de la première et de la seule Constitution ottomane date du 23 décembre 1876. L'idée de la Constitution apparaissait comme "l'aboutissement politique logique des réformes administratives et techniques des "Tanzimat" qui avait transformé l'Etat, marqué par les classes dirigeantes, et touché la population des grandes villes depuis plusieurs décennies"[40]. La seconde monarchie constitutionnelle (B) fera revivre la Charte constitutionnelle de 1876 (A).

A – La Charte constitutionnelle de 1876 (Kanun-u Esasî)

Une Commission *ad hoc* a été créée au Palais présidée par Server Pacha, composée de seize fonctionnaires civils dont trois sous-secrétaires d'État chrétiens, dix ulémas et deux fériks (généraux) pour arrêter les bases du nouveau statut de l'Empire. La première Constitution de l'Empire fut promulguée le 23 décembre 1876. La Constitution avait été rédigée sous l'influence de la Constitution belge

---

[37] Cf. Miras, "Tanzimat et son système législatif", p. 40 ; Franco, op.cit., p. 18.
[38] Cf. Azrak, "Tanzimat'tan Sonra Resepsiyon", p. 606 ; Miras, p. 40.
[39] La Charte "accorde aux peuples du pays, à tous les ottomans, tous droits liberté et d'égalité" (Franco, op.cit., p.14).
[40] Marcou, "L'expérience turque…", p. 433.

de 1831[41]. On accepte également qu'elle s'inspirait des Constitutions françaises[42]. Sur la base de la Constitution de 1876, on avance aussi que la Constitution prussienne de 1851 avait été prise en compte[43]. L'islam est la religion d'Etat d'après l'article 11 de la Constitution. Tout en sauvegardant ce principe, l'Etat protège le libre exercice de tous les cultes reconnus dans l'Empire et maintient les privilèges religieux accordés aux diverses communautés, à la condition qu'il ne soit pas porté atteinte à l'ordre public et aux bonnes mœurs[44]. Pour bien comprendre cette période, il est important de procéder à l'étude du régime politique (1), des droits et libertés (2) et de la pratique de la Constitution (3).

1 – Le régime politique

La Constitution de 1876 qui ouvre la période de la monarchie constitutionnelle ne prétendait pas émaner de la souveraineté du peuple mais de la volonté du souverain. En outre, elle ne reconnaissait le principe de la séparation des pouvoirs que pour la forme[45]. Le pouvoir exécutif appartenait au Sultan, Chef de l'Etat, restant aussi calife, assisté d'un Premier ministre, possédant des pouvoirs de gouvernement très étendus ainsi que les droits de convocation et de dissolution de la Chambre basse. Le pouvoir législatif était détenu par un Parlement bicaméral composé d'une Chambre basse comprenant cent-vingt députés élus au suffrage censitaire et d'un Sénat rassemblant des dignitaires nommés à vie par le Sultan. « Le Sénat

---

[41] "Fortement inspirée de la Constitution belge de 1831, parce que celle-ci organisait une monarchie et qu'elle était écrite dans une langue (le français) bien maîtrisée par les élites ottomanes," (Marcou, p. 433).

[42] On retrouve dans certains articles de la Constitution "des copies de Constitutions occidentales, et notamment assez de reproductions des Constitutions françaises, depuis la Déclaration républicaine des Droits de l'Homme et du Citoyen, jusqu'à la Charte de droit divin de 1814." (Rouvière, op.cit., p. 91).

[43] Coşkun Üçok, "1876 Anayasasının Kaynakları", *Türk Parlamentoculuğunun İlk Yüzyılı,* 1876-1976, Ankara, p.1-25). A propos de l'origine de la Constitution de 1876, pour le détail et le débat v. Rouvière, op.cit., p. 85 et s.

[44] Pour les principes caractéristiques de la loi constitutionnelle, v. Omer Redjai, *L'évolution constitutionnelle en Turquie et l'organisation politique actuelle,* (Thèse de doctorat, Librairie Universitaire d'Alsace), pp. 27 et s. ; voyez aussi Azmi Soydan, La Constitution Turque de 1299 (1876) et les modifications apportées par celle de 1325 (1909), (Thèse de doctorat, Université de Paris, *1955),* pp. 59 à 85; C. Üçok, article précité, pp. 1-30.

[45] Marcou, article précité, p. 433.

jouit de prérogatives importantes. Il rejette de manière définitive, en indiquant les raisons, ou amende toute loi qui lui est soumise et la renvoie à la Chambre »[46].

Le système prévu par la Constitution n'est pas tout à fait parlementaire, c'est-à-dire qu'il ne prévoit pas un gouvernement responsable vis-à-vis du Parlement. Pour cette raison, le système de 1876 est qualifié de "monarchie absolue par la présence du Parlement"[47].

2 – Les droits et libertés

Du point de vue des libertés, la Constitution de 1876 reflète, dans ses articles 8 à 26, les principes de la Déclaration des Droits de 1789[48]. Le chapitre intitulé "le droit public des sujets de l'Etat ottoman", rassemblant les libertés reconnues, était une déclaration en quelque sorte "constitutionnalisée"[49]. La lecture des articles 8 à 26 indique bien que le but des rédacteurs de la Constitution de 1876 était d'établir la liberté individuelle et l'égalité juridique.

La liberté individuelle, - qui, aux termes de la Déclaration des Droits de l'Homme, consiste à faire tout ce qui ne nuit pas à autrui -, comporte un certain nombre d'applications que l'on retrouve dans la Constitution. La Constitution ottomane tout en déclarant dans l'article 22 l'inviolabilité du domicile précisait en son article 9 que "tous les ottomans jouissent de la liberté individuelle, à la condition de ne pas porter atteinte à la liberté d'autrui".

La légalité est conçue comme le critère principal dans l'aménagement des droits et des libertés : "La liberté individuelle est absolument inviolable" (Art.10). "La presse est libre dans les limites fixées par la loi" (Art.12). "L'enseignement est libre. Chaque ottoman peut faire des cours publics ou privés, à condition de se conformer aux

[46] G. Franco, *Développements constitutionnels en Turquie*, p. 33.

[47] Fazıl Sağlam, "Türkiye'de Anayasalar", *Cumhuriyet Dönemi Türkiye Ansiklopedisi*, cilt 1, p. 21.

[48] Cette Constitution serait "la première influence concrète de la Révolution qui ait apparue en Turquie" (Franco, op.cit., p. 4).

[49] Soydan, *La Constitution Turque de 1876…*, p. 266.

lois."(Art.15). "La propriété immobilière et mobilière, régulièrement établie, est garantie."[50]

Toutefois, le critère de la légalité n'est plus valable pour la torture et la corvée : "Il est interdit catégoriquement et totalement de pratiquer la torture et le traitement dégradant de toute sorte" (Art.26). "La corvée et la confiscation des biens sont interdites" (Art.24).

L'égalité juridique se ramène à quatre applications que l'on retrouve dans la Constitution[51] :

- égalité devant la loi[52],
- égalité devant la justice[53],
- égalité devant l'impôt[54],
- égalité d'accès aux fonctions publiques[55].

La Constitution garantissait certains droits et libertés aux citoyens ottomans, mais, dans son article 113, elle reconnaissait aussi au Sultan la faculté d'exiler les personnes soupçonnées d'atteinte à la sûreté de l'Etat[56].

3 – La pratique de la Constitution

Quel était le caractère du texte de 1876 ? Elle est qualifiée de charte constitutionnelle ou bien de charte (Ferman) – un acte unilatéral - octroyée par le monarque, plutôt que de Constitution[57]. Par contre,

---

[50] "Aucune expropriation ne peut avoir lieu que pour cause d'utilité publique dûment constatée et contre le paiement préalable conformément à la loi, de la valeur de l'immeuble à exproprier" (Article 21).

[51] Pour le détail v. Okandan, op.cit., p. 166 et s. ; Mary-Rousselière, op.cit., p. 33-37.

[52] "Tous les ottomans sont égaux devant la loi. Ils ont les mêmes droits et les mêmes devoirs envers le pays, sans préjudice de ce qui concerne la religion." (Art. 17).

[53] "Nul peut être astreint à comparaître devant un tribunal autre que le tribunal compétent, suivant la loi de procédure qui sera édictée" (Art. 23).

[54] "L'assiette et la répartition des impôts s'établissent conformément aux lois et aux règlements spéciaux, en proportion de la fortune de chaque contribuable… Aucune somme d'argent ne peut être perçue, à titre d'impôt ou de taxe ou sous toute autre domination, qu'en vertu d'une loi." (Art.25).

[55] "Tous les ottomans sont admis aux fonctions publiques suivant leurs aptitudes, leurs mérites et leurs capacités" (Art. 19).

[56] C'est sur cette disposition que se fonda Abdül Hamid, dès le février 1877, pour exiler son Premier ministre Midhat Pacha, qui avait été aussi le principal artisan de cette première expérience constitutionnelle.

[57] Kapani, op.cit., p. 97 ; Okandan, op.cit., p. 146.

elle peut être considérée comme une Constitution dans le sens technique du terme après son rétablissement en 1909[58].

Le premier Parlement ottoman commença à siéger en mars 1877 et ne fut pas toujours un Parlement "croupion car ses membres, bien qu'inexpérimentés, prirent de l'assurance et entrèrent plusieurs fois en conflit avec le sultan en cherchant à exercer un contrôle de plus en plus strict sur ses ministres"[59]. La défaite des Ottomans face aux Russes, au début de l'année 1878, allait offrir à Abdül Hamid un prétexte pour mettre un terme à l'expérience constitutionnelle engagée. Le Parlement fut renvoyé et ne devait plus siéger pendant trente ans[60].

B – La seconde monarchie constitutionnelle

Suspendue en 1878, la Constitution n'avait cependant pas été abrogée. La révolution "Jeunes Turcs" de juillet 1908 fut un mouvement organisé par le "Comité Union et Progrès" et conduit par les officiers turcs musulmans et nationalistes qui voulaient substituer au sultan un gouvernement moderne qu'ils jugeaient plus apte à garantir l'intégrité territoriale de l'Empire[61]. La Constitution de 1876 fut rétablie. La déposition d'Abdül Hamid s'accompagna d'une révision constitutionnelle qui visait à renforcer le Parlement au détriment de l'exécutif et à marginaliser politiquement le sultan[62].

Le rétablissement de la Constitution en 1909 ouvre la période de la deuxième monarchie constitutionnelle par un régime parlementaire. Malgré une forte emprise unioniste, la "période constitutionnelle

---

[58] Franco, op.cit., p. 46 et s. ; Rouvière, op.cit., p. 137 et s. ; Mary-Rousselière, op.cit., p. 543 et s.

[59] Jean Marcou, art. Précité, p. 434.

[60] Pour le détail sur la période de la première monarchie constitutionnelle v. Robert Devereux, The Fist Ottoman Constitutional Period (A Study of Midhat Constitution and Parliement), Baltimore, The Johns Hopkins Press, 1963.

[61] D'après Franck Rouvière, "les causes qui ont influé sur le mouvement libéral de 1908" sont les trois ordres : le séjour de l'élite intellectuelle turque en Occident ; l'exemple de la Russie ; l'exemple de la Perse. (Essai sur l'évolution..., pp.138 vd.). "D'ailleurs la Révolution turque de 1908 eut son écho en Perse... A la fin de 1909, Mohamed Ali, dut céder la place à son fils Ahmed Mirza et le Parlement fut convoqué à nouveau" (Rouvière, p.144. Cf. Bernard Levis, "La démocratie en Turquie", in *Vie et mort des démocraties*, Sous la direction de T.K. Rabb, E.N.Suleiman, Dalloz, 2005, p.252.

[62] Pour le rétablissement de la Charte de 1876 et la réouverture de l'Assemblée générale, v. Omer Redjai, *L'évolution constitutionnelle en Turquie...*, pp. 36-41.

ottomane" (1908-1913) fut la première expérience réelle de démocratie parlementaire[63].

Du point de vue des libertés, la liberté de la presse et les libertés collectives ont été reconnues pour la première fois par la révision constitutionnelle en 1909. Tout d'abord, la souveraineté était transférée du sultan à la Nation ; la responsabilité politique des ministres devant les représentants était prévue ; la règle du contreseing ministériel était introduite ; le sultan avait perdu son droit de convocation des Chambres ; l'initiative de la proposition d'une loi ou de la modification d'une loi appartenait à la fois aux ministres, aux sénateurs et aux députés[64]. Quant à la pratique constitutionnelle, « l'existence d'un parti majoritaire dans la Chambre des députés avait abouti à la toute puissance des mandataires de la Nation et indirectement à celle du Cabinet. « Le Padichah avait seulement une sorte de rôle consultatif auprès des ministres ; il restait un simple conseiller. Les ministres gouvernaient ; le Chef d'Etat n'avait plus qu'un rôle insignifiant : celui d'exécuter des lois »[65].

La deuxième monarchie constitutionnelle, qualifiée de période la plus dynamique, tient une place à part dans l'histoire politico-constitutionnelle de Turquie du point de vue de la démocratie et des libertés avec la naissance de l'opposition parlementaire, le partage de la souveraineté entre le monarque et le peuple, ainsi qu'au regard de son utilisation et des réformes juridiques... Tout cela, d'après le professeur B. Tanör, signifie une rupture avec la structure féodale[66]. L'accélération du processus de la laïcisation au cours des années 1910 doit être également signalée.

Section 2 – Le droit constitutionnel des premières Républiques

"La Première Guerre mondiale allait être particulièrement dure pour l'Empire ottoman mais ce désastre devait aussi créer les conditions politiques, territoriales et internationales nécessaires à l'avènement d'un Etat nation turc."[67] Avec l'entrée en vigueur de

---

[63] "Toutefois, le régime sombra dans une sorte d'oligarchie militaire dominée par le triumvirat unioniste d'Enver, Talat et Cemal". (Marcou, art. Précité, p. 436).

[64] Pour le détail, v. Omer Redjai, *L'évolution constitutionnelle...*, pp. 41-46.

[65] "Pour le reste le sultanat se réduisait à un rôle honorifique ; aux yeux de la Nation il symbolisait, il incarnait l'Etat" (Redjai, L'évolution..., p. 47).

[66] Tanör, *Osmanlı-Türk Anayasal Gelişmeleri*, 10ème éd., pp. 216-220.

[67] Marcou, art. Précité, p. 437.

l'armistice de Moudros – du 30 octobre 1918 – signé entre l'Empire ottoman et les alliés, le pays tombait sous l'occupation militaire étrangère. La capitale où résidait le Sultan devenait le siège des Quartiers généraux alliés. Les Congrès tenus à l'intérieur du pays et réunissant des représentants élus à la hâte, adoptaient des Déclarations où l'idée de souveraineté nationale était formulée pour la première fois (7 août et 11 septembre 1919). D'après les Déclarations des Congrès, les voies et les moyens de la sauvegarde de l'indépendance nationale ne pouvaient être que la résistance armée. "Et, pour qu'une telle résistance puisse être assurée, il fallait une organisation fondée sur la volonté nationale"[68]. Les Déclarations des Congrès tracent déjà les grandes lignes du futur État. Le Congrès de Sivas élit une "Délégation représentative" qui n'est autre qu'un Gouvernement de fait. "Lorsque, en janvier 1920, le Parlement ottoman décide sa propre dissolution, il n'existe plus, du point de vue juridique, d'organe étatique susceptible d'exercer valablement le pouvoir politique"[69]. La capitale reste sous l'occupation des armées alliées. Mustafa Kemal annonce la réunion d'une Grande Assemblée Nationale à Ankara pour le 23 avril. L'Assemblée nationale composée des représentants élus au niveau départemental[70] détient tous les pouvoirs. Il n'y a pas de Gouvernement constitué en corps autonome. C'est le système conventionnel[71]. Afin de bien comprendre cette période, il est important de distinguer la naissance de l'Etat-Nation avec la Constitution de 1921 (§1), de la loi organique de 1924 (§2) et de l'instauration de l'Etat de droit par la Constitution de 1961 (§3).

§ 1 – La Constitution de 1921 : la naissance de l'Etat-nation

Pour la première fois dans son histoire, "la Turquie établit et proclame le principe de la souveraineté nationale."[72] Celle-ci, corollaire de l'indépendance, constituera la pierre angulaire du futur

---

[68] Esen, *La Turquie*, p. 35.

[69] Esen, *La Turquie*, p. 35.

[70] Il s'agit de trois catégories de représentants : les députés élus vers la fin de 1919 pour la Chambre basse de l'Assemblée ottomane et les représentants élus en Anatolie à la demande de Mustafa Kemal ainsi que les députés en provenance de Malte, c'est-à-dire des "exilés de Malte". Le nombre de députés était de 365 en Août 1920. (Tanör, Osmanlı-Türk Anayasal Gelişmeleri, p. 231).

[71] Esen, *La Turquie*, p. 36.

[72] Esen, *La Turquie*, pp. 36-37.

système constitutionnel[73]. Il est ainsi important de revenir sur les caractéristiques de la loi sur l'organisation fondamentale (A) sans omettre les impacts du traité de Lausanne (B) et de la proclamation de la République (C).

A – Les caractéristiques de la loi sur l'organisation fondamentale

Une nouvelle conception de la souveraineté (1), le régime d'Assemblée (2) et la décentralisation (3) constituent les caractéristiques principales de la loi sur l'organisation fondamentale.

1 – La conception de la souveraineté

Moins d'un an après l'adoption du Pacte national, la Grande Assemblée Nationale adopta, le 20 janvier 1921, la Constitution qui consacrait, dans son article premier, le principe de la souveraineté nationale : "La souveraineté appartient sans restrictions ni conditions à la Nation"[74].

La Constitution de 1921 était un texte de 23 articles, constituant en tout un document de deux pages et demie intitulé : "Loi sur l'organisation fondamentale". D'après l'article 3, "l'État de Turquie est gouverné par la Grande Assemblée Nationale".

L'article premier de la Constitution correspondait à l'objectif de la création d'un État à Gouvernement populaire[75] : "*La souveraineté appartient purement et simplement à la nation. Le système de Gouvernement est fondé sur le Principe suivant lequel c'est le peuple, lui-même, qui effectivement décide de sa destinée.*"

Le sultanat a été aboli en 1922 et la République a été proclamée le 29 octobre 1923. L'année suivante le califat a été également supprimé.

---

[73] L'indépendance correspondait à l'objectif de faire respecter l'inviolabilité du territoire dont les limites étaient fixées par l'armistice de Moudros du 30 octobre 1918.

[74] Le Principe de souveraineté nationale "a une double finalité : la sauvegarde de l'indépendance nationale et l'abolition des pouvoirs du Sultan" (Esen, La Turquie, p. 38).

[75] Esen, *La Turquie*, p. 39.

2 – Le régime d'Assemblée

La Constitution de 1921 institue un gouvernement auquel elle donne le nom de "*Gouvernement de la Grande Assemblée Nationale*". Cette Assemblée représente la Nation ; en elle se concentrent tous les pouvoirs ; elle élit son président, lequel est en même temps le président de droit du Conseil des ministres. Ceux-ci à leur tour sont élus par l'Assemblée qui vote sur une liste présentée par son président. Quant aux ministres, ils élisent leur chef, premier ministre responsable. La Constitution de 1921 instaure donc un régime d'assemblée assez comparable à certains égards au régime conventionnel français de 1793-1795[76]. La Grande Assemblée Nationale cumulait la totalité des pouvoirs. C'est un régime représentatif absolu où le pouvoir exécutif est entre les mains des représentants élus par la nation alors que dans le système parlementaire ces représentants n'ont, au point de vue exécutif, qu'à contrôler les ministres[77]. "Les membres de l'Assemblée d'Angora ont estimé que le Principe de séparation des pouvoirs, surtout dans sa forme parlementaire du gouvernement du Cabinet, aboutit très naturellement à mettre une grande distance entre le peuple et ceux qui le gouvernent"[78]. En bref, la Loi organique de 1921 "n'était pas le résultat d'une imitation des constitutions occidentales ; au contraire elle était née de l'esprit des nationalistes, de la volonté de la nation et surtout elle était l'œuvre d'Atatürk."[79] Pour M. Fikry, "le système d'Angora n'est qu'une conséquence logique de l'évolution constitutionnelle de la Turquie et satisfait le besoin d'un gouvernement vraiment démocratique..."[80]

---

[76] "Cette organisation ressemble dans ses grands traits à celle de la Constitution française de 1793 et on pourrait croire que les constituants de 1921 se soient d'inspirés d'elle. Toutefois la loi organique de 1921 n'introduisait pas dans la fonction exécutive la distinction de la délibération et de l'exécution" (Omer Redjai, op.cit., pp.68-69).

[77] Féridoun Fikry, *Le mouvement constitutionnel en Turquie*, p. 59.

[78] Féridoun Fikry, *Le mouvement constitutionnel en Turquie*, p. 59.

[79] Recai Galip Okandan, "La Révolution nationale et la Proclamation de la République en Turquie", *Annales de la Faculté de Droit d'Istanbul*, t. XIX, 1969, p. 85.

[80] F. Fikry, *Le mouvement constitutionnel en Turquie*, p. 96-97.

3 – La décentralisation

L'autonomie locale tient une place à part dans la Loi sur l'organisation fondamentale. "La Turquie est divisée selon les nécessités géographiques et les relations économiques en Vilayets et, les Vilayets en Casas, ces derniers se composent de Nahiés" (Article 10).

"Dans les questions d'intérêt local, le Vilayet a la personnalité morale et jouit d'autonomie..." (Article 11). "Le Casa est seulement une unité administrative et policière ne jouissant d'aucune personnalité morale..." (Article 15). "Le Nahié (commune) est une personnalité morale jouissant de l'autonomie dans la vie locale." (Article 16). Le Nahié possède un Conseil général, un Conseil administratif et un mudir (maire) (Article 17). Le conseil général du Nahié se compose des membres élus directement par la population du Nahié (Article 18).

En bref, la Loi du 20 janvier 1921 permet l'élection et le groupement en Assemblée des administrateurs des provinces (Vilayats) et des communes (Nahiés). Néanmoins, "la liberté qu'elle laisse à ces organismes n'est pas telle qu'elle puisse nuire à l'homogénéité des populations d'Asie mineure. Au surplus, le pouvoir central, émanation de la souveraineté nationale, est représenté près du Conseil du *vilayet* par le *vali*, qui en surveille les travaux au nom de la Grande Assemblée."[81]

Il convient de signaler que la "loi sur l'organisation fondamentale" serait pour la Turquie "l'aurore du bolchevisme"[82]. Pour Mary-Rousselière, une telle comparaison "n'a aucun sens" : "Le régime soviétique repose sur une pyramide d'organes délibératifs issus les uns des autres de bas en haut et chargés à chaque degré de l'exécution en cascade des mesures prescrites de haut en bas, ainsi que de l'administration locale de la division administrative correspondante..."[83]. "En dehors de la tendance de la décentralisation administrative, il n'y a absolument aucune ressemblance entre les lois organiques turque et russe. Car tandis que la première admet le parlementarisme dans son système le plus absolu du Gouvernement

---

[81] Mary- Rousselière, *La Turquie constitutionnelle*, p. 218.
[82] Cité par Mary-Rousselière, p. 219.
[83] Mary-Rousselière, *La Turquie constitutionnelle*, p. 219-220.

d'Assemblée, l'organisation soviétique paraît vouloir en éviter tous les inconvénients."[84]

La loi organique de 1921 institue un régime original qui devait d'ailleurs être transitoire[85]. Mustafa Kemal le résume ainsi dans son fameux discours du 5 décembre 1921 : "Nous avons, dit-il, une forme légale qui est conforme aux droits naturels et à la loi suprême de la religion, ce n'est ni un Gouvernement direct ni un Gouvernement soviétique, il a sa personnalité distincte, il n'est pas le résultat d'une imitation, il est produit naturel de la volonté nationale…"[86]

B – Le traité de Lausanne[87]

Le Traité de Sèvres avait juridiquement consacré le démembrement de l'Empire Ottoman, il fallait maintenant en assurer l'exécution. " En février 1921, à la Conférence de Londres, Lloyd George et Lord Curzon obtenaient enfin, en faveur de l'armée grecque, la permission des Alliés de poursuivre la dissolution des bandes Kémalistes et du Gouvernement d'Angora"[88]. Le 23 mars, l'offensive se déclencha en Anatolie de l'Ouest[89]. Le 10 septembre, l'élan des Grecs était définitivement brisé. Au début de l'année 1922, Mustafa Kemal déclarait devant l'Assemblée Nationale : " Nous entrons dans l'année qui commence, plus forts que jamais, devant nous s'ouvre la perspective d'un avenir assuré ; grâce aux conventions passées avec la Russie et la France, le Traité de Sèvres ne sera pas appliqué"[90].

---

[84] Mary-Rousselière, op.cit, p. 221.
[85] Mary-Rousselière op.cit, p. 222.
[86] Mustafa Kemal continue : "Nous sommes un peuple travailleur, un peuple pauvre qui travaille pour vivre, pour sa délivrance. Par conséquent, nous acquérons ce droit par le travail… Pour gouverner, il est une seule et unique base, la délibération." (cité par Mary-Rousselière, p. 222).
[87] Pour le détail, v. Paul Dumont et François Georgeon, "La mort d'un empire" (1908-1923), in Robert Mantran (dir.), *Histoire de l'Empire Ottoman*, éd. Fayard, 1989, pp. 577-642.
[88] Mary-Rousselière, op.cit., p. 225.
[89] "Les Britanniques ne se donnèrent même plus la peine de dissimuler leur participation directe : tanks, avions, autos blindées, obus asphyxiants, tout pris la route de l'Anatolie. L'escadre anglaise servit aux transports et fit le blocus de la Mer Noire. Ce fut l'élan suprême où pouvait sombrer la liberté d'un peuple qui, depuis deux ans, luttait pour son indépendance." (Mary-Rousselière, La Turquie constitutionnelle, p. 226).
[90] Cité par Mary-Rousselière, op.cit., p. 227.

L'accord conclu, le 11 octobre 1922, à la suite de la Conférence d'armistice de Moudania, permettait le retour des patriotes à Constantinople et du Gouvernement de Turquie en Thrace orientale. "C'était l'acte officiel qui, consacrant le retour des Ottomans en Europe, considérait le traité de Sèvres comme chiffon de papier"[91]. Par cette victoire, la Turquie allait reprendre place parmi les nations libres et cesser d'être la colonie exploitée des États d'Occident.

La Conférence pour les négociations de paix s'ouvrit le 21 novembre 1922 à Lausanne afin de régler, tout d'abord, le conflit gréco-turc et, ensuite, de s'occuper du conflit anglo-russe ainsi que de résoudre enfin le conflit turco-allié. A la fin des négociations de paix, les puissances occidentales reconnaissent la souveraineté du nouvel État de Turquie par le Traité signé le 24 juillet 1923, dans la grande salle de l'Université de Lausanne.

Les clauses du Traité concernent principalement les frontières de Turquie, les Détroits, la liquidation financière de l'Empire ottoman et la question des capitulations ainsi que le problème des minorités. A ce dernier titre, à la Conférence de Lausanne, la protection des minorités a été conçue sur le critère de la religion. Autrement dit, le statut des minorités n'a été reconnu qu'à des non-musulmans de Turquie, à savoir les Arméniens catholiques et les Grecs orthodoxes. S'appliquant d'une manière générale à tous les représentants des différentes minorités, l'article 38 reconnaît leur liberté individuelle, l'article 39 leurs droits civils et politiques, l'article 40 leur assure l'égalité de traitement et de garanties en droit et en fait. Ils obtiennent d'autre part la liberté d'ouvrir des écoles et la faculté d'y être instruits en leur propre langue (Art.41), puis l'agrément de leur statut familial ou personnel et la protection de tous leurs établissements religieux (Art.42), enfin la liberté entière de leur foi, etc...[92]

---

[91] Mary-Rousselière, op.cit., p. 229.

[92] Le Gouvernement de Turquie admit que ces stipulations, constituant des obligations d'intérêt international, fussent placées sous la garantie de la Société des Nations (Art. 44). En même temps, il s'engagea à ce qu'elles fussent reconnues comme lois fondamentales.

D'après A. Mary-Roussellière, l'attestation de l'histoire démontre que "les droits des minorités qu'on cherche à assurer au vingtième siècle sous la garantie de la Société des Nations, se trouvaient être spontanément accordés dès l'origine aux éléments non musulmans de l'Empire Ottoman." (op.cit., p. 253).

Quant à la pratique, le Traité de Lausanne n'a été appliqué qu'aux trois communautés arménienne, grecque ainsi que juive, mais pas à d'autres non-musulmans comme la communauté assyrienne.
Les Arméniens qui avaient obtenu le surnom de "Milleti Sadika" (peuple fidèle) vécurent paisiblement et en pleine liberté dans l'Empire Ottoman[93]. "Il faut constater que la question arménienne ne fut pas créée par la Turquie, mais qu'elle naquit des agissements de la politique russe et de la politique anglaise, qui toutes deux avaient grand intérêt à susciter des troubles dans les provinces orientales de l'Empire Ottoman"[94].

La paix ne fut conclue que le 13 octobre 1921 avec les représentants de la République socialiste des Soviets d'Arménie.

Quant à la question des minorités grecques, "partout où les Grecs et, en général, les Chrétiens s'abstinrent de déployer une activité dangereuse pour la sûreté de l'Etat, ils ne furent jamais inquiétés[95]." Le Gouvernement Hellénique et celui de la Grande Assemblée Nationale de Turquie (GANT) signèrent le 30 janvier 1923 une convention relative à l'échange obligatoire des ressortissants turcs de religion grecque orthodoxe et des ressortissants grecs de religion musulmane établis sur les territoires grecs. Exception était faite pour les habitants musulmans de Thrace occidentale et les habitants grecs établis à Constantinople avant le 30 octobre 1918.

Quant à la communauté israélite, souvent importante dans les milieux urbains, "il n'en fut pas spécialement question à Lausanne. L'esprit de loyauté dont elle avait toujours fait preuve vis-à-vis du Gouvernement Turc, fit présumer que ses membres continueraient paisiblement à collaborer avec leurs concitoyens musulmans au relèvement et à la prospérité du pays."[96]

---

[93] D'après Sir Charles Wilson, "les privilèges qui lui furent accordés constituant un véritable *imperium in imperio*, assurèrent à tous les bénéficiaires une situation reconnue devant la loi, la liberté d'exercer leur culte, la possession de leur églises et monastères, le droit de libre éducation de leurs enfants et celui de gérer eux-mêmes les affaires qui les intéressaient tous..." (Wilson (Sir Charles), Encyclopedia Brittanica, Londres, 1881, cité par Mary-Roussellière, p. 258).
[94] Mary-Rousselière, *La Turquie constitutionnelle*, p. 258.
[95] Mary-Roussellière, op.cit., p. 258.
[96] Mary-Roussellière, op. cit., p. 270.

C – La proclamation de la République et la suppression du Kalifat : le début de la laïcisation

Le 11 août 1923, la Nouvelle Assemblée Nationale inaugura ses travaux. Deux jours après, un vote unanime rendit la plus haute charge de l'Etat à Mustafa Kemal. Le 23 août, la Grande Assemblée Nationale ratifia le traité de Lausanne[97]. Afin de réaliser une réforme constitutionnelle une commission a été établie en septembre[98]. La République a été proclamée le 29 octobre 1923[99].
Le premier novembre 1922, les Députés avaient voté pour la suppression du Sultanat et le rétablissement du Kalifat électif[100]. L'Assemblée Nationale a choisi Abd-ul–Medjid Efendi comme Calife dans sa séance du 18 novembre.

Au début de l'année 1924, le Gouvernement déposait sur le bureau de l'Assemblée la loi de finances pour l'année en cours. Ce travail comportait un chapitre spécial pour les dépenses relatives au Calife et à sa famille. Dans la commission financière un député[101] s'éleva contre les termes de "Majesté" et "d'Honorable Membre de la dynastie". Il déclara que la République ne pouvait reconnaître que des citoyens égaux en droits, sans privilèges de famille et de caste.

Le discours présidentiel du 1er mars demandait à l'Assemblée de doter le pays d'une administration moderne, répondant aux exigences nationales. Il soulignait la nécessité de développer et d'unifier l'enseignement ; en conséquence, il préconisait la suppression de l'enseignement religieux dans les écoles spéciales : "Nous devons, dit-il, dégager la foi musulmane de toute ingérence politique…". Dès le lendemain, le parti majoritaire discuta et se mit d'accord sur le programme suivant : suppression du *Kalifat* ; exil des membres de la

---

[97] "La quasi unanimité qui se fit à ce moment solennel fut pour les partisans du Ghazi une nouvelle et éclatante victoire." (Mary-Roussellière, La Turquie constitutionnelle, p. 278).

[98] "Toutes les innovations y furent discutées mot par mot, phrase par phrase, comme dans le meilleur de nos Parlements occidentaux." (Mary-Rousselière, p. 279)

[99] A la suite de la démission collective du Cabinet, le chef de l'Etat chargeait Ismet Pacha de former le nouveau Cabinet.

[100] Le 2 novembre, la "Loi sur la séparation des pouvoirs politiques et religieux en Turquie" a été adoptée à l'unanimité. D'après son article 2, "Le Kalife sera choisi et élu parmi les membres les plus qualifiés de la dynastie d'Osman… La Grande Assemblée Nationale d'Angora choisira le nouveau Kalife suivant la désignation de la commission religieuse de l'Assemblée."

[101] Sükrü Bey Saraçoglu, Député de Smyrne.

dynastie ; radiation du Conseil des Ministres du Chef d'Etat-Major général et du Commissaire du *chéri ;* fusion des tribunaux religieux avec les tribunaux laïques ; rattachement des écoles religieuses au Ministère de l'Instruction publique... La ratification de toutes ces décisions par l'Assemblée Nationale fut immédiate[102].

§ 2 – La Constitution de la République : la loi organique de 1924

"Pour consolider les résultats qui viennent d'être acquis et donner une valeur égale aux décisions qui viennent d'être prises une nouvelle loi fondamentale est votée le 20 avril 1924."[103] La première Constitution de la Turquie républicaine est conçue comme le "résultat de la transformation radicale de la conception politique et traditionnelle commencée dès les premières heures du soulèvement national pour l'indépendance. Cette œuvre sera parachevée ultérieurement par diverses transformations d'ordre social, moral, économique et culturel. C'est ce qu'il est convenu d'appeler la révolution Kémaliste"[104].

Elle est aussi la Constitution détenant la plus longue durée parmi les constitutions ottomano-turques. La période de la première Constitution de la République (1924-1960) sera étudiée au regard du régime établi par la Constitution (A), des principes kémalistes et du processus de laïcisation (B) et du multipartisme (C).

A – Le régime établi par la Constitution

Tout d'abord, il est important de donner quelques éléments en ce qui concerne les caractéristiques de la Constitution de 1924 (1).

---

[102] L'article premier de la loi déclare : "Le *Kalife* est déposé, le *Kalifat* est abrogé parce qu'il est compris dans la notion de République et de Gouvernement". La loi supprimait ensuite le Ministère des Affaires religieuses et de l'*Evkaf*, organisme gérant les propriétés tombées en déshérence ou celles léguées par testament aux mosquées ou aux hôpitaux. La loi réglementait aussi l'unité de l'enseignement. La loi rétablissait une école des Hautes Etudes théologiques fermée depuis 1908. La loi du 3 mars 1924 prévoyait aussi l'unification de la justice et sa laïcisation. Le Commissariat des affaires religieuses a été supprimé. D'après Mary-Rousselière, "En trois jours la jeune République Turque avait réalisé plus de réformes que le vieil Empire Ottoman en trois siècles." (op.cit., p. 311).

[103] Ali Fuad Başgil, "La Constitution et le Régime politique" (Éléments de droit constitutionnel), in *Turquie*, Librairie Delagrave, Paris 1939, p. 17.

[104] Ali Fuad Başgil, "La Constitution et le Régime politique", p. 18.

Ensuite, l'organisation de la République va être abordée (2). Enfin, les droits de l'homme vont compléter le titre consacré au régime constitutionnel (3).

1 – Les traits généraux de la Constitution

"*L'État de Turquie est une République*" (Article premier)[105]. La Constitution de 1924 se caractérise par son esprit profondément national. Elle est née dans le pays et elle s'inspire des besoins et des tendances du peuple[106]. D'après le Professeur Başgil, cette Constitution n'est pas non plus une œuvre doctrinale, mais réaliste : " *Ses auteurs, en formulant le Principe de la souveraineté nationale sans restriction, n'ont eu en vue aucune théorie ; ils se sont seulement préoccupés de traduire en formule ce qui venait d'avoir lieu dans la réalité. Le peuple avait lutté, pour s'assurer une existence souveraine et indépendante, à la fois contre les forces envahissantes et contre le Sultanat. Il entendait, après la victoire, rester maître de ses destinées.*"[107]

La Constitution de 1924 se caractérise aussi par son esprit et sa tendance unitaire du point de vue de la souveraineté et de la forme de l'État. Le principe du pouvoir unique dans l'Etat est représenté par un seul organe : "*La souveraineté appartient sans aucune réserve à la nation*" (Art. 3) ; "*La grande Assemblée de Turquie représente seule véritablement la Nation et dispose en son nom du droit de souveraineté.*"(Art. 4).

Pour le Professeur Başgil, "la loi organique de 1924 établit une démocratie que l'on peut appeler autoritaire. Basée sur l'unité du pouvoir, cette démocratie dont l'idéal suprême est l'indépendance totale du pays, vise à la concentration des forces morales et matérielles de la nation en un seul corps, élu d'après un système de suffrage s'étendant jusqu'au vote des femmes."[108] Toutefois, M. Mary-Rousselière y relève "la marque d'un esprit profondément

[105] Cet article a été repris mot à mot par les Constitutions de 1961 et 1982. Les trois Constitutions déclarent inaltérable la définition de l'État de Turquie comme une République.

[106] Ali Fuad Başgil, "La Constitution et le Régime politique", p. 19.

[107] Ali Fuad Başgil, "La Constitution et le Régime politique", p. 19.

[108] Ali Fuad Başgil, art. précité, p. 20.

démocratique, mais nulle part on ne trouve trace d'un socialisme bolchevisant."[109]

La Constitution de 1924 se compose de 105 articles et présente, dans sa forme matérielle, toute la simplicité propre aux constitutions élaborées dans des circonstances semblables[110].

Du point de vue systématique, la Constitution de 1924 est composée de 6 chapitres : dispositions fondamentales (Chapitre premier), la fonction législative (Ch. 2), la fonction exécutive (Ch. 3), le pouvoir judiciaire (Ch. 4), droits publics des Turcs (Ch. 5), articles divers (Ch. 6).

2 – L'organisation de la République

Les fonctions législative (a) et exécutive (b) et, le pouvoir judiciaire (c) constituent l'organisation de République.

a – La fonction législative

"La Grande Assemblée Nationale de Turquie se compose de députés élus par la Nation conformément à la loi électorale" (Art. 9). Ainsi, la Constitution de 1924 décide, à l'exemple du Statut organique de 1921, que tous les représentants du pays siègent dans une seule Chambre. La Grande Assemblée Nationale siège d'une façon permanente jusqu'aux nouvelles élections. Absolument maîtresse d'agir, sa propre décision peut seule suspendre ou interrompre les travaux.

La Constitution accorde aux députés, dans l'intérêt même de l'Assemblée, de très larges immunités parlementaires.

Quant aux fonctions de l'Assemblée, l'article 26 déclare : "L'Assemblée promulgue, modifie, interprète et abroge les lois." L'article 15 donne le droit d'initiative concurremment aux membres du Parlement et au Conseil des Ministres. La Constitution a également confié au Parlement le pouvoir d'ajourner les enquêtes et les peines légales.

En bref, l'Assemblée est titulaire de tous les pouvoirs. Les pouvoirs législatif et exécutif s'unissent et se concentrent au sein des

[109] Mary-Rousselière, op.cit., p. 330.

[110] Pour le texte intégral, v. Annexe : La loi fondamentale (loi d'organisation fondamentale) du 20 avril 1924 (G. Franco, op.cit., pp.132-155).

représentants de la Nation[111]. Dans la pratique, « la plus grande partie de l'œuvre législative émane exclusivement de l'initiative ministérielle. La Grande Assemblée Nationale, aujourd'hui, est plutôt une assemblée consultative qu'une assemblée délibérante »[112].

b – La fonction exécutive

Cette fonction est déléguée par l'Assemblée Nationale au Président de la République et au Conseil des Ministres. Le Chef de l'État est élu à la majorité absolue parmi les représentants de la Nation pour une durée d'une législature. Néanmoins, il ne cesse nullement d'être un parlementaire, il reste un élu du peuple. Mais, le Président de la République ne peut prendre part ni aux délibérations ni au vote de l'Assemblée tant qu'il occupe ce poste. Il a le pouvoir de promulguer et de publier les lois dans les dix jours qui en suivront le vote. Il peut renvoyer au Parlement dans le délai de 10 jours pour une nouvelle délibération, après avoir motivé son intervention.

Le Conseil des Ministres est composé du Président du Conseil et des Ministres. La Constitution de 1924, abandonnant le système de désignation individuelle des mandataires institué par le statut fondamental de 1921, prévoit que les Ministres forment un cabinet dont tous les membres sont solidaires. Cependant, le Président du Conseil est obligé de soumettre à l'approbation de l'Assemblée la liste de ses collaborateurs dès que celle-ci a reçu l'approbation du Chef de l'État.

Le régime politique prévu par la première Constitution de la République, tout en conservant le principe du Gouvernement d'Assemblée, tend cependant très nettement à l'adoption du système Parlementaire[113]. Elle avait introduit un régime mixte entre le

---

[111] Redjai, *L'évolution constitutionnelle*..., pp. 89-90.
[112] Redjai, *L'évolution constitutionnelle*..., p. 139.
[113] Mary-Rousselière, *La Turquie constitutionnelle*, p. 348.

Gouvernement d'Assemblée et le régime parlementaire[114]. En fait, "il était paternaliste. Le chef charismatique détenait le pouvoir"[115].

c – Le pouvoir judiciaire

"Le droit de juridiction" sera utilisé, au nom de la Nation et en vertu de la loi, par les tribunaux indépendants (Art. 8). Après avoir organisé un pouvoir judiciaire intègre et indépendant (Art. 53 à 60), la Constitution de la République a établi un tribunal politique suprême : la Haute Cour. Celle-ci sera appelée seulement à juger certains fonctionnaires nominativement déterminés par la loi et qui sont les Ministres, les Présidents et Conseillers de la Cour de cassation et du Conseil d'État, et le Procureur général près la Cour de cassation.

La Haute Cour de Justice fonctionne avec un Président et 14 membres.

D'après l'article 103 de la Constitution, "Il ne sera fait aucune dérogation sous aucun prétexte, aux dispositions de la loi organique. Aucune loi postérieure ne pourra en contrecarrer les dispositions". Mais, le texte fondamental restait silencieux sur le point de savoir quelle instance serait compétente pour assurer la suprématie de la Constitution.

3 – Les droits de l'homme

La Constitution de 1924 définit ensuite d'une manière assez complète les droits publics des Turcs ou mieux leurs droits individuels[116] dans ses articles 68 à 88. La liberté est définie de la façon suivante : "Chaque Turc naît libre, vit libre. La liberté consiste à faire tout ce qui n'est pas préjudiciable aux autres. La liberté, qui est un droit naturel, trouve sa limite dans la liberté des autres. Cette limite

---

[114] Du point de vue de la forme de l'État, la différence est tout à fait claire par rapport à la Constitution de 1921 : les articles 89, 90 et 91 sont consacrés aux *vilayets* : "Au point de vue de la situation géographique et des relations économiques, la Turquie se divise en vilayets, les vilayets en casas et les casas en nahiés se composant de bourgs et de hameaux." (Art. 90). Le terme décentralisation ne figure que d'une façon générale dans l'article 91 : "Les *vilayets* sont administrés selon le principe de décentralisation et de division du travail."

[115] Esen, *La Turquie*, p. 46.

[116] Mary-Rousselière, op.cit., p. 346.

est fixée et précisée uniquement par la loi" (Art. 68)[117]. C'est la doctrine des droits naturels qui marque la Constitution du point de vue de son esprit et de sa forme[118].

Tous les privilèges de classe, de famille et d'individus sont abolis (Art. 69). De même le droit de s'instruire devient obligatoire pour tous et gratuit dans les écoles de l'Etat. D'une manière générale l'égalité civile et la liberté individuelle sont pleinement sauvegardées, l'article 82 a même institué explicitement un droit de pétition distinct du droit de plainte. Chacun peut adresser, à titre particulier et à titre collectif, des observations ou des réclamations, soit aux autorités compétentes relevant du pouvoir exécutif, soit à l'Assemblée nationale et cela pour tous les actes intéressant leur personne ou le public.

Du point de vue de la citoyenneté, l'article 88 donne la définition suivante : "La qualité de citoyens donne au peuple de Turquie, sans distinction de religion ou de race, le nom de Turcs."

« Malgré l'adoption officielle de la conception libérale de 1789, le régime des libertés fut un régime dirigé[119] » alors que les droits et libertés reconnus « sont les mêmes que dans presque toutes les autres Constitutions »[120].

B – Le processus de laïcisation et les principes kémalistes

Les modifications constitutionnelles intervenues en 1928 et en 1937 sont relatives principalement à la laïcisation de l'État. Quant aux modifications intervenues en 1942 et en 1951, elles concernent essentiellement l'aspect linguistique de la Constitution. La reconnaissance du suffrage universel au niveau local date de 1930 et au niveau national de 1934.

1 – Le processus de laïcisation

D'après l'article 2 de la Constitution, "La religion de l'État de Turquie est la religion d'Islam". Cette référence faite à l'Islam comme religion de l'État a été supprimée en 1928. Au cours de la révision

[117] L'inspiration de la Déclaration des Droits de l'Homme et du Citoyen de 1789 est assez claire dans la rédaction du chapitre consacré aux droits et libertés.

[118] Cf. Kapani, *Kamu Hürriyetleri*, pp. 103-104.

[119] Esen, *La Turquie*, p. 46. Pour le détail sur la pratique de droits et libertés voyez B. Tanör, *Osmanlı – Türk Anayasal Gelişmeleri,* pp. 328-329.

[120] Franco, op.cit., p. 122.

effectuée en 1937, les principes Kémalistes ont été intégrés dans l'article 2 : "L'État de Turquie est républicain, nationaliste, populiste, étatiste, laïque et réformiste.".

Toutefois, la laïcisation du système politico-constitutionnel a été effectuée à la suite des réformes réalisées d'une façon graduelle depuis le début des années 1920. Il convient donc de rappeler l'évolution dans ce sens. La laïcisation dans le domaine étatique consiste d'abord à remplacer le principe de la souveraineté monarchique et divine par celui de la souveraineté nationale et laïque[121]. Ensuite, la séparation du califat et du sultanat impliquée par la suppression de cette dernière institution en 1922 consacre le divorce entre le spirituel et le temporel. L'abolition du califat, en 1924, met fin au dualisme des pouvoirs. Avec la suppression de la référence à l'Islam comme religion de l'État dans la Constitution, cette évolution suit son cours[122]. Les mesures laïcisantes placent la religion sous le contrôle de l'État en lui refusant le droit à l'autonomie dans la société. La présidence des affaires religieuses en tant qu'instance administrative créée en 1924 n'a pas d'autorité spirituelle, ni le droit d'interpréter les lois islamiques. Cette unité administrative apporte une légitimation d'ordre religieux à la politique de laïcisation. Elle sert également au pouvoir politique de moyen pour contrôler la religion[123].

Toutes ces réalisations affectent naturellement le système juridique et une transformation profonde se réalise à la fois dans le domaine du droit public et du droit privé. "La nouvelle législation républicaine met fin à la dualité provenant de la coexistence d'un droit d'origine religieuse et d'un autre d'origine séculière, en unifiant, en laïcisant et

---

[121] Cf. Bülent Tanör, "L'émergence de la laïcité en Turquie", in *ERT* (Equipe de Recherche sur la Turquie), *Bulletin de Liaison*, n°2, mai 1985, p. 46 à 56. V. Aussi Recai Galip Okandan, "La Révolution nationale et la proclamation de la République de Turquie", p. 87 à 90.

[122] Cf. B. Tanör, " L'émergence de la laïcité en Turquie", p. 51.

[123] A cette occasion, il convient de signaler le caractère graduel d'une modernisation et d'une sécularisation en Turquie qui s'étaient échelonnées sur près d'un siècle. A la fin du XIXe siècle, un système éducatif laïc était créé, et maintes lois et pratiques occidentales avaient été adoptées. Même si l'on tient compte du fait que jusqu'aux réformes d'Atatürk, le dualisme entre le droit laïque et Charia, et entre l'éducation religieuse a perduré, la tendance à la modernisation et à la laïcité était clairement engagée (voyez Ali Kazancıgil et Ergun Özbudun, "Introduction", in ATATÜRK fondateur de la Turquie moderne, MASSON, Paris 1984, p .9).

en modernisant le droit positif tout entier."[124] La religion ne devient qu'une question de croyance purement individuelle dans le contexte du laïcisme. Pour Mustafa Kemal, la liberté de conscience est un des droits naturels les plus essentiels, qu'il convient à tout prix de protéger. "En ce qui concerne les règles religieuses, chacun est libre de penser et de croire ce qu'il veut, d'avoir l'opinion politique qui le satisfait et d'agir comme il l'entend"[125]. Nul, selon lui, n'est en droit de guider la conscience individuelle. "La laïcité turque implique également la liberté sociale" : Pour Mustafa Kémal, "si on ne cherche pas à réaliser la liberté sociale, la liberté politique, la liberté de conscience ou toute autre liberté restent lettres mortes"[126].

D'après historien Karal, "La laïcité des révolutionnaires turcs est plus étendue qu'en Occident. Elle ne se borne pas à libérer les pouvoirs exécutif, législatif et judiciaire de la tutelle religieuse, elle élimine des traditions entières qui restreignaient, au nom du religieux, l'action individuelle, familiale et sociale"[127].

En bref, le laïcisme de Turquie qui se situe dans le processus de transition d'un État monocratique, traditionnel et multinational, à un État démocratique, moderne et national[128] peut être conçu comme fondement des droits de l'homme dans la Turquie républicaine.

2 – Les principes kémalistes

Après avoir décrit les développements relatifs à la laïcité, il convient de signaler les autres principes inclus dans l'article 2 au cours de la modification constitutionnelle réalisée le 5 février 1937.

a – Le principe du *nationalisme* exprime, selon M. Le professeur Başgil, "l'affirmation d'une foi sincère en la vitalité et en l'avenir de la race turque et traduit l'aspiration du peuple vers son unification complète."[129] Le but poursuivi étant d'amener la nation à un degré de liberté et d'indépendance plus élevé, il s'ensuit que le nationalisme turc serait essentiellement éducatif et humanitaire.

---

[124] Tanör, art. précité, p. 52.

[125] Cité par le professeur Enver Ziya Karal, "Les principes du Kémalisme", in *ATATÜRK fondateur de la Turquie moderne*, Masson, Paris, 1984, p. 21.

[126] Cité par M. Karal, art. précité, p. 21.

[127] Article précité, p. 20.

[128] Tanör, article précité, p. 52.

[129] Başgil, "La Constitution et le régime politique", p. 21.

b – Le principe de l'*étatisme* apparaît comme une réaction contre la politique du gouvernement de l'empire qui s'abstenait d'intervenir dans la vie économique et sociale. "L'Empire Ottoman n'était en réalité qu'un immense champ d'exploitation pour les pays industriels ; ses villes principales comme Istanbul et Izmir formaient chacune une sorte de marché international ouvert à tout venant"[130]. Au point de vue social, dont la vie manquait de cohésion, la tâche qui s'imposait dans ce domaine était urgente dans le sens d'une réorganisation complète sur le plan économique et social. L'État devait se faire à la fois le gardien de l'ordre intérieur et l'organisateur de la vie publique. "C'est donc par nécessité d'ordre national, et non pas par fantaisie doctrinale, que l'État est appelé à intervenir sur l'ensemble de l'activité économique et sociale du pays"[131]. L'étatisme est analysé aussi "comme la réponse turque à la crise de 1929"[132].

c – Le principe de *révolution* est conçu comme "l'ensemble des efforts de l'Etat national en vue de la rénovation méthodique de la vie et des institutions fondamentales du pays"[133]. Dans ce sens la révolution Kémaliste est essentiellement le triomphe du concept qui consiste à déplacer l'axe de la vie spirituelle de la nation. Ce concept est la conséquence logique du principe de la souveraineté nationale.

d – Le principe du *populisme* servira surtout à légitimer la spécificité du régime républicain et à lui permettre de se démarquer du socialisme et de la démocratie libérale. Le populisme kémaliste serait "très voisin du solidarisme durkheimien"[134].

e – Le principe *républicain* incarne d'abord le caractère intangible de la forme républicaine du gouvernement face à toute idée de retour à la monarchie et à l'ordre social ancien. Toutefois, selon M le Professeur Marcou," le concept de République en Turquie reste ambigu…"[135]

---

[130] Başgil, "La Constitution et le régime politique", p. 22.

[131] Başgil, art. précité, p. 23. "Aujourd'hui vient d'être créé en Turquie une nation organisée et disciplinée, et cela grâce à la politique étatiste qui a donné à la République les possibilités d'une révolution totale dans la vie nationale du pays." (p. 23).

[132] J. Marcou, "L'expérience constitutionnelle turque", p. 441-442.

[133] Başgil, art. précité, p. 23.

[134] Marcou, article précité, p. 441.

[135] Art. précité, p. 440.

En vérité, ces principes "ne sont pas absolument nouveaux dans la vie de la République puisque suivis et appliqués comme programme de Gouvernement du *Parti Républicain du Peuple.* Après une expérience de fait de plus de dix ans, on vient de les insérer dans la Constitution ; ils sont donc le fruit d'une pratique qui s'est imposée et justifiée grâce à d'heureux résultats, pratique qui tire son origine non pas d'une certaine présomption doctrinale, mais essentiellement de la nécessité historique et des impératifs sociaux du présent"[136]. D'après M. Redjai, « Le gouvernement actuel est l'interprète des volontés et le guide naturel de l'activité du Parlement ; il doit réaliser le programme du Parti Populaire, qui le soutient, et qui est lui-même placé sous la grande autorité de Moustapha Kemal pacha, Président de la République Turque »[137].

C – Le multipartisme et la fin de la Constitution de 1924

La création du Parti Républicain du Peuple (PRP) date du 9 Septembre 1922. Deux tentatives ont été faites en 1924–1925 et en 1930 pour essayer d'instaurer un système pluraliste en favorisant l'émergence d'une opposition légale. Mais ces deux expériences se soldèrent par des échecs, la seconde notamment ayant favorisé l'émergence d'une forte contestation religieuse[138].

C'est après la Seconde Guerre mondiale que le régime du parti unique prend fin sous la pression des mutations nationales et internationales. Deux événements furent à cet égard déterminants[139] : le discours du 1er novembre 1945 à l'Assemblée Nationale où le Président de la République, İsmet İnönü, souhaita la création d'un parti d'opposition et l'instauration du suffrage universel direct en

---

[136] Başgil, art. Précité, p. 20. Pour la fondation du Parti Populaire et les principes de son programme politique, v. Omer Redjai, L'évolution constitutionnelle..., pp.118-132.

[137] Op.cit., pp.140-141. Il convient de citer quelques phrases d'Edouard Herriot sur M. Kemal : "Au terme de son étonnant effort, Moustapha Kemal fera de son pays une République assez pareille à la nôtre... Moustapha Kemal n'est ni un bolchevik ni un fasciste. C'est un constitutionnel à la manière anglaise, un républicain dans le style français ; j'admire qu'il ait pu, après une action si violente, fixer et maintenir un équilibre si mesuré." (Visage de l'Orient (Marianne 13 et 27 décembre 1933, no.60-62), cité par Omer Redjai, p.141.

[138] Il faut rappeler que la révision des articles 10 et 11 de la Constitution a été effectuée en 1934 afin de reconnaître le suffrage universel.

[139] Cf. J. Marcou, art. précité, p. 442-443.

1946[140]. Dans la même année, la fondation du Parti démocrate (PD) par les dissidents du PRP est le résultat d'une telle volonté. Aux élections générales de mai 1950 l'alternance politique apparût pour la première fois dans la Turquie républicaine[141]. La Turquie venait de vivre une rupture comparable par son ampleur à celles de 1876, de 1908 et de 1923 mais la Constitution de 1924, toujours en vigueur, « allait devoir prouver son aptitude à être la loi fondamentale d'une république parlementaire où l'alternance désormais était de mise"[142].

La pratique du Parti démocrate fut anti-démocratique et anti-libérale du point de vue du pluralisme et des libertés alors que sur le plan économique l'étatisme a été mis en cause (privatisations d'entreprises et de banques nationales, encouragement à l'investissement du capital étranger). Sur le plan politique, sa pratique a été transformée en une attaque frontale contre tout ce qui pouvait constituer une opposition sérieuse au Gouvernement : répression contre les partis politiques (dissolution du Parti de la nation et confiscation des biens du PRP en 1953), atteinte à la liberté de la presse (loi du 9 mars 1954 sur les saisies de journaux), mise en cause de l'indépendance de la magistrature[143]. Tout cela n'empêcha pas le Parti démocrate de l'emporter aux élections générales de 1954 et de 1957, mais ces scrutins furent marqués par des mesures d'intimidation et par des fraudes[144].

"L'absence de garanties constitutionnelles sérieuses fit cruellement défaut face à l'absolutisme d'un Parti démocrate qui appliqua à l'opposition et à la presse un régime qu'il avait lui-même subi avant d'accéder au pouvoir"[145]. Pour expliquer une telle politique et pratique par le Gouvernement du Parti démocrate deux raisons principales peuvent être évoquées pour l'une démocratique et pour l'autre constitutionnelle.

La raison démocratique s'explique par l'incapacité des forces politiques de Turquie à accepter le consensus minimum nécessaire au fonctionnement d'un système politique supposant l'alternance. Quant

[140] Depuis l'Empire ottoman, il s'agissait d'un suffrage indirect.
[141] Celal Bayar fut élu par la nouvelle Assemblée à la présidence de la République et Adnan Menderes devint Premier ministre.
[142] Marcou, article précité, p. 443.
[143] Pour le détail voyez Ali Fuad Başgil, *La révolution militaire de 1960 en Turquie (Ses origines), Perret-*Gentil, Genève 1963*, p. 96 et s. ;* Esen*, La Turquie*, p. 57 et s.
[144] Cf. Marcou, article précité, p. 443.
[145] Cf. Marcou, article précité, p. 443.

à la raison constitutionnelle, celle-ci s'explique par l'inadaptation de la Constitution de 1924 à garantir l'épanouissement d'une démocratie parlementaire[146]. La liberté des partis politiques, la liberté de la presse, l'autonomie des universités et l'indépendance de la presse se trouvaient au cœur des querelles dans une atmosphère où la situation politique allait se détériorer au cours du premier semestre 1960. " Une loi spéciale fut votée qui dotait la Commission *ad hoc* de prérogatives exorbitantes et anticonstitutionnelles : pouvoir d'ordonner des arrestations, de suspendre les journaux. La Commission n'était pas liée par les dispositions procédurales de droit commun. Elle avait des pouvoirs juridictionnels…."[147] Contrairement à ces remarques, selon M. Le prof. Başgil, "une mesure de caractère général en apparence, mais dirigée en réalité contre le Parti républicain : l'ouverture d'une enquête parlementaire et, à cette fin, la constitution d'une commission chargée de dénigrer les activités souterraines et les ressources financières du parti d'opposition."[148]

L'intervention militaire, soutenue également par les intellectuels et universitaires, a été faite le 27 mai 1960[149]. Ainsi, la Constitution du 20 Avril 1924 a été supprimée par un coup d'État militaire. Néanmoins, sur la nature de l'intervention militaire, il existe de façon constante des points de vue différents au niveau doctrinal. Est-ce que l'intervention militaire était une révolution ou un coup d'État ? Pour la majorité des publicistes, ce serait plutôt un mouvement ou une révolution qu'un coup d'État militaire du fait que le Gouvernement de Menderes avait déjà perdu sa légitimité démocratique en raison des

---

[146] Cf. Marcou, article précité, p. 443.

[147] "Devant l'anticonstitutionnalité flagrante de la loi qui concédait des pouvoirs incroyables à la Commission spéciale, et le lendemain de son adoption, le professeur de Droit constitutionnel et politique, auteur de ces lignes, proclama du haut de sa chaire à la Faculté d'Ankara, qu'il ne pourrait plus poursuivre ses cours. L'émotion était comble dans les milieux étudiants. Des mouvements se déclenchèrent qui gagnèrent la rue. D'autres mouvements parallèles le même jour à Istanbul et à Izmir…" (Esen, La Turquie, p. 63-64).

[148] Ali Fuad Başgil, La Révolution militaire de 1960 en Turquie, p. 21.

[149] "Tous les ministres du cabinet Menderes et tous les députés Démocrates viennent d'être arrêtés, Celal Bayar, Président de la République, en tête, et internés à l'Ecole militaire d'Ankara. L'action s'est déroulée sans opposition ni incidents…" (La communication diffusée par la radio à intervalles réguliers dès 6 h 30, au matin du 27 mai).

lois anticonstitutionnelles[150]. Toutefois, pour une bonne partie des enseignants surtout partisans du Parti démocrate, le caractère de coup d'État de l'intervention militaire était hors de discussion. Certainement, une telle divergence n'excluait pas des exceptions[151]. De toute évidence, le "27 mai 1960" fut généralement analysé à l'époque comme un coup d'État progressiste. "Il est vrai qu'il déboucha sur l'un des régimes politiques les plus libéraux que la Turquie ait jamais connu"[152].

§ 3 – La Constitution de 1961[153] : l'instauration de l'Etat de droit

"*La Révolution de mai 1960 écarta les détenteurs du pouvoir politique. Il ne restait plus d'organes législatif et exécutif dans l'État. Les militaires, détenteurs effectifs du pouvoir, avaient proclamé, dès la première heure du mouvement révolutionnaire, qu'une nouvelle Constitution serait établie.*"[154] Mais, entre-temps, afin de répondre au besoin d'un cadre juridique, une loi du 14 juin 1960, intitulée "Constitution Provisoire" a été promulguée.

Par le coup d'État du 27 mai 1960 l'armée était sortie de ses casernes pour la première fois depuis l'instauration de la République. Le pouvoir fut cependant rendu rapidement aux civils. Le procès des principaux responsables politiques démocrates (Présidents de la République, Premier ministre, ministres…) fut organisé. Il prit même

---

[150] Pour la qualification de M. Bülent Nuri Esen, Professeur de Droit constitutionnel à la Faculté de Droit de l'Université d'Ankara, voyez B. N. Esen, La Turquie, p. 65 et s.

[151] Citons comme exemple le titre de l'ouvrage de M. Ali Fuad Başgil, *La Révolution militaire de 1960 en Turquie (Ses origines)*, Un document Un témoignage, Ed. Perret-Gentil, Genève 1963. Ali Fuad Başgil, Professeur de droit constitutionnel à la Faculté de Droit de l'Université d'Istanbul, était Sénateur démissionnaire et partisan du Parti démocrate.

[152] Marcou, art. précité, p. 444.

[153] Le titre de l'article de M le professeur Hüseyin Nail Kubalı est le suivant : "Les traits dominants de la Constitution de la seconde République turque", in *Revue internationale de droit comparé*, Vol.17, no.4, Octobre-décembre 1965, pp.855-872. M. Le prof. Teziç qualifie aussi la Constitution de 1961 de deuxième République. V. : La *Seconde République Turque*, Thèse pour le doctorat de l'Université, Université de Paris (le 28 juin 1965). En fait, certains constitutionnalistes francophones ont commencé à numéroter les Républiques à partir de la Constitution de 1961 alors qu'en Turquie contrairement à la France une telle numérotation n'a pas été faite officiellement.

[154] Esen, *La Turquie*, p. 64.

un tour très constitutionnel puisque les anciens gouvernants étaient principalement accusés d'avoir voulu "changer, modifier, et abroger de force la Constitution"[155]. Dès le mois de janvier 1961, l'interdiction des activités politiques fut levée, de nouveaux partis politiques purent se créer et l'élaboration d'une nouvelle constitution commença. La Constitution fut rédigée par une assemblée constituante composée de membres élus par les partis politiques et les organisations sociales puis elle fut adoptée par référendum, le 9 juillet 1961[156].

Ceci dit, il convient de signaler deux ordres de paradoxe. Le premier peut être aperçu entre le coup d'État et la caractéristique de la Constitution. La Constitution la plus sophistiquée du point de vue des mécanismes de freins et d'équilibres et la plus libérale du point de vue des droits de l'homme a été élaborée à la suite d'un coup d'État militaire. Le second paradoxe concerne le pouvoir constituant et le pouvoir constitué[157]. Pour prendre toute la mesure de cette Constitution exemplaire encore faut-il préciser les caractéristiques de la République (A), la nature de son régime politique (B), l'étendue de la protection des droits de l'homme (C) et les modifications qu'elle a connues (D).

A – Les caractéristiques de la Constitution

Les caractéristiques de la Constitution sont identifiables autour de ses bases idéologiques (1) de ses traits généraux (2) et des mécanismes de freins et d'équilibre mis en place (3).

1 – Les bases idéologiques

"*Les constituants voulaient faire franchir à leur pays une nouvelle étape modernisatrice en construisant un régime démocratique qui*

---

[155] Marcou, p. 445.

[156] Le "Oui" n'obtint que 61.5 % des suffrages exprimés. Le pourcentage élevé des "Non" peut être expliqué par l'exclusion des démocrates de l'assemblée constituante et le procès de leurs dirigeants. L'Assemblée constituante a voté le projet le 27 mai 1961. Le texte du projet qui fut publié au Journal officiel du 31 mai 1961 a été adopté par voie de référendum le 9 juillet 1961. La Constitution fut publiée au Journal officiel du 20 juillet 1961. C'est la loi n° 334. (Pour une traduction française du texte de la Constitution, voir les annales de la Faculté de Droit d'Istanbul, n° 23-24, 1966).

[157] V. D – Les modifications de la Constitution de 1961 et sa fin.

engendrerait une société nouvelle"[158]. En réalité, le préambule de la Constitution visait trois objectifs : établir des freins destinés à empêcher l'arbitraire ; affirmer que la Turquie appartient à la civilisation occidentale contemporaine ; indiquer les principes par lesquels s'exprime la conception nouvelle du Gouvernement de l'Etat. D'après le Professeur Esen, les deux premiers buts visent, du point de vue scientifique, la "constitutionnalisation du pouvoir"[159]. Du point de vue idéologique, d'après M. le Professeur Kubalı, la Constitution contient trois catégories de dispositions[160] : la justice sociale et « la Révolution du 27 mai sur la légitimité de laquelle repose tout l'édifice constitutionnel de la Seconde République » ainsi que « la Révolution d'Atatürk ».

2 – Les traits généraux

La Constitution de 1961 était tout à fait nouvelle du point de vue formel et systématique ainsi que du point de vue du contenu. Sur le plan formel, tout d'abord, le texte de la Constitution est composé d'un préambule, de 157 articles et de 11 autres articles groupés sous le titre de "Dispositions transitoires". Le corps du texte est divisé en plusieurs parties, qui, à leur tour, se composent de chapitres. La particularité du préambule est qu'il fait partie intégrante du texte de la Constitution.
Systématique ensuite car la première partie énonce les "principes généraux" (Articles 1 à 9) : la République, les caractéristiques de la République, la forme de l'État, la souveraineté, etc. La deuxième partie est consacrée aux droits et obligations fondamentaux" (Articles 10 à 62). La troisième partie concerne "l'organisation fondamentale de la République" (Articles 63 à 152)[161]. Enfin, sur le plan du contenu, les nouvelles règles (normes), les nouvelles institutions et les nouveaux mécanismes de freins et d'équilibres caractérisent la Constitution de 1961. Son article 2, intitulé les caractéristiques de la République, en est la preuve : "La République de Turquie est un État de droit, national, démocratique, laïque et social qui s'appuie sur les droits de l'homme…". En effet, la formule suivante serait le résumé

---

[158] Marcou, article précité, p. 446.
[159] B. N. Esen, *La Turquie*, p. 78.
[160] H.N. Kubalı, "Les traits dominants de la Constitution de la seconde République turque", RIDC, pp. 858-861.
[161] Partie IV : Dispositions diverses (Articles 153-154) ; Partie V : Dispositions transitoires ; Partie VI : dispositions finales (Articles 155-157).

de la conception philosophique de la nouvelle Constitution : "l'Etat de Droit démocratique avec tous ses fondements juridiques et sociaux"[162].

L'État de droit, selon la Cour constitutionnelle est celui qui respecte les droits de l'homme et qui les protège, qui institue un ordre juridique juste et qui se considère comme obligé de le maintenir, qui se conforme au Droit et à la Constitution dans toutes ses dispositions[163]. Une des exigences de l'État de droit serait le respect des droits acquis[164]. La Cour constitutionnelle utilisait aussi le terme d'État de droit démocratique. D'après la haute juridiction, c'est l'État qui a pour but de "réaliser et garantir les droits et les libertés de l'homme, la solidarité nationale, la justice sociale, la sécurité et le bien-être de l'individu et de la communauté"[165].

Quant à l'État social, il est celui qui reconnaît les droits sociaux et qui assume des charges sociales[166]. Quant à l'État de Droit "laïc", c'est l'État dont l'ordre juridique, politique, économique ou social ne repose pas sur des fondements religieux (Article 19/dernier al.). Les partis politiques qui contreviennent à cette interdiction sont dissous définitivement par la Cour constitutionnelle.

La suprématie de la Constitution, l'une des caractéristiques les plus fondamentales de la Constitution de 1961, est assurée d'abord par une révision modérément rigide[167] et, en second lieu, par le contrôle juridictionnel de la constitutionnalité des lois.

Quant aux sources d'inspiration, au-delà des facteurs internes, la Constitution d'Italie de 1947 et la Constitution de l'Allemagne de 1949 ont surtout exercé chacune leur influence sur la conception des droits de l'homme et le modèle de la Cour constitutionnelle.

---

[162] B. N. Esen, *La Turquie*, p. 78.

[163] CC, arrêt du 11 octobre 1963 ; 63-124-243. (AYMKD, sy.1 (1992), sf. 422-439).

[164] CC, arrêt du 11 décembre 1964, 63-138, 64-71. (AYMKD, sy.2 (1992), sf. 256-277).

[165] CC, arrêt du 5 mars 1965; 65-13. (AYMKD, sy.3 (1992), s. 83-104). Pour la Cour constitutionnelle, il s'agit d'un "Etat qui respecte les droits de l'homme, qui crée l'ordre juridique protégeant ces droits et assurant leur continuité, qui se conforme, dans tous ses actes, au droit et à la Constitution et dont tous les actes sont soumis au contrôle judiciaire" (Arrêt de la Cour, J.O du 27.12.1967).

[166] CC, arrêt du 1er décembre 1964; 63-138,64-71. (AYMKD, sy.2 (1991), s. 256-277).

[167] Kubalı, "Les traits dominants de la Constitution....", p. 863.

3 – Les mécanismes de freins et d'équilibre

Quant aux mécanismes de freins et d'équilibre, l'essence de la nouvelle Constitution était "très constitutionnaliste"[168]. Il s'agissait avant tout de trouver des garanties contres les risques d'excès des gouvernants, de leur assigner des limites et d'ériger des contre-pouvoirs. Les mécanismes de freins et d'équilibre dans la Constitution de 1961 peuvent être regroupés en quatre points.

En premier lieu, au sein de chaque organe étatique, le bicaméralisme dans la GANT, le statut du Premier ministre au sein du Conseil des ministres (primus inter pares) et la neutralité du Président de la République peuvent être conçus comme les éléments de freins et d'équilibre au sein du législatif et de l'exécutif. Pour assurer l'impartialité du Chef de l'État, la Constitution a édicté que celui-ci, une fois élu, n'aurait, *ipso facto*, plus aucun rapport avec le parti politique auquel il appartient, et qu'il ne pourrait être réélu[169]. Quant au pouvoir juridictionnel, le Conseil supérieur de Magistrature était à la fois une instance de surveillance.

En second lieu, entre les pouvoirs, les mécanismes du contrôle de la GANT sur le pouvoir exécutif étaient susceptibles de mettre en cause la responsabilité gouvernementale. Cependant, les deux pouvoirs étaient placés sous le contrôle juridictionnel : le Gouvernement par le Conseil d'État et le Parlement par la Cour constitutionnelle laquelle représente "un mécanisme effectif et efficace dans l'affirmation constante de la supériorité de la Constitution". D'après le professeur Esen, la Cour constitutionnelle formait "la clef de voûte du système politique turc"[170].

En troisième lieu, à côté des pouvoirs étatiques, des institutions autonomes, en dehors des juridictions, disposaient d'une garantie constitutionnelle les érigeant en contre-pouvoirs. Tel était le cas des universités dont l'autonomie est reconnue, de l'organisation de la radio et de la télévision dont l'indépendance est assurée ainsi que des médias lesquels étaient organisés comme garant d'un régime démocratique pluraliste[171]. En résumé, "le nouveau système

[168] Marcou, article précité, p. 446.
[169] Esen, *La Turquie*, p. 102.
[170] Esen, *La Turquie*, p. 94.
[171] "Le législateur constitutionnel, averti des expériences malheureuses des dernières années de la Première république, a conféré par souci de garantie, la qualité

constitutionnel a voulu assurer *la continuité de la République laïque* dans le cadre d'un régime démocratique doté de garanties efficaces"[172].

Enfin entre l'Etat et la société, "pour la Constitution turque, *l'État n'est qu'un moyen.*"[173] L'essentiel était donc la liberté de l'individu et l'autonomie de la société. Le régime juridique des droits de l'homme en est la preuve[174].

B – Le régime politique[175]

Le régime du gouvernement de la Constitution de 1961 était un parlementarisme de type classique avec une séparation souple des pouvoirs législatif (1) et exécutif (2), accompagné de l'affirmation de l'indépendance du pouvoir juridictionnel (3).

1 – Le pouvoir législatif

Il est composé de deux chambres : une Assemblée nationale et un Sénat. La Constitution de 1961 renoue ainsi avec le bicaméralisme ottoman dans l'idée de prévenir "le risque de la toute puissance des majorités parlementaires"[176]. Néanmoins, le dernier mot dans la fonction législative appartient à l'Assemblée nationale. La responsabilité politique s'engageait aussi seulement devant l'Assemblée nationale qui monopolisait le droit de renverser le gouvernement. Il ne s'agit donc pas d'instaurer un bicamérisme égalitaire.

---

d'institutions constitutionnelles à certains organismes présentant une importance particulière" (Kubalı, p.862).

[172] Esen, *La Turquie*, p. 272.

[173] Esen, *La Turquie*, p. 81.

[174] "Beaucoup de gens commencèrent même à penser qu'elle était trop libérale pour une société de plus en plus polarisée" (B. Levis, "La démocratie en Turquie", p.257).

[175] Pour le détail, v. M. Zafer Üskül, *Le régime turc institué par la Constitution de 1961*, (Thèse de doctorat, université des Sciences sociales de Grenoble, 1971), pp.144 et s.

[176] Marcou, article précité, p. 447. Sur le souci d'empêcher l'arbitraire voyez pour le détail, v. Esen, *La Turquie*, pp. 87 et s.

2 – La fonction exécutive

L'Exécutif n'est plus une simple émanation de la GANT, mais un organe reconnu en tant que tel (Art. 6). Toutefois, l'article 6 ne lui attribue pas la qualité de pouvoir, mais le définit comme une fonction. C'est-à-dire que l'exécutif est considéré comme un pouvoir dérivé[177], puisque la Constitution le dénomme "fonction" exécutive. Elle précise, en outre, que "la fonction exécutive est accomplie… dans le cadre des lois". Il se compose d'un Président, d'un Premier ministre et d'un "Conseil des ministres". Le Président de la République est élu pour sept ans par les deux Chambres. Le Président qui détient des pouvoirs symboliques et honorifiques n'est pas responsable de ses actes. Le Premier ministre a un statut par rapport aux ministres comme " primus inter pares". Il s'agit, d'après l'esprit du régime parlementaire, d'une double responsabilité du Conseil des ministres : individuelle et collective.

Le Conseil National de Sécurité (CNS), composé des militaires et des civils, dont la tâche principale consiste à fournir des avis de principe relatifs à la sécurité nationale afin que le Gouvernement puisse prendre ses décisions, fut l'instance nouvelle introduite par la Constitution de 1961.

3 – Le pouvoir juridictionnel

L'indépendance du pouvoir juridictionnel concerne toutes les voies juridictionnelles. D'après l'article 32, nul ne peut être soustrait de son juge naturel pour être traduit devant une autre juridiction. La loi ne peut instituer des tribunaux d'exception. La liberté d'ester en justice, garantie par la Constitution, est complétée par le principe du contrôle juridictionnel de tous les actes de l'administration. La Constitution reconnaît au Conseil d'État la possibilité de contrôler la légalité de la plupart des actes de l'exécutif. Au-delà d'un renforcement de la juridiction administrative, la création de la Cour constitutionnelle fut la nouveauté principale de la Constitution de 1961. Elle était chargée notamment de vérifier la constitutionnalité des lois, soit au moment de leur mise en application sur la saisine d'organes politiques (dans les 90 jours à partir de leur publication au Journal officiel), soit par voie

[177] B. N. Esen, *La Turquie*, p. 98

d'exception sur renvoi d'un tribunal. La Cour constitutionnelle est principalement le juge de la constitutionnalité.

D'après la Cour constitutionnelle, le rejet d'une demande en annulation n'empêche pas qu'elle soit examinée à l'occasion d'une demande ultérieure. Il en est de même pour les demandes par voie d'exception[178].

L'article 57 de la Constitution précise que les procès visant la dissolution des partis politiques sont du ressort de la Cour constitutionnelle quel qu'en soit le motif. Cette attribution est née du souci de sauvegarder le système du multipartisme[179]. Les partis politiques, constitutionnalisés en 1961, ne sont plus comme auparavant, de simples associations de droit commun, mais des institutions constitutionnelles qui, d'après les termes de l'article 56, sont considérées indispensables à la vie politique démocratique.

Par la création de la Cour constitutionnelle, la conception de la souveraineté a été révisée du point de vue de son utilisation : "*La nation exerce sa souveraineté par l'intermédiaire des organes autorisés conformément aux principes institués par la Constitution."(Art. 4).*

"Ainsi la nouvelle Constitution dotait la Turquie d'un régime parlementaire bicaméraliste moderne pourvu d'un contrôle de la constitutionnalité des lois, qui rappelait à bien des égards celui de beaucoup d'États d'Europe occidentale."[180]

C – Le régime des droits de l'homme

L'Etat fondé sur les droits de l'homme aurait pour tâche d'atteindre les buts suivants : "assurer la protection des droits et des libertés de la personne humaine, réaliser la justice sociale, réaliser la sécurité et le bien-être de l'individu et de la communauté"[181]. Le terme "Droits de l'Homme" reflète une conception définie de la liberté. Cette conception est celle qui tient pour essentielle la dignité de la personne humaine. "Le principe de la primauté des libertés" a été consacré[182]. La conception de la liberté (1) et les critères de limitation et de

---

[178] CC, arrêts du 26 décembre 1962, du 25 octobre 1963 et du 2 juin 1964. (AYMKD, sy.2 (1991), s.155-164).

[179] Esen, *La Turquie*, pp. 94-95.

[180] Marcou, article précité, p. 448.

[181] Esen, *La Turquie*, p. 91.

[182] Esen, *La Turquie*, p. 92.

garantie (2) ainsi que l'étendue des droits de l'homme (3) constituent le régime des droits de l'homme dans la Constitution de 1961.

1 – La conception de la liberté

Comme nous l'avons vu, la Constitution de 1924 était à l'origine exclusivement attachée à l'idéologie individualiste et libérale de 1789. En revanche, la Constitution de 1961 était imprégnée de la conception sociale. Elle évoquait dans son préambule, la "justice sociale", le "bien-être de la société", les "fondements sociaux de l'État", "l'État social"... Elle déclarait dans son article 2 : "*La République de Turquie est un Etat de droit, national, démocratique, laïque et social, qui s'appuie sur les droits de l'homme et les principes fondamentaux spécifiés dans le préambule*"[183]. Du point de vue systématique, à partir de cette définition et, en suivant la tradition des constitutions libérales, la Constitution aménage tout d'abord les droits de l'homme et ensuite l'organisation étatico-politique.

La définition des droits de l'homme par rapport à l'État[184] nous donne une idée concrète sur la conception de la liberté. En effet, d'après l'article 10, l'État a deux ordres d'obligations, négative et positive :

- "Chacun possède des libertés et droits fondamentaux qui sont individuels, inviolables, inaliénables et auxquels il ne peut renoncer" (premier alinéa) ;
- "L'État supprime tous les obstacles politiques, économiques et sociaux restreignant les libertés et droits fondamentaux, (...) ; il prépare les conditions nécessaires pour le développement de l'existence matérielle et spirituelle de l'individu" (al. 2).

La dignité humaine est conçue comme fondement des droits de l'homme. Citons-en comme exemple la formule selon laquelle "l'État prend des mesures nécessaires pour assurer aux travailleurs une

[183] Le préambule indiquant les considérations et principes fondamentaux sur lesquels la Constitution reposait avait une force juridique.

[184] La liaison entre l'État et les droits de l'homme se différencie du caractère de rapport entre l'État et ses adjectifs ("national, démocratique, laïque et social") du fait que les droits de l'homme sont considérés comme fondement/base de l'État, mais pas comme une simple caractéristique. Autrement dit, les droits de l'homme sont conçus comme une raison d'État. En bref, la valeur transcendante des droits de l'homme a été approuvée.

rémunération équitable en rapport avec le travail qu'ils accomplissent, et susceptible de leur procurer un niveau de vie compatible avec la dignité humaine." (Art. 45)

2 – Les critères de limitation et de garantie

L'article 11 constitue la clé de voûte du régime des droits et libertés reconnus constitutionnellement. Il précise, en effet, que "Les libertés et droits fondamentaux ne peuvent être restreints qu'en vertu d'une loi, conformément à la lettre et à l'esprit de la Constitution. La loi ne peut pas porter atteinte à l'essence d'un droit et liberté, même pour des raisons telles que l'intérêt public, la morale publique, l'ordre public, la justice sociale et la sécurité nationale".

Les critères principaux qui relèvent de cet article sont la loi, la conformité à la Constitution et à l'essence de la liberté.

- La Constitution interdit la délégation législative. Le Parlement ne peut renoncer, en faveur d'un autre organe, à son pouvoir de légiférer. La loi constitue donc la source normative unique du fait que la constitution de 1961 ne reconnaissait pas de décret-loi. La loi, à la fois instrument de la mise en pratique de la Constitution et cadre d'activités gouvernementales, était soumise au contrôle de la constitutionnalité par la création de la Cour constitutionnelle.
- La conformité à la Constitution devait être assurée à la fois du point de vue de la lettre et de l'esprit. Il s'agissait de deux dimensions de la conformité qui nécessitaient au moins deux sortes d'interprétation, exégétique et génétique ou systématique.
- L'interdiction de porter atteinte à l'essence des droits et libertés constitutionnels est une clause générale qui exclue les dérogations de toute sorte.

3 – L'étendue des droits et libertés constitutionnels

A partir de l'article 14, les droits et libertés reconnus sont aménagés sous trois chapitres[185].

---

[185] Il convient de signaler que cette distinction tripartite correspond à la classification proposée par G. Jellinek vers la fin de XIXe siècle : status libertatis, status positivus et status activus. Pour le détail, v. Ludovic Hennebel, "Classement et hiérarchisation des droits de l'homme", *Annuaire international de justice constitutionnelle*, XXVI-2010, p. 425.

- Le chapitre II, intitulé "Droits et obligations de l'individu" (Articles 14 à 34), organise l'inviolabilité de l'individu ; la protection de la privée ; la liberté de voyager et de s'établir ; les droits et libertés d'opinion et de croyance ; la liberté de science et de l'art ; les libertés de la presse et de la diffusion, les droits et libertés de réunion.

Il est significatif de citer l'article 20 relatif à la liberté de pensée : "*Chacun jouit de la liberté de pensée et d'opinion, il peut exprimer et publier individuellement ou bien collectivement sa pensée et ses opinions par paroles, écrits, illustration ou par toute autre moyen. Personne ne peut être astreint à divulguer sa pensée et ses opinions.*" Cet article est tout à fait symbolique du point de vue de la différenciation du régime de limitation du fait qu'il ne contient aucun motif de restriction.

- Le chapitre III, intitulé "Droits et obligations sociaux et politiques" (Articles 35 à 53), détermine les règles relatives à la protection de la famille ; au droit de propriété ; à la liberté de travailler et de contracter ; aux droits concernant le travail ; à la sécurité sociale ; au droit à la santé et à l'instruction.

Ce qui caractérise les droits sociaux et économiques, c'est qu'ils forment un rapport juridique entre l'individu et l'État. Celui-ci assume l'obligation de les assurer[186]. Toutefois, l'article dernier de ce chapitre introduit une limite aux obligations économiques et sociales de l'État : "*L'État ne remplit ses obligations de réaliser les objectif économiques et sociaux prévus au présent chapitre que, dans la mesure où l'expansion économique et les ressources financières le lui permettent*" (Article 53).

Cet article montre que la générosité des constituants sur le plan des principes n'a pas été retenue du point de vue du statut accordé aux droits sociaux. Contrairement à la conception dynamique et sociale (Art.10/2) des droits et libertés constitutionnels, la justiciabilité des droits sociaux avait été atténuée par l'article 53. Du point de vue de l'effet de cette disposition, la doctrine de droit constitutionnel avait opéré une distinction entre les droits sociaux qui impliquaient un droit de créance vis-à-vis des autorités étatiques et ceux qui n'étaient pas susceptibles d'affecter immédiatement les ressources financières. L'article 53 n'avait donc pas de caractère applicable aux droits constitutionnels tels que la liberté syndicale ou le droit de grève parce qu'ils n'étaient pas directement rattachés à "l'expansion économique

[186] Esen, *La Turquie*, p. 108.

et (aux) ressources financières"[187]. D'après le professeur Esen[188], en établissant une différence quant à leur promotion, "il existe des droits qui, tout en étant qualifiés d'économiques et sociaux ne peuvent souffrir de ne pas être assurés à l'individu. Il y en a d'autres pour lesquels le constituant a cru nécessaire de formuler une réserve identique à celle qui figure à l'article 22 de la Déclaration Universelle des Droits de l'Homme" lequel fait état "... de l'organisation et des ressources de chaque pays". Malgré cette réserve, pour le professeur Esen, certains droits économiques et sociaux appartenant à l'individu sont exigibles de l'État. Si ces droits n'étaient pas satisfaits par l'État, le grand principe régissant toute la matière des Droits de l'Homme, selon lequel l'essence d'un droit est d'être inviolable, ne serait pas respecté[189].

- Le chapitre IV, intitulé "Droits et obligations politiques" (Articles 54 à 62) fixe les règles relatives à la nationalité, au droit d'élire et d'être élu, au droit de fonder des partis politiques, au droit d'accéder aux services publics et au droit de requête.

En conséquence, l'étendue des droits constitutionnels est assez large. Néanmoins, la liste des droits et libertés constitutionnels n'était pas exhaustive du fait qu'elle était ouverte au droit international des droits de l'homme. Le professeur Esen, en soutenant la thèse de la "suprématie de la liberté" à partir des implications de l'article 10/2, attire l'attention sur les articles qui attribuent à l'État des obligations positives pour la réalisation de certains droits et libertés et avance le point de vue suivant[190]: "Parmi les Droits de l'Homme, la Constitution ne reprend pas ceux qui sont déjà prévus par la Déclaration Universelle des droits de l'Homme ou par la Convention Européenne de Sauvegarde des Droits de l'Homme et des Libertés Fondamentales (CEDH). Pourtant, un soin particulier apporté au sujet est décelable. D'après la Constitution turque, les règles du droit international sont

[187] Pour le détail, v. Bülent Tanör, *Anayasa Hukukunda Sosyal Haklar*, May yay., Istanbul, 1978, pp. 378-381; İbrahim Ö. Kaboğlu, "Les droits sociaux en Turquie : étendue et limites", *Revue international de droit comparé*, 2011/2, pp. 346-347.

[188] B.N. Esen, *La Turquie*, p. 113.

[189] Esen, op.cit., p. 113.

[190] Esen, op.cit., pp. 109-110.

érigées en principes suprêmes primant les dispositions constitutionnelles en matière de libertés"[191].

D – Les modifications de la Constitution de 1961 et sa fin

Les améliorations apportées à la Constitution (1) ne permettront pas d'éviter une deuxième intervention de l'armée (2).

1 – La Constitution et sa pratique : convergences ou divergences ?

Deux formations principales issues des élections générales organisées en octobre 1961 furent le PRP (CHP) et le Parti de la Justice (PJ/Adalet Partisi-AP), héritier du Parti démocrate. Par la suite un Gouvernement de coalition principalement issu de ces deux formations et dirigé par İsmet İnönü, leader du PRP, a été établi. Aux élections générales d'octobre 1965, c'est le Parti de la Justice qui l'emporta. Süleyman Demirel est devenu pour la première fois Premier ministre. "Cette alternance qui ramenait au pouvoir ceux qui se disaient les héritiers des victimes de l'intervention militaire allait permettre d'apprécier les aptitudes de la nouvelle Constitution à réguler la vie politique turque"[192].

Les deux grands courants politiques, représentés par le Parti de la Justice, de centre droit, et le Parti Républicain du Peuple, de centre gauche, se ramènent sur le plan électoral à un bipartisme. Le vainqueur des élections législatives en 1965 fut le Parti de la Justice. "*Pour le parti au pouvoir, la nation, c'est la majorité électorale. Cette majorité, d'après lui, s'identifie à la nation. Ce que veut cette majorité équivaut à la volonté nationale*"[193].

En effet, la pratique de la Constitution de 1961 correspond au deuxième paradoxe qui reflète la divergence entre les détenteurs du pouvoir constituant et ceux des pouvoirs constitués, établis par le premier. On va se contenter de signaler deux ordres de problème, essentiel et formel, approfondis vers la fin de la décennie. Le premier concerne la laïcité et le deuxième est relatif aux mécanismes constitutionnels. D'après les remarques faites par le Professeur Esen,

---

[191] Esen, op.cit., p. 110. Pour la version française de la Constitution de 1961, v. Z. Üskül, *Le régime turc…* (Annexe I : La Constitution de la République Turque du 9.7.1961).

[192] Marcou, art. précité, p. 446.

[193] Esen, op.cit., p. 223. Cf. Üskül, *Le régime turc…*, pp. 229 et s.

"Tout tourne autour du grand principe de laïcité… La situation réelle se caractérise par l'ignorance des principes constitutionnels"[194].
- "Le parti au pouvoir favorise les agissements réactionnaires, de sorte que les partisans du Califat exposent leur désir avec véhémence."[195] Le seul terrain d'accord de l'opinion publique divisée en deux parties adverses, serait "l'apologie des forces armées"[196].
- L'architecture constitutionnelle qui mettait l'accent sur l'indépendance de la justice et des instances autonomes gênait souvent la majorité gouvernementale : "la Turquie est ingouvernable par un Conseil d'État qui exerce un contrôle étendu sur le Gouvernement et une Cour constitutionnelle qui exerce un contrôle strict sur le législateur"[197]. "Il sera procédé à l'élaboration d'une Constitution fondée sur la philosophie du point de vue (sic!) du Parti de la Justice, conformément au désir de la Nation"[198].

Dans ce contexte, le décalage entre la Constitution et sa pratique était évident : "un édifice constitutionnel presque parfait, construit sur le papier, et une vie constitutionnelle réelle qui tend à devenir une contre-constitution."[199] Parmi les solutions éventuelles, l'intervention de l'Armée était aussi prononcée[200].

La Constitution de 1961 est révisée en 1971, à la suite d'une intervention militaire par la voie d'un mémorandum (pronunciamento), pour renforcer les pouvoirs de l'État et diminuer les droits qui y avaient été reconnus.

---

[194] Esen, op.cit., p. 238.
[195] Esen, op.cit., p. 227.
[196] Esen, op.cit., p. 228.
[197] Une telle critique était aussi la preuve de la méfiance de M. le Premier ministre (1965-1971) vis-à-vis de la Constitution de 1961. "Le 'leader' du parti au pouvoir parle continuellement de l'État légal, et non de l'État de droit" (Esen, La Turquie, p. 235).
[198] Déclaration du Secrétaire général du Parti de la Justice, le 3 mai 1968.
[199] Esen, *La Turquie*, p. 271.
[200] Pour le Professeur Esen, on pourrait imaginer trois remèdes possibles :
- Première solution : changement d'attitude du pouvoir. (…)
- Deuxième solution : "Gentlement agreement" entre les partis politiques. (…)
- Troisième solution : "Ce n'est pas à vrai dire une solution, puisqu'elle ne serait pas juridique, mais plutôt une éventualité. C'est l'établissement d'un régime autoritaire susceptible de mettre fin à la crise d'autorité par la prise du pouvoir par l'Armée" (Esen, La Turquie, p. 268-269).

2 – Le 12 mars 1971 : l'intervention de l'Armée

L'Armée est effectivement intervenue de nouveau le 12 mars 1971, mais dans des conditions de fond et de forme différentes de celles qui avaient prévalu en 1960. Sur le fond, bien que le gouvernement de Süleyman Demirel (Parti de la Justice) ait été issu de la même famille politique que celui qui avait été renversé le "27 mai 1960", l'intervention militaire du 12 mars n'avait pas pour objet de mettre fin au révisionnisme et à l'autoritarisme du parti au pouvoir mais de rétablir l'ordre que ce dernier ne parvenait plus à maintenir. Dans sa forme en outre, le mémorandum du 12 mars fut "plus un coup de palais qu'un coup d'État"[201]. L'Assemblée nationale n'a pas été dissoute, mais l'Armée fit pression pour qu'elle investisse un gouvernement apte à mettre un terme à la déstabilisation sociale et économique. A la suite de la démission de Süleyman Demirel, un gouvernement de techniciens a été investi sous la présidence d'un professeur de droit international public (Nihat Erim). Au cours des mois suivants, la Cour constitutionnelle a dissous deux partis politiques nés de l'ouverture politique des années soixante[202].

La révision constitutionnelle ne sera pas retardée. En date du 20 septembre 1971, son objectif fut de renforcer l'autorité étatique et de restreindre les droits et libertés constitutionnels. Cette révision d'envergure a également atténué l'autonomie des universités, est revenue sur l'indépendance de la justice et les garanties des médias tout en consacrant un système. Le renforcement de l'exécutif[203] et le transfert de certaines compétences accordées à la justice vers les autorités administratives ont été motivés par l'objectif d'assurer la stabilité politique et d'établir l'ordre public[204]. Le rétablissement de la démocratie n'a été effectué qu'à l'automne 1973 à la suite d'élections législatives[205].

---

201 Marcou, "L'expérience constitutionnelle turque", p. 449.

202 Le Parti islamique (Milli Nizam Partisi -MNP-/ Parti de l'ordre national), le 21 mai 1971 et, le Parti de gauche (Türkiye İşçi Partisi-TİP- / Parti ouvrier de Turquie), le 20 juillet 1971.

203 Le système de décrets-lois a été ainsi constitutionnalisé pour la première fois.

204 Pour le détail v. Bülent Tanör, "12 Mart Rejimi Anayasa Değişiklikleri", *Kanun-u Esasi'nin 100.Yılı Armağanı*, Ankara Üniversitesi Siyasal Bilgiler Fakültesi Dergisi, Ankara 1978, s. 419-438.

205 Le Parti Républicain du Peuple (CHP) et son nouveau leader Bülent Ecevit ont remporté les élections législatives organisées vingt-neuf mois après l'état de siège.

La deuxième moitié des années soixante-dix fut encore difficile sous le "régime civil" caractérisé par une situation politique délicate résultant des facteurs nationaux (crise économique et sociale, agitation étudiante...), et internationaux (chocs pétroliers qui frappèrent durement la Turquie en pleine expansion mais non producteur, crise de Chypre en 1974 qui brouilla les Turcs avec leurs principaux alliés)[206]. L'instabilité politique affectait aussi le fonctionnement des institutions politiques qui connaissaient des problèmes importants d'incohérence et de fragilité des coalitions parlementaires articulées principalement autour de la droite parlementaire. A la suite de la démission du Gouvernement de coalition du CHP et MSP (Milli Selamet Partisi)[207], deux gouvernements de coalition ont été créés par M. Süleyman Demirel. Le 25 mars 1975 un gouvernement de coalition de l'AP-MSP-MHP baptisé "Front nationaliste" a fait cesser une crise gouvernementale de longue durée. Demirel a formé le deuxième gouvernement du "Front nationaliste"[208].

La deuxième victoire du CHP et de son leader Bülent Ecevit en 1977 ont mis fin aux gouvernements de coalition dirigés par Süleyman Demirel. Le nouveau gouvernement d'Ecevit était soutenu par une douzaine de députés démissionnaires d'autres partis politiques[209]. Bülent Ecevit a démissionné à la suite des élections partielles du Sénat en septembre 1977 et cette fois, c'était le tour de Süleyman Demirel de créer le gouvernement de minorité vers la fin de l'année 1979[210].

En 1980, la Turquie sombrait dans une guerre civile larvée marquée par la violence politique, la crise économique et les rivalités

---

Bülent Ecevit, secrétaire général du CHP, avait démissionné de son poste pour protester contre l'intervention militaire du 12 mars 1971.

206 Marcou, "L'expérience constitutionnelle turque", p. 448-450.

207 Parti du Salut National, parti recréé à la suite de la dissolution du Parti de l'Ordre national par la Cour constitutionnelle.

208 Les gouvernements de coalition de droite, dirigés par Süleyman Demirel ont approfondi la crise politico-sociale du pays. Les gouvernements de coalition tripartite, appelés "milliyetçi cephe hükümetleri" (gouvernements du front nationaliste) et composés du Parti de la Justice, du Parti du Salut National et du Parti du Mouvement Nationaliste (Milliyetçi Hareket Partisi/MHP), restaient au pouvoir jusqu'aux élections législatives en 1977.

209 Le score obtenu par le PRP qui a dépassé les 42 % ne fut pas suffisant pour l'obtention de la majorité parlementaire en raison du suffrage proportionnel calculé par la technique d'Hondt.

210 Le 25 novembre : formation d'un gouvernement minoritaire par Demirel (AP) soutenu par le Parti du Salut national (PSN) et le Parti du Mouvement nationaliste (PMN).

idéologiques ainsi que les affrontements dans les universités et les activismes des partis extrémistes, etc[211]. D'abord, à Ankara, les parlementaires allaient s'avérer incapables d'élire un nouveau Président de la République. Ensuite, dans la rue, la situation se dégradait de jour en jour avec l'assassinat des personnalités politiques de plus en plus en vue. Enfin, l'organisation d'un meeting par Necmettin Erbakan, leader du Parti du Salut national, "fut la goutte d'eau qui fit déborder le vase"[212]. En, effet, au cours de cette grande manifestation du 6 septembre, qui a eu lieu dans la ville intégriste de Konya, la foule refusa de chanter l'hymne national en agitant des banderoles rédigées en arabe.

Le 12 septembre 1980, un Conseil national de sécurité (CNS), présidé par le général Kenan Evren, le chef d'État major de l'Armée, et représentant les trois armées (Terre, Air, Mer) et la gendarmerie, s'emparait du pouvoir en mettant terme au Gouvernement Demirel.

Section 3 – Le système constitutionnel républicain établi par la Constitution de 1982[213]

Le coup d'État militaire a lieu le 12 septembre 1980. Par rapport à celui du 27 mai 1960, il a eu des effets complètement inverses du point de vue de la démocratie, des droits de l'homme et de l'État de droit. Dans le but de rétablir l'ordre public, l'ordre social, la stabilité politique et de prévenir les « abus de liberté », les militaires ont essayé de faire table rase du système juridique. Ils ont voulu effacer tout ce qui existait auparavant, les « droits acquis », et, grâce à l'ingénierie constitutionnelle (c'est-à-dire par la voie du droit et des mécanismes juridiques) refaçonner la société. Les caractéristiques de ce texte vont être signalées à partir de la procédure de sa création (§1). La constitution de 1982 comme texte initial peut être qualifiée de constitution « sécuritaire » (§2). Cependant, un tiers de ce texte a été renouvelé par les modifications et les révisions étalées sur un quart de siècle à partir de 1987 (§3).

[211] Les libertés reconnues par la Constitution de 1961 "furent également exploitées par des forces extrémistes radicales de gauche comme de droite" (Levis, "La démocratie en Turquie", p. 257).
[212] Marcou, art. précité, p. 450.
[213] Pour le détail v. plus loin : Chapitre 3 - L'organisation constitutionnelle des pouvoirs.

§1 – La création et les caractéristiques du texte[214]

Quant à la procédure ayant présidé à la création de la Constitution de 1982, une Assemblée consultative a été établie et le projet élaboré par cette Assemblée a été finalisé par le Conseil national de sécurité (CNS). La Constitution a été approuvée par le référendum du 7 novembre 1982[215].

Cette Constitution, élaborée dans une période de crise et de circonstances exceptionnelles, maintient formellement le républicanisme, la laïcité, l'État de droit, et renforce l'unité de l'État centralisé. Toutefois, d'après l'article 2, l'organisation étatique ne s'appuie plus sur les droits de l'homme qui sont d'ailleurs plutôt atténués, notamment parce qu'ils sont affirmés comme étant sous la « surveillance » des autorités étatiques.

C'est une Constitution longue, détaillée et rigide. Du point de vue procédural, l'article 175 fixe un quorum très élevé pour la révision qui comprend également le procédé du référendum d'après les conditions déterminées dans le même article et par l'initiative du Président de la République. Du point de vue matériel, la Constitution contient des dispositions non modifiables, « indérogeables », telles que « la forme républicaine du Gouvernement » et « les caractéristiques de la République » ainsi que « l'intégrité de l'État, la langue officielle, le drapeau, l'hymne national et la capitale » (Articles 1, 2 et 3). L'article 4 est rédigé comme une disposition protectrice pour les trois premiers articles : « ... (ils) ne peuvent être modifiés, ni leur modification proposée. »

La constitution de 1982 opère indéniablement un retour en arrière par rapport à la Constitution de 1961. Pour cette raison, la Constitution de 1982 peut être conçue comme une dérogation dans l'État de droit. Toutefois, les révisions constitutionnelles successives entamées en 1987 et étalées sur un quart de siècle peuvent être considérées comme une restauration de l'État de droit.

---

214 Pour le détail, v. Muzaffer Sencer, "From the constitution of 1961 to the Constitution of 1982", *Turkish Yearbook of Human Rights*, Vol.7-8, 1985-1986, pp.15-71.

215 Le "Oui" a dépassé les 90 % : 16.945.545 votes ("oui") et 1.594.761 ("non"). V. Journal Officiel du 9 Novembre 1982-17863.

§2 – Le texte de 1982 : une constitution « sécuritaire »

La constitution de 1982 est un texte dans lequel l'Etat et son autorité ont une place primordiale. Elle insiste sur le renforcement du pouvoir politique. Les trois pouvoirs judiciaire, législatif et exécutif demeurent présents, mais une place de premier ordre est cette fois attribuée au pouvoir exécutif, ce dernier étant toujours bicéphale, un peu à l'image de la Constitution française de 1958, alors que la Constitution de 1961 était inspirée de la Constitution française de 1946. La Constitution de 1982 a ainsi visé à renforcer la sphère étatique et les pouvoirs publics en accordant la priorité au pouvoir exécutif (A) en rationalisant le pouvoir législatif (B) et en surveillant le pouvoir judiciaire (C).

A – Un pouvoir exécutif « renforcé »

La Constitution énumère les pouvoirs du Président de la République en distinguant, de manière originale et au profit du chef de l'État, entre les pouvoirs dans le domaine exécutif, ceux dans le domaine législatif et ceux dans le domaine judiciaire. Le chef de l'État dispose, dans ce régime, de bien plus de pouvoirs que ceux dont il disposerait dans un régime parlementaire classique, ce qui rend la qualification du régime peu aisée car les mécanismes classiques du régime parlementaire continuent d'exister (responsabilité gouvernementale et dissolution de l'Assemblée nationale).

Les pouvoirs du Gouvernement ont aussi été renforcés tout en conservant le cadre classique du conseil des ministres. Le Premier ministre est désormais placé à la tête du conseil des ministres : il n'est plus égal aux autres ministres, il leur est supérieur. Le Gouvernement est toujours responsable devant le Parlement. Il y a une responsabilité individuelle de chaque ministre, qui entraîne leur démission, et, en même temps, une responsabilité collective de tous les ministres, qui entraîne la démission soit du ministre ciblé soit du Gouvernement. La Constitution prévoit trois mécanismes de responsabilités : le vote de confiance à l'occasion de l'investiture, le vote de confiance, sur demande, pendant l'exercice gouvernemental, et la motion de confiance (motion de censure).

B – Un pouvoir législatif « rationalisé »

Toutes les modifications opérées par le régime de 1982 traduisent une méfiance vis-à-vis de l'organe le plus démocratique dans le cadre d'un régime pluraliste.

Par la suppression du Sénat, le régime est redevenu monocaméral en 1982. Il existe donc une assemblée nationale unique, appelée « Grande Assemblée nationale de Turquie ». La durée du mandat parlementaire est passée de 4 à 5 ans, et le nombre de députés, dans la chambre désormais unique, a été réduit de 50 membres en passant de 450 à 400. Par ailleurs, l'âge de vote a été fixé à 21 ans.

Le parlement est « rationalisé ». Son fonctionnement a été bien précisé par la Constitution qui fixe ses caractéristiques de manière très minutieuse. Ce règlement détaillé de l'institution parlementaire est révélé par la procédure de dissolution. Il existe plus spécifiquement trois procédures. Tout d'abord, dans le cas où le Conseil des ministres a fait l'objet d'un refus de confiance ou d'une motion de censure, si un nouveau Gouvernement n'a pu être formé dans les 45 jours ou obtenir la confiance de l'Assemblée pendant ce délai, le Président de la République peut dissoudre, après consultation du Président de l'Assemblée nationale. Ensuite, l'Assemblée nationale peut prendre une telle décision pour organiser des élections anticipées. Enfin, la Constitution prévoit une « auto-dissolution », si le Parlement n'arrive pas à élire le Président de la République durant le quatrième tour, l'Assemblée nationale doit être dissoute automatiquement.

C – Un pouvoir juridictionnel « surveillé »

Cette Constitution maintient un schéma classique distinguant l'ordre judiciaire et l'ordre administratif. Elle accentue aussi une distinction entre les juridictions de droit commun et les juridictions militaires.

D'une façon générale, l'indépendance de la justice a été atténuée alors que l'indépendance des tribunaux a été maintenu en principe : « Les juges sont indépendants dans l'exercice de leur fonction ; ils statuent conformément à la Constitution, à la loi et au droit selon leur conviction intime. Nul organe, autorité, instance ou individu ne peut donner d'ordre ou de directives aux tribunaux et aux juges, (…) » (Art.138).

Le haut conseil de la magistrature et celui des procureurs ont été unifiés par la création d'un Conseil supérieur des juges et des procureurs (Art.159). Ce Conseil, présidé par le Ministre de la justice, a été mis d'une façon implicite sous la tutelle du ministère de la justice. Le secrétaire d'Etat du ministère de la justice est membre d'office du Conseil. Les décisions du Conseil ne peuvent faire l'objet d'aucun recours devant les instances judiciaires.

La Constitution, tout en maintenant le contrôle de la constitutionnalité des lois, a également introduit certaines limites non-négligeables quant aux voies de recours devant la Cour constitutionnelle et aux techniques de son contrôle.

§3 – Les révisions constitutionnelles : les « limites » de la restauration de l'État de droit[216]

Les dispositions de la Constitution de 1982, peu favorables à l'État de droit, n'ont été appliquées que pendant 4 ou 5 ans telles qu'elles étaient prévues dans le texte initial. À partir de 1987, elle a été modifiée et révisée une quinzaine de fois. Parmi ces modifications, les quatre qui sont essentielles – celles de 1987, de 1995, de 2001 et de 2004 – signifient la restauration de l'État de droit dans une certaine mesure. Quant à la modification effectuée en 2010, celle-ci est relative à la fois à la restructuration de la Cour constitutionnelle et du Conseil Supérieur des Juges et des Procureurs ainsi qu'à l'amélioration de certains droits et libertés constitutionnels. Les réformes constitutionnelles élaborées à partir de 1987 ont, pour certaines d'entre elles, une dimension institutionnelle et politique (A) alors que d'autres concernent les droits de l'homme (B). Les modifications constitutionnelles les plus récentes devront être appréciées au regard des exigences de l'Etat de droit (C).

---

[216] İbrahim Ö. Kaboğlu, "De la réforme constitutionnelle en Turquie", Mai 2002, *Chroniques de l'OMIJ*, PULIM, mars 2004, pp. 9-30 ; « Vers le droit constitutionnel des libertés en Turquie », *Mélanges G. Kassimatis*, Sakkoulas/ Bruylant/Berliner /Wissenschafts-Verlag, Athènes/Bruxelles/Berlin, 2004 (Libertés), pp. 939-955 ; J. Marcou, "Le constitutionnalisme et le mouvement constitutionnel en Turquie", *Revue de Droit constitutionnel*, vol.1, nu.1, 2012, pp. 24-48.

A – La dimension institutionnelle et politique des réformes

Les réformes institutionnelles concernent tout d'abord le parlement (1), ensuite le pouvoir exécutif (2) et, enfin la justice (3).

1 – Les modifications relatives au parlement

Les modifications constitutionnelles concernant le pouvoir législatif sont essentiellement d'ordre quantitatif.
- Le nombre de députés est passé de 400 à 450 puis 550.
- L'âge de la majorité électorale est passé de 21 à 20 ans, et ensuite à 18 ans.
- La durée du mandat parlementaire a été réduite de 5 à 4 ans en 2007 pour « coller » à la pratique puisque aucune législature parlementaire n'avait été jusqu'à son terme !
En observation de la modification de la Constitution approuvée par le référendum du 16 avril 2017[217], le nombre des députés est passé de 550 à 600, leur mandat a été ramené à 5 ans et une bonne partie des pouvoirs normatifs de l'Assemblée nationale a été transférée au Président de la République[218].

2 – Les modifications relatives au pouvoir exécutif

De ce point de vue, il y a eu deux modifications importantes. L'une concerne le statut des militaires, l'autre est relative à l'élection du Président de la République.
- Le Conseil de Sécurité nationale, composé des hauts généraux et de certains membres du Gouvernement, a été remanié au cours de la révision de 2001 et sa place dans le fonctionnement du régime politico-constitutionnel a été atténuée.
- Le Président de la République, élu par l'Assemblée nationale, sera élu au suffrage universel direct d'après la modification effectuée en

[217] Loi constitutionnelle no 4709 du 11 février 2017.
[218] Les dispositions entreront en vigueur à partir des élections présidentielles et législatives prévues pour le 3 novembre 2019 à l'exception de l'adhésion du Président de la République à son parti politique et de la restructuration du Conseil supérieur des juges et des procureurs et de sa transformation en Conseil des juges et de procureurs, ainsi que de la suppression de la Cour de Cassation militaire et du Tribunal administratif militaire supérieur qui sont entrées en vigueur à partir de l'approbation de la loi constitutionnelle par le référendum du 16 avril 2017.

2007. Par ailleurs, son mandat passera de 7 à 5 ans, renouvelable une seule fois.

Que signifient ces réformes ? Changent-elles la nature du régime ? Est-ce toujours un régime parlementaire ? Est-ce un régime semi-présidentiel ? Un régime présidentiel autoritaire ? Par exemple, si le Président de la République et le Gouvernement appartiennent à la même famille politique, le régime risque de glisser vers l'autoritarisme car il y aura accumulation des pouvoirs dans les mains d'un même courant politique. Si au contraire le Président de la République et le Gouvernement ne sont pas du même courant politique, il pourra y avoir une cohabitation conflictuelle, pouvant susciter des crises politiques non négligeables en raison d'un manque de contrepoids efficaces.

Par la modification du 16 avril 2017, le Gouvernement a été totalement supprimé et ses pouvoirs ont été transférés au Président de la République.

3 – Les modifications relatives au pouvoir juridictionnel

L'objectif principal de la révision constitutionnelle réalisée en 2010 fut la restructuration de la Cour constitutionnelle et du Conseil supérieur des Juges et des Procureurs. L'arrêt d'annulation de la Cour constitutionnelle concernant l'amendement constitutionnel permettant le port du voile dans les universités[219] a été utilisé comme motif pour la réorganisation de la Cour. Cela signifie clairement une revanche du politique (de la majorité parlementaire) vis-à-vis du droit (de la jurisprudence de la Cour constitutionnelle).

Le besoin d'une réforme concernant la Cour constitutionnelle était à l'ordre du jour depuis la mise en vigueur de la Constitution de 1982 qui signifiait l'éloignement du modèle européen de justice constitutionnelle par rapport à la constitution précédente. Sans doute, une telle réforme était envisageable dans le contexte général de la Constitution qui manquait de mécanismes d'équilibre. Toutefois, la majorité gouvernementale (celle de l'AKP) a ciblé deux instances constitutionnelles au lieu d'une révision qui engloberait les trois pouvoirs (juridictionnel, législatif et exécutif) dans leur ensemble. Le discours pour justifier la restructuration des deux instances constitutionnelles était concentré sur leur « démocratisation ».

---

[219] AYMK, E.2008/16, K.2008/116, K.t. : 5.6.2008.

Néanmoins, un tel objectif reste limité alors que les deux instances constitutionnelles ont été façonnées par le parti politique au pouvoir.

Il est important de retenir quelques éléments en ce qui concerne la composition de la Cour constitutionnelle. Le nouveau mode de désignation des membres de la Cour a été justifié par la légitimité démocratique de la justice constitutionnelle. Alors que la Constitution de 1961 prévoyait un système mixte du point de vue de la nomination des juges constitutionnels, la Constitution de 1982 a privilégié le pouvoir exécutif en la matière. D'après la Constitution de 1961 le pouvoir d'élection et de désignation était partagé entre le pouvoir législatif, le pouvoir juridictionnel et le pouvoir exécutif. Toutefois, selon la Constitution de 1982, l'ensemble de juges de la Cour étaient nommés par le président de la République à partir d'une liste de hauts magistrats ou de candidats proposés par les Cours suprêmes et par le Conseil de l'enseignement supérieur. La révision constitutionnelle de 2010 a modifié d'abord la composition de la Cour constitutionnelle. Le nombre de membres de la Cour a été augmenté. Le nombre total des juges était de 15 dont 4 suppléants. Le nouveau texte, en supprimant les membres suppléants, a fixé le nombre des membres à 17. Trois d'entre eux seront nommés par l'Assemblée nationale, les quatorze membres seront aussi nommés par le président de la République soit directement soit sur la proposition des hautes instances constitutionnelles. Toutefois, la majorité qualifiée n'est pas prévue pour être élu par le Parlement alors qu'un haut niveau de compétence est exigé dans le modèle européen.

Ensuite, la Cour constitutionnelle a été restructurée en deux sections et la majorité qualifiée pour l'assemblée plénière a été affermie. L'assemblée plénière ne pourra se prononcer que par un vote à la majorité des deux tiers sur l'annulation d'amendements constitutionnels, la dissolution des partis politiques ou la privation des subventions des partis politiques. Enfin, la reconnaissance du recours individuel devant la Cour constitutionnelle doit être signalée comme nouveauté principale.

Quant à la modification du 16 avril 2017, le Conseil supérieur des juges et des procureurs a été restructuré et transformé en Conseil des juges et des procureurs. Le pouvoir exécutif sera déterminant dans sa composition du fait que la justice a été exclue de sa désignation.

B – Les trois niveaux des droits de l'homme

Du point de vue du statut des droits de l'homme, tout en maintenant le système introduit par la Constitution précédente, le texte de 1982 accentue le régime de restrictions des droits et libertés tout en diminuant les critères de leur garantie. Dans ce domaine des réformes importantes ont été réalisées de 1987 à 2010. Les réformes constitutionnelles ont visé à consolider les libertés (1) ; celles-ci ont été « européanisées » (2), et, au-delà même, c'est un phénomène d'internationalisation, touchant également les droits et libertés, qui s'est produit (3).

1 – La consolidation des libertés

Le texte initial était fondé sur l'esprit de restriction des droits et libertés et sur leur « surveillance ». Les révisions échelonnées ont transformé ce contexte de restriction en approche de garantie. Par exemple, l'article 13 initial prévoyait une clause générale de limitation des droits, valable pour toutes les libertés, en plus des restrictions éventuellement déjà admises pour certains droits. La nouvelle rédaction de cet article issue de la révision de 2001 supprime la clause générale de restriction, et complète la liste des critères admissibles pour la restriction des libertés. Si le texte initial prévoyait que les restrictions possibles étaient celles admises dans le cadre d'une « société démocratique », la réforme ajoute que les restrictions ne doivent pas conduire à toucher l'essence des libertés, qu'elles sont tenues d'obéir au principe de proportionnalité et qu'elles doivent rester dans le cadre d'une république laïque.

2 – La juridictionnalisation des droits de l'homme au niveau européen

La Turquie qui adhère depuis le début au Conseil de l'Europe et qui a ratifié la Convention européenne des droits de l'homme en 1954, ne reconnut cependant le recours individuel devant les instances européennes qu'en 1987. Elle accepte la compétence obligatoire de la Cour européenne des droits de l'Homme en 1990. Depuis, la jurisprudence de la Cour européenne des droits de l'homme et les condamnations de la Turquie pour violation de la Convention, permettent à l'Etat de mettre en conformité son droit interne avec le droit européen des droits de l'homme[220].

Le recours individuel devant la Cour constitutionnelle en 2010 a accéléré le processus d'européanisation du contentieux des droits de l'homme du fait que la Cour constitutionnelle a commencé à appliquer les méthodes d'interprétation de la Cour européenne des droits de l'Homme.

En bref, la réception de la Convention européenne des droits de l'Homme en droit national et les réformes réalisées dans le processus de la candidature à l'Union Européenne ont beaucoup contribué à l'adaptation des droits de l'homme en Turquie aux standards européens[221].

3 – L'internationalisation des droits de l'homme

L'article 90 de la Constitution est consacré aux traités internationaux. Un traité ratifié par l'Assemblée nationale obtient une valeur normative, entraînant un « effet direct » dans le droit interne. Autrement dit, le système constitutionnel de la Turquie du point de vue des relations nationales et internationales est un système moniste, et non dualiste. Le système moniste implique qu'en intégrant la norme internationale dans le droit interne, celui-ci ne forme plus qu'un seul ordre juridique, justifiant l'invocation de la norme internationale par toute personne intéressée, devant les juridictions nationales compétentes.

La Cour constitutionnelle ne peut pas exercer de contrôle sur les traités, mais cela n'a pas empêché que la place des traités internationaux dans la hiérarchie des normes suscite de nombreux débats, notamment au niveau des cours suprêmes. Celles-ci ont d'ailleurs accordé aux traités nationaux des places différentes : le Conseil d'État les plaçait en général au niveau constitutionnel, la Cour

---

[220] C'est également en 1987 que la Turquie a déposé sa candidature officielle à l'entrée dans l'Union Européenne, alors qu'elle est en relation avec elle depuis 1959. La Turquie est dans la période des négociations avec l'Union Européenne depuis 2005. Ce processus a joué également un rôle de levier dans le domaine des droits de l'homme.

[221] Pour le détail, v. İbrahim Özden Kaboğlu and Stylianos-Ioannis G. Koutnatzis, "The Reception Process in Greece and Turkey", in *A Europe of Rights*, Oxford, 1988, pp. 451-522.

de cassation au niveau législatif, et la Cour constitutionnelle tantôt à l'un ou l'autre de ces niveaux. Il y avait donc bien une ambiguïté.
En 2004, à l'occasion d'une révision constitutionnelle, une phrase a été ajoutée à l'article 90 de la Constitution, afin de préciser que, lorsqu'il existe un conflit entre une loi et un instrument international relatif aux droits de l'homme ratifié par la Turquie, c'est l'instrument international qui doit être appliqué prioritairement. Ce mécanisme a permis au droit national des droits de l'homme de s'internationaliser et de se mettre en conformité avec les standards internationaux relatifs aux droits de l'homme.

Ces réformes non négligeables ont transformé le régime constitutionnel des droits et libertés. De plus, il serait possible de parler d'une métamorphose constitutionnelle. Toutefois, tous les acquis constitutionnels n'ont pas été concrétisés par le biais de lois afin de les refléter dans la pratique. Il existe donc un manque de volonté politique pour assurer l'efficacité des dispositions constitutionnelles. Certes, ces remarques ne doivent pas faire oublier le besoin de réviser la Constitution dans son ensemble du fait que l'aspect institutionnel des réformes reste insuffisant et contradictoire.

Finalement, du point de l'Etat de droit il nous paraît opportun de faire une distinction chronologique : l'instauration de l'Etat de droit (1961), la dérogation dans l'Etat de droit (1982) et la restauration de l'Etat de droit (révisions effectuées de 1987 à 2010). Toutefois, tant que le renouvellement de la Constitution n'aboutit pas ou qu'une révision constitutionnelle cohérente n'est pas effectuée la restauration de l'Etat de droit restera inachevée[222]. Autrement dit, tant que la Constitution reste au stade qui est le sien[223], le droit des droits de l'homme en Turquie n'aura pas une pleine efficacité[224].

Ainsi que cela sera précisé dans les chapitres suivants consacrés soit à l'aspect institutionnel de la Constitution soit aux droits de l'homme, le renouvellement de la Constitution de 1982 a occupé l'ordre du jour politico-constitutionnel du pays au cours de deux

---

[222] İbrahim Ö. Kaboğlu, « La Turquie à l'épreuve de l'Etat de Droit », *Démocratie et Liberté : Tension, Dialogue, Confrontation*, Mélanges en l'Honneur de Slobodan Milacic, Bruyland/Bruxelles, 2007, pp. 117-128.

[223] Jean Marcou, "La Turquie : la constitutionnalisation inachevée", *Egypte-Monde Arabe,* nu. 2, CEDEJ, La découverte, 2005.

[224] Pour l'explication détaillée, v. ch.4/ section 3 : Garantie des droits de l'homme.

décennies[225]. La quête d'une nouvelle constitution fut finalement une épreuve du point de vue de la procédure. En octobre 2011, une Commission du compromis pour la Constitution a été établie au sein du Parlement. Elle a mis fin à ses travaux fin 2013 en parvenant à trouver un consensus limité autour de soixante articles.

Pour l'instant, le compromis assuré à la suite des tergiversations de longue date ne fut pas suffisant pour se mettre d'accord sur le contenu de la nouvelle constitution qui devrait être élaborée dans la continuité de l'ordre constitutionnel. Il convient donc d'achever ce chapitre par la question suivante : est-ce que le renouvellement de la Constitution de 1982 est un rêve ou une réalité ?

C – L'appréciation des dernières révisions constitutionnelles au regard des exigences de l'Etat de droit (art.2)

Les modifications constitutionnelles approuvées par le référendum du 16 avril 2017 ne concernent pas l'article 2 de la Constitution qui précise les caractéristiques de la République telles que l'Etat de droit social, démocratique et laïc. Toutefois, les dispositions qui modifient l'exécutif et le législatif ainsi que leurs relations risquent d'affecter le principe de la séparation des pouvoirs pour trois raisons principales :
- le transfert d'une bonne partie du pouvoir normatif au Président de la République ;
- l'irresponsabilité politique de l'exécutif alors que le Président de la République disposera de l'intégralité du pouvoir exécutif. Les vices-présidents et les minsitres ne seront effectivement pas responsables devant l'Assemblée nationale ;
- l'atténuation des mécanismes de freins et d'équilibres car à l'absence de responsabilité politique de l'exécutif s'ajoute l'ineffectivité du contrôle juridictionnel du fait que la Cour constitutionnel n'exerce que le contrôle a posteriori.

La hiérarchie des normes a été aussi affectée par l'introduction de cinq catégories d'ordonnances qui seront édictées par le Président de la République.

En bref, l'article 2 de la Constitution en tant que disposition non altérable n'a pas été directement visé par la révision la plus radicale de l'histoire constitutionnelle de la République intervenue en 2017,

[225] Pour le détail, v. le numéro spécial de la Revue de Droit constitutionnel consacré au "renouvellement de la Constitution", V.1, nu.1, 2012.

alors que la restructuration de chaque pouvoir et leurs relations risquent d'affecter l'Etat de droit démocratique qui est par sa nature un régime politique pluraliste.

Le parlementarisme a été supprimé pour introduire le régime présidentiel. Pourtant, il est très difficile de le qualifier ainsi en raison de l'absence des conditions exigées du point de vue de la séparation des pouvoirs. Le régime présidentiel est celui dans lequel les pouvoirs et les organes qui en sont les titulaires sont séparés et les relations entre les organes sont fondées sur une totale indépendance structurelle, fonctionnelle et relationnelle. Dans la nouvelle configuration constitutionnelle, non seulement l'indépendance de la justice est atténuée d'une façon explicite, mais l'indépendance structurelle, fonctionnelle et relationnelle entre l'organe exécutif et l'organe législatif n'est pas assurée. En bref, les mécanismes de checks and balances nécessaires pour chaque Etat de droit démocratique n'existent pas. Il n'est donc pas possible de classer la nouvelle règlementation dans le cadre de régimes ou systèmes politiques démocratiques pluralistes, c'est-à-dire, de « l'Etat de droit démocratique » (Article 2 de la Constitution)[226] .

[226] Pour le débat détaillé dans ce sens, v. Kemal Gözler, Elveda Anayasa /16 Nisan 2017'de Oylayacağımız Anayasa Değişikliği Hakkında Eleştiriler) (Adieu à la Constitution/critiques sur la modification constitutionnelle du 16 avril 2017), 3ème éd., Ekin, Mart 2017. V. également, İbrahim Ö. Kaboğlu, 15 Temmuz Anayasası, Güncellenmiş 3. Baskı, Tekin y., Ekim 2017

Chapitre 2 – Les principes constitutionnels intangibles

Il est assez rare, dans un ouvrage de droit constitutionnel, de consacrer un chapitre entier aux principes constitutionnels intangibles. Plusieurs raisons permettent de l'expliquer. Tout d'abord, au-delà du fait qu'ils incarnent la rigidité constitutionnelle absolue, il n'en reste pas moins vrai qu'ils ne résistent pas aux circonstances exceptionnelles susceptibles de frapper un Etat. Une guerre entrainant la vacance du pouvoir[227], l'éclatement d'une structure fédérale[228] ou encore une révolution constituent autant d'évènements susceptibles de briser n'importe quel principe préalablement déclaré inaltérable. A l'inverse, la construction ou la reconstruction d'une entité étatique peut les faire revivre ou contribuer à l'apparition de nouveaux principes fondamentaux. Il n'est pas exclu qu'ils servent parfois – parce que parés de toutes les vertus – à dissimuler la réalité d'un pouvoir politique pour rassurer la communauté nationale et internationale. Il en va ainsi du principe de l'Etat de droit maintes fois brandi dans certains textes constitutionnels car il permettrait à lui seul d'identifier un bon Etat respectueux des valeurs essentielles et spécialement des droits de l'homme. Principes déclaratifs, principes fragiles, principes fondateurs, principes dissimulateurs, autant de qualificatifs qui invitent le juriste à la prudence. Par ailleurs, lorsqu'un consensus est établi autour de leur nécessité et de leur respect, la réflexion à leur sujet perd beaucoup de son intensité. Tel est le cas, par exemple en France, de la forme républicaine du gouvernement[229] dont l'intangibilité ne soulève pas de nombreuses préoccupations. Parfois,

---

[227] Par exemple, dans la première constitution française de 1791 l'intangibilité de l'ensemble du texte constitutionnel était prévue pour une durée calculée selon une lecture combinée des articles 2 et 3 du titre VII de la Constitution. En ce sens, en vertu de l'article 2 « *Lorsque trois législatures consécutives auront émis un vœu uniforme pour le changement de quelque article constitutionnel, il y aura lieu à la révision demandée* ». L'article 3 du titre VII de la Constitution prévoyait que « *La prochaine législature et la suivante ne pourront proposer la réforme d'aucun article constitutionnel* ». Sachant qu'une législature s'étendait deux ans, la durée totale était donc de dix années. Mais les affrontements intérieurs et la guerre avec l'Autriche ne lui ont pas permis de d'aller au-delà d'un an.

[228] Les nombreux Etats fédéraux ayant disparu n'auraient pas pu survivre si leur Constitution avait mentionné la même interdiction de réviser que celle de l'article 79 alinéa 3 de la Constitution allemande de 1949 qui vise à protéger, notamment, la structure fédérale de l'Etat énoncée à l'article 20.

[229] V. L'article 89 alinéa 5 de la Constitution du 4 octobre 1958.

leur remise en cause est radicalement défendue car il ne saurait être acceptable de soumettre les nouvelles générations à leur stricte observation. Parce que la « *dictature des morts sur les vivants* »[230] serait intolérable, l'héritage qu'ils constituent pourrait légitimement être renié ou, dans une moindre mesure, accepté sous bénéfice d'inventaire. Les principes du peuple d'hier n'étant pas nécessairement ceux du peuple d'aujourd'hui, chaque société disposerait du droit fondamental de se rassembler autour des valeurs du moment dès lors qu'elles sont partagées. Ensuite, le thème de l'intangibilité repose sur une contradiction qui heurte les fondements mêmes du droit constitutionnel. En effet, si les interdictions matérielles de réviser sont scrupuleusement respectées il peut être soutenu que le peuple n'est plus véritablement le souverain dans la mesure où il se retrouve contraint par une volonté qui lui est supérieure. Seule une révolution, solution non juridique, permettrait de régler la difficulté en favorisant l'établissement de règles constitutionnelles entièrement nouvelles. Si, en revanche, l'intangibilité est méconnue par un détournement de procédure – toujours possible – qui permettrait au pouvoir politique en place de faire céder le plus solide de tous les principes, la Constitution n'apparaîtrait plus comme une norme suprême en perdant son caractère juridique. Enfin, si les juges constitutionnels s'érigent en protecteurs du socle fondateur de l'Etat, il est difficile de justifier leur transformation en « *constituante permanente* » sans revenir sur l'inévitable problématique du gouvernement des juges et sur l'idée reçue selon laquelle la Cour constitutionnelle ne saurait avoir le dernier mot vis-à-vis du pouvoir constituant dérivé soit-il.

Or, parce que le respect des principes intangibles s'impose avant tout aux pouvoirs institués[231] – et donc aux représentants du peuple et

---

[230] V. à ce sujet, P. Ferreira da Cunha, « *Les limites du pouvoir de révision constitutionnelle entre le pouvoir constituant et la Constitution matérielle, une illustration dans le contexte lusophone* », » VIIth Constitutional Law World Congress - Athens published in CD and Internet (2007). Available at: http://works.bepress.com/pfc/6/. L'auteur cite la thèse de Claudia Goes Nogueira défendant cette idée (« *A impossibilidade de as clausulas pétreas vincularem as geraçoes futuras* », revista de informaçao legislativa, Brasilia, a. 42, n. 166, abril/junho 2005, p. 84).

[231] V. par exemple, l'article 8 alinéa 2 du titre VII de la Constitution française de 1791 : « *Aucun des pouvoirs institués par la Constitution n'a le droit de la changer dans son ensemble ni dans ses parties, sauf les réformes qui pourront y être faites par la voie de la révision, conformément aux dispositions du titre VII ci-dessus* ».

non au peuple lui-même – il ne paraît pas exagéré de considérer que les tentatives visant à les modifier ou à les supprimer doivent pouvoir être juridiquement sanctionnées. Ne pas l'admettre consiste non seulement à nier l'intérêt du contrôle de constitutionnalité mais aussi et surtout à refuser simplement le caractère juridique de la Constitution. Quelle est, en effet, la différence entre une loi ordinaire méconnaissant un principe constitutionnel intangible et une loi constitutionnelle ayant pour objectif de l'éliminer de l'ordonnancement juridique ? Une distinction de majorités. La seconde, adoptée à une majorité qualifiée suivie le cas échéant d'un référendum, ne serait pas justiciable alors que la première, reposant sur une majorité simple, resterait juridiquement contestable. L'établissement d'un consensus entre différentes formations politiques – sans lequel la majorité renforcée est difficile à atteindre – validé éventuellement par le peuple suffirait donc pour admettre une violation de la Constitution matérielle. En revanche, il ne serait pas acceptable que le parti politique au pouvoir puisse seul parvenir à un tel résultat. Néanmoins, réfléchir ainsi nécessite d'occulter l'hypothèse, certes rare mais possible, où la même formation politique dispose à elle seule de la majorité qualifiée requise pour procéder à la révision de la Constitution ou de considérer que les principes intangibles ne sauraient exister dans la sphère constitutionnelle dès lors qu'une majorité renforcée est prévue pour réformer le texte fondamental[232].

Entre deux options politiques radicalement opposées, consistant pour l'une à ne pas assujettir à ses lois les générations futures[233] et

---

[232] V. à ce propos le rapport de la Commission de Venise sur « *L'amendement constitutionnel* », étude 469/2008, CDL-AD(2010)001, « *La Commission considère cependant que l'immuabilité est un instrument constitutionnel complexe et potentiellement contestable, qui devrait être appliqué avec prudence et n'être réservé que pour les principes de base de l'ordre démocratique. Une démocratie constitutionnelle doit en principe permettre un débat ouvert sur la réforme, même si celle-ci vise ses principes et ses structures de gouvernement les plus essentiels. Par ailleurs, tant que la constitution contient des règles d'amendement strictes – qui fournissent en général une garantie contre tout abus possible – et si la majorité exigée conformément aux procédures prescrites souhaite adopter la réforme, il s'agit dès lors d'une décision démocratique qui ne devrait pas, en général, être limitée* ».

[233] Voir par exemple, la proclamation de l'article 28 de la Déclaration des droits de l'homme et du citoyen de la Constitution française du 24 juin 1793. En vertu de ce texte, « *un peuple a toujours le droit de revoir, de réformer et de changer sa Constitution. Une génération ne peut assujettir à ses lois les générations futures* ».

résidant pour l'autre dans l'obligation de respecter des principes fondamentaux, le pouvoir constituant turc a choisi – comme d'autres pays dans le monde[234] – la deuxième solution en introduisant dans sa Constitution toute une série de dispositions inaltérables. A ce titre, l'article 4 de la Constitution du 7 novembre 1982 – lequel ne bénéficie d'aucune protection particulière – interdit de modifier les trois premiers articles du texte fondamental en soulignant qu'il est également prohibé d'en proposer un quelconque changement. Ainsi, les principes fondateurs de l'Etat (Section 1) font-ils l'objet d'une protection constitutionnelle spécifique dont l'efficacité a déjà été maintes fois éprouvée (Section 2).

Section 1 – Les principes fondateurs de l'Etat

Les dispositions constitutionnelles intangibles résident en un ensemble de principes essentiels sur la base desquels l'Etat turc a été fondé. Limités en quantité lors de leur apparition dans le droit constitutionnel turc, leur nombre est, par la suite, devenu plus important (§1). Si par définition ils ne peuvent faire l'objet d'une modification, la question de leur caractère perfectible se pose néanmoins (§2).

§ 1 – Des principes nombreux

Pour bien identifier les dispositions constitutionnelles « *intouchables* » encore faut-il prendre le soin de distinguer celles qui figurent dans le corps de la loi fondamentale (A) de celles qui sont présentes dans son texte introductif (B).

---

[234] Trente-huit pays ont ainsi été recensés en 1985. V. en ce sens, M-F. Rigaux, « *La théorie des limites matérielles à l'exercice de la fonction constituante* », Lancier, Bruxelles, 1985, p. 45. Depuis, il faut rajouter à cette liste d'autres pays avec, par exemple la Bosnie-Herzégovine dont la Constitution de 1995 protège spécialement, par le biais de l'article 10 alinéa 2, les droits et libertés énoncés à l'article 2. Dans ce cas de figure, il est intéressant de noter que dans la liste des droits fondamentaux constitutionnellement énumérés figurent ceux qui sont protégés par la Convention européenne des droits de l'homme et ses protocoles additionnels.

A – Les dispositions intangibles dans le corps de la Constitution

Les dispositions intangibles figurant dans le texte même de la Constitution sont rassemblées dans une première partie consacrée aux principes généraux. Son titre IV les désigne plus précisément comme étant inaltérables et interdit, dans son article unique[235], de changer ou de proposer la modification des trois premières dispositions constitutionnelles. En conséquence, la République[236], ses caractéristiques[237] ainsi que l'intégrité de l'Etat[238], constituent le socle fondateur de la Turquie que le pouvoir constituant dérivé doit strictement respecter. Au sein de ce bloc, il est intéressant de remarquer de la continuité constitutionnelle et des innovations.

De la stabilité, tout d'abord, dans la mesure où le pouvoir constituant originaire prohibe – depuis la Constitution turque de 1924 – la modification de la forme républicaine de l'Etat. En effet, l'article 102 alinéa 4 de ladite Constitution conférait déjà à l'article 1er une protection spécifique en commandant de ne pas réviser l'affirmation selon laquelle « *L'Etat de Turquie est une République* ». Proclamée le 29 octobre 1923, cette dernière avait donc vocation à remplacer de façon irrévocable le sultanat lequel était aboli le 1er novembre 1922. Afin d'accompagner utilement ladite prohibition, les membres de la famille impériale de la dynastie ottomane perdirent leur nationalité et firent l'objet de mesures d'expulsion. Derrière la proclamation de la République et l'interdiction de sa modification, il y avait donc la nette volonté d'éviter le retour au pouvoir du sultan et le rétablissement de la monarchie. Pour compléter cette réforme majeure, laquelle repose sur une transition essentielle assurant le passage de la souveraineté de l'empereur à celle de la Nation, encore fallait-il supprimer le Califat dans la mesure où son chef spirituel « *faisait naître chez les partisans du sultanat et de la dynastie l'espoir d'une restauration monarchique* »[239]. Ainsi, la Grande Assemblée Nationale de Turquie (GANT) a-t-elle procédé à son abolition le 3 mars 1924. Par la suite, la Constitution de 1961 poursuivra le même objectif en protégeant, par

---

[235] Il s'agit de l'article 4 de la Constitution.

[236] V. L'article 1 de la Constitution.

[237] V. L'article 2 de la Constitution.

[238] V. L'article 3 de la Constitution.

[239] V. en ce sens, Mehmet Zafer Üskül, « *Le régime turc institué par la Constitution de 1961* », Thèse de doctorat (dactylographiée) de la Faculté de droit de l'Université des sciences sociales de Grenoble, 1971, p. 32 et 33.

le biais de l'article 9, la forme républicaine de l'Etat toujours inscrite dans l'article 1er de la Constitution. L'actuelle Constitution, en date de 1982, rappelle, comme les autres avant elle, cette exigence fondamentale dès sa première disposition. La République est donc une constante constitutionnelle depuis 1924[240].

Ensuite, la Turquie a innové en ajoutant d'autres dispositions intangibles à partir de 1982. Il s'agit spécifiquement des caractéristiques de la République énoncées dans l'article 2 et la présentant comme « *un Etat de droit démocratique, laïque et social, respectueux des droits de l'homme dans un esprit de paix sociale, de solidarité nationale et de justice, attaché au nationalisme d'Atatürk et s'appuyant sur les principes fondamentaux exprimés dans le préambule* ». A partir de cette formule assez longue, il est possible de développer quelques remarques. En premier lieu, elle est marquée par la redondance dans la mesure où il ne semblait pas nécessaire de mentionner le respect des droits de l'homme dès lors que l'Etat de droit y est inscrit en toutes lettres. En effet, le concept emporte avec lui la nécessaire protection des droits fondamentaux dont l'objectif est poursuivi, depuis 1961 en Turquie, avec la création de la justice constitutionnelle. En second lieu, la référence au « *nationalisme d'Atatürk* »[241] - lequel se rapproche de la conception française développée par Renan[242] - si elle peut se comprendre d'un point de vue historique et symbolique, surprend tout de même dans le sens où elle personnalise une notion politique en la sacralisant. En dernier lieu, la référence aux « *principes fondamentaux exprimés dans le Préambule* » devra faire l'objet d'une étude particulière au regard de la difficulté liée à leur délimitation. Pour terminer la liste des dispositions intangibles, il convient d'indiquer que l'article 3 énonce l'indivisibilité de l'Etat de Turquie, de sa Nation et de son territoire tout en affirmant le caractère officiel de la langue turque et en identifiant le drapeau, l'hymne national et la capitale de l'Etat. Ces

---

240 A l'époque, le pouvoir constituant turc n'ignorait pas l'existence de l'article 8 de la loi constitutionnelle française du 25 février 1875 – issu de la révision de 1884 – indiquant que «*la forme républicaine du gouvernement ne peut faire l'objet d'une proposition de révision*».

241 Pour une étude d'ensemble, v. E. Öktem, «*La Cour constitutionnelle turque définit le nationalisme, principe de la République*», RDP, 1999, n° 4, pp. 1159-1200.

242 Ibid, p. 1167. Le nationalisme turc, présent dans l'alinéa 3 du Préambule de la Constitution de 1961, était déjà défini de cette façon. V. en ce sens, Mehmet Zafer Üskül, « *Le régime turc institué par la Constitution de 1961* », op. cit, p. 70.

dernières références constituent à bien des égards des marqueurs constitutionnels historiques essentiels pour la Turquie. Il ne faut pas oublier, en effet, le choc national vécu lors du partage du territoire turc entre les forces alliées au lendemain de la Première Guerre mondiale. L'attachement populaire au drapeau national matérialise avec force l'espace géographique du pays et le titre évocateur de l'hymne national – « *la marche de l'indépendance* » – rappellent tous deux ce douloureux souvenir du début du XXème siècle[243]. La faiblesse géostratégique d'Istanbul – ancienne capitale –, trop proche des frontières ouest de la Turquie, permet de comprendre le choix de la ville d'Ankara située au centre du pays[244]. S'il peut paraître, a priori, surprenant d'établir l'intangibilité de tels éléments, les raisons évoquées donnent la possibilité de mieux saisir l'intérêt que les militaires – auteurs réels de la Constitution de 1982 – ont poursuivi en les consacrant[245]. La langue turque, quant à elle, fait partie intégrante des principes qui ont guidé le nationalisme d'Atatürk. Globalement, les rajouts de 1982 ne signifient pas que les textes constitutionnels antérieurs étaient silencieux en ce qui concerne ces différents principes. Ils existaient pour la plupart[246], mais sans faire l'objet d'une protection constitutionnelle explicite[247]. En conséquence, le pouvoir

---

[243] Il est également intéressant de noter que l'hymne national n'a pas été respecté par le parti politique de N. Erbakan, le 6 septembre 1980 juste six jours avant le coup d'Etat, lors d'une cérémonie officielle organisée à Konya et que, la même année, le drapeau turc a été brûlé à l'occasion de différentes manifestations. A cet égard, il est utile de rappeler que le coup d'Etat a été perpétré sous le nom révélateur "*d'opération drapeau*".

[244] D'un autre côté, Ankara représente aussi la République en opposition à Istanbul historiquement et politiquement identifiée comme l'ancienne capitale de l'Empire Ottoman.

[245] Les articles 2 et 3 ont été rajoutés dans la Constitution par le Conseil national de sécurité composé de militaires. V. en ce sens, Ö. İzgi et Z. Gören, «*Türkiye cumhuriyeti anayasasının yorumu*», Ankara 2002, p. 67.

[246] Par exemple, le principe du nationalisme avec le principe de laïcité ont été intégrés dans la première Constitution par une révision constitutionnelle du 5 février 1937 (Loi n° 3115). Voir également la parenté entre l'article 2 de la Constitution de 1961 et celui de 1982.

[247] Dans la pratique, il est toutefois intéressant de noter que la Cour constitutionnelle, sous l'empire de la Constitution de 1961, avait accepté de protéger les caractéristiques de la République (et donc l'article 2) alors que seul l'article 1 bénéficiait de l'intangibilité (Cour constitutionnelle, E. 1976/43, K. 1977/4, JO du 21 avril 1977/15916 ; E. 1977/82, K. 1977/117, JO du 14 janvier 1978/16169). Il n'est donc pas exagéré d'affirmer que la jurisprudence constitutionnelle a pesé sur la

constituant a mis en place une sorte de continuité constitutionnelle renforcée en les érigeant au rang de dispositions constitutionnelles intangibles.

Enfin, il est intéressant de souligner un point commun entre les constitutions de 1924, de 1961 et de 1982 qui réside dans l'absence de protection de l'article protecteur[248]. En effet, l'article 4, en vertu duquel les trois premiers articles de l'actuelle Constitution ne peuvent être modifiés, n'est pas – dans une perspective strictement positiviste – à l'abri d'une révision préalable laquelle permettrait de réduire à néant leur existence. Toutefois, une partie de la doctrine estime – au nom de la défense des valeurs essentielles et de la logique juridique procédurale – que l'hypothèse de sa suppression ne saurait être envisagée par le pouvoir constituant dérivé. Seule une assemblée nationale constituante, témoignant de l'existence d'un consensus autour de la formulation de nouveaux principes fondateurs, pourrait défaire le travail du pouvoir constituant originaire.

B – Les dispositions intangibles du Préambule de la Constitution

A côté des principes énoncés dans le corps de la Constitution, l'article 2 précise que l'Etat s'appuie sur les principes fondamentaux exprimés dans le préambule. De prime abord, il peut être soutenu que l'intangibilité ne concerne pas l'ensemble du texte introductif dans la mesure où elle s'étend uniquement à certaines de ses composantes[249]. Néanmoins, il est assez difficile de les identifier avec certitude au regard de la généralité des termes qui sont employés[250]. Un examen attentif permet, toutefois, de retirer quelques enseignements au travers desquels il est possible de mettre en évidence des répétitions avec les

---

rédaction d'une partie de l'article 2 de 1982 ou plus précisément sur la reconnaissance de son caractère intangible.

248 Il en allait ainsi de l'article 102 alinéa 4 de la Constitution de 1924 et de l'article 9 de la Constitution de 1961 qui avaient pour fonction de protéger l'article 1er du texte fondamental.

249 Dans le même sens, v. K. Gözler, "*Le pouvoir de révision constitutionnelle*", Presses universitaires du Septentrion, 1997, p. 167.

250 Pour certains auteurs, si l'on prend en compte l'étendue de la signification des notions visées dans le texte introductif, il n'existerait pas une grande différence entre l'interdiction de réviser l'ensemble du Préambule et celle de réviser les principes fondamentaux qu'il contient. V. en ce sens, E. Onar, "*1982 Anayasinda Anayasayi Değistirme sorunu*" (Question de révision constitutionnelle sous la Constitution de 1982), Ankara, 1993, p. 16.

principes énoncés dans les trois premiers articles de la Constitution, des significations pour certains d'entre eux et des principes supplémentaires. En premier lieu, le principe de laïcité, le concept de nationalisme, le respect de la démocratie libérale et de l'ordre juridique défini en fonction de ses exigences ou encore l'intégrité indivisible de l'Etat font respectivement écho aux articles 2 et 3 du texte fondamental. En second lieu, en précisant que le nationalisme doit se comprendre au regard des principes et des réformes mis en œuvre par Atatürk[251], le constituant a vraisemblablement souhaité protéger du sceau de l'intangibilité un certain nombre de lois ordinaires présentées comme essentielles eu égard aux valeurs laïques qu'elles véhiculent[252]. Ainsi en est-il des différents textes ou dispositions de nature législative énumérés à l'article 174[253] de la Constitution lesquels ne peuvent être considérés comme inconstitutionnels[254]. En outre, le principe de laïcité est défini au travers de l'affirmation selon laquelle « *les sentiments de religion, qui sont sacrés, ne peuvent en aucun cas être mêlés aux affaires de l'Etat ni à la politique* ». En troisième lieu, des principes classiques du droit constitutionnel tels que la souveraineté de la Nation, la séparation des pouvoirs[255] ou encore le principe d'égalité se surajoutent à la liste de

---

[251] Les principes et réformes d'Atatürk ont été intégrés dans le Préambule en 1961. Ils apparaissaient auparavant dans l'article 2 de la Constitution de 1924 modifié en 1937.

[252] Le lien entre nationalisme et laïcité doit se comprendre au regard de la lutte contre l'idéologie islamiste, v. E. Öktem, op. cit, p. 1172.

[253] Il s'agit de la loi n° 430 du 3 mars 1924 sur l'unification de l'enseignement, de la loi n° 671 du 25 novembre 1925 sur le port du chapeau, de la loi n° 677 du 30 novembre 1925 sur la fermeture des couvents de derviches et des mausolées et relative à l'abolition et à l'interdiction des fonctions de gardiens de mausolées et de certains titres, de la disposition de la loi n° 734 du 17 février 1926 instituant le mariage civil dans l'article 110 du code civil, de la loi n° 1288 du 20 mai 1928 sur l'adoption des chiffres internationaux, de la loi n° 1353 du 1er novembre 1928 sur l'adoption et la mise en oeuvre de l'alphabet turc, de la loi n° 2590 du 26 novembre 1934 sur l'abolition des titres et appellations tels que efendi, bey et pacha, de la loi n° 2596 du 3 décembre 1934 sur l'interdiction de porter certains habits.

[254] L'article 174 de la Constitution précise effectivement (qu') "*aucune disposition de la Constitution ne peut être comprise ou interprétée comme impliquant l'inconstitutionnalité... des lois de réforme... dont le but est de hisser le peuple turc au-dessus du niveau de la civilisation contemporaine et de sauvegarder le caractère laïque de la République de Turquie*".

[255] Principe défini dans le préambule comme résidant dans "*l'exercice exclusif par chacun d'eux de compétences et fonctions étatiques déterminées assorti d'une forme civilisée de coopération et de division du travail*".

ceux mentionnés dans les trois premiers articles de la Constitution. Les principes de justice sociale et de dignité de la personne humaine[256] complètent ce large ensemble. Enfin, une réflexion pouvait légitimement se développer autour de la question de savoir si le principe de la limitation de la liberté d'expression des idées et des opinions était à ranger parmi les principes fondamentaux du préambule et, à ce titre, à inclure au sein des principes constitutionnels intangibles. La rédaction originelle du texte introductif ne l'excluait pas en affirmant clairement « *(qu') aucune opinion ou pensée ne peut se voir accorder protection à l'encontre des intérêts nationaux turcs, du principe d'indivisibilité de l'entité turque du point de vue de l'Etat et du territoire, des valeurs historiques et spirituelles inhérentes au peuple turc, ni du nationalisme, des principes, des réformes et du modernisme d'Atatürk...* ». Toutefois, la réécriture de ce passage, par une révision constitutionnelle intervenue en 2001[257], tend à démontrer que le sévère régime juridique attaché à une liberté aussi importante pour l'exercice de la démocratie peut ne plus la concerner[258]. Surtout, l'intervention du pouvoir constituant dérivé atteste de l'absence d'intangibilité d'une formule qui contraste nettement avec la notion d'Etat de droit dans la mesure où elle se rapproche beaucoup plus d'un Etat de police à l'intérieur duquel le droit est avant tout conçu comme un instrument de protection de l'Etat.

§ 2 – Des principes perfectibles ?

Par essence, les principes constitutionnels intangibles ont vocation à durer dans le temps car ils sont intouchables, inviolables, sacrés ou encore pétrifiés[259]. Les mots qui les désignent sont donc inscrits dans le marbre constitutionnel. Toutefois, leur signification peut varier sous le double effet de leur interprétation et de leur adaptation aux circonstances du moment. Ainsi, leur réelle fragilité pourrait être

---

[256] Plus précisément, le préambule rappelle "*le droit et la faculté de mener une vie décente*" derrière lesquels il est possible d'estimer que le principe de dignité se cache.

[257] Loi constitutionnelle n° 4709 du 3 octobre 2001.

[258] La nouvelle version a procédé au remplacement de la mention « *aucune opinion ou pensée* » par une formulation, en apparence plus restrictive, visant « *aucune activité* ». Néanmoins, une rapide interprétation pourrait conduire à soumettre les activités intellectuelles au même régime juridique.

[259] V. en ce sens l'expression utilisée par la Constitution brésilienne de 1988 laquelle vise les "*clausulas pétreas*" dans son article 60 paragraphe 4.

soutenue derrière leur apparence stabilité. Néanmoins, s'agissant de principes essentiels, leur évolution devrait être guidée par la seule amélioration de leur signification (A) puisant sa source dans une méthode juridique déterminée (B).

A – Une amélioration possible de leur signification

Les principes en question sont difficiles à saisir car ils sont à la fois en dehors du droit et dans le droit. Ils se situent à l'extérieur de la sphère juridique car ils servent de principes d'écriture du texte constitutionnel. A ce titre, ils guident la plume du pouvoir constituant en tant que principes premiers disposant d'un caractère préconstituant. Leur place ou tout début de la Constitution, dans le préambule et dans les premiers articles, atteste de leur fonction initiale et insiste corrélativement sur leur importance. Ensuite, à l'intérieur du texte fondamental, ils sont déclinés un à un au regard de leur signification du moment. Dans l'ensemble, aucun des principes constituant le socle de la continuité constitutionnelle n'est effectivement figé dans le temps au regard de son sens. Par exemple, la notion d'Etat de droit a été accompagnée, en 1961, de la mise en place corrélative du contrôle de constitutionnalité lequel pouvait être réalisé soit de façon abstraite soit concrètement à la suite d'une question préjudicielle de constitutionnalité. En 2010, la même notion coexiste avec la reconnaissance du droit de recours individuel devant la Cour constitutionnelle. En conséquence, il n'est pas exagéré de considérer que l'Etat de droit a évolué par la mise en place d'un accès direct des justiciables à la justice constitutionnelle. Il en va de même du concept d'Etat démocratique lequel ne comprenait pas, au moment de sa consécration constitutionnelle en 1961, la possibilité pour les citoyens de désigner directement le Président de la République. Depuis 2007, le principe de l'élection du chef de l'Etat au suffrage universel direct est sans doute considéré par les partisans de l'AKP comme un progrès démocratique incontestable. L'abaissement du seuil de 10% des suffrages des électeurs inscrits à 5 %, pour qu'un parti politique puisse être présent au sein de la GANT, s'il était concrétisé, poursuivrait également une amélioration de la démocratie dans la mesure où il contribuerait à parfaire la représentation nationale. Les exemples pourraient être multipliés pour chaque principe constitutionnel intangible.

Néanmoins, la notion de progrès qui sous-tend ces évolutions peut être discutée car elle relève soit de la subjectivité de celui qui l'utilise soit de l'angle à partir duquel on l'analyse. Ainsi, la désignation populaire du Président de la République peut-elle être considérée comme un danger pour la démocratie car elle confère à un seul une légitimité jusqu'alors réservée à la collectivité parlementaire et car elle risque de déboucher sur un exercice autoritaire du pouvoir[260]. Le recours individuel devant la Cour constitutionnelle, destiné à assurer la protection des droits reconnus par la Convention européenne des droits de l'homme, peut avoir pour conséquence d'éviter les recours devant la Cour de Strasbourg et de limiter corrélativement les condamnations de l'Etat tout en permettant aux juges constitutionnels de développer leur propre interprétation du texte du Conseil de l'Europe. La modification de la législation électorale peut, dans les faits, rendre difficile la constitution d'un gouvernement, en raison des nécessaires coalitions qu'elle implique, et introduire de l'instabilité politique si les ententes s'avèrent fragiles. Une amélioration démocratique est donc en mesure de peser sur l'efficacité gouvernementale. L'appréhension de l'évolution de la signification des principes intangibles est, en conséquence, loin d'être aisée car elle peut se révéler néfaste pour les uns et bénéfique pour les autres.

En guise de solution, il pourrait être proposé de suivre la métaphore du "*roman à la chaîne*" de R. Dworkin afin de déterminer une ligne de conduite à suivre pour l'évolution de la signification des principes constitutionnels intangibles. Pour construire sa théorie de l'interprétation R. Dworkin a recours à l'image d'un « *roman écrit à plusieurs mains* » selon une méthode « *narrativiste* »[261]. Dans le cadre de cette réflexion, les auteurs – le législateur constituant, le législateur ordinaire, les juges constitutionnels – ont en charge la rédaction d'un chapitre d'un seul et unique roman[262]. Pour réaliser le meilleur livre

---

260 V. A. Bockel, H. Roussillon, E. Teziç (sous la direction de), " *Un Président élu par le peuple, une bone solution ?*", Presses de l'Université Galatasaray et de l'Université des sciences sociales de Toulouse, 2000, 293 p.

261 V. R. Dworkin, « *L'empire du droit* », PUF, coll. Recherches politiques, 1994, part., p. 250. ; v. également, R. Dworkin, « *La chaîne du droit* », in Dossier R. Dworkin, in Droit et société, n° 1, août 1985 (1ère partie), p. 51 et s. De façon générale, v. R. Dworkin, « *Prendre les droits au sérieux* », 1995, PUF, coll. Léviathan ; R. Dworkin, « *A matter of principle* », 1985, Cambridge, Havard University Press.

262 Il est important de souligner que la métaphore de Dworkin concerne essentiellement le juge.

possible et en assurer la cohésion intrinsèque, chaque auteur doit considérer et interpréter le texte qu'il reçoit comme écrit par un seul et unique auteur. Dans cette première étape, il doit trouver la ligne directrice du roman, en déceler « *la logique de progression* »[263]. Ensuite, l'auteur en charge de l'écriture du chapitre doit choisir parmi les différentes interprétations de la suite du roman, celle qui en fera le meilleur possible. Cette seconde étape doit permettre au prochain auteur de la chaîne de découvrir ce qui fait l'unité du récit depuis le début, afin qu'il puisse en écrire la suite. Apparaissent, ici, les deux éléments fondamentaux que Dworkin utilise comme critères déterminants dans la décision du juge[264] : la dimension de la compatibilité (première étape), impliquant que le jugement s'intègre convenablement dans le système de normes existant et la dimension de la valeur (seconde étape), qui nécessite de la part du juge le choix de l'interprétation améliorant autant que possible la qualité du droit conçu comme unité. Tout en ayant conscience des imperfections de sa théorie sur la complétude du droit et sur la bonne réponse en droit[265], il n'en reste pas moins que sa réflexion mérite l'attention. Elle pourrait être complétée par la théorie de la pétrification, développée en Autriche, qui implique une "*cristallisation des significations des normes constitutionnelles par la référence faite au contexte existant au moment de leur édition*"[266]. Mais son exploitation ne paraît intéressante qu'à partir du moment où on l'associe à l'impératif dworkinien de perfectibilité du droit. Ainsi pour jauger l'amélioration des principes intangibles, leur sens initial serait le seuil minimum en deçà duquel on ne pourrait pas aller car cela entraînerait un recul préjudiciable au principe voire une atteinte à son essence même. S'il est difficile de trancher sur le fond le problème, la procédure suivie pour déterminer leur signification doit attirer l'attention.

---

263 V. P. Bouretz, « *Prendre le droit au sérieux : de Rawls à Dworkin* », in « *La force du droit* », 1991, Esprit, p. 59 et s., part., p. 84.

264 Critères transposables à n'importe quel auteur du droit.

265 Pour une critique de cette théorie, v. R. Guastini, « *Théorie et ontologie du droit chez Dworkin* », in Droit et société, n° 2, 1986, p. 15 et s. ; M. Troper, « *Les juges pris au sérieux ou la théorie du droit selon Dworkin* », in Droit et société, n° 2, 1986, p. 41 et s.

266 V. JJ. Pardini, "*Réalisme et contrôle des lois en Italie*", Cahiers du Conseil constitutionnel, n° 22, juin 2007.

B – La méthode juridique à suivre

Il n'existe pas une méthode juridique unique pour donner un sens aux principes intangibles. Sans changer les mots qui désignent lesdits principes, il reste possible de réviser les dispositions de la Constitution qui ne bénéficient pas d'une protection spéciale ou de modifier certaines lois ordinaires ou encore de s'en tenir à la lecture qui en est faite par les juges au travers de leur jurisprudence. Le problème véritable est de savoir quelle est la bonne procédure et, derrière elle, quel est l'auteur légitime du changement ? Un exemple relatif au principe de laïcité se révèle particulièrement intéressant. A l'origine, les juges administratifs ont estimé que le port du voile se heurtait à ce principe. Plus précisément, Le Conseil d'Etat, en 1983[267], en examinant le recours de jeunes filles exclues de leurs universités en raison de leur « *coiffure* », a précisé qu'il n'est pas acceptable, au regard du principe de laïcité, que des jeunes femmes instruites aient en toute conscience la même attitude que des femmes qui, dans les campagnes, se couvrent sous la pression de la tradition. Le législateur, ensuite, l'a autorisé en se heurtant à la censure de la Cour constitutionnelle en 1989[268]. En 1991[269], encore, cette dernière a souligné, sans censurer la loi cette fois-ci, que la liberté vestimentaire légalement organisée à l'université ne saurait être interprétée comme permettant le port de ce symbole religieux. Finalement, par l'ajout d'un alinéa à l'article 42 de la Constitution précisant que "*l'on ne peut priver une personne de son droit à un enseignement supérieur sous aucun prétexte*", le pouvoir constituant dérivé a tenté, en 2008, de changer la définition jurisprudentielle de la laïcité en rencontrant à nouveau l'opposition des juges constitutionnels qui n'ont pas hésité à affirmer l'inconstitutionnalité de l'amendement constitutionnel car il conduisait aux mêmes résultats[270].

Si l'on s'en tient au mot de la Constitution, la laïcité n'est pas définie comme prohibant le foulard islamique de l'enceinte universitaire. Elle ne se comprend pas, non plus, comme justifiant le fait de l'arborer. Dès lors, l'interrogation autour de sa signification se déplace sur la question de savoir qui est légitime pour la fixer. S'agit-

---

[267] Conseil d'Etat 1983/2788, 20 décembre 1983, Requête 1983/142.

[268] Cour constitutionnelle 1989/12, 7 mars 1989, Requête 1989/1.

[269] Cour constitutionnelle 1991/8, 31 juillet 1991, Requête 1990/36.

[270] Cour constitutionnelle 2008/116, du 5 juin 2008, Requête 2008/16, JO du 22 octobre 2008, n° 27032.

il des juges en tant qu'interprètes autorisés du texte fondamental ou des parlementaires en tant que traducteurs de la volonté du peuple ? Les seconds s'appuient sur les suffrages qui les ont portés au pouvoir pour justifier la remise en cause d'une jurisprudence protectrice du principe de laïcité, alors que les premiers estiment essentiel de le préserver au nom de leur mission de gardiens de la Constitution et de la volonté constituante du peuple. Les juges peuvent, en outre, rappeler aux représentants du souverain que la Cour de Strasbourg a, elle-même, considéré leur position comme nécessaire à la sauvegarde du système démocratique du pays. Dans l'arrêt Leyla Şahin[271], portant directement sur la question de la prohibition de ce symbole religieux dans les établissements universitaires turcs, la Cour souligne effectivement que « *le principe de laïcité tel qu'interprété par les juges constitutionnels est la considération primordiale ayant motivé l'interdiction du port de symboles religieux dans les universités* »[272]. Dans l'ensemble, et en s'inscrivant dans la continuité de l'argumentation développée par la chambre, la grande chambre de la Cour européenne des droits de l'homme constate la justification d'une telle interdiction autour de trois raisons essentielles. Tout d'abord, le système constitutionnel turc assure la protection des droits des femmes[273]. Ensuite, le port du foulard islamique a acquis une dimension politique et il reste perçu comme une obligation religieuse pesant sur les femmes qui ne le portent pas[274]. Enfin, pour la Cour, chaque Etat, en fonction de sa propre expérience historique[275], peut

---

[271] Cour EDH, Leyla Şahin c. Turquie, Requête n° 44774/98, 10 novembre 2005.

[272] Cour EDH, Leyla Şahin c. Turquie, préc., § 116.

[273] La Cour précise que « *l'égalité entre les sexes, reconnue par la Cour européenne comme l'un des principes essentiels sous-jacents à la Convention et un objectif des Etats membres du Conseil de l'Europe (...), a également été considérée par la Cour constitutionnelle turque comme un principe implicitement contenu dans les valeurs inspirant la Constitution* ».

[274] La Cour estime « *que, lorsque l'on aborde la question du foulard islamique dans le contexte turc, on ne saurait faire abstraction de l'impact que peut avoir le port de ce symbole, présenté ou perçu comme une obligation religieuse contraignante, sur ceux qui ne l'arborent pas. Entrent en jeu notamment, comme elle l'a déjà souligné (...), la protection des « droits et libertés d'autrui » et le « maintien de l'ordre public » dans un pays où la majorité de la population, manifestant un attachement profond aux droits des femmes et à un mode de vie laïque, adhère à la religion musulmane. Une limitation en la matière peut donc passer pour répondre à un « besoin social impérieux » tendant à atteindre ces deux buts légitimes...* ».

[275] La Cour rappelle que la Turquie a connu dans le passé un régime théocratique. La Cour de Strasbourg avait souligné cet aspect historique également dans son arrêt sur

prendre position contre des mouvements politiques extrémistes qui s'efforcent d'imposer à l'ensemble de la société leurs symboles religieux et leur conception de la société fondée sur des règles religieuses. En prenant en compte le contexte politique et social turc et en le confrontant aux valeurs de pluralisme, de respect des droits d'autrui et, en particulier, d'égalité des hommes et des femmes devant la loi, qui sont enseignées et appliquées dans la pratique, la Cour estime donc que les autorités compétentes ont pu légitimement préserver le caractère laïque de leur établissement et ainsi considérer comme contraire à ces valeurs d'accepter le port de tenues religieuses, y compris, comme en l'espèce, celui du foulard islamique. En méconnaissant les décisions de justice et en poursuivant délibérément leur contournement en révisant la Constitution, l'attitude du pouvoir politique majoritaire pourrait être jugée contraire au principe fondamental de l'Etat de droit. Il suffirait, pour cela, que les juges constitutionnels suivent l'exemple de la Cour constitutionnelle autrichienne qui s'est octroyé un pouvoir de contrôle des lois constitutionnelles en l'affirmant[276].

---

le Refah partisi. « *La Cour observe aussi que le régime théocratique islamique a déjà été imposé dans l'histoire du droit ottoman. La Turquie, lors de la liquidation de l'ancien régime théocratique et lors de la fondation du régime républicain, a opté pour une vision de la laïcité confinant l'Islam et les autres religions à la sphère de la pratique religieuse privée. Rappelant l'importance du respect du principe de la laïcité en Turquie pour la survie du régime démocratique, la Cour considère que la Cour constitutionnelle avait raison lorsqu'elle estimait que le programme du Refah visant à établir la charia était incompatible avec la démocratie* ». Voir, Cour EDH, Refah partisi c. Turquie, Requêtes n°s 41340/98, 41342/98, 41343/98 et 41344/98, 13 février 2003, § 125.

[276] La Cour constitutionnelle a développé une jurisprudence par laquelle « *une loi constitutionnelle créée pour répéter une loi déjà annulée ou pour réduire les compétences de la Cour, peut être considérée comme une violation de l'Etat de droit* ». V en ce sens, VfSlg 11.756/1988, 11.829/1988, 11.916/1988, 17.156/2004 ; VfGH 12.12.2002, V 88/00, cité par G. Kucsko-Stadlmayer, « *La mise en œuvre des décisions de la Cour constitutionnelle autrichienne* », http://www.tribunalconstitucional.ad/docs/coloqui_justicia/07GABRIELLE%20KUCSKO.pdf, p. 6. Elle a, d'ailleurs, contrôlé matériellement les modifications de la Constitution en 2001. V. en ce sens, la décision rendue le 11 octobre 2001 par le VfSlg. G12/00, CODICES : AUT-2001-3-005.

Section 2 – La protection des principes fondateurs de l'Etat

La protection des principes fondateurs de l'Etat est un sujet central. Si leur appartenance au bloc de constitutionnalité ne fait pas de doute puisque la Cour constitutionnelle les utilise comme normes de référence pour le contrôle des lois ordinaires et pour mesurer la nécessité de procéder à la dissolution des partis politiques, la question de leur exploitation pour l'examen des amendements constitutionnels n'a pu être tranchée que par une jurisprudence constitutionnelle audacieuse (§1). Toutefois, leur sauvegarde par les juges constitutionnels ne les met pas à l'abri d'une réforme globale de la Constitution susceptible de les remettre en cause (§2).

§ 1 – Une protection audacieuse de la part de la Cour constitutionnelle

En vertu de la Constitution, seul un contrôle formel des amendements constitutionnels – exercé dans un délai de dix jours après la publication de l'acte contesté – peut être déclenché soit par le Président de la République soit par un cinquième des membres de la GANT[277]. Dans cette hypothèse, l'examen réalisé par la Cour, selon l'article 148 de la Constitution, se limite à la vérification du respect des majorités requises pour leur proposition (1/3 au moins des membres de la GANT) et pour leur adoption (3/5ème des membres de la GANT). En outre, il est nécessaire que de tels amendements ne soient pas délibérés selon la procédure d'urgence[278]. En conséquence, les lois de révision de la Constitution ne pouvant faire l'objet d'un contrôle au fond, les dispositions inaltérables de la Constitution sont dépourvues de protection spéciale alors que, contrairement à d'autres pays[279], la Cour constitutionnelle turque n'avait pas hésité à s'ériger en « *gardienne du temple* ». La solution retenue par la Constitution de 1982 trouve, en effet, sa justification dans la volonté du constituant de revenir sur une jurisprudence constructive antérieure de la Cour constitutionnelle développée sous l'empire de la Constitution de 1961. A l'époque, les amendements constitutionnels pouvaient de la même

---

[277] C'est-à-dire 110 députés sur les 550 que comporte la GANT.

[278] Les exigences formelles sont énumérées par l'article 175 de la Constitution de 1982.

[279] V. par exemple le déclinatoire de compétence formulé par le Conseil constitutionnel français dans sa décision du 26 mars 2003, n° 2003-469 DC, Rec., p. 293.

façon faire l'objet d'un contrôle formel mais celui-ci n'était pas encadré comme il l'est maintenant. En conséquence de ce silence, la Cour s'était octroyé la compétence, par le biais d'un contrôle formel extensif, de contrôler le respect de ce « *noyau dur* » de la Constitution. Le principe philosophique de son activisme judiciaire figurait déjà dans une décision rendue en 1965 lors de l'examen de la constitutionnalité d'une loi ordinaire. A cette occasion, la Cour a souligné, s'agissant de l'article 155 relatif à la révision de la Constitution de 1961, qu'il n'est pas possible de « *penser que l'assemblée constituante qui a rédigé cet article et la Nation qui l'a adopté (...) ont prévu l'abrogation de la Constitution et de l'Etat de droit (...). Le fait que l'article 155 a été adopté pour procéder à des révisions conformes à l'esprit de la Constitution pour amener la société turque à un niveau plus élevé de civilisation est une réalité sans discussion* ». En conséquence, il n'est pas envisageable de permettre « *d'atteindre des buts visant au recul de la société turque, à l'anéantissement des droits et libertés fondamentaux et du principe de l'Etat de droit, en un mot visant à supprimer l'essence de la Constitution de 1961...* »[280]. En 1970, elle mettra directement en œuvre cette jurisprudence en censurant une loi de révision de la Constitution[281] en précisant qu'elle est en mesure d'exercer son contrôle à la fois sur le plan formel et sur le plan matériel[282]. Malgré un amendement constitutionnel, voté en 1971, précisant la portée du contrôle formel susceptible d'être réalisé par les juges constitutionnels et visant à contrecarrer la jurisprudence précitée, la Cour a maintenu sa position de principe en la déguisant et en la renforçant. Ainsi, en considérant qu'une disposition constitutionnelle intangible ne peut faire l'objet d'une proposition de modification, les juges constitutionnels ont-ils donné l'impression de limiter l'examen des révisions constitutionnelles à un simple contrôle formel de leur

---

280 Cour constitutionnelle, E. 1963/173, K. 1965/40, JO du 25 juillet 1967/12656.

281 Cour constitutionnelle, E. 1970/1, K. 1970/31, arrêt du 16 juin 1970, AYMKD, n° 8, p. 313-340. Dans cette affaire, la Cour a précisé qu'elle était en mesure de contrôler le respect de la forme républicaine du gouvernement en considérant qu'il s'agissait bien ici d'un contrôle formel.

282 L'affirmation de ce double contrôle sera rapidement réitérée par la suite par la Cour constitutionnelle sans pour autant invalider l'amendement constitutionnel concerné. Cour constitutionnelle, E. 1970/41, K. 1971/37, JO du 17 mars 1972/14131.

caractère proposable[283]. En outre, la Cour a estimé que le respect de la forme républicaine du gouvernement relevait de son chef de compétence au même titre que la nécessaire protection des valeurs de la République énoncées à l'article 2 de la Constitution de 1961. Si une proposition de révision constitutionnelle s'avère contraire à ces caractéristiques républicaines, elle viole donc, par la même occasion, l'article 1er de la Constitution[284]. Sous l'empire de la Constitution de 1982, les juges constitutionnels ont renoué avec cette ancienne jurisprudence en activant efficacement un contrôle au fond en 2008 (A) tout en le réactivant inutilement en 2010 (B).

A – Un contrôle au fond activé efficacement en 2008

En 2008, la loi constitutionnelle n° 5735 a modifié l'article 10 de la Constitution en précisant que "*les organes de l'Etat et les autorités administratives sont tenus d'agir conformément au principe d'égalité dans toutes leurs actions et dans le bénéfice des services publics*"[285]. Elle a procédé, par ailleurs, à une réécriture de l'article 42 en soulignant que "*l'on ne peut priver une personne de son droit à un enseignement supérieur sous aucun prétexte*" et en ajoutant que "*les limites de ce droit sont fixées par la loi*". A priori, il n'y a rien de choquant dans les formulations ainsi retenues lesquelles ont pour objectif de décliner le principe général d'égalité dans deux domaines classiques du droit constitutionnel à savoir l'égal accès pour tous aux services de l'administration et à ceux de l'éducation. Toutefois, la lecture combinée de ces deux nouvelles dispositions permet aisément de comprendre que l'objectif de la réforme était de faire en sorte que chaque individu, homme ou femme, puisse bénéficier des services publics et donc ne puisse voir son accès à l'enseignement supérieur interdit sous aucun prétexte. Autrement dit, il n'était pas possible de refuser l'accès aux universités aux jeunes femmes voilées car elles

[283] En utilisant cette formule, la Cour constitutionnelle exerce en réalité un contrôle matériel des amendements constitutionnels. V. en ce sens, Cour constitutionnelle, E. 1973/19, K. 1975/87, JO du 26 février 1976/15511.
[284] Cour constitutionnelle, E. 1976/43, K. 1977/4, JO du 21 avril 1977/15916 ; E. 1977/82, K. 1977/117, JO du 14 janvier 1978/16169.
[285] L'ancien article 10 était ainsi formulé: "*Les organes de l'Etat et les autorités administratives sont tenus d'agir conformément au principe d'égalité dans toutes leurs actions*".

portent ledit voile[286]. Le "*sous aucun prétexte*" était donc déterminant pour mesurer la finalité poursuivie par l'AKP au travers de cette réforme. Notons au passage qu'il ne s'agit pas de la première tentative dans ce domaine en Turquie. Par exemple, en 1989, une loi avait été votée afin de permettre le port du voile dans l'enceinte universitaire[287]. Censurée par la Cour constitutionnelle pour méconnaissance du principe constitutionnel de laïcité[288], elle avait alors été remplacée, en 1991, par une nouvelle loi reconnaissant cette fois-ci la liberté vestimentaire dans les universités. Saisie également de ce dernier texte, la Cour avait émis une réserve d'interprétation neutralisante en reconnaissant le caractère constitutionnel de ladite loi en précisant qu'elle ne permet pas toutefois la faculté de porter le voile dans les établissements d'enseignement supérieur[289]. La formule "*sous aucun prétexte*" avait donc bien pour objectif de contourner les décisions des juges constitutionnels et notamment une jurisprudence protectrice du principe de laïcité par ailleurs considérée comme permettant légitimement l'interdiction du port du voile par la Cour de Strasbourg[290].

Le problème majeur qui se posait à la Cour résidait dans la limitation de sa compétence au contrôle formel des amendements constitutionnels. Toutefois, en acceptant le recours déposé par l'opposition politique[291] contre la réforme constitutionnelle alors que la publicité des débats parlementaires permettait, à elle seule, de constater préalablement que la révision avait été votée dans des conditions formelles valables, la Cour laissait déjà entrevoir la censure

---

[286] Prise dans l'absolu, cette révision a également pour conséquence de rendre inconstitutionnel l'examen d'accès aux universités puisqu'en opérant une sélection entre les candidats il implique l'exclusion de l'enseignement supérieur de ceux qui ont été recalés. Interprétée de façon extensive, la réforme de la Constitution entraînerait aussi une remise en cause fondamentale du système éducatif turc.

[287] Loi adoptée lorsque le gouvernement était dirigé par l'ANAP dont certains membres ont intégré, par la suite, l'AKP à l'image de Cemil Çiçek, ministre de la justice du gouvernement AKP de 2002 à 2007 et ensuite porte parole du gouvernement.

[288] Cour constitutionnelle, E. 1989/1, K. 1989/12, arrêt du 7 mars 1989, AYMKD (Revue des arrêts de la Cour constitutionnelle), n° 25, pp. 133-165.

[289] Cour constitutionnelle, E. 1990/36, K. 1991/8, arrêt du 9 avril 1991, AYMKD, n° 27/1, pp. 285-323.

[290] Qu'il soit permis ici de renvoyer à E. Sales, « *La protection du principe constitutionnel de laïcité par la Cour constitutionnelle turque* », RDP, 2009, n° 6, pp. 1649-1682, part., p. 1664 à 1666.

[291] Les 112 députés du CHP.

qu'elle préparait. En effet, par sa décision, en date du 5 juin 2008[292], elle s'est érigée en gardienne des principes intangibles en activant l'article 4 de la Constitution lequel, par sa présence et son contenu, fait des trois premières dispositions du texte fondamental le socle intangible de la Constitution. En interdisant de réviser le triptyque républicain turc et en prohibant toute proposition allant dans le sens de leur modification, cet article donne alors aux juges constitutionnels toute latitude pour dépasser leur compétence d'attribution et pour censurer les amendements constitutionnels par la mise en œuvre de nouvelles techniques de contrôles. En l'espèce, en procédant à un contrôle des motifs de la révision et à un contrôle au fond, la Cour a pu mettre en évidence l'atteinte portée au principe constitutionnel de laïcité.

L'amendement constitutionnel en ajoutant un alinéa à l'article 42 de la Constitution n'étant pas suffisamment explicite, la Cour a recherché, dans un premier temps, l'intention véritable du pouvoir constituant dérivé. Ainsi, et de façon inédite en la matière, les juges constitutionnels se sont appuyés sur les débats de la commission parlementaire chargée de la préparation et de l'examen de la réforme constitutionnelle pour mettre à jour les objectifs réellement poursuivis par le pouvoir en place. De cet examen, il est clairement ressorti que le but recherché était de permettre le port du voile au sein des universités. Plus précisément, il s'agissait de lutter contre la discrimination pesant sur les femmes privées d'études supérieures à cause de leur "*coiffure*". Ainsi, habilement, la révision constitutionnelle permettait non seulement de contourner la jurisprudence constitutionnelle et administrative assurant la protection du principe de laïcité en prohibant le port du voile dans l'enseignement supérieur, mais aussi la loi procédant à son application offrait la possibilité de réduire à néant la jurisprudence administrative par laquelle le Conseil d'Etat avait refusé d'annuler un règlement intérieur d'université aux motifs qu'il pouvait légalement permettre à l'administration de ne pas délivrer un diplôme à une jeune fille ayant fourni une photo d'identité sur laquelle elle apparaissait voilée[293].

---

[292] Cour constitutionnelle 2008/116, du 5 juin 2008, Requête 2008/16, JO du 22 octobre 2008, n° 27032.

[293] Arrêt du Conseil d'Etat du 16 octobre 1989 rendu dans l'affaire Karaduman. Pour un rappel des faits, voir Commission EDH, Karaduman c. Turquie, Requête, n° 16278/90, 3 mai 1993, préc.

Ensuite, avant de procéder à un contrôle au fond des amendements constitutionnels en question, la Cour constitutionnelle a pris la peine, au préalable, de vérifier s'ils étaient proposables. Ce détour astucieux lui a ainsi donné l'occasion de justifier pour l'essentiel l'élargissement de son contrôle. Selon la Cour, la vérification des amendements constitutionnels peut également porter sur les propositions de révisions car en vertu de l'article 4 il n'est pas possible de proposer un amendement qui aurait une incidence sur les trois premiers articles de la Constitution. En conséquence, si une proposition est toutefois votée dans les conditions de majorité requises cela ne permet pas aux parlementaires d'adopter un amendement méconnaissant l'article 4 précité. En effet, ainsi que la Cour le précise, le Parlement, en tant que pouvoir institué, ne saurait dépasser les limites fixées par le constituant. En résumé, cette décision fondamentale est particulièrement éclairante sur le contrôle des propositions de révision. Tout d'abord, une proposition non valide sur le plan formel n'est pas recevable en vertu de l'article 148 de la Constitution. Ensuite, une lecture combinée des articles 148 et 4 de la Constitution, permet également à la Cour d'affirmer qu'un amendement formellement valide ne le rend pas nécessairement proposable dès lors qu'il méconnaît les bornes établies par le pouvoir constituant originaire. A la suite, de cet examen, la Cour s'est livrée à un contrôle du contenu de la révision constitutionnelle en reproduisant des arguments développés dans de précédentes décisions[294]. Pour l'essentiel, et tout en reconnaissant que le port du voile peut représenter une liberté et un choix personnel, elle a pris le soin de rappeler qu'il constitue surtout un moyen de pression sociale sur celles qui ne le portent pas. En conséquence, il est contraire aux principes constitutionnels de laïcité et d'égalité et risque de nuire à l'ordre public.

---

[294] La Cour a fait référence à sa propre jurisprudence et notamment à sa décision de 1989 sur la loi autorisant le port du voile (Cour constitutionnelle, E. 1989/1, K. 1989/12, 7 mars 1989, préc.), à celle de 1998 concernant la dissolution du Refah (Cour constitutionnelle, E. 1997/1, K. 1998/1, 16 janvier 1998) et à celle de 2001 portant dissolution du Fazilet (Cour constitutionnelle, E. 1999/2, K. 2001/2, 22 juin 2001). Elle s'est appuyée, en outre, sur la jurisprudence de la Cour de Strasbourg en citant des extraits de l'arrêt Dahlab contre Suisse de 2001 (Cour EDH, Dahlab c. Suisse, Requête n° 42393/98, 15 février 2001), de l'arrêt concernant le Refah de 2003 (Cour EDH, Refah partisi c. Turquie, Requêtes n°s 41340/98, 41342/98, 41343/98 et 41344/98, 13 février 2003, et de l'arrêt Leyla Şahin contre Turquie de 2005 (Cour EDH, Leyla Şahin c. Turquie, Requête n° 44774/98, 10 novembre 2005).

B – Un contrôle au fond réactivé inutilement en 2010 ?

En réaction à la précédente décision rendue par la Cour constitutionnelle en 2008, le gouvernement a donc préparé une nouvelle révision constitutionnelle[295] dont l'ampleur et la teneur doivent être précisées afin de bien comprendre la situation (1). Son annulation partielle par la Cour constitutionnelle sera sans véritable conséquence (2). Il en résultera, au final, des revirements jurisprudentiels importants de la part de la Cour constitutionnelle recomposée (3).

1 – Les ambiguïtés de la réforme constitutionnelle

Dépourvu de tout pouvoir d'initiative en matière de révision de la Constitution, le gouvernement a néanmoins fait connaître son projet de réforme constitutionnelle le 22 mars 2010. Ayant temporairement abandonné l'idée de mettre en place une nouvelle Constitution « *civile* » pour remplacer la Constitution « *militaire* » de 1982, l'équipe au pouvoir a souhaité faire entériner rapidement un paquet constitutionnel présenté comme nécessaire au regard des exigences européennes et permettant, notamment, de renforcer l'indépendance de la justice. Le toilettage ainsi proposé était soigneusement habillé d'un verni européen destiné à le justifier et à le parer de toutes les vertus. Côté Cour constitutionnelle, tout était organisé pour la rapprocher des standards de la justice constitutionnelle européenne. En effet, une partie des juges sera désignée par le Parlement, afin de lui donner une plus grande légitimité démocratique. La durée de leur mandat, prévue jusqu'à l'arrivée de l'âge de la retraite, devra être rapportée à 12 ans non renouvelables. La Cour, elle-même, deviendra le « *tribunal du citoyen* » avec la reconnaissance du droit de recours individuel lui permettant d'assurer directement la protection des droits garantis par la Constitution et, de façon originale, de ceux reconnus par la Convention européenne des droits de l'Homme. En résumé, le renforcement de l'institution indispensable à tout Etat de droit ne pouvait être que positivement salué. Côté Conseil supérieur des juges et des procureurs, l'élargissement de sa composition poursuivait également la satisfaction de certaines exigences européennes en prévoyant la présence, en son sein, de juges appartenant à l'ensemble

[295] Voir la loi constitutionnelle n° 5982 du 7 mai 2010.

de l'appareil judiciaire et de personnalités extérieures au monde de la justice. Dans la lignée des propositions suggérées par la Commission de Venise, la dissolution des partis politiques sera rendue plus difficile. Enfin, et sans entrer dans le détail des autres mesures, la recherche d'une meilleure égalité entre hommes et femmes, la protection des enfants, l'amélioration des droits sociaux des fonctionnaires, la sauvegarde contre les données informatiques, la création d'un médiateur arbitrant les conflits entre les citoyens et l'administration constituent autant d'avancées constitutionnelles importantes témoignant toutes des efforts poursuivis par la Turquie pour respecter les conditions nécessaires à sa future entrée dans l'Union européenne.

Toutefois, une fois le verni ôté, le paquet constitutionnel se révélait différemment. Tout d'abord, le Conseil supérieur des juges et des procureurs, auparavant composé de juges élus par la Cour de cassation (3) et le Conseil d'Etat (2), verra sa composition clairement modifiée afin de limiter l'influence de ces deux cours suprêmes, qui, il est utile de ne pas l'oublier, avaient publiquement exprimé leur farouche opposition à la révision constitutionnelle de 2008 précitée au nom du principe intangible de laïcité[296]. Avant que la Cour constitutionnelle

[296] Le Conseil d'Etat a précisé, dans sa déclaration du 18 janvier 2008, que « *les Etats qui se sont donnés pour but de faire vivre les principes et les règles universelles du droit, doivent s'abstenir de prendre des mesures constitutionnelles et législatives susceptibles de porter atteinte aux décisions des organes juridictionnels nationaux et internationaux en matière de droits et libertés de la personne* ». Par cette déclaration, le Conseil d'Etat est sorti de ses fonctions traditionnelles pour juger et critiquer le projet de loi constitutionnelle. Elle peut être discutée de ce point de vue. Néanmoins, elle reste intéressante en ce sens qu'elle révèle particulièrement le climat de tension qui régnait à ce moment-là en Turquie. Il paraît donc important d'en restituer les extraits suivants : « *Face à des actions visant à lever l'interdiction du port du voile dans les universités, il a été jugé nécessaire, en raison de la responsabilité qui nous incombe en tant qu'organe constitutionnel et haute instance de juridiction, de faire cette déclaration à l'opinion publique. La République de Turquie est un Etat de droit démocratique, laïc, et social. Ces caractéristiques constituent des dispositions constitutionnelles fondamentales de la République qu'il n'est pas possible de modifier ou même de proposer de modifier (...) La Cour Constitutionnelle et le Conseil d'Etat, dans le cadre de leurs examens et appréciations du préambule ainsi que des articles 2, 10 et 24 de la Constitution, ont fortement souligné dans leurs décisions qu'étant donné que la laïcité constitue l'essence de la République et le fondement de la vie nationale, on ne peut soutenir que les mesures et les tentatives d'origines religieuses constituent un droit démocratique opposable au principe de laïcité et aux règles de l'enseignement laïc prévus par la Constitution (...) Alors que des nouvelles mesures sont entrain d'être*

ne la censure[297], le Conseil d'Etat avait prononcé le sursis à l'exécution des décisions de Recteurs d'Universités ayant autorisé le port du voile[298] en s'appuyant sur les nouvelles règles constitutionnelles[299]. Compétent pour la désignation de l'ensemble des juges, le Conseil ainsi composé constituait donc un redoutable contre-pouvoir. En donnant au ministre de la Justice la présidence de l'institution, en prévoyant l'augmentation du nombre de ses membres à vingt-deux, en donnant la possibilité aux juridictions ordinaires d'en désigner dix et en confiant au chef de l'Etat le soin de nommer quatre personnalités extérieures, la réforme semble chercher à diminuer la place centrale auparavant occupée par la Cour de cassation et par le Conseil d'Etat au sein de cette institution garante de l'indépendance de la magistrature et à renforcer l'emprise du pouvoir exécutif. Ensuite, les nouvelles règles relatives à la dissolution des partis politiques laissaient entrevoir la crainte de l'AKP en la matière. Pour éviter le déclenchement de la procédure ou pour l'encadrer plus strictement, le Procureur général de la République auprès de la Cour de cassation devra obtenir l'avis conforme et préalable des groupes politiques du Parlement pour pouvoir saisir la Cour constitutionnelle. Les votes, les discours et, chose nouvelle, les actes de l'administration ne pourront en aucun cas justifier une demande de dissolution. Les sanctions, de leur côté, sont revues à la baisse avec une interdiction d'exercer des activités au sein d'un parti politique passant de cinq à trois ans pour les responsables politiques concernés. Surtout, les députés visés dans les actes ayant conduit au prononcé de la

---

préparées, c'est avec inquiétude que nous observons le non-respect des principes fondamentaux et intangibles de notre Constitution et des décisions juridictionnelles, au même titre qu'elles sont contraires aux avancées de notre République qui est un Etat de droit. En outre, lesdites tentatives ne se limiteront pas aux établissements d'enseignement et préjudicieront finalement à la paix du peuple. Le point de vue du Conseil des présidents du CE est soumis avec respect à l'opinion publique, pour information et appréciation ». Déclaration publiée sur le site internet du Conseil d'Etat. Voir dans le même sens la déclaration publique du Conseil des présidents de la Cour de Cassation en date du 28 septembre 2007.

297 Décision de la Cour constitutionnelle 2008/116, du 5 juin 2008, préc.

298 CE, 8ème chambre, 10 mars 2008, Requête 2008/1501.

299 En vertu du nouvel article 42 de la Constitution, les limites du droit à l'enseignement sont fixées par la loi. Or, la loi n'ayant pas été adoptée, le Conseil d'Etat a estimé que les décisions des autorités administratives concernées violaient la Constitution.

dissolution auront la possibilité de conserver leur mandat...[300] Par ailleurs, pour que la Cour constitutionnelle puisse exercer correctement ses nouvelles attributions le nombre de ses membres passera de onze à dix-sept. Et surtout, quatorze d'entre eux seront nommés par le Président de la République – quatre directement et dix indirectement – et trois élus par le Parlement. En conséquence, et fort vraisemblablement, sept juges constitutionnels, au minimum, seront désignés par l'AKP qui disposera d'un pouvoir de blocage déterminant au sein de la Cour. Un simple calcul le démontre clairement : avec l'exigence d'une majorité simple pour décider valablement en matière de contrôle de constitutionnalité de nombreuses lois risquent de se voir décerner le label de constitutionnalité ; avec la même majorité exigée lorsque la Cour se transforme en Haute Cour de Justice, le Président, les ministres et les hauts fonctionnaires ne risquent pas d'être véritablement inquiétés ; avec une nécessaire majorité des 2/3 (soit onze juges sur dix-sept) pour juger des amendements constitutionnels et pour prononcer la dissolution des partis politiques ou leur adresser des sanctions financières, la Cour ne présentera plus un danger pour le parti au pouvoir. Pour bien prendre la mesure de ce volet de la réforme, il ne faut pas oublier que la Cour constitutionnelle avait annulé les élections présidentielles en 2007[301], censuré l'amendement constitutionnel autorisant indirectement le port du voile dans les universités[302] et adressé un net signal d'avertissement à l'AKP en refusant de procéder à sa dissolution tout en lui infligeant une sanction financière en 2008[303]. S'agit-il, ici, de la meilleure façon de garantir l'indépendance et l'impartialité des juges constitutionnels ainsi que cela a été annoncé par les porteurs de la réforme ? Enfin, sur le plan procédural, la précipitation avec laquelle le projet a été présenté ne peut que surprendre. En effet, pour le rendre formellement valable le gouvernement a demandé à ses députés de déposer une proposition de

[300] Cette partie de la réforme n'a finalement pas été adoptée car certains députés de l'AKP, considérant que la nouvelle procédure rendrait nécessairement plus difficile la dissolution des autres formations politiques et spécialement de celles défendant les intérêts kurdes, ne l'ont pas voté.

[301] Cour constitutionnelle 2007/54, du 1er mai 2007, Requête 2007/45, JO du 27 juin 2007, n° 26566.

[302] Cour constitutionnelle 2008/116, du 5 juin 2008, Requête 2008/16, JO du 22 octobre 2008, n° 27032.

[303] Cour constitutionnelle 2008/2 (Dissolution des partis politiques), 30 juillet 2008, Requête 2008/1, JO du 24 octobre 2008, n° 27034.

loi constitutionnelle. Si la technique n'est pas en elle-même étonnante, sa concrétisation avec la signature du Président de la GANT, lequel n'est pas constitutionnellement habilité à la parapher en raison de sa neutralité politique, anéantissait selon l'opposition les présupposés démocratiques du paquet constitutionnel et de ses instigateurs. L'irrégularité grossière relevée a donc entraîné le retrait de la réforme de la discussion parlementaire car le vice de procédure pouvait légitimement permettre à la Cour constitutionnelle de l'invalider en raison de son inconstitutionnalité formelle. Finalement, l'amendement constitutionnel a été, par la suite, représenté assorti de modifications à la marge.

Selon la Constitution, l'adoption d'une révision constitutionnelle est valable dès lors qu'elle a recueilli une majorité qualifiée des 2/3 au sein de l'Assemblée. A défaut, seul un vote à une majorité des 3/5ème peut permettre de l'amener à terme à condition que le texte de la réforme soit approuvé par référendum. Toutefois, l'AKP ne pouvait remplir la première exigence car le parti ne disposait pas d'une majorité parlementaire suffisante lui permettant de recueillir les 367 voix nécessaires à l'adoption définitive de la révision constitutionnelle. Il a, par ailleurs, échoué dans sa recherche de consensus politique afin de les obtenir. En revanche, il détenait un nombre de députés supérieur à celui requis[304] pour que le paquet constitutionnel puisse être soumis en bloc, par le Président de la République, à sa ratification référendaire. Le parti politique au pouvoir s'est donc réservé, en dernier ressort, le droit de faire trancher ses choix politiques « *européens* » par le peuple[305].

2 – Une annulation partielle dépourvue de conséquence

L'AKP n'était pas à l'abri d'une nouvelle censure de la révision constitutionnelle de la part de la Cour constitutionnelle qui a été saisie par l'opposition politique[306]. Une telle solution était tout à fait prévisible depuis que les juges constitutionnels se sont octroyés –

[304] Il en faut 330.

[305] Le 13 mai 2010, le Président de la République a confirmé la réforme constitutionnelle votée par le Parlement et a indiqué qu'elle serait prochainement soumise au référendum le 12 septembre 2010… date anniversaire du coup d'Etat militaire de 1980 ayant débouché sur la Constitution de 1982. L'occasion sera ainsi donnée au peuple de rénover en profondeur cette « *Constitution militaire* ».

[306] 111 députés du CHP (parti républicain du peuple), saisine n° 2010/49.

contre la lettre de la Constitution – le pouvoir de contrôler le contenu des amendements constitutionnels[307]. Le communiqué de presse de la décision de la Cour constitutionnelle, rendu public le 7 juillet 2010, le démontre clairement. En refusant d'exercer un simple contrôle formel, car les vices de procédure ayant affecté la présentation de la révision ont été rectifiés à l'occasion de la procédure parlementaire, les juges constitutionnels ont, à nouveau, procédé à l'examen au fond de la révision constitutionnelle[308]. Ainsi, reproduisant les principes d'une jurisprudence constante, la Cour n'a pas hésité à annuler, en partie, certains articles de la réforme qui la concernaient et qui visaient notamment le Conseil supérieur des juges et des procureurs. Néanmoins, il ne résulte pas de son intervention une protection de sa propre indépendance ainsi que celle de l'ensemble de l'appareil judiciaire. En outre, en procédant à une « *micro-censure* » de la réforme, elle n'a pas contrecarré l'instrumentalisation politique du référendum lequel a conduit le peuple à valider, ensemble, les nouveaux droits qui lui sont octroyés et l'encadrement politique des juges constitutionnels et ordinaires. Pour l'ensemble de ces raisons, il paraît important de concentrer l'analyse sur le contenu et les conséquences de cette dernière décision.

Avant de procéder à un contrôle au fond des amendements constitutionnels en question, la Cour constitutionnelle a pris la peine, au préalable, de vérifier s'ils étaient proposables. A la suite, de cet examen, la Cour s'est livrée à un contrôle du contenu de la révision constitutionnelle. A ce niveau, la prudence des juges apparaît nettement. Alors que l'extension du pouvoir présidentiel de nomination des juges constitutionnels ou des membres du Conseil supérieur des juges et des procureurs pouvait, par exemple, directement prêter à discussion, la Cour, au contraire, a concentré son contrôle sur quelques bouts de phrase a priori anodins pour rendre inopérante une fraction de l'article sur la composition de la Cour constitutionnelle et sur celle du Conseil supérieur sans les annuler dans leur totalité. Ce faisant, elle maintient en place un système qui permettra au parti politique majoritaire de peser sur l'autorité judiciaire dans son ensemble. Elle aurait pu considérer, en revanche, que le renforcement de la sphère d'influence du pouvoir exécutif sur

---

[307] Décision de la Cour constitutionnelle 2008/116, du 5 juin 2008, Requête 2008/16, préc.

[308] Cour constitutionnelle, 2010/87, 7 juillet 2010, Requête 2010/49, JO du 1er août 2010, 27659.

le pouvoir judiciaire a pour objectif[309] de porter atteinte à l'indépendance de la justice et l'annuler pour violation corrélative des dispositions intangibles de la Constitution et notamment celle de l'article 2 affirmant que la Turquie est un Etat de droit démocratique. Corrélativement, il ne lui était pas difficile, également, d'argumenter autour de la méconnaissance du principe fondamental de la séparation des pouvoirs. Néanmoins, un tel positionnement était sans doute difficile car les justifications mêmes de la réforme pouvaient devenir les raisons de sa censure et car il conduisait inévitablement à un conflit frontal avec le Président de la République actuel et avec son successeur qui trouvera toute sa légitimité dans sa désignation au suffrage universel direct. Par ailleurs, le Président de la Cour – lors de la conférence de presse à l'occasion de laquelle il a annoncé la censure partielle du paquet constitutionnel – a bien souligné qu'il s'agissait là d'une décision exceptionnelle n'ayant pas nécessairement vocation à être réactivée par la Cour constitutionnelle. Il est donc possible d'imaginer une éventuelle mise en sommeil de cette jurisprudence car le contrôle réalisé par les juges constitutionnels, à cette occasion, s'est avéré quasiment inutile. Pourtant, la Cour aurait tout intérêt de la maintenir pour plusieurs raisons. Le contrôle des lois constitutionnelles est, en effet, nécessairement différent de celui des lois ordinaires. Le référentiel normatif est plus réduit pour les premières car l'inverse conduirait à interdire toute révision du texte constitutionnel. Il n'a donc pour finalité que de préserver les caractéristiques essentielles de la République au titre desquelles figure nécessairement l'indépendance des juges. En outre, il est moins fréquent dans la mesure où le texte fondamental dispose d'une stabilité plus grande que celle des lois ordinaires. Par ailleurs, l'affirmation du caractère extraordinaire dudit contrôle pouvait également se comprendre implicitement comme étant la conséquence des errements du parti politique au pouvoir. En d'autres termes, un gouvernement raisonnable ne conduirait pas les juges constitutionnels à franchir l'extrême limite de leur champ de compétences. Enfin, le contrôle ponctuel du contenu des amendements constitutionnels peut

[309] La Cour a refusé, ici, de contrôler l'amendement au regard de sa finalité. Elle abandonne donc une technique de contrôle, inaugurée dans sa décision précitée du 5 juin 2008, par laquelle elle avait recherché l'intention du pouvoir constituant dérivé en procédant à l'examen des débats de la commission parlementaire. De cet examen, il était clairement ressorti que le but recherché était de permettre le port du voile au sein des universités.

trouver une justification sur le plan théorique. Pendant longtemps, il a été considéré que le législateur pouvait tout faire sous prétexte qu'il représentait la volonté générale. Il a fallu attendre la mise en place du contrôle de la constitutionnalité des lois pour que soit favorisée la remise en cause nécessaire du mythe de la loi parfaite, infaillible et par essence protectrice des droits et libertés des individus. A l'heure actuelle, le temps est peut-être venu d'accepter, comme la Cour constitutionnelle turque, un entier contrôle du pouvoir constituant dérivé sous peine de laisser les dispositions constitutionnelles fondatrices des valeurs d'un Etat sans protection et de voir renaître la toute puissance ancienne du Parlement. Si la loi ordinaire doit respecter les exigences constitutionnelles, la loi constitutionnelle doit également respecter les valeurs constitutionnelles essentielles. Ne pas admettre cela conduit à reconnaître encore la simple supériorité de la loi du nombre. En d'autres termes, les amendements constitutionnels votés ne représentent la volonté générale qu'à partir du moment où ils sont conformes aux dispositions intangibles de la Constitution.

Les conséquences de l'annulation partielle du paquet constitutionnel par la Cour constitutionnelle ont été quasiment nulles. En premier lieu, les juges constitutionnels n'ont pas estimé qu'il leur appartenait de protéger leur propre indépendance et celle de l'ensemble des juges. Au titre des garanties apportées à l'indépendance des juges de la loi, la doctrine énonce régulièrement la nécessaire protection des juges dans l'exercice de leurs fonctions, l'impérative indépendance financière et administrative de l'institution ainsi que dans la fixation de ses propres règles de fonctionnement. Elle rajoute également le respect dû à ces décisions par les autres institutions. La Cour constitutionnelle n'a pas eu l'audace d'introduire une nouvelle forme inédite de protection : l'autoprotection. En effet, en annulant l'intégralité de l'article relatif à la Cour constitutionnelle et spécialement les dispositions concernant sa composition, les juges constitutionnels se seraient mis à l'abri d'une prise de contrôle orchestrée de leur institution. Toutefois, ils ont sans doute hésité à établir, au bénéfice de la Cour, une protection supérieure car, à la différence des autres pouvoirs institués, celle-ci aurait pu alors se prévaloir du respect des premiers articles de la Constitution pour bloquer des réformes susceptibles de nuire à son autonomie. En second lieu, ils ont évité de procéder à une réécriture importante de la révision constitutionnelle. L'admission de leur compétence pour l'exercice du contrôle du contenu des amendements constitutionnels devait pourtant les conduire inévitablement à l'annulation de la totalité de la réforme, comme ce fût le cas en 2008, ou à l'annulation partielle de l'intégralité des dispositions entrant en contradiction avec les premiers articles de la Constitution. La première solution étant impossible, dans la mesure où le paquet constitutionnel contenait de nouveaux droits et libertés s'inscrivant dans une amélioration notable du droit constitutionnel turc, il restait donc aux juges la possibilité d'envisager la seconde hypothèse largement soutenue par la Cour de cassation et par le Conseil d'Etat. Elle leur permettait de faire disparaître du texte, à soumettre au référendum, les nouvelles règles présidant à la désignation des membres de la Cour constitutionnelle et de ceux du Conseil supérieur des juges et des procureurs. Néanmoins, le choix de cette voie amenait les juges constitutionnels à se comporter comme un pouvoir constituant dérivé négatif. Si certains des membres de la Cour – au moins cinq d'entre eux – étaient tout à fait prêts à franchir cette limite, la majorité des juges a préféré rayer de la réforme quelques rares phrases n'emportant aucune conséquence déterminante sur le contenu du texte. Les juges constitutionnels ont donc surpris l'ensemble des commentateurs en rendant une non-décision. En dernier lieu, ils n'ont pas évité l'utilisation pernicieuse d'un référendum ayant pour objectif un net renforcement du pouvoir exécutif grossièrement dissimulé derrière l'octroi de nouveaux droits et libertés. Finalement, le gouvernement a instrumentalisé l'arrêt de la Cour constitutionnelle en précisant, lors de la campagne référendaire, qu'à l'exception de la simple annulation partielle les juges constitutionnels avaient approuvé la constitutionnalité de la révision du texte fondamental.

3 – Les revirements jurisprudentiels de la Cour constitutionnelle recomposée

Il en a résulté rapidement un changement radical de la jurisprudence de la Cour constitutionnelle s'agissant du principe constitutionnel de laïcité. En outre, la réglementation concernant la tenue vestimentaire des fonctionnaires a été modifiée pour permettre le port du voile dans l'administration.

Dans une décision du 20 septembre 2012, la Cour constitutionnelle a souligné qu'un Etat laïque est celui qui permet de vivre librement sa croyance religieuse dans un contexte approprié[310]. Dans la même période, les recteurs d'Universités, nommés par le Président de la République, ont laissé pénétrer dans les campus, puis dans les cours, les jeunes filles voilées. Le Conseil d'Etat, dans un arrêt du 5 novembre 2012, a, de son côté, suspendu une réglementation professionnelle, édictée en 1971 par l'Union des barreaux de Turquie, interdisant le port du foulard pour les avocates au motif qu'elle était disproportionnée et sans fondement juridique. Il n'y a effectivement aucune loi interdisant le port du voile par les avocates et l'Union des barreaux n'a pas de compétence en la matière même si une loi[311] lui donne la possibilité de fixer les règles vestimentaires d'exercice de la profession. A donc été retenue une violation de la liberté religieuse des femmes exerçant cette profession libérale. Si la jurisprudence du Conseil d'Etat peut surprendre au regard de ses positions antérieures, elle se justifie sans doute au regard de son légalisme et surtout en raison de la possible remise en cause de ses décisions devant la Cour constitutionnelle depuis la réforme constitutionnelle de 2010 ayant introduit le recours individuel. La décision rendue le 25 juin 2014[312] par la Cour constitutionnelle, dans le cadre d'un recours individuel, permet de le mesurer assez facilement. Dans cette affaire où était en cause l'interdiction opposée par l'administration judiciaire à une avocate de plaider voilée devant un tribunal, les juges constitutionnels ont pris le soin de préciser qu'ils n'avaient pas de compétence pour juger de la validité d'une prétention religieuse[313]. En revanche, ils estiment que la requérante a parfaitement établi le lien entre le port du voile et l'expression de sa religion en s'appuyant sur le coran et – élément remarquable – sur les précisions apportées par le Diyanet en la matière. Ainsi, dès lors que la croyance de la personne concernée lui dicte de porter le foulard, toute limitation relative à un lieu déterminé ou au type de vêtement concerné constitue une atteinte à la liberté de religion. La Cour constitutionnelle a reproduit cette

[310] Décision de la Cour constitutionnelle, du 20 septembre 2012, JO du 18 avril 2013.

[311] Loi sur la profession d'avocat, n° 1136, du 19 mars 1969, article 49.

[312] Décision de la Cour constitutionnelle, du 25 juin 2014, Requête 2014/256.

[313] Il est intéressant de souligner que la Cour constitutionnelle mentionne au soutien de cette affirmation une affaire jugée par la Cour Suprême des Etats-Unis en 1989, Oregon/Smith.

jurisprudence, dans une décision du 20 mai 2015[314], s'agissant d'un contrôle de police effectué à l'entrée d'un Palais de justice à l'occasion duquel il a été demandé à une femme de retirer son "pardessus". Alors que celle-ci avait formulé un recours individuel pour violation du droit à un procès équitable, les juges constitutionnels ont pris le soin de requalifier la demande en estimant qu'il s'agissait d'une atteinte à la liberté de conscience et de religion de la requérante. Tout en rappelant qu'ils n'avaient pas de compétence particulière pour juger de la validité d'une prétention religieuse, les juges de la loi ont considéré qu'il avait été établi que ledit vêtement avait un lien avec la croyance religieuse de la victime.

Alors que le règlement sur la tenue et vêtements des travailleurs dans les institutions publiques, en date du 25 octobre 1982, précisait, dans son article 5, que les femmes doivent accomplir leurs fonctions avec la tête découverte, une modification en date du 8 octobre 2013 a supprimé cette exigence permettant ainsi le port du voile dans les administrations. Peu de temps auparavant, une décision du Médiateur de la République, rendue le 20 septembre 2013, demandait le retrait d'une sanction disciplinaire infligée à une femme pour avoir travaillé avec le voile dans un commissariat de police. Récemment en 2015, à la suite d'une demande formulée par la Cour de cassation, le Conseil supérieur des juges et des procureurs a considéré qu'il n'existait aucune interdiction concernant le port du voile par les juges du siège et les membres du parquet. Enfin encore, au début du mois de janvier 2016, le premier ministre a indiqué – au nom de la liberté de conscience – que les officiers qui souhaitent aller prier le vendredi peuvent le faire sans que cela soit considéré comme une perte du temps de travail[315]. En résumé, la liberté de conscience et la liberté de religion des usagers des services publics, des personnes exerçant une profession libérale en lien avec le service public ou encore celles des fonctionnaires priment avant toute chose au nom du principe de la neutralité de l'Etat. Il en résulterait donc pour certains, une nouvelle définition plus libérale de la laïcité turque. Or, il est sans doute étonnant de présenter ainsi ladite évolution pour la bonne et simple raison que la question du port du voile est considérée comme une obligation de nature religieuse... par le Diyanet lui-même !

---

[314] Décision de la Cour constitutionnelle, du 20 mai 2015, Requête 2013/7443, JO du 10 août 2015, n° 29441.

[315] Circulaire du Premier ministre, JO du 8 janvier 2016, n° 29587.

L'interrogation centrale est donc de savoir ce qu'il reste de la laïcité en tant que principe constitutionnel intangible en Turquie. Un simple mot constitutionnel en perte de sens ou, ce qui revient quelque part à la même chose, une simple barrière de papier.

§ 2 – Vers une remise en cause constitutionnelle ?

Depuis son entrée en vigueur en 1982, la Constitution de la République de Turquie fait l'objet de contestations régulières. Dès l'origine, le processus constituant n'a pas permis l'établissement d'un consensus car la dissolution ayant frappé les différents partis politiques de l'époque, à la suite du coup d'Etat de 1980, ne leur a pas permis de contribuer à sa rédaction laquelle a été unilatéralement conduite par le pouvoir militaire. Le Conseil national de sécurité, après avoir fait voter une loi affirmant que la Constitution de 1961 n'était plus en vigueur, avait effectivement mis en place une commission spécialisée composée de membres entièrement désignés par lui et dont la mission était de proposer un nouveau texte constitutionnel. Une fois retouché par le Conseil national de sécurité, le texte fut finalement soumis au vote du peuple. A la suite de la dissolution dudit Conseil militaire et des élections des députés, quatre membres du commandement des armées furent constitutionnellement institués membres du conseil présidentiel à la tête duquel Kenan Evren s'installa. En 2011, malgré de nombreuses modifications qui n'ont pas permis d'effacer son esprit autoritaire, les déséquilibres entre les institutions et les contradictions dans les fonctions organisées[316], le texte constitutionnel ne constitue toujours pas le miroir dans lequel la société turque parvient à s'identifier[317]. En conséquence, il n'est pas totalement surprenant que les élections législatives de l'été 2011 aient été fortement marquées par le débat autour du changement de la Constitution. Dans ce cadre, l'avenir des principes constitutionnels

[316] Voir en ce sens, I. Ö. Kaboğlu, « *Anayasa Kurultayı : Anlamı ve Amacı* », in Anayasa Kurultayı (Mélanges en l'honneur du Professeur Yılmaz Aliefendioğlu, Ankara Barosu, 2010, pp. 12-21.

[317] Pour certains auteurs, "*le manque d'harmonie que l'on peut constater, dans tous les pays et à toutes les époques, entre la Constitution et la réalité mouvante de la société est particulièrement frappant en Turquie*". V. en ce sens, H. N. Kubali, "*Les traits dominants de la Constitution de la seconde République Turque*", RIDC, vol. 17, n° 4, oct-déc. 1965, pp. 855-872, part., p. 869.

intangibles s'avère incertain (A) tout comme l'est celui du choix de la procédure à suivre pour l'adoption d'une nouvelle Constitution (B).

A – L'avenir incertain des principes constitutionnels intangibles

Entre 1982 et 2011, le principe du changement de la Constitution de 1982 semble unanimement partagé ainsi qu'en témoignent les multiples propositions allant dans le sens d'une réécriture de l'ensemble du texte constitutionnel formulées depuis les années 1990[318]. Le parti politique au pouvoir invite, chacun le sait, à remplacer une Constitution militaire par une Constitution civile ; la société civile – par l'intermédiaire de différentes structures – a déjà proposé des versions différenciées de nouveaux textes constitutionnels ; les constitutionnalistes se mobilisent également et naturellement autour de ce sujet ; la commission de Venise a incité la Turquie à modifier les règles de dissolution des partis politiques en lui suggérant d'y procéder dans le cadre d'un changement global de la Constitution. Il existe donc un vaste mouvement constitutionnel qui, pour l'essentiel, est resté concentré sur le contenu du futur texte fondamental vis-à-vis duquel d'importantes divergences existent autour des questions de laïcité, de citoyenneté, d'équilibre des pouvoirs et d'indépendance de la justice. En présentant les tendances rapidement, il n'est pas exagéré de dire que le parti au pouvoir souhaite une rupture importante avec l'ordre constitutionnel existant en revenant sur les principes intangibles – et implicitement sur la laïcité – et avec le régime politique lequel de parlementaire

[318] Au début des années 1990, trois propositions en ce sens ont été faites par la Grande Assemblée Nationale de Turquie, le TÜSİAD (Association des industriels et hommes d'affaires turcs) et des confédérations syndicales (TÜRK-İŞ, HAK-İŞ, TİSK). En 2000, l'Union des chambres et des bourses de Turquie (TOBB) a rédigé un nouveau texte constitutionnel entier appelé la « *Proposition 2000* ». En 2001, l'Union des barreaux de Turquie (TBB) en a fait de même en complétant ses propositions en 2007. Pendant la même année le gouvernement a mis en place son projet de « *Constitution civile* » destiné à remplacer la « *Constitution militaire* » de 1982. En 2009, la Confédération syndicale des ouvriers révolutionnaires (DİSK) a suggéré un certains nombres de principes directeurs pour une nouvelle Constitution. Sur le contenu de ces différentes propositions, v. Abdurrahman Eren, « *Yeni Anayasa Önerilerinde Genel Esaslar ve Temel Hak ve Özgürlükler* » et Sultan Tahmazoglu Uzelturk, « *Anayasa Önerilerinde* », in Anayasa Kurultayı, préc. Ankara Barosu, pp. 24-49 et pp. 49-90. Enfin, en 2011, le TÜSİAD a présenté un nouveau projet de texte constitutionnel.

deviendrait présidentiel[319]. De son côté, l'opposition politique désire opérer un changement dans la continuité en préservant le système parlementaire. Dans cette dernière perspective, le maintien des principes intangibles serait assuré tout en envisageant leur amélioration par la voie d'une simple révision législative ou par le biais de modifications constitutionnelles. Par exemple, la suppression légale du seuil des 10 %, permettant à un parti politique d'être représenté au Parlement, et son abaissement poursuivrait une amélioration de la démocratie. La réforme constitutionnelle de la présidence des affaires religieuses, rattachée aux services du Premier ministre, ferait évoluer la laïcité. Enfin, une redéfinition des règles constitutionnelles de désignation et de composition de la Cour constitutionnelle et du Haut conseil des juges et des procureurs apparaît fondamentale pour asseoir l'indépendance des juges nécessaire à tout Etat de droit. Le mouvement constitutionnel réformiste en Turquie est donc plus complexe qu'il n'y paraît avec des propositions diversifiées poursuivant des finalités politiques globalement opposées.

B – La procédure à suivre pour changer la Constitution

Peu de développements, en revanche, ont été réservés jusque-là aux questions purement formelles. Il est vrai que l'étude de la procédure à suivre pour le changement de la Constitution, hors période de crise, est assez difficile à mener. En effet, le fonctionnement normal des institutions dans le cadre constitutionnel existant invite plutôt à maintenir le texte fondamental en vigueur ou, éventuellement, à le modifier. Les circonstances politiques, le principe de la permanence des règles constitutionnelles et les exigences procédurales constituent a priori autant de limites aux volontés de changement rappelées ci-dessus. Globalement, parmi les propositions existantes, il est possible d'identifier deux pistes à suivre pour procéder au changement de la Constitution. La première est fortement discutable sur le terrain des principes généraux du droit constitutionnel puisqu'elle réside dans la transformation du Parlement en pouvoir constituant (1). La seconde, intéressante et originale, mérite d'être appréciée au regard de ses modalités de mise en œuvre dans la mesure où elle propose, à côté du

[319] Changement consacré par la révision constitutionnelle votée par le peuple le 16 avril 2017.

maintien des institutions républicaines existantes, la création d'une assemblée nationale constituante dont la charge serait de rédiger le nouveau texte constitutionnel (2).

1 – La transformation du Parlement en pouvoir constituant : la démocratie sans le droit

En premier lieu, il peut être tentant de recourir à la Grande Assemblée Nationale de Turquie, à l'image de ce qui s'est déjà produit en Turquie en 1924, pour réaliser le changement de la totalité du texte constitutionnel. Ainsi, le pouvoir politique en place a fait connaître sa préférence pour cette solution, dès 2007, en soulignant que la légitimité démocratique entourant l'institution peut justifier le rôle de la GANT en la matière. Il est vrai que l'AKP disposait, à ce moment-là, d'une majorité lui permettant de suivre cette voie. Le léger recul, enregistré lors des élections législatives de 2011, ne lui interdisait pas de continuer de l'envisager. Finalement, en octobre 2011, le pas a été franchi dans cette direction avec la création, au sein de la GANT, d'une commission parlementaire dont le nom révèle à la fois l'ambition du projet et les conditions de son adoption[320]. En effet, la « *commission constitutionnelle de compromis* » a non seulement pour but de permettre la participation de tous les partis politiques représentés au Parlement au processus de rédaction de la future Constitution mais devra aussi adopter le texte résultant de ses travaux à l'unanimité de ses membres. Le règlement de ladite Commission précise, par ailleurs, que la nouvelle Constitution devra recueillir, ensuite, le vote unanime de tous les partis politiques au sein de la GANT. Une telle option – originale et politiquement louable – n'emporte pas pour autant la conviction pour plusieurs raisons. L'entreprise est fortement discutable tant il est clair que le pouvoir constituant dérivé, par principe, ne peut pas défaire entièrement le travail du pouvoir constituant originaire. Chacun sait que le premier pouvoir est limité par le second sur le plan procédural et surtout en

[320] Cette Commission a été mise en place à la suite d'une rencontre des constitutionnalistes à l'Assemblée nationale. M. Cemil Çiçek, Président de la GANT, avait convoqué les professeurs de droit constitutionnel le 19 septembre 2011 afin de clarifier la procédure à suivre pour renouveler la Constitution. La majorité des professeurs (24 au total) furent favorables à la transformation du Parlement en pouvoir constituant alors que le deuxième groupe proposait la création d'une nouvelle Assemblée.

Turquie, sur le plan matériel, avec le respect impératif des principes constitutionnels intangibles. Néanmoins, il semble important de nuancer la critique, sur le plan formel, car l'exigence de l'unanimité s'avère être une contrainte plus lourde que la majorité qualifiée imposée par la Constitution pour procéder à sa simple révision. Toutefois, la règle de l'unanimité sera, en pratique, bien difficile à concrétiser dans la mesure où il existe des oppositions tranchées entre certaines formations politiques sur le contenu du futur texte. En conséquence, chaque parti membre de la commission dispose d'un droit de véto constituant un blocage déterminant dans le processus d'adoption du texte final. Les travaux de la commission ont continué jusqu'à la fin novembre 2013 au moment où l'AKP a décidé d'y mettre un terme[321] alors qu'un consensus avait été trouvé sur soixante articles[322]. Ensuite, la question de la validité constitutionnelle du règlement de la Commission n'a pas été soulevée. Or, son irrégularité ne fait aucun doute. En conséquence, la majorité politique au pouvoir peut finalement décider de faire adopter le futur texte ou son propre texte à la majorité des membres de la GANT et le soumettre au peuple. Pourra-t-on lui reprocher de ne pas avoir respecté le règlement de la Commission lui-même inconstitutionnel[323] ? Enfin, si l'exemple de 1924 peut servir de précédent utile, puisque à l'époque l'ensemble de la Constitution de 1921 a été changé par le pouvoir constituant dérivé, il importe de nuancer son exploitation par deux séries de remarques. En vertu de la première, il n'y avait à ce moment précis aucun principe constitutionnel intangible à respecter. Selon la seconde, les circonstances politiques étaient bien différentes puisque la Constitution de la première République de Turquie apparaît à la suite d'une période de crise marquée par la guerre d'indépendance et soldée par la signature du traité de Lausanne. En revanche, l'obstacle paraît plus sérieux sur le plan substantiel. En effet, les trois premiers articles de la Constitution de 1982, en vertu du quatrième, ne peuvent faire l'objet ni d'une révision ni d'une proposition de révision. A ce

[321] En apparence, c'est M. le Président Çiçek qui a quitté la Table. Il a été soutenu par les membres représentant de l'AKP alors que les membres qui représentaient les partis d'opposition ont insisté en vain sur la continuité des travaux de la Commission.

[322] La plupart de ces articles étaient relatifs aux droits de l'homme.

[323] Si une telle hypothèse se produit, il y aura tout de même une violation directe de la Constitution car la GANT ne peut qu'adopter une révision de la Constitution à une majorité qualifiée.

titre, il existe un bloc constitutionnel non négligeable composé de la forme républicaine du gouvernement (Article 1), des caractéristiques de la République – laquelle est un Etat de droit, démocratique, laïque et social, attaché au nationalisme d'Atatürk – (Article 2), des principes fondamentaux exprimés dans le Préambule (Article 2) et du caractère indivisible du territoire et de la Nation, de la langue turque, ainsi que des symboles de l'Etat à savoir le drapeau, l'hymne national et la capitale (Article 3). Certes, il reste théoriquement possible de modifier, voire de supprimer, l'article 4 – lequel ne fait pas l'objet d'une protection spéciale – afin de rendre l'entreprise réformiste envisageable et de permettre aux générations futures de décider de leur avenir constitutionnel[324]. Un tel argument est régulièrement avancé par la doctrine pro-gouvernementale. Les principes du peuple d'hier n'étant pas nécessairement ceux du peuple d'aujourd'hui, chaque société disposerait du droit fondamental de se rassembler autour des valeurs du moment dès lors qu'elles sont partagées. Toutefois, l'anéantissement de la clause d'interdiction des révisions matérielles de la Constitution est bien difficile à poursuivre par un quelconque pouvoir politique car il méconnaîtrait inéluctablement les principes mêmes de l'Etat de droit, protégés par la Cour constitutionnelle[325]. En conséquence, le changement total immédiat de la Constitution ou à la suite de la suppression de l'article 4 par le pouvoir constituant dérivé ne saurait constituer une option politiquement et juridiquement acceptable. La Commission constitutionnelle de compromis ne s'est pas prononcée sur le sujet dans la mesure où ses travaux ont débuté par la rédaction de la partie consacrée aux droits et libertés fondamentaux. Toutefois, en laissant de côté le Préambule de la Constitution et les premiers articles relatifs aux principes généraux, la Commission donne une impression mitigée.

---

[324] Voir par exemple, la proclamation de l'article 28 de la Déclaration des droits de l'homme et du citoyen de la Constitution française du 24 juin 1793. En vertu de ce texte, « *un peuple a toujours le droit de revoir, de réformer et de changer sa Constitution. Une génération ne peut assujettir à ses lois les générations futures* ».

[325] La Cour constitutionnelle a admis le contrôle matériel des lois de révisions de la Constitution alors que sa compétence est expressément limitée à l'examen de leur validité formelle. L'audace jurisprudentielle s'est développée sous l'empire de la Constitution de 1961 (Cour constitutionnelle, E. 1970/1, K. 1970/31, arrêt du 16 juin 1970, AYMKD, n° 8, p. 313-340.) et s'est poursuivie dans le cadre de l'actuelle Constitution de 1982 (Cour constitutionnelle 2008/116, du 5 juin 2008, Requête 2008/16, JO du 22 octobre 2008, n° 27032 ; Cour constitutionnelle, 2010/87, 7 juillet 2010, Requête 2010/49, JO du 1er août 2010, 27659.)

Il peut effectivement être imaginé qu'elle a opté pour le maintien de l'existant ou, de façon plus probable, pour un changement programmé mais soigneusement évité car politiquement tendu.

La solution consistant dans le maintien des seules dispositions intangibles et dans la refonte du reste du texte demeure toutefois dans le champ des possibilités d'intervention du pouvoir constituant dérivé[326]. Les quatre premiers articles de la Constitution, et les renvois qu'ils opèrent, constitueraient ainsi le seuil au-delà duquel il ne serait plus possible de parler de révision. Cependant, il ne semble pas exagérer de considérer qu'un tel choix entraînerait également un changement de Constitution. En effet, il y a presque toujours de la continuité constitutionnelle dans la succession des Constitutions et le nouveau texte reconduit souvent des dispositions constitutionnelles anciennes soit parce qu'elles sont intangibles soit parce qu'il existe un véritable consensus autour d'elles. Par exemple, la forme républicaine du gouvernement existe en Turquie depuis 1924. Par ailleurs, il semblerait bien délicat de passer à un nouveau régime politique en Turquie en abandonnant l'élection du Président de la République au suffrage universel direct, récemment acquise par référendum, ou en rayant de la carte constitutionnelle la justice constitutionnelle créée en 1961 au même moment où l'Etat de droit était intégré dans la Constitution du moment ou encore en supprimant l'acquisition progressive du droit de l'Union européenne facilitée par la voie de révisions constitutionnelles successives. Néanmoins, le maintien de ce socle n'interdirait pas de transformer le régime politique en le faisant basculer vers un régime présidentiel à l'américaine même si l'opposition politique et certains intellectuels n'ont eu de cesse de rappeler, à juste titre, que les conditions historiques et politiques de concrétisation d'un tel régime font défaut en Turquie dans la mesure où il n'existe ni une véritable tradition en ce sens, ni une alternance politique régulière entre deux grandes formations politiques, ni une volonté réelle de recherche du consensus entre des institutions politiquement distinctes. Les premiers ministres turcs, n'ont jamais

---

[326] Il faut toutefois signaler que certains énoncés constitutionnels qui touchent les dispositions inaltérables ont déjà été modifiés d'une façon implicite. Premièrement, il convient de rappeler les modifications effectuées en 1995 et 2001 dans le Préambule. Deuxièmement, la formulation du lien entre les droits de l'homme et l'Etat a été renouvelée lors de la modification de 2001 : « la République laïque et démocratique fondée sur les droits de l'homme » (Article 14).

dissimulé leur préférence pour sa mise en place[327]. Le chef du gouvernement l'a clairement déclaré au mois d'avril 2010 en présentant ce basculement comme une nécessité au regard des multiples dysfonctionnements du régime parlementaire turc[328]. En outre, la modification d'un article constitutionnel peut provoquer à elle seule un changement de régime politique. Si la Constitution de 1982 ne connaît pas d'évolutions supplémentaires d'ici à 2014, la majorité de la doctrine est d'accord – depuis la réforme constitutionnelle de 2007 ayant permis l'élection du Président de la République au suffrage universel direct – pour mettre en avant une nette tendance vers la présidentialisation du régime parlementaire ou pour le dire autrement vers un régime semi-présidentiel à la française qui suscite une certaine admiration chez les intellectuels de la droite modérée car il permettrait d'introduire de la stabilité politique[329]. Il est vrai qu'il existe des rapprochements incontestables avec la reconnaissance de l'élection populaire du chef de l'Etat, la mise en place du quinquennat présidentiel, le renforcement de ses prérogatives constitutionnelles dont certaines sont toujours à l'abri de tout recours juridictionnel. Toutefois, la pratique institutionnelle turque devra infléchir certaines règles constitutionnelles pour que la parenté soit plus proche. Si le Président de la République nomme le Premier ministre encore faudra-t-il que l'investiture parlementaire du gouvernement – constitutionnellement nécessaire – ne devienne qu'une simple formalité. Le Conseil des ministres présidé par le chef du gouvernement, en vertu de la Constitution, devra être dirigé dans les faits par un Président omniprésent. La neutralité politique du chef de l'Etat constitutionnellement organisée devrait céder la place à un Président qui gouverne en déterminant la politique de la Nation. Enfin, la cohabitation – toujours envisageable en Turquie puisque la durée du mandat des députés était de quatre ans à ce moment-là – peut toujours ramener le régime vers ses origines parlementaires ne serait-ce qu'un court instant alors que la France est quasiment parvenue à la faire disparaître depuis la réforme constitutionnelle de l'an 2000 en alignant le mandat du Président sur celui des députés. Sous ces réserves, il ne

[327] Par exemple, T. Özal, huitième président et lui-même ancien premier ministre, avait ouvertement expliqué son souhait de transformer le régime en ce sens.

[328] V. en ce sens, J. Marcou, "*Recep Tayyip Erdoğan relance l'idée d'un passage au régime présidentiel en Turquie*", http://ovipot.hypotheses.org/1363, billet du 22 avril 2010.

[329] V. en ce sens, C. Kırca, op. cit., p. 234.

serait pas exagéré de qualifier cette réforme de « *Constitution de 2007* ». En sens inverse, la modification de nombreuses dispositions constitutionnelles ne permet pas de rééquilibrer les institutions ainsi que le démontre la révision de 2010 puisque les amendements apportés à la Constitution ont permis au pouvoir en place de maîtriser la composition de la Cour constitutionnelle, celle du Haut conseil des juges et des procureurs et de peser sur l'ensemble de l'appareil judiciaire. La dernière révision en date de 2017[330] s'inscrit dans cette continuité en confiant, par ailleurs, la totalité du pouvoir exécutif au Président de la République, en supprimant le Premier ministre et les mécanismes de responsabilité politique du gouvernement devant le Parlement et en renforçant considérablement les pouvoirs présidentiels. Le changement est donc rarement total et la reformulation de quelques mots peut parfois provoquer de grands bouleversements.

2 – La rédaction d'une nouvelle Constitution par une assemblée nationale constituante : le droit par la démocratie

En second lieu, Le travail de rédaction de la nouvelle Constitution pouvait reposer, ainsi que cela a été suggéré par une partie de la doctrine constitutionnaliste turque, sur la mise en place d'une assemblée nationale constituante[331]. Si cette voie proposée par certains juristes n'a pas été choisie, elle n'en avait pas moins le mérite d'exister et d'offrir – en période normale – une procédure originale qui s'avérait conforme aux principes démocratiques présidant à l'élaboration des constitutions. Néanmoins, la formule n'était pas sans inconvénients.

Le choix de recourir, pour la rédaction de la Constitution, à une assemblée nationale constituante est assez classique en droit constitutionnel. L'histoire en donne plusieurs exemples. Toutefois, l'originalité de la proposition doctrinale turque résidait dans la coexistence entre les institutions de la République chargées d'assurer la continuité de la vie de la Nation et une assemblée spécialement désignée par le peuple pour préparer les nouvelles règles constitutionnelles qui devraient être adoptées par référendum. Dans

[330] Loi n° 6771, JO du 11 février 2017 n° 29976.

[331] Voir en ce sens, Osman Can, "*Yeni Anayasa Çalışmaları Yöntemine İlişkin Birkaç Not*" et Abdullah Sezer, " *Yeni Anayasa, Yeni Meclis, Yeni Yöntem*", in Anayasa Kurultayı, préc. Ankara Barosu, pp. 127-134 et pp. 170-185.

cette configuration, il était conseillé de supprimer le seuil des 10 % des suffrages des électeurs inscrits – imposé aux partis politiques pour figurer dans le Parlement – et d'introduire la parité hommes-femmes pour faire en sorte que l'assemblée nationale constituante soit la plus représentative possible. En outre, les institutions représentantes de la société civile devaient être associées aux travaux de ladite assemblée lesquels pouvaient être organisés avec le support des nouveaux moyens techniques de communication. Enfin, le texte finalisé avait vocation à être transmis pour avis à la GANT et à la Cour constitutionnelle avant d'être soumis à l'appréciation du peuple souverain. La procédure ainsi imaginée présentait, il est vrai, de nombreux avantages. Tout d'abord, son caractère pleinement démocratique relevait de l'évidence puisque le peuple se trouvait à l'origine et à la fin du processus constituant. Ensuite, entre le moment de la désignation de l'assemblée nationale constituante et celui de l'approbation du texte définitif par les citoyens, la transparence du débat public et la possibilité d'y participer par le biais, par exemple, d'un forum internet, s'inscrivaient dans un schéma de « *démocratie continue* »[332]. Les citoyens ne contribuaient pas uniquement au processus par leur seul vote, mais pouvaient intervenir durant toute la procédure. Par ailleurs, les acteurs de la société civile étaient en mesure de contribuer à l'écriture d'une Constitution civile. Si les mots ont, en effet, un sens la volonté du pouvoir politique en place de remplacer la Constitution militaire de 1982 par une Constitution civile ne pouvait être exécutée sans avoir recours aux associations, aux syndicats, au patronat et aux experts du monde juridique[333]. Enfin, la solution ainsi préconisée permettait d'assurer une répartition rationnelle des tâches entre l'assemblée nationale constituante et la GANT. Il est vrai que cette dernière pouvait rester concentrée sur la réalisation du travail législatif ordinaire en respectant l'agenda parlementaire, exigences difficiles à satisfaire si elle devait en outre

---

[332] V. en ce sens, D. Rousseau (sous la direction de), « *La démocratie continue* », LGDJ, 1995. Sur le sujet, v. la traduction turque réalisée par Nesrin Yilmaz Sales, Sürdürülebilir Demokrasi, Anayasa Hukuku Dergisi, vol. 2, 2013, p. 219 et s.

[333] A ce stade de la réflexion, il pouvait être rapidement soutenu qu'il était tout aussi démocratique d'opter pour la GANT. Toutefois, il est difficile de dire que le peuple a donné, lors des précédentes élections législatives, mission aux députés pour qu'ils changent la Constitution. En outre, les règles imaginées pour la désignation de l'Assemblée nationale constituante avaient pour objectif de faire en sorte qu'elle soit la plus représentative possible ou tout du moins plus représentative que la GANT.

poursuivre un travail constituant précis et de qualité. Il paraît, effectivement, bien délicat de confier à une seule et même institution la difficile fonction de rédiger un texte constitutionnel en lui demandant, par ailleurs, d'exercer ses missions classiques de discussion et d'élaboration des lois et de contrôle de l'activité politique du Gouvernement. Il ne fait pas de doute que l'une ou l'autre de ces activités perd en qualité. A l'assemblée nationale constituante revenait donc la charge de rédiger la nouvelle Constitution et à la GANT le soin d'assurer son travail parlementaire tout en ayant la possibilité de formuler un avis sur le texte constitutionnel finalisé.

En revanche, le recours à la formule de l'assemblée nationale constituante en période normale n'est pas sans inconvénients. Le premier, sans doute le plus grand, serait de créer un précédent potentiellement dangereux à la merci d'un pouvoir politique peu scrupuleux. En effet, la méthode pourrait être exploitée à tout moment pour procéder à un changement de Constitution dès lors que les règles constitutionnelles ne conviennent pas à une équipe politique qui parvient au pouvoir. Le recours à une assemblée nationale constituante, hors période de crise, permettrait au pouvoir disposant d'une solide majorité de se retrouver également majoritaire au sein de ladite assemblée et de disposer de la Constitution laquelle ne deviendrait qu'un objet entre ses mains. La solution du recours à l'assemblée nationale constituante, en période normale, risque donc de fragiliser la stabilité constitutionnelle qui est le principe de toute Constitution écrite. En outre, elle peut faire oublier l'idée centrale selon laquelle la Constitution est un instrument de limitation du pouvoir et non un outil à son service. Ensuite, si la solution préconisée avait pour but d'éviter que le pouvoir en place maîtrise totalement le processus constituant et le contenu du futur texte, elle pouvait tout aussi bien produire l'effet inverse si l'AKP obtenait la majorité au sein de l'assemblée nationale constituante. La seule limite résultait dans la nécessaire adoption de la Constitution par une majorité qualifiée lors du référendum. Mais, cette fois-ci, les chances d'adoption du texte étaient fortement compromises. Enfin, la multiplication des consultations électorales, dans une période de temps rapproché, peut occasionner une augmentation de l'abstention et donc entraîner l'adoption d'un texte constitutionnel moins représentatif. Il ne faut pas, en effet, écarter l'hypothèse d'un rejet populaire du texte définitif qui entraînerait un recommencement du processus à l'image de ce qui s'est produit en France en 1946 avec, au final, une nouvelle

Constitution adoptée avec une forte abstention[334]. Néanmoins, cette proposition restait fort intéressante au regard des principes démocratiques qui l'accompagnaient. Si la Turquie s'était engagée dans cette voie, elle aurait pu apparaître non seulement comme un modèle pour les pays arabes en soif de démocratie, mais aussi tout simplement comme le modèle d'une démocratie au sein de laquelle l'exercice du pouvoir est raisonné et raisonnable.

---

[334] V. en ce sens, http://www.assemblee-nationale.fr/histoire/histoire-1946.asp

Tableaux récapitulatifs sur les principes constitutionnels intangibles

Les principes constitutionnels intangibles de la Constitution de 1982	**Origines textuelles**
Article 1 L'État de Turquie est une République.	L'article 102 alinéa 4 de la Constitution de 1924 conférait déjà à l'article 1er une protection spécifique en commandant de ne pas réviser la forme républicaine de l'Etat. La Constitution de 1961 poursuivra le même objectif en protégeant, par le biais de l'article 9, la forme républicaine de l'Etat toujours inscrite dans l'article 1er de la Constitution.
Article 2 La République de Turquie est un État de droit démocratique, laïque et social, respectueux des droits de l'homme dans un esprit de paix sociale, de solidarité nationale et de justice, attaché au nationalisme d'Atatürk et s'appuyant sur les principes fondamentaux exprimés dans le préambule.	Lien de parenté avec l'article 2 de la Constitution de 1961, lequel était dépourvu de protection spécifique. En vertu de cette disposition "*la République de Turquie est un Etat de droit, national, démocratique, laïc et social, qui s'appuie sur les droits de l'homme et les principes fondamentaux spécifiés dans le Préambule*". Cet article qui énumère les caractéristiques de la République qui donneraient le sens de l'article premier a été aussi considéré comme inaltérable par la Cour constitutionnelle (AYM, E.1970/1, K.1970/31, k.t. : 16.6.1970, AYMKD, sy.8).

Article 3 L'État de Turquie forme avec son territoire et sa nation une entité indivisible. Sa langue officielle est le turc. Son emblème, dont la forme est définie par la loi, est un drapeau de couleur rouge sur lequel il y a une étoile et un croissant blancs. Son hymne national est la « *Marche de l'indépendance* ». Sa capitale est Ankara.	La formule apparaît pour la première fois en 1961 sans faire l'objet d'une protection spécifique. Le turc en tant que langue officielle figurait déjà dans l'article 2 de la Constitution de 1924 et dans l'article 3 de la Constitution de 1961 lesquels étaient dépourvus de protection spécifique. Sans disposer du statut de l'intangibilité, la capitale est constitutionnellement fixée à Ankara depuis 1924 (Article 2). La Constitution de 1961 la mentionne également (Article 3).
Article 4 La disposition de l'article premier de la Constitution spécifiant que la forme de l'État est une République, ainsi que les dispositions de l'article 2 relatives aux caractéristiques de la République et celles de l'article 3 ne peuvent pas être modifiées, ni leur modification ne peut être proposée.	- Article 102 alinéa 4 de la Constitution de 1924 protégeant l'article 1er. - Article 9 de la Constitution de 1961 protégeant l'article 1er.

Les principes constitutionnels intangibles identifiables dans le Préambule de la Constitution de 1982
- le principe de laïcité, - le concept de nationalisme, - le respect de la démocratie libérale et de l'ordre juridique défini en fonction de ses exigences, - l'intégrité indivisible de l'Etat, - le nationalisme lequel doit se comprendre au regard des principes et des réformes mis en œuvre par Atatürk (voir à ce propos les différents textes ou dispositions de nature législative énumérés à l'article 174 de la Constitution lesquels ne peuvent être considérés comme inconstitutionnels), - la souveraineté de la Nation, - la séparation des pouvoirs, - le principe d'égalité, - le principe de justice sociale, - le droit et la faculté de mener une vie décente.

La compétence de la Cour constitutionnelle	Jurisprudence
En vertu de l'article 148 de la Constitution de 1982 seul un contrôle formel des amendements constitutionnels – exercé dans un délai de dix jours après la publication de l'acte contesté – peut être déclenché soit par le Président de la République soit par un cinquième des membres de la GANT (soit 110 députés). Dans cette hypothèse, l'examen réalisé par la Cour, se limite à la vérification du respect des majorités requises pour leur proposition (1/3 au moins des membres de la GANT) et pour leur adoption (3/5ème des membres de la GANT). En outre, ils ne peuvent pas être délibérés	**- Contrôle au fond réalisé par la Cour constitutionnelle et ayant donné lieu à la censure de l'intégralité de l'amendement constitutionnel pour méconnaissance du principe de laïcité** (Cour constitutionnelle 2008/116, du 5 juin 2008, Requête 2008/16, JO du 22 octobre 2008, n° 27032.) **- Contrôle au fond réitéré par la Cour constitutionnelle et ayant donné lieu à une « *micro censure du paquet constitutionnel* »** (Cour constitutionnelle, 2010/87, 7 juillet 2010, Requête 2010/49, JO du 1er août 2010, 27659.)

selon la procédure d'urgence.	**Résumé de la jurisprudence** : Par une lecture combinée des articles 148 et 4 de la Constitution, la Cour n'a pas hésité à affirmer qu'un amendement formellement valide ne le rend pas nécessairement proposable dès lors qu'il méconnaît les bornes matérielles établies par le pouvoir constituant originaire.

Chapitre 3 – L'organisation constitutionnelle des pouvoirs

A l'image de ce qui existe dans toutes les constitutions, on retrouve dans le texte constitutionnel turc de 1982 des acteurs traditionnels de l'organisation constitutionnelle classique des pouvoirs au sein de la République. Il s'agit d'organes incontournables sur le plan institutionnel : le pouvoir exécutif, le pouvoir législatif, le pouvoir judiciaire, tous organisés et organiquement séparés. Pouvoirs qui, surtout pour les deux premiers, sont destinés à assurer le bon gouvernement du peuple lequel fait aussi partie des pouvoirs institués. Une Constitution est, en effet, avant tout un texte qui est censé limiter les pouvoirs de ceux qui gouvernent au bénéfice de ceux qui sont gouvernés. Elle assigne donc des fonctions aux gouvernants de la même façon qu'elle confie un rôle au peuple dans la désignation des premiers ou, le cas échéant, dans la prise directe de décisions par le biais du référendum. Le texte de la IIIème République reproduit ce schéma classique en distinguant, d'un côté, les gouvernants (Section1) et, de l'autre, les gouvernés, c'est-à-dire, le peuple (Section 2).

Section 1 – Les gouvernants

Derrière le terme générique de « *gouvernant* » et de son emploi au pluriel, on retrouve plusieurs institutions et spécialement celles exerçant le pouvoir législatif et le pouvoir exécutif. Dans la structure constitutionnelle de 1982, il est possible de dire du second qu'il est particulièrement renforcé (§2) alors que le premier est maintenu dans des fonctions traditionnelles (§1).

§ 1 – Le pouvoir législatif

Premier des organes de la République à apparaître dans le texte constitutionnel, après l'affirmation des principes fondamentaux et l'énonciation des droits et libertés, la Grande Assemblée Nationale de Turquie exerce, à titre principal, le pouvoir législatif. Héritière de l'assemblée réunie par Atatürk en 1920 à Ankara, alors que les vainqueurs de la Première Guerre mondiale occupaient encore Istanbul, la GANT doit son nom un peu ronflant à ces circonstances historiques particulières pendant lesquelles elle a incarné le haut lieu de la résistance nationale[335]. Toutefois, la GANT d'aujourd'hui n'a plus grand-chose en commun avec la première assemblée à la fois sur le plan de l'organisation (A) et sur celui de son fonctionnement (B).

A – L'organisation de la Grande Assemblée Nationale de Turquie

L'organisation du Parlement est établie dans le cadre d'une structure monocamérale (1) à l'intérieur de laquelle les parlementaires disposent d'un statut spécifique (2).

1 – La structure monocamérale du Parlement

Si l'on prend en considération le premier parlement inauguré sous l'empire ottoman le 19 mars 1877, dans le cadre de la Constitution de 1876, il est possible d'affirmer que la Turquie a choisi une alternance régulière entre une structure parlementaire bicamérale et monocamérale. En effet, dans le cadre de la première expérience précitée, l'institution parlementaire était composée d'une chambre des députés et d'une chambre des seigneurs. Par la suite, la GANT de 1920 fut, sous l'empire de la Constitution de 1924, la seule chambre qui représentait la Nation dans le cadre d'un régime politique inclassable ayant succédé au régime d'assemblée[336]. Après un retour au bicamérisme enregistré dans le cadre de la Constitution de 1961, avec l'apparition d'un Sénat, le texte fondamental et actuel de 1982 revient au monocamérisme.

Plus que le signe tangible d'une hésitation répétée entre deux systèmes, il faut sans doute observer – au travers de ces évolutions – l'existence d'une stratégie de limitation du pouvoir et/ou d'un changement dans l'exercice du pouvoir. Par exemple, la chambre des seigneurs, composée de sénateurs nommés à vie par l'empereur, représentait un frein entre les mains du Sultan pour contrecarrer l'œuvre législative de la chambre des députés. L'assemblée unique, agissant dans le cadre de la structure constitutionnelle de la première République, symbolisait le déplacement du pouvoir du Sultan vers une institution collective et démocratiquement légitime. Le Sénat de 1961,

---

[335] Plus précisément, cette appelation est utilisée par la décision n° 1, du 23 avril 1920, de l'Assemblée générale du moment portant sur « *l'organisation de la Grande Assemblée Nationale de Turquie* » et reprenant une formulation prononcée préalablement par Serif Bey lors de la séance inaugurale de ladite assemblée.

[336] La loi organique de 1921 avait accordé tous les pouvoirs à l'assemblée.

quant à lui, avait été imaginé en réaction à l'arbitraire de l'assemblée précédemment généré par le monocamérisme[337]. A compter de 1982, le retour à une seule chambre s'explique surtout pour deux raisons pratiques essentielles reposant, pour l'une, sur le souhait d'accélérer le processus législatif et, pour l'autre, sur le constat de l'inefficacité de la seconde chambre en tant que contrepoids politique. Les constituants de 1982 n'ayant pas eu le souci de renouer avec l'histoire ni celui de mettre en place un Etat fédéral ont donc renoncé au bicamérisme. Le Parlement turc contemporain est en conséquence composé de la seule GANT comprenant 550 députés[338] initialement élus pour un mandat de 4 ans, porté à 5 ans par la réforme constitutionnelle validée par le peuple le 16 avril 2017[339], au scrutin proportionnel avec un seuil électoral élevé[340].

2 – Le statut des parlementaires

Le statut des parlementaires est constitué de l'ensemble des règles relatives à leur désignation (a) et aux conditions d'exercice de leurs fonctions (b).

a – Le statut électif

Pour devenir représentant du peuple, il est tout d'abord nécessaire, en vertu de l'article 76 de la Constitution, de disposer de la nationalité

---

[337] Au titre des autres arguments en faveur du bicamérisme, les travaux de l'assemblée constituante révèlent la volonté d'introduire de la modération et de la stabilité dans le régime parlementaire ainsi qu'une amélioration du travail législatif logiquement liée à l'existence de plusieurs examens des textes législatifs. V. en ce sens, Kazim Öztürk, « *La Constitution de la République turque, Débats de l'Assemblée constituante* », Ankara, 1966, p. 604, cité par Mehmet Zafer Üskül, « *Le régime turc institué par la Constitution de 1961*», op. cit., p. 145. L'auteur souligne, par ailleurs, que les constituants n'avaient pas confiance dans la majorité élue par le peuple. Ainsi, le bicamérisme constituait-il un contrepoids aux conséquences du suffrage universel.

[338] En vertu de la réforme constitutionnelle adoptée par le référendum du 16 avril 2017, le nombre de députés doit passer à 600 à compter de l'entrée en vigueur de la révision en 2019.

[339] V. la loi constitutionnelle 6771 et sa traduction en anglais dans l'avis de la Commission de Venise, 875/2017, CDL-REF(2017)018, du 23 février 2017.

[340] Selon ce système, les partis politiques ne dépassant pas le seuil électoral de 10% dans le pays aux élections générales n'obtiennent pas de sièges au Parlement.

turque et de satisfaire à la condition d'âge fixée à vingt-cinq ans[341] puis à 18 ans par la dernière réforme constitutionnelle de 2017. En outre, il existe une longue liste de cas d'inéligibilités qui rajoute des critères implicites d'ordre intellectuel et moral. Ainsi, au-delà des exigences capacitaires – imposant la possession des droits civils et politiques ainsi que l'obtention d'un diplôme de l'enseignement primaire – et patriotiques – impliquant l'accomplissement du service militaire – les personnes condamnées administrativement à une exclusion du service public ou pénalement à une peine de prison ou de réclusion d'une durée déterminée[342] ou pour un délit spécifique[343] ne sont pas autorisées à participer aux élections générales. S'agissant des infractions particulières, il est intéressant de souligner la suppression, par la voie d'une révision constitutionnelle intervenue en décembre 2002[344], du cas de l'inéligibilité lié à l'existence d'une condamnation pour participation ou incitation à des actions idéologiques ou anarchiques. Juridiquement justifié, au regard de la généralité des termes employés et des lourdes contraintes pesant sur la liberté d'expression des idées et des opinions ainsi que sur la participation à la vie politique du pays, l'amendement constitutionnel était également politiquement opportun dans la mesure où il a permis l'élection, en tant que député de Siirt en février 2003, de Recep Tayyip Erdoğan lequel est devenu, par la suite, Premier ministre[345]. Par ailleurs, la

[341] Avant la réforme constitutionnelle de 2006, l'âge requis était de 30 ans.

[342] La Constitution prévoit une peine de prison ou de réclusion d'une durée totale d'un an ou plus. Il semble toutefois que les personnes bénéficiaires d'une amnistie sont éligibles.

[343] Il existe une longue liste d'infractions incluant notamment le détournement de fonds, la corruption, le vol, l'escroquerie, le faux, l'abus de confiance… En outre, la Constitution souligne que l'inéligibilité demeure malgré l'intervention d'une amnistie.

[344] Révision constitutionnelle de 2002 (Article 76 modifié le 27/12/2002, loi no 4777/1).

[345] Il avait été condamné en 1998 pour incitation à la haine pour avoir lu publiquement un poème rappelant que « *Les minarets seront nos baïonnettes, les coupoles nos casques, les mosquées seront nos casernes et les croyants nos soldats* ». Pour cette raison, il n'avait pas pu se présenter aux élections législatives de 2002 qui ont été remportées par le parti politique (l'AKP) qu'il avait fondé en 2001. A la suite de l'amendement constitutionnel de 2002 ayant supprimé le cas de l'inéligibilité lié à l'existence d'une condamnation pour participation ou incitation à des actions idéologiques ou anarchiques et après avoir organisé le renouvellement des élections législatives de Siirt pour des raisons procédurales, l'AKP a permis son élection en tant que député.

Constitution interdit aux titulaires de certaines fonctions publiques[346] de faire acte de candidature aux élections législatives. Néanmoins, il s'agit plus d'un ensemble d'incompatibilités que d'inéligibilités dans la mesure où les personnes concernées peuvent surmonter la prohibition en démissionnant de leurs fonctions. Enfin, si l'élection est nécessaire pour devenir député, elle n'est pas à elle seule suffisante car l'entrée officielle en fonction dépend de la prestation de serment organisée par l'article 81 de la Constitution. Alors qu'un tel acte pourrait paraître uniquement symbolique et formel, il demeure important non seulement au regard du contenu du texte prononcé à cette occasion – lequel fait implicitement écho au respect dû aux principes constitutionnels inaltérables – mais aussi car le refus de son accomplissement a été exploité comme une arme de contestation politique[347].

b – Le statut protecteur

Le statut protecteur des parlementaires se caractérise, sur le plan juridique, par un ensemble d'obligations et d'avantages dont la finalité est d'assurer le libre exercice de leur mandat en les protégeant contre toutes pressions susceptibles de peser sur leur indépendance. En premier lieu, les incompatibilités permettent, en principe, de faire en sorte que les parlementaires jouent pleinement leur rôle de représentants de la Nation en se concentrant sur leur activité. Ainsi, la Constitution, dans son article 82, leur interdit d'exercer en même temps d'autres fonctions ou missions car ils se retrouveraient en position de corruptibles ou car ils se situeraient dans une proximité trop grande avec le pouvoir exécutif.

Les immunités parlementaires, quant à elles, constituent des privilèges destinés à garantir les parlementaires dans l'exercice libre de leur mandat en les protégeant contre toutes poursuites judiciaires

---

[346] Il s'agit des juges et procureurs, des membres des juridictions supérieures, des membres du corps enseignant des institutions d'enseignement supérieur, des agents des institutions et établissements publics ayant le statut de fonctionnaire et des membres des forces armées.

[347] Attitude observée par les députés du CHP et du BDP à la suite des élections législatives de 2011 pour contester contre le maintien en détention provisoire de personnalités ayant été élues au Parlement avec leur couleur politique (deux députés du CHP inculpés dans l'affaire Ergenekon) ou avec leur soutien (cinq députés indépendants soutenus par le BDP étaient toujours en détention provisoire en raison de l'existence de liens présumés entre eux et le PKK).

susceptibles d'être intentées soit par les particuliers soit par le gouvernement. Il est important ici de distinguer l'irresponsabilité parlementaire de l'inviolabilité. La première hypothèse est mentionnée au premier alinéa de l'article 83 de la Constitution en vertu duquel les parlementaires ne peuvent être tenus pour responsables des votes émis à l'occasion de l'exercice de leurs fonctions et des paroles ou opinions formulées au sein de l'Assemblée. Une telle protection met le parlementaire à l'abri des poursuites pénales et/ou civiles pendant la durée de son mandat mais aussi à l'expiration de celui-ci car l'irresponsabilité en question est perpétuelle. La deuxième hypothèse, envisagée par le deuxième alinéa de l'article 83, protège le parlementaire des poursuites qui pourraient être intentées contre lui, en matière criminelle ou délictuelle, pour des actes accomplis en dehors de ses fonctions mais pendant la durée de son mandat. Il ne s'agit pas ici d'empêcher le jugement des représentants du peuple mais de faire en sorte qu'ils ne soient pas inquiétés par des actions en justice abusives ou fantaisistes. Tant qu'il est député, le parlementaire est donc placé sous la protection de l'assemblée. En d'autres termes et hormis les cas de flagrants délits, seule la GANT peut autoriser l'arrestation de l'un de ses membres en procédant à la levée de son immunité[348]. Au-delà de ces règles classiques, il est intéressant de souligner l'existence d'une question particulière soulevée en Turquie et reposant sur le point de savoir si un député peut renoncer individuellement au bénéfice de son immunité. Estimant qu'il disposait d'un tel droit, le député Kart – judiciairement poursuivi pour des faits commis avant son élection – avait demandé à la GANT de lever son immunité afin d'être en mesure de se défendre le plus rapidement possible d'accusations pénales lancées contre lui et d'éviter ainsi une longue suspicion. Or, l'Assemblée – n'ayant pas donné satisfaction à sa requête – a maintenu à son avantage une immunité qui, selon lui, ne lui permettait pas de bénéficier du droit à un procès équitable et notamment du droit de voir sa cause jugée par un tribunal dans un délai raisonnable. Dans cette affaire inédite, la Cour européenne des droits de l'homme a donc été amenée à se

[348] Un recours en annulation contre la levée de l'immunité est toutefois possible, de la part du député concerné ou d'un autre député, devant la Cour constitutionnelle dès lors qu'il est intenté dans un délai de sept jours suivant la date de la décision de l'assemblée plénière et qu'il porte sur le moyen de son inconstitutionnalité, de son illégalité ou encore de sa contradiction avec le réglement intérieur de l'Assemblée. V. en ce sens, l'article 85 de la Constitution.

prononcer sur un cas où « *c'est le bénéficiaire d'une inviolabilité parlementaire qui se plaint de ne pouvoir être jugé* »[349]. A cette question de droit nouvelle, elle a répondu que « *l'inviolabilité n'est pas un attribut personnel à la disposition du député, mais un attribut rattaché à son statut, raison pour laquelle elle ne peut faire l'objet d'une renonciation* » (§ 95) et que la « *décision de levée ou de non-levée de l'immunité [...] s'inscrit dans l'exercice de l'autonomie parlementaire [... qui engendre] des décisions par nature politiques* » (§ 101). En outre, en soulignant expressément que le requérant « *ne pouvait ignorer les conséquences de son élection* [... et qu'] *en se présentant pour un premier puis un second mandat législatif, il était conscient d'adhérer à un statut particulier de nature à retarder l'aboutissement des poursuites pénales qui le visaient* » (§ 106), la Cour de Strasbourg donne à voir l'immunité parlementaire sous un autre jour non pas comme un avantage de la fonction mais comme un inconvénient prévisible et supportable.

Enfin, la déchéance de la qualité de député ne peut intervenir qu'à la suite d'une démission[350] ou d'une condamnation judiciaire[351] qui supposent la simple information préalable de la GANT. En revanche, l'Assemblée joue un rôle actif en la matière lorsqu'elle a décidé de sanctionner un député en situation d'incompatibilités[352] ou en cas d'absences répétées[353], non-excusées ou non-autorisées[354]. Une partie de la doctrine estime que la GANT peut destituer, également au titre de l'absence prolongée, les députés qui ont refusé de prêter serment.

B – Les fonctions de la Grande Assemblée Nationale de Turquie

Comme toute institution parlementaire, la GANT voit l'ensemble de ses fonctions gouverné par le principe de la délibération dont l'importance a été spécialement soulignée par la Cour

---

[349] V. Cour EDH GC, 3 décembre 2009, Kart c. Turquie, Req. n° 8917/05, § 66.

[350] V. l'article 84 alinéa 1 de la Constitution.

[351] La Constitution vise le cas d'une condamnation judiciaire définitive (Article 84 alinéa 2). La déchéance prend effet à compter de la notification de la décision de justice définitive.

[352] V. en ce sens, l'article 84 alinéa 3.

[353] Il s'agit de cinq journées de réunion au cours d'un mois en vertu de l'article 84 alinéa 4.

[354] Tout comme pour la levée de l'immunité parlementaire, un recours devant la Cour constitutionnelle est organisé, dans les mêmes conditions, contre la décision de la GANT portant déchéance de la qualité de député.

constitutionnelle[355]. Si la GANT exerce, à titre principal, la fonction législative (2), elle dispose également d'un certain nombre de fonctions importantes en dehors de la fabrication des textes de loi (1).

1 – Les fonctions non législatives

Dans le régime parlementaire turc, la GANT, comme dans tous les régimes de ce type, assume – au titre des fonctions non législatives – des missions classiques de représentation (a), de formation et de contrôle du gouvernement (b).

a – La représentation

Comme chacun le sait, il est de l'essence même des parlements d'assurer la représentation de l'ensemble de la société. Il en va ainsi de la GANT et de ses membres lesquels représentent, en vertu de l'article 80 de la Constitution, la nation entière et non les régions ou personnes qui les ont élus. Les députés ne sont point là pour défendre, en effet, les intérêts catégoriels de ceux qui les ont désignés mais pour satisfaire l'intérêt général. Tout ceci relève de l'évidence. Toutefois, l'une des questions récurrentes posées en droit constitutionnel reste de savoir comment est-ce que l'on parvient à la meilleure représentation possible ? Pour y répondre, plusieurs voies sont envisageables autour, par exemple, de la mise en place de la parité politique entre hommes

[355] Cour constitutionnelle, E, 2001/129, K 2002/24, arrêt du 31 janvier 2002, cité par Erdal Onar, « *Le rôle du Parlement dans les démocraties contemporaines : le cas de la GANT* », in « *Le Parlement, aujourd'hui* », Presses de l'Université des sciences sociales de Toulouse, 2005, p. 33 et s., part., p. 30 et 31.
Dans cette affaire, la Cour a censuré des dispositions du règlement intérieur de la GANT qui avaient des conséquences sur la procédure de discussion des lois. A ce titre, elle a annulé une disposition portant limitation temporelle du temps de parole des parlementaires en s'appuyant, notamment, sur la méconnaissance du principe de la délibération tel qu'il existe « *dans les démocraties modernes (où les) les grandes options et décisions politiques sont prises à la suite de débats ouverts et larges, par le gouvernement, la majorité et l'opposition, responsables devant les électeurs* ». Pour elle, « *les questions posées pendant l'exercice de la fonction de légiférer constituent un outil d'information d'importance primordiale pour l'expression de la volonté du Parlement et la qualité du dialogue gouvernement/opposition* ».

et femmes[356] ou de la détermination de tel ou tel mode de scrutin pour l'élection des parlementaires.

En Turquie, le problème central repose non pas sur le scrutin proportionnel mais plutôt sur la difficulté tenant au franchissement du seuil légal des 10 % des suffrages exprimés au niveau national pour que les partis politiques puissent obtenir des sièges au sein du Parlement[357]. Dans l'ensemble, depuis la fin des années 1980[358], il est possible de constater que le barrage précité a eu des conséquences négatives sur la fonction de représentation de la GANT dans la mesure où de nombreuses formations politiques, ayant pourtant bénéficié d'un nombre conséquent de voix, n'ont pas pu accéder au Parlement. Tel fut le cas tout particulièrement lors des élections législatives de 1987, de 1999 et de 2002. Dans le premier cas, le DSP et le REFAH sont restés en dehors de la GANT car ils avaient respectivement réalisé un score de 8.53 %[359] et de 7.16 %[360] des suffrages exprimés. Dans le second cas, le CHP a subi le même sort alors qu'il avait totalisé 8.71 % des suffrages exprimés[361]. Dans le troisième exemple, seuls deux formations politiques ont obtenu des députés[362] alors que cinq autres partis ayant obtenu entre 5 et 9 % des suffrages exprimés sont demeurés sans représentation[363]. Au regard de ces illustrations, et spécialement de la dernière, il est tout à fait compréhensible que des voix s'élèvent pour réclamer une réforme de la loi électorale autour d'un abaissement significatif du seuil des 10 %. A ce titre, en prenant appui sur des études de droit comparé démontrant que les seuils existant dans les démocraties contemporaines dépassent rarement les 5 %, certains auteurs soulignent de façon convaincante que si un barrage

---

[356] Ce système n'existe pas en Turquie. Dans l'Assemblée de 2007, 9 % des parlementaires étaient des femmes. En ce sens, v. Sultan Tahmazoğlu Üzeltürk, « *L'exécutif* », in Revue de droit constitutionnel, 2012, p. 363 et s., part, p. 377.

[357] Seuil fixé par la loi électorale n° 2839 du 10 juin 1983.

[358] Pour une présentation détaillée, v. Erdal Onar, « *Le rôle du Parlement dans les démocraties contemporaines : le cas de la GANT* », op. cit., p. 40 à 49.

[359] Soit 2 044 576 électeurs.

[360] Soit 1 717 425 électeurs.

[361] Soit 2 716 094 électeurs.

[362] Il s'agissait de l'AKP (34.38 %, 10 808 229 électeurs) et du CHP (19.39 %, 6 113 352 électeurs).

[363] Tel était le cas du DYP (9.54 %) , du MHP (8.36 %), du GENÇ PARTİ (7.25 %), du DEHAP (6.22 %) et de l'ANAP (5.13 %). Si l'on fait le total des voix de ces partis politiques, cela signifie que 11 509 452 électeurs n'ont pas eu de représentation au Parlement.

de ce niveau avait été pratiqué aux élections législatives de 2002, la répartition des sièges au Parlement aurait été effectuée entre sept formations politiques et surtout 36.5 % des suffrages exprimés auraient été pris en considération[364]. Le sujet mérite réflexion car il en va du respect de l'exigence du principe de la juste représentation par ailleurs énoncé à l'article 67 de la Constitution depuis une révision constitutionnelle de 1995[365]. Il faut signaler que d'après la Cour EDH le seuil de 10 % dépassait les standards européens. Néanmoins, elle n'a pas constaté la violation de l'article 3 du premier Protocole à la CEDH[366].

b – La formation et le contrôle du gouvernement

Dans un régime parlementaire, il est impossible pour un gouvernement de fonctionner sans la confiance initiale et durable du Parlement. Il en va ainsi en Turquie dans la mesure où la GANT contribue de façon déterminante à la fois à la création de l'équipe gouvernementale et à son contrôle régulier selon des modalités diversifiées.

Du premier point de vue, la nomination par le Président de la République du premier ministre et, sur proposition de ce dernier, de l'ensemble des membres du Conseil des ministres, reste à bien des égards un acte purement formel d'achèvement d'un processus qui s'est déroulé en dehors de la sphère d'influence du chef de l'Etat. L'échange de lettres officielles au sommet de l'Etat le révèle tout particulièrement. A l'origine, le Président de la République désigne un parlementaire en lui confiant la mission de former le gouvernement. Une fois la tâche accomplie, ledit député adresse par retour de courrier la liste des membres de l'équipe gouvernementale en prenant le soin de signer la missive de son nom suivi du titre de Premier ministre. Ce dernier est donc né dans l'enceinte parlementaire et plus particulièrement dans les appareils des partis politiques. Ainsi, le Conseil des ministres, formé par le leader du parti politique

---

[364] V. Erdal Onar, « *Le rôle du Parlement dans les démocraties contemporaines : le cas de la GANT* », op. cit., p. 48.

[365] Loi constitutionnelle n° 4121 du 23 juillet 1995. L'avant dernier alinéa de l'article 67 précise que « *les lois électorales sont agencées de manière à concilier les principes de la juste représentation et de la stabilité du pouvoir* ».

[366] CEDH, Affaire Yumak et Sadak c.Turquie, le 30 janvier 2007 (v. infra : Ch.4/Section 2/C) Droits politiques).

majoritaire à l'Assemblée ou à la suite d'un arbitrage entre les deux responsables des formations politiques coalisées, ne pourra véritablement fonctionner qu'à compter du moment où la GANT lui délivrera l'investiture. Pour le dire autrement, si le gouvernement existe juridiquement du simple fait de sa désignation présidentielle, il ne peut être viable politiquement qu'avec la confiance ultérieure du Parlement.

Du second point de vue, s'agissant de l'activité de contrôle du gouvernement, les moyens parlementaires sont variés entre le recours fréquent aux simples questions écrites ou orales et les rares hypothèses d'engagement de la responsabilité politique du gouvernement ou de l'un de ses membres ou encore de mise en cause de la responsabilité pénale individuelle des ministres et du Premier d'entre eux. Dans la pratique, la technique des questions au gouvernement est la plus utilisée, non seulement car elle est facile à mettre en œuvre sans l'intervention d'une décision préalable de la GANT, mais aussi car elle ne constitue pas un grand danger pour l'existence de l'équipe gouvernementale. En revanche, la motion de censure ou la saisine de la Haute Cour – impliquant une décision majoritaire de la GANT – sont difficilement envisageables tant que le Conseil des ministres bénéficie du soutien politique du Parlement. Avec la récente réforme constitutionnelle approuvée par référendum le 16 avril 2017, la disparition officielle du Premier ministre, prévue en 2019, et la suppression de la motion de censure rendront impossible la mise en cause de l'équipe gouvernementale. Si cette dernière pouvait toujours être mise en difficulté par des questions écrites posées par l'opposition parlementaire, il y aurait nécessairement, à cette occasion, une volonté de discuter la politique nationale décidée par le Président de la République. Or, comme celui-ci est déjà – depuis son élection au suffrage universel direct et depuis l'abandon récent de l'exigence de neutralité politique du chef de l'Etat acté par la réforme précitée de 2017 – le leader de la majorité politique du moment et le chef de son parti politique, il dispose nécessairement d'un soutien parlementaire rendant bien hypothétique toute contestation d'une part significative des députés de la Nation.

2 – L'exercice de la fonction législative

Si la mission essentielle du Parlement est de discuter et de voter la loi ordinaire (1), il lui arrive aussi – lorsqu'il revêt les habits du pouvoir constituant dérivé – d'exercer la fonction législative constitutionnelle (2).

a – L'exercice de la fonction législative ordinaire

L'exercice de la fonction législative ne se limite pas à la discussion et au vote des lois. Plusieurs étapes doivent être distinguées – faisant intervenir une pluralité d'acteurs – entre l'initiative législative et la promulgation des textes de loi.

L'initiative de la loi, tout d'abord, est partagée entre les parlementaires et le gouvernement qui disposent respectivement de la possibilité de déposer, pour les premiers, une proposition de loi et, pour le second, un projet de loi. Toutefois, dans la pratique, la plupart des textes discutés et adoptés sont d'origine gouvernementale en raison du rôle politique principal joué par le Conseil des ministres et de la discipline des partis. Au-delà de ces précisions, complétées par l'indication du quorum et de la règle relative à la prise de décision[367], le silence de la Constitution est comblé par le règlement intérieur de la GANT. Ainsi, les textes de loi, qu'il s'agisse des projets ou des propositions, font l'objet, en amont, d'un travail préparatoire réalisé par des commissions parlementaires avant d'être discutés directement en séance. Le rôle de ces commissions est essentiel dans le processus législatif car il permet notamment, par le biais des conclusions présentées par un rapporteur devant la chambre, d'éclairer les parlementaires sur la signification et le contenu des textes. En séance, le débat est ouvert par l'appel du texte inscrit à l'ordre du jour et débute par une discussion générale reposant sur la présentation du rapport de la commission saisie, sur l'audition éventuelle du gouvernement si celui-ci le juge utile et sur la prise de parole des parlementaires qui se sont inscrits à cet effet. Par la suite, la discussion se prolonge articles par articles et se termine par un vote sur l'ensemble du texte[368].

La Constitution établit des différences notables de procédure pour les lois qui déterminent la nature, le montant et l'affectation des charges et des ressources de l'Etat, appelées également lois de

---

[367] Pour les réunions et pour les décisions de la GANT concernant notamment l'activité législative, la Constitution prévoit dans son article 96 que celle-ci se réunit lorsqu'un 1/3 au moins du nombre total de ses membres est présent et statue à la majorité absolue des membres présents.

[368] V. L'article 81 du RI de la GANT.

finances. Tout d'abord, ces dernières ne peuvent reposer que sur un projet de loi pour la discussion duquel les parlementaires voient leur marge de manœuvre très encadrée. Une irrecevabilité financière leur interdit effectivement de proposer, au cours des débats, une diminution de recettes ou une augmentation des dépenses de l'Etat[369]. La Constitution impose, ensuite, l'homogénéité de leur contenu en prohibant l'inscription de dispositions sans rapport avec le budget[370]. Enfin, et surtout, parce que leur vote est impératif pour la mise en place du programme politique du gouvernement et qu'il ne saurait donc intervenir trop tardivement sous peine de paralysie de l'Etat, de strictes conditions de délais ont été posées par le texte fondamental[371] ainsi que l'interdiction faite au chef de l'Etat d'opposer son véto à leur encontre[372].

En temps normal, le Président – à compter de la réception de la loi votée – dispose d'un délai de quinze jours pendant lequel il peut décider de demander une nouvelle délibération de la loi et au bout duquel il doit procéder à sa promulgation. Dans cette courte période, le chef de l'Etat a donc toute latitude pour s'opposer aux choix législatifs de la GANT et du gouvernement. Dans le cas où son véto est surmonté car le Parlement a décidé de maintenir la loi renvoyée[373], il lui reste toujours la possibilité de saisir la Cour constitutionnelle[374].

b – L'exercice de la fonction législative constitutionnelle

La révision d'un texte constitutionnel est, en principe, difficile à réaliser car la finalité de toute Constitution est de durer en offrant de la stabilité juridique à l'ensemble de la société. Néanmoins, il doit être possible de l'amender pour permettre d'adapter le texte fondamental aux évolutions de cette même société. Si les règles constitutionnelles turques relatives aux lois constitutionnelles sont particulièrement

---

369 V. Le dernier alinéa de l'article 162. Principalement, il s'agit d'éviter que les parlementaires se laissent tenter par la démagogie en exploitant la solution des diminutions d'impôts. L'objectif est aussi de ne pas alourdir le budget de l'Etat.
370 V. Le dernier alinéa de l'article 161 de la Constitution.
371 V. L'article 162 de la Constitution.
372 Article 89 alinéa 2 de la Constitution.
373 La révision constitutionnelle votée par référendum le 16 avril 2017 change les conditions de majorité en exigeant désormais une majorité absolue des députés pour surmonter le véto présidentiel là où auparavant une majorité simple était requise.
374 En vertu des articles 150 et 151, il a le droit d'intenter un recours dans un délai de soixante jours à compter de la publication de la loi au journal officiel.

complexes et sous surveillance, elles n'ont cependant pas empêché la concrétisation de nombreuses révisions depuis 1987.

En premier lieu, la complexité de la procédure de révision de la Constitution tient à l'existence de plusieurs conditions à respecter et surtout à leur cumul. Tout d'abord, la Constitution confère un monopole aux députés en ce qui concerne l'initiative des révisions constitutionnelles en précisant qu'un tiers des membres de la GANT peut valablement enclencher la procédure[375]. Ensuite, la discussion des propositions de réforme constitutionnelle étant régie par les dispositions relatives à la discussion des lois, il est possible d'en déduire qu'il faut également un quorum d'un tiers des députés pour ouvrir une réunion sur le sujet. Par ailleurs, après avoir ménagé un temps suffisant à la réflexion pour l'expression des décisions importantes en exigeant que les amendements constitutionnels soient débattus à deux reprises en Assemblée plénière, l'article 175 précise qu'ils devront être adoptés à la majorité des 3/5ème du nombre total des membres de la GANT. Enfin, le recours au référendum est, selon les cas, facultatif ou obligatoire. Si le Parlement – à la suite d'une demande présidentielle de nouvelle délibération – revote la loi constitutionnelle dans sa version initiale à une majorité des 2/3 du nombre total de ses membres, le Chef de l'Etat peut la soumettre à référendum[376]. En revanche, si la loi de révision adoptée à la majorité des 3/5ème du nombre total des membres de la GANT ou à une majorité inférieure au 2/3 ne fait pas l'objet d'un renvoi, sa publication au journal officiel en vue de sa soumission au référendum est constitutionnellement organisée. Il ne fait pas de doute que le constituant a souhaité envisager le recours au peuple soit comme un arbitrage utile désiré par un Président opposé à la révision soit comme une intervention impérative en cas d'inaction du chef de l'Etat.

En second lieu, la Cour constitutionnelle peut être amenée à intervenir, à la suite d'une saisine effectuée par le Président de la République ou par un cinquième des députés[377], pour exercer un

---

[375] Le gouvernement a tout de même la possibilité d'agir en ce domaine en demandant aux députés le soutenant de déposer une proposition de loi constitutionnelle.

[376] Le référendum est également une possibilité pour le chef de l'Etat, qu'il y ait eu renvoi ou non, si la loi constitutionnelle a été adoptée à la majorité des 2/3 du nombre total des membres de la GANT.

[377] Le recours doit être exercé dans un délai de dix jours à compter de la publication de la loi constitutionnelle au journal officiel.

contrôle formel de la validité de l'amendement constitutionnel. Son rôle consiste, en la matière, à s'assurer du respect des majorités nécessaires à leur proposition, à leur adoption et de la condition selon laquelle ils ne peuvent être délibérés en urgence. Toutefois, les juges constitutionnels sont allés bien au-delà en considérant qu'une loi constitutionnelle formellement valide n'est pas pour autant proposable dès lors qu'elle méconnaît les articles 1, 2 ou 3 de la Constitution[378]. Il faut donc, depuis 2008, rajouter toute une série de dispositions constitutionnelles intangibles dans le champ du contrôle matériel également exercé par la Cour.

En dernier lieu, la rigidité constitutionnelle n'a pas véritablement constitué un facteur de blocage. La version 2017 de la Constitution de 1982 présente effectivement de nombreuses modifications par rapport au texte initial[379]. Dans les grandes lignes, elle a connu un processus d'européanisation avec les importantes réformes constitutionnelles de 2001[380] et de 2004[381]. Depuis 2007, la question de la mutation du régime politique a été induite par la réforme constitutionnelle ayant permis l'élection du Président de la République au suffrage universel direct[382]. Plus récemment, les ambiguïtés du paquet constitutionnel de 2010 – mêlant amélioration des droits et libertés et reprise en main de l'appareil judiciaire par le pouvoir en place – ont clairement été soulignées par une partie de la doctrine constitutionnaliste n'ayant pas

---

[378] L'article 4 de la Constitution interdit de modifier les articles 1, 2 et 3 ou d'en proposer la modification.

[379] Pour une présentation en français des révisions constitutionnelles, v. Ibrahim Ö. Kaboğlu, "*Renouvellement de la Constitution en Turquie : enjeux et défis*", Revue de droit constitutionnel, Istanbul, volume 1, 2012, p. 67 et s., part., p. 72 à 76. Pour un résumé en français, v. Anne-Laure Mahé, « *Les métamorphoses de la Constitution de 1982 : retour sur les révisions constitutionnelles des trois dernières décennies* », OVIPOT, billet du 25 juin 2010.

[380] La modification constitutionnelle est doublement importante non seulement au regard de son volume car elle affecte le texte introductif, trente-deux dispositions constitutionnelles et l'un des articles transitoires, mais aussi et surtout en raison de la nette amélioration du régime juridique des droits et libertés qu'elle poursuit en revenant sur la formulation de l'article 13 de la Constitution.

[381] Les changements notables concernent en particulier la reconnaissance de l'égalité entre hommes et femmes, le perfectionnement de la liberté de la presse, l'abolition de la peine de mort et l'affirmation de la suprématie du droit international sur la législation interne.

[382] Qu'il soit permis de renvoyer ici à E. Sales et D. Yılmaz, « *L'élection du Président de la République au suffrage universel direct en Turquie* », RDP, 2012, n° 5, pp. 1437-1458.

hésité à dénoncer un renforcement abusif du pouvoir exécutif. Enfin, la révision de 2017 se situe dans la continuité de la précédente sur le plan de la concentration des pouvoirs tout en introduisant une rupture assez nette au niveau du régime politique et démocratique avec des risques importants de dérives autoritaires[383].

§ 2 – Le pouvoir exécutif

En introduisant le pouvoir exécutif, à la seconde place dans la structure constitutionnelle – après le pouvoir législatif et avant le pouvoir judiciaire – la loi fondamentale de 1982 donne à voir, dans la logique du principe classique de la séparation des pouvoirs, un pouvoir subordonné chargé de la simple mise en œuvre de la législation adoptée par le Parlement. Or, il faut se méfier des apparences car le pouvoir exécutif bicéphale – répartit entre le Président de la République (A) et le gouvernement dirigé par le Premier ministre (B) – occupe une place beaucoup plus importante dans le fonctionnement des institutions et prépondérante dans le cadre des procédures exceptionnelles d'administration (C).

A – Le Président de la République

Depuis la suppression du sultanat[384], rapidement suivie de la proclamation de la première République[385], la question de la désignation du chef de l'Etat en Turquie a été radicalement tranchée. En effet, en passant de la souveraineté d'un seul à celle de la collectivité nationale représentée par son Parlement[386], la Turquie a fait de son Président un homme de l'Assemblée, choisit par elle et en son sein[387]. Sans véritable autonomie institutionnelle et sans grands pouvoirs, la présidence ne se distinguera véritablement qu'au travers de la personnalité qui incarnera la fonction à l'image d'Atatürk au début de la République. Sa mutation en représentant de la République et de l'unité de la Nation, en 1961, et en responsable de la cohérence

---

[383] En ce sens, v. I.Ö. Kaboğlu, « *Constitutional change under the state of emergency : the end of the constitutional order ?* », Journal of Constitutional Law, vol. 11, 2017, p.15.

[384] Le sultanat a été aboli le 1er novembre 1922.

[385] La République a été proclamée le 29 octobre 1923.

[386] Avec la Constitution de 1921.

[387] Avec la Constitution de 1924.

du fonctionnement des pouvoirs publics, en 1982, permettra toutefois la lente émancipation du chef de l'Etat. L'augmentation corrélative de la durée de son mandat – de quatre à sept ans à partir de 1961 – et de ses prérogatives constitutionnelles contribuera à installer la présidence en gommant progressivement sa stature symbolique et en le détachant de l'institution parlementaire. Les militaires, après le coup d'Etat de 1980, parachèveront le processus en organisant, pour la première fois et par la Constitution de 1982, la désignation populaire du Président de la République par référendum. Le texte constitutionnel de la IIIème et actuelle République, soumis à la ratification populaire, précisait effectivement que le Président du Conseil national de sécurité deviendrait chef de l'Etat[388]. Ainsi, K. Evren, implicitement identifié par la nouvelle Constitution, fut le premier Président turc désigné par le peuple. Toutefois, au-delà de cette notable exception, les autres présidents ne disposeront que d'une légitimité indirecte puisée dans l'institution parlementaire laquelle restait maître du choix du chef de l'Etat. Avec la réforme constitutionnelle de 2007, le principe de sa désignation au suffrage universel direct (1), associé à un ensemble important de prérogatives (2) renforcées en 2017, peut conduire à un déplacement de l'équilibre politique du système constitutionnel turc. En conséquence, il n'est pas accessoire de s'interroger sur la question de l'étendue de sa responsabilité (3).

1 – Un Président directement élu par le peuple

A partir des années quatre-vingt, le débat autour de l'élection du chef de l'Etat au suffrage universel direct partage la classe politique entre, d'un côté, ses partisans qui l'envisagent comme un prélude à la mise en place d'un régime présidentiel et, de l'autre, ses opposants qui restent favorables au maintien du régime parlementaire et de la sélection du chef de l'Etat par les députés. Par ailleurs, tous les premiers ministres de la IIIème République ont exprimé clairement leur souhait en se ralliant au premier camp précité. En exerçant

[388] Le premier article transitoire de la Constitution de 1982 précisait que « *le Président du Conseil de sécurité nationale et chef de l'Etat à la date du référendum acquiert, au moment de la proclamation officielle de l'adoption de la Constitution en tant que Constitution de la République de Turquie à la suite du référendum, la qualité de Président de la République et exerce pendant une période de sept ans les pouvoirs et attributions conférés par la Constitution au Président de la République* ».

véritablement le pouvoir exécutif, avec le soutien de la majorité parlementaire, ils n'ont pas dissimulé leur volonté de voir déplacer le centre de gravité du système vers une présidence qu'ils rêvaient sans doute d'occuper avec l'aval direct du peuple. Alors que la discussion politique semblait s'enliser et que les universitaires relançaient le sujet en se demandant si l'élection du Président par le peuple était une bonne solution[389] pour « *assurer à la fois la stabilité de l'exécutif et la stabilité du régime* »[390], la crise politique de 2007 débouchera sur une révision de la Constitution permettant la désignation populaire du chef de l'Etat. Il n'est pas inutile de rappeler qu'à ce moment-là, la majorité politique a décidé de faire élire, par la GANT, l'un des siens à la présidence de la République[391]. Considérant la démarche inconstitutionnelle car elle méconnaissait notamment le principe de la neutralité du chef de l'Etat, l'opposition a eu recours à la Cour constitutionnelle qui a procédé à l'invalidation du premier tour de l'élection en raison de la violation de la règle du quorum imposant, selon elle, la nécessaire présence de 367 députés pour valablement délibérer en la matière[392]. Toutefois, le blocage a été de courte durée car l'AKP a finalement réussi à le surmonter. En effet, en gagnant les d'élections législatives anticipées[393] et en respectant la nouvelle

---

[389] A. Bockel, H. Roussillon et E. Teziç (sous la direct. de), « *Un président élu par le peuple, une bonne solution ?* », Presses de l'Université Galatasaray et de l'Université de Sciences sociales de Toulouse, 2000, 293 p.

[390] V. A. Bockel, table ronde du colloque « *Un président élu par le peuple, une bonne solution ?* », op. cit., p. 264.

[391] A. Gül avait été élu lors du premier tour, le 27 avril 2007, par 357 voix sur les 361 députés présents.

[392] Décision de la Cour constitutionnelle 2007/54, du 1er mai 2007, Requête 2007/45, JO du 27 juin 2007, n° 26566. Sur ce sujet, qu'il soit permis de renvoyer à E. Sales, « *La protection du principe constitutionnel de laïcité par la Cour constitutionnelle turque* », RDP 2009, n° 6, p.1649-1682, part., p. 1655 et s.

[393] L'article 102 de la Constitution prévoit le renouvellement des élections à la GANT lorsque les députés ne sont pas parvenus à élire le Président de la République. Les élections législatives anticipées ont été organisées, le 22 juillet 2007, pour permettre enfin la désignation du futur chef de l'Etat par la GANT. Les résultats enregistrés révèlent nettement la victoire de l'AKP sur les autres formations politiques. En effet, fort de 46,58 % des suffrages exprimés, le parti de la justice et du développement arrive largement en tête de ces élections en totalisant un score bien plus élevé que lors des précédentes législatives de 2002 (34,28 %). Néanmoins, ce résultat se traduit par une baisse du nombre de ses représentants (341 députés contre 363 dans la précédente assemblée) au sein de la GANT en raison de l'arrivée à l'assemblée du parti du mouvement nationaliste qui, avec 14,27 %, obtient 71 députés et des indépendants qui obtiennent 26 sièges. La force principale

exigence constitutionnelle formulée par les juges constitutionnels, le parti majoritaire est parvenu à désigner A. Gül à la présidence de la République[394]. La solution de la Cour constitutionnelle[395] a donc débouché sur deux paradoxes. En premier lieu, la controverse constitutionnelle, qui avait pour but d'écarter de la présidence un ancien défenseur de l'islam politique en Turquie, a été réglée par son élection dans le respect des règles constitutionnelles posées par la Cour et dont l'objectif véritable était de l'empêcher. En second lieu, en imposant une nouvelle règle constitutionnelle visant à protéger l'esprit de la Constitution, la Cour a poussé le parti politique au pouvoir dans ses derniers retranchements en lui offrant un prétexte pour engager une révision constitutionnelle majeure bouleversant le régime politique. En effet, après la décision de la Cour et avant les deux élections, législatives et présidentielles, l'AKP a entrepris, dans l'urgence, une réforme constitutionnelle susceptible d'avoir des conséquences sur l'équilibre des institutions et sur la neutralité présidentielle. En vertu de celle-ci, le futur Président de la République de Turquie sera désigné, en 2014, au suffrage universel direct pour une durée de 5 ans renouvelable une fois[396]. La discussion de cette réforme a donné lieu à un vif combat politique avec Ahmet Necdet Sezer – le Président de l'époque – qui a usé à deux reprises de son véto rendant alors nécessaire la tenue d'un référendum sur la question. Il a, également, saisi la Cour constitutionnelle pour qu'elle invalide ces amendements constitutionnels essentiellement pour des motifs de procédure. Néanmoins, cette dernière a rejeté, par une décision du 5

---

d'opposition, le CHP, subit en conséquence le même sort en enregistrant sensiblement le même résultat qu'en 2002 et retrouve 112 députés au lieu et place des 178 dont il bénéficiait auparavant. Ces résultats peuvent s'expliquer notamment par la stratégie politique développée par les responsables de l'AKP. En effet, là où les autres formations politiques ont mené une campagne traditionnelle organisée autour de nombreuses promesses électorales, l'AKP s'est nettement démarqué en demandant au peuple d'arbitrer directement le conflit apparu lors de la "*crise des présidentielles*" entre le camp laïc et lui. En d'autres termes, il a été demandé aux citoyens de trancher la controverse constitutionnelle en offrant 367 députés à l'AKP afin que le parti puisse, à lui seul, désigner le futur Président de la République.

[394] Ce n'est que parce que des candidats d'autres partis ont été présentés que le quorum a pu être respecté et que Abdullah Gül, qui avait maintenu sa candidature, a pu être élu au troisième tour de scrutin grâce quasi exclusivement aux voix de sa formation politique de rattachement (339 précisément) le 28 août 2007.

[395] Décision rendue avec une majorité de 9 juges sur 11.

[396] Révision constitutionnelle du 10 mai 2007.

juillet 2007[397], le recours présidentiel auquel l'opposition politique s'était associée. La nouvelle donne constitutionnelle, née d'une crise politico-juridique majeure, doit donc être analysée à la fois dans son dispositif constitutionnel (a) et dans ses effets (b).

a – Le dispositif constitutionnel issu de la révision de 2007

La désignation directe du chef de l'Etat par l'ensemble des citoyens, alors qu'il était auparavant élu par le Parlement, ne pouvait s'opérer sans une réforme globale de la Constitution. A cette fin, la nouvelle réglementation issue de la révision constitutionnelle du mois de mai 2007, ratifiée par référendum en octobre de la même année, énonce les nouvelles règles spécifiques à l'organisation de l'élection présidentielle tout en prévoyant le contrôle de leur bon déroulement par le Haut conseil électoral dont la compétence était initialement limitée, par le texte fondamental, aux autres élections.

– L'organisation de l'élection

Dans le titre consacré au pouvoir exécutif et spécialement au Président de la République, les deux premiers articles ont fait l'objet de changements importants permettant de distinguer, d'un côté, les conditions de participation à l'élection présidentielle et, de l'autre, celles de son déroulement. L'article 101, après avoir affirmé le principe nouveau de la désignation populaire du chef de l'Etat tous les cinq ans aux lieu et place de son élection parlementaire tous les sept ans, énonce les règles relatives aux candidatures. Tout d'abord, tous les citoyens turcs âgés de quarante ans et ayant effectué des études supérieures peuvent prétendre participer aux élections présidentielles. Plus précisément, ces exigences s'appliquent à tous les députés et à toutes les personnes extérieures à la Grande Assemblée Nationale de Turquie mais remplissant les conditions pour pouvoir être élues dans cette même institution[398]. A ce stade, il est intéressant de remarquer le

[397] Décision de la Cour constitutionnelle 2007/68, du 5 juillet 2007, Requête 2007/72, JO du 7 août 2007, n° 26606.

[398] L'ensemble de ces règles était déjà prévu pour la détermination des candidats susceptibles d'être désignés par la Grande Assemblée Nationale de Turquie. Pour être élu député, il faut justifier de la condition de nationalité et être âgé de 25 ans. Ce à quoi s'ajoute le fait de ne pas avoir été condamné à une peine de prison de un an ou à une réclusion criminelle ou de ne pas avoir commis l'un des délits visés dans

maintien d'une exigence capacitaire au niveau des conditions d'éligibilité. Si le suffrage universel fait partie des acquis démocratiques, un lien très fort demeure ancré entre l'exercice du pouvoir et un haut niveau d'instruction. Le système turc ne permettra donc pas l'émergence d'un Lula à la tête de la présidence. En outre, la sélection préalable des candidats rendra difficile la présentation de personnalités extérieures au Parlement. En effet, pour être autorisé à candidater encore faut-il être en mesure de justifier du soutien d'une proposition écrite émanant de vingt députés ou de celui des partis politiques ayant obtenu, en totalisant leurs scores respectifs, plus de 10% des suffrages exprimés lors des précédentes élections législatives. Ces derniers disposent effectivement de la possibilité de présenter un candidat commun. Sur le principe, il est intéressant de noter que le « *sas parlementaire* » a été calculé de façon à favoriser un nombre plus important de candidats que dans le système antérieur. En effet, là où seulement cinq candidatures étaient rendues possibles dans le cadre de la désignation parlementaire du chef de l'Etat[399], vingt-sept sont désormais mathématiquement envisageables. En outre, en donnant la possibilité aux partis politiques ayant dépassé ensemble le seuil des 10% des suffrages exprimés de supporter un candidat commun, la Constitution offre un accès à l'élection présidentielle à des formations politiques ne disposant pas de députés[400]. Si le progrès démocratique ne peut qu'être salué, il faudra pouvoir le mesurer au regard de la pratique. En effet, la logique partisane conduira nécessairement les députés d'un parti à se regrouper autour de leur candidat en constituant un parrainage allant bien au-delà du seuil minimum de vingt. Ainsi, il suffira par exemple à tous les députés du parti majoritaire à l'Assemblée de formuler une proposition de candidature qui, de fait, réduira les possibilités d'autres candidatures. Plus simplement, ce qui revient au même, ils peuvent se contenter d'établir une liste de vingt députés et de refuser d'accompagner toute autre proposition. En ce qui concerne la présentation d'une candidature commune par des petits partis politiques, il peut paraître

---

une liste exhaustive établie par la Constitution mentionnant notamment le vol, la corruption, les abus de biens sociaux. Toute une série de fonctions incompatibles viennent compléter ces exigences.

399 Il fallait une proposition écrite émanant d'un cinquième des députés, soit 110 sur 550.

400 Pour obtenir des députés une formation politique doit totaliser à elle seule plus de 10 % des suffrages exprimés au niveau national.

surprenant de les contraindre à un système de coalition. En outre, sachant qu'une telle entente est en elle-même difficile à concrétiser politiquement, une candidature d'un non député s'avérera finalement bien hypothétique. Il n'est donc pas exagéré de pronostiquer l'élection d'un parlementaire lors de la prochaine élection présidentielle de 2014 et pour celles qui suivront. Le chef de l'Etat disposera de cette manière d'une triple légitimité – originelle, intermédiaire et finale – en tant que député sélectionné par ses pairs et choisi par le peuple. Le Parlement a perdu la désignation du Président mais il demeure le berceau de son élection populaire. Les nouvelles règles constitutionnelles issues du référendum du 16 avril 2017 maintiennent en partie ce système tout en l'assouplissant en exigeant désormais que les candidats soient désignés par les partis ou groupes de partis politiques ayant obtenu plus de 5 % des suffrages valablement exprimés aux dernières élections législatives. Ils pourront également être choisis par 100 000 électeurs. De ce dernier point de vue, l'innovation d'un choix populaire des candidats est le seul élément de rupture dont la pratique sera intéressante à suivre au regard notamment du seuil assez élevé de "*parrainages*" fixé par la Constitution.

Le nouvel article 102 de la Constitution détermine, quant à lui, le moment de l'élection, son mode de scrutin et les majorités requises, tout en envisageant certains problèmes susceptibles de se poser entre les deux tours. Il contient, par ailleurs, certaines indications à préciser comme la transformation de l'élection en référendum dans le cas où un seul candidat resterait au second tour. En premier lieu, il est prévu que l'élection du nouveau chef de l'Etat doit être concrétisée dans les soixante jours avant l'échéance normale du mandat du Président ou dans les soixante jours après la vacance de la présidence pour une raison quelconque. Ainsi, contrairement à une élection parlementaire du chef de l'Etat qui ne nécessite pas l'organisation d'une véritable campagne électorale, le nouveau dispositif constitutionnel ménage une période pendant laquelle cette dernière va pouvoir officiellement se dérouler. Le scrutin majoritaire uninominal à deux tours est retenu. Dans l'hypothèse où un candidat n'a pas totalisé la majorité absolue des suffrages valablement exprimés au premier tour, les deux candidats ayant obtenu le plus de voix doivent s'affronter à l'occasion d'un second tour pour l'issue duquel la majorité simple est requise pour accéder à la présidence de la République. Entre les deux tours, la Constitution envisage deux problèmes majeurs tenant, pour l'un, au décès ou à l'invalidation de la candidature de l'un des deux candidats en concurrence et, pour l'autre, au cas singulier de la présence d'une seule personne au second tour. Dans le premier scénario, il est prévu la substitution du candidat défaillant par celui ou celle ayant obtenu le plus de voix dans la liste du classement des résultats du premier tour de scrutin. Dans le second, la Constitution souligne que l'élection présidentielle se transforme en référendum. En d'autres termes, le peuple est amené à répondre par « *oui* » ou par « *non* » au seul candidat restant lequel doit remporter la majorité simple des suffrages pour pouvoir être désigné vainqueur de la consultation électorale ainsi organisée. A priori, la mutation de l'élection présidentielle en opération référendaire peut surprendre au regard de l'absence de compétition électorale, d'opposition d'idées politiques et de confrontation publique entre candidats prétendant incarner, au travers de la fonction présidentielle, l'ensemble de la Nation. L'exclusion d'autant d'éléments nécessaires au caractère démocratique de l'élection à la magistrature suprême aurait pu conduire le pouvoir constituant à faire le choix d'imposer le recommencement du processus électoral. Toutefois, la solution constitutionnelle ainsi mise en place se comprend avant tout par la volonté de lutter contre les nombreuses difficultés rencontrées dans le passé pour l'élection parlementaire du chef de l'Etat. En effet, à plusieurs reprises dans l'histoire constitutionnelle turque, la désignation par les députés n'ayant pas pu aboutir, il fallut redémarrer l'élection[401]. Néanmoins, un tel cas de figure reste toujours possible puisqu'il appartiendra au peuple d'en décider, en dernier lieu, en répondant majoritairement de façon négative. Dans la perspective d'une réponse positive, l'existence d'une présélection lors du premier tour et l'exigence de l'obtention de la majorité des voix exprimées, doivent conduire à nuancer la précédente critique.

– Le contrôle du bon déroulement de l'élection

Jusqu'à la réforme constitutionnelle de 2007, aucune règle n'était prévue pour le contentieux de l'élection parlementaire du chef de

[401] Il ne faut pas oublier, en effet, que l'incapacité du Parlement à élire un nouveau Président de la République (du 25 mars au 12 septembre 1980 plus de 100 tours de scrutin se sont déroulés) a été, notamment, l'une des raisons du coup d'Etat militaire du 12 septembre 1980 et l'origine directe des nouvelles règles de désignation du Président organisées par la Constitution de 1982.

l'Etat. Le silence de la Constitution et de la législation pouvait donc amener à considérer qu'elle devait se dérouler sous la vigilance et l'autocontrôle des députés et du président de la GANT. Néanmoins, l'intervention de la Cour constitutionnelle, peu de temps avant la réforme constitutionnelle à la suite d'une saisine lui demandant de procéder à l'invalidation du premier tour de l'élection présidentielle tend à démontrer le rôle que les juges suprêmes ont joué en la matière[402]. Pour justifier sa compétence, la Cour a estimé que la procédure parlementaire n'avait pas respecté le règlement intérieur de l'assemblée reproduisant le dispositif constitutionnel relatif, selon elle, aux conditions de quorum préalablement requises pour valablement procéder à la désignation du chef de l'Etat. Ainsi, les juges constitutionnels, par le biais d'un contrôle de constitutionnalité prévu par la Constitution, s'étaient-ils indirectement érigés en juges de l'élection parlementaire du Président de la République. En ne respectant pas la présence nécessaire de 367 députés sur 550 lors de l'ouverture de la séance destinée à l'élection présidentielle, la Cour avait donc décidé que le Parlement avait, de fait, réécrit ledit règlement interne en méconnaissant les règles constitutionnelles précitées.

Si le raisonnement n'emporte pas totalement la conviction au fond, dans la mesure où le texte de la Constitution ne mentionne expressément aucun quorum[403], il doit se comprendre essentiellement au regard de ses finalités. Il s'agissait sans doute d'assurer la réalisation d'un consensus politique autour de la désignation du chef de l'Etat et de faire en sorte qu'il ne soit pas élu par une seule et même formation politique[404]. En outre, et implicitement, les juges ont souhaité rappeler que le rôle du Président est de protéger les principes constitutionnels essentiels de la Nation au premier rang desquels

---

[402] Décision de la Cour constitutionnelle 2007/54, du 1er mai 2007, Requête 2007/45, JO du 27 juin 2007, n° 26566.

[403] Le texte constitutionnel impose seulement toute une série de conditions de majorité. Il doit être élu à la majorité des 2/3 du nombre total des membres de la GANT (soit 367). Il prévoit, également, s'il n'a pas été possible de réunir cette majorité aux deux premiers tours, l'organisation d'un troisième scrutin à l'issu duquel le candidat qui obtient la majorité absolue du nombre total de députés est élu Président. En cas d'échec, la Constitution met en place un quatrième tour entre les deux candidats ayant obtenu le plus de voix lors du troisième tour et l'élection a lieu à la majorité absolue. Enfin, si ce dernier tour ne donne aucun résultat il est prévu de procéder immédiatement au renouvellement des élections législatives.

[404] L'AKP pouvait, à lui seul, désigner, au troisième tour, le candidat de son choix.

figure la laïcité. En conséquence, le but était donc de ne pas permettre à un ancien responsable de l'AKP, dont la femme est voilée, de pénétrer dans le palais présidentiel lequel est symboliquement marqué par l'impérative neutralité politique de son occupant et par la nécessaire sauvegarde du principe constitutionnel de laïcité[405]. La hauteur des enjeux de l'élection du chef de l'Etat commande donc l'instauration d'un mécanisme de contrôle renforcé depuis que le principe de sa désignation populaire a été entériné.

Désormais, la réforme constitutionnelle ayant permis l'élection du Président de la République au suffrage universel direct a également institué un organe pour veiller à son bon déroulement et pour examiner les éventuels contentieux en découlant. Contrairement à d'autres démocraties, la Turquie n'a pas fait le choix de confier cette charge à la Cour constitutionnelle pour des raisons qui peuvent aisément se comprendre au regard de l'épisode précédemment rappelé. En revanche, la confiance politique existant autour du Haut conseil électoral, créé depuis 1950 et constitutionnalisé en 1961, a débouché sur une extension significative de ses compétences[406]. Ainsi, ce dernier, prévu à l'article 79 de la Constitution, cumule désormais les fonctions administratives et contentieuses relatives aux élections présidentielles. L'importance de son rôle pour le bon fonctionnement démocratique du pays, appelle donc quelques précisions supplémentaires. Sur le plan de sa composition, le Haut conseil électoral semble présenter toutes les garanties nécessaires à son indépendance dans la mesure où les plus hauts magistrats y siègent. En effet, sur les onze membres, six sont élus par l'assemblée générale de la Cour de cassation et cinq le sont par l'assemblée générale du Conseil d'Etat parmi les juges de ces juridictions au scrutin secret et à

---

[405] De son côté, le soir du premier tour de l'élection présidentielle, l'armée avait fait savoir par voie électronique, dans un mémorandum très critiqué par le pouvoir en place, que le futur Président devrait respecter la laïcité « *dans ses actes et non au travers de simples discours* ». La décision de la Cour constitutionnelle doit donc se comprendre, dans ces circonstances, comme assurant avant tout la protection de la fonction présidentielle et, avec elle, la sauvegarde de la neutralité religieuse de l'Etat.

[406] Pour une étude détaillée en turc, qu'il soit permis ici de renvoyer à D. Yilmaz, « *Etude comparée des jurisprudences des commissions électorales responsables de l'administration et du contrôle des élections* », Thèse de doctorat, Institut des sciences sociales de l'Université Galatasaray, 2010, 378 p.

la majorité absolue du nombre total de leurs membres[407]. Une fois désignés les juges électoraux procèdent eux-mêmes et en leur sein à l'élection de leurs Président et vice-président. La présence exclusive de magistrats professionnels bénéficiant d'un statut constitutionnel protecteur confère, en principe, au Haut conseil électoral les conditions impératives d'exercice impartial et indépendant de leurs fonctions. Néanmoins, à la suite de la réforme constitutionnelle de 2010 et de la reprise en main politique du Conseil supérieur des juges et des procureurs qu'elle a orchestré, il n'est pas exagéré de s'interroger sur les conséquences à venir sur l'ensemble de l'appareil judiciaire[408]. Sachant que ce même Conseil, présidé par le ministre de la justice, a en charge la désignation des membres des juridictions administratives et judiciaires suprêmes et que leurs juges élisent, par la suite, ceux qui composent le Haut conseil électoral, un doute légitime s'est installé sur les institutions dérivant de l'organisation juridictionnelle. Ensuite, l'identification de la structure en charge du contrôle des opérations électorales fait l'objet d'une controverse importante en Turquie. Alors que le Haut conseil électoral est une

---

[407] Le Haut conseil électoral est composé de sept titulaires et de quatre suppléants. Pour ces derniers, deux sont tirés au sort parmi les membres élus par la Cour de Cassation et deux le sont de la même façon parmi les membres élus par le Conseil d'Etat. En conséquence, quatre titulaires proviennent de la Cour de Cassation et trois sont issus du Conseil d'Etat.

[408] Le Conseil supérieur des juges et des procureurs, auparavant composé de juges élus par la Cour de cassation et le Conseil d'Etat, a vu sa composition clairement modifiée afin de limiter l'influence de ces deux cours suprêmes, qui, il est utile de ne pas l'oublier, avaient publiquement exprimé leur farouche opposition à la révision constitutionnelle de 2008 – dont le but était de permettre aux étudiantes voilées de pénétrer dans les universités – au nom du principe intangible de laïcité (V. la déclaration publique du Conseil des présidents de la Cour de Cassation en date du 28 septembre 2007 et dans le même sens la déclaration du 18 janvier 2008 du Conseil d'Etat). Avant que la Cour constitutionnelle ne la censure (Décision de la Cour constitutionnelle 2008/116, du 5 juin 2008, Requête 2008/16, JO du 22 octobre 2008, n° 27032.), le Conseil d'Etat avait prononcé le sursis à l'exécution des décisions de Recteurs d'Universités ayant autorisé le port du voile (CE, 8ème chambre, 10 mars 2008, Requête 2008/1501). Compétent pour la désignation de l'ensemble des juges, le Conseil supérieur ainsi composé constituait donc un redoutable contre-pouvoir. En prévoyant l'augmentation du nombre de ses membres à 22, en donnant la possibilité aux juridictions ordinaires d'en désigner 10 et en confiant au chef de l'Etat le soin de nommer 4 personnalités extérieures, la réforme semble chercher à diminuer la place centrale auparavant occupée par la Cour de cassation et par le Conseil d'Etat au sein de cette institution garante de l'indépendance de la magistrature.

organisation collégiale de juges se prononçant à la suite de recours exercés devant lui, en faisant application de règles juridiques dans des décisions disposant de l'autorité de la chose jugée, il n'en reste pas moins tenu à l'écart des institutions juridictionnelles. Sa non reconnaissance en tant que juridiction interdit de poser devant lui, par exemple, une question préjudicielle de constitutionnalité[409]. En conséquence, la législation électorale ne peut faire l'objet d'un contrôle de constitutionnalité a posteriori. En outre, s'il n'est pas une juridiction et s'il est admis qu'il s'apparente à une administration, l'affirmation constitutionnelle selon laquelle ses décisions ne sont pas susceptibles de faire l'objet d'une contestation devant un juge pose problème au regard du droit fondamental au recours juridictionnel. Enfin, sachant que le Haut conseil électoral rend des décisions relatives à l'administration des élections qui sont elles-mêmes juridiquement contestables devant lui, la question de son impartialité se pose inévitablement. Compte tenu de l'ensemble de ces zones d'ombre, il est permis de se demander si le Haut conseil électoral présente toutes les garanties nécessaires pour s'assurer du bon déroulement des élections présidentielles et des opérations électorales dans leur ensemble.

b – Les conséquences juridiques et politiques

En brisant « *le monopole des députés et en donnant un second pilier légitime aux institutions* »[410], le pouvoir constituant dérivé avait sans doute conscience des conséquences juridiques et politiques de l'élection populaire du Président de la République. Si l'appréciation des conséquences politiques de la réforme tourne essentiellement autour de la question de la présidentialisation du régime, le texte constitutionnel modifié n'en reste pas moins marqué par ses contradictions et ses lacunes.

---

[409] Décision de la Cour constitutionnelle, 1992/12, 1992/7, du 18 février 1992, JO du 13 mai 1992, 21227. Il faut toutefois souligner que le délai de 10 ans à respecter après un premier contrôle concret de constitutionnalité est dépassé. En conséquence, une nouvelle question préjudicielle peut faire l'objet d'un renvoi à la suite duquel la Cour restera maître de faire évoluer ou non sa jurisprudence en la matière.

[410] V F. Luchaire et G. Conac (sous la direction de), « *La Constitution de la République française* », Economica, 1987, p. 334.

– Les contradictions et les lacunes constitutionnelles

Tout d'abord, il est assez surprenant d'avoir modifié les règles relatives à l'élection du chef de l'Etat en laissant subsister, dans la Constitution, des dispositions qui seront difficiles à respecter lors de la mise en œuvre de la réforme. Ainsi en est-il, en premier lieu, de l'exigence constitutionnelle imposant la neutralité politique du Président de la République[411]. Sa coexistence avec sa désignation parlementaire était déjà délicate à réaliser dans la mesure où le premier personnage de l'Etat était toujours perçu par ses proches ou par ses détracteurs comme l'homme d'un camp politique[412]. Néanmoins, les conditions de majorité requises pour son élection lesquelles avaient pour objectif de favoriser l'établissement d'un consensus entre plusieurs formations politiques, le cantonnement de son rôle dans la sauvegarde des principes constitutionnels essentiels de la Nation, l'absence d'intervention dans la définition de la politique du pays, constituaient autant d'éléments permettant de se rapprocher le plus possible de cet idéal constitutionnel. Toutefois, de façon inévitable, la désignation populaire du chef de l'Etat rendra impossible la concrétisation de cet objectif. En effet, les élections présidentielles au suffrage universel direct impliquent nécessairement la présence de candidats qui se sont directement imposés en tant que leader de leur formation politique de rattachement sur laquelle ils s'appuient naturellement pour mener la compétition électorale. En outre, ils vont être amenés à présenter au peuple un programme politique correspondant à leur engagement et dessinant préalablement la future politique de la Nation. Enfin, les citoyens attendront logiquement la concrétisation ultérieure des promesses électorales. En conséquence, il eut été sans doute opportun de supprimer de la carte constitutionnelle la règle impérative de la neutralité présidentielle dès lors qu'elle ne correspondra ni à la réalité de la campagne électorale ni à la pratique

[411] V. Le dernier alinéa de l'article 101 impose, en effet, la rupture des liens du Président avec son ancien parti politique ou la perte de sa qualité de député s'il était membre de la Grande Assemblée Nationale de Turquie avant son élection.

[412] V. en ce sens, C. Kırca, « *Pour un nouveau statut du Président de la République turque* », in « *Un président élu par le peuple, une bonne solution ?* », sous la direction d'A. Bockel, d'H. Roussillon et d'E. Teziç, Presses de l'Université Galatasaray et de l'Université de Sciences sociales de Toulouse, 2000, p. 231 et s., part., p. 235. V. également, les interventions de P. Pactet et de J-Cl. Colliard lors de la table ronde dudit colloque, p. 269 et p. 274.

institutionnelle en découlant. La réforme constitutionnelle, adoptée par le référendum du 16 avril 2017, va dans ce sens car le Président – auparavant contraint d'observer une neutralité politique – pourra préserver les liens avec son parti politique d'appartenance et même en assurer la direction[413]. Toutefois, sa désignation populaire pour un mandat de cinq ans, organisée de façon simultanée avec les élections législatives pour la même durée alors que les députés étaient précédemment élus pour quatre ans, permettra de le faire Président en même temps que chef de la majorité parlementaire avec la disparition programmée du Premier ministre en 2019. Dans ces conditions, il sera difficile pour le chef de l'Etat, en même temps chef de parti et leader de la majorité du moment, d'assurer pleinement la mission constitutionnelle de représentation de la République et du peuple turc. En associant ces nouvelles dispositions constitutionnelles à la détermination de la politique de la Nation étroitement liée, en pratique, au programme du candidat-président, le nouveau chef de l'Etat devient la clef de voûte des institutions.

En second lieu, un parti politique créé entre les dernières élections législatives et les présidentielles ne peut pas présenter de candidat dans la mesure où il ne dispose ni de représentants à l'Assemblée ni de la chance d'obtenir le soutien de vingt députés. Il en va de même pour les partis existants qui n'ont pas franchi le seuil fatidique des 10% des suffrages exprimés au niveau national. Alors que la Constitution présente les partis politiques comme nécessaires à la vie politique démocratique dans son article 68, il peut paraître incohérent de laisser hors compétition certains d'entre eux pour la simple raison qu'ils n'ont pas pu pénétrer dans l'enceinte parlementaire. Au surplus, le texte fondamental introduit sur ce point une inégalité de traitement discutable.

Ensuite, sur le plan des lacunes, le texte de la Constitution n'a pas prévu précisément le moment de l'organisation de l'élection présidentielle dans la délicate hypothèse d'un empêchement définitif du chef de l'Etat en exercice pour des raisons de maladie. Seul est visé le cas de son remplacement temporaire, pour une défaillance de santé momentanée, par le Président du Parlement jusqu'à la reprise de ses fonctions. Il n'est donc pas question, ici, d'envisager l'organisation d'élections anticipées. L'intérim présidentiel – toujours exercé par le Président du Parlement jusqu'à ce qu'un nouveau chef d'Etat soit élu

[413] M. Erdoğan est redevenu chef de l'AKP le 21 mai 2017.

– survenant dans le cas où la présidence se trouve vacante, par suite de décès, de démission ou de toute autre cause, pourrait apporter une solution. Néanmoins, si l'empêchement définitif pour des raisons médicales peut utilement rentrer dans la catégorie indéterminée des causes potentielles susceptibles d'entraîner l'élection avant terme d'un nouveau Président, encore faut-il pouvoir le déclarer officiellement en donnant une telle compétence à une institution déterminée. La mort ou le départ volontaire s'imposent d'eux-mêmes. L'empêchement définitif est plus difficile à caractériser[414] car il est nécessaire de juger, au préalable, de l'incapacité du chef de l'Etat. Le silence de la Constitution, dans ce domaine, s'explique peut-être directement par la reconnaissance des limites du droit ou par la volonté de ne pas donner à la Cour constitutionnelle, par exemple, une fonction que certains de ses homologues ont la charge d'assumer[415] ou encore par la croyance possible en la conscience civique du titulaire de la fonction présidentielle[416]. Par ailleurs, la question de l'ajournement de l'élection présidentielle n'a pas été envisagée pour faire face au décès ou à l'empêchement d'un candidat avant la date limite du dépôt des candidatures ou avant le premier tour. Si le souci principal du pouvoir constituant a été guidé par la volonté légitime de ne pas voir le processus électoral se prolonger indéfiniment afin d'éviter la survenance d'une crise politique, il apparaît toutefois regrettable de ne pas avoir institué la possibilité d'un report de l'élection ne serait-ce que pour donner au parti politique concerné le temps nécessaire pour présenter un remplaçant. Il en va, en effet, de la nécessaire vitalité du débat et de la compétition politiques. Les seuls cas pris en compte par la Constitution concernent l'hypothèse d'un candidat qui, ayant été admis à participer au second tour, décède ou voit son admissibilité invalidée entre les deux tours. En guise de solution, le choix de l'efficacité l'a encore une fois emporté dans la mesure où, comme cela a déjà été précisé, celle ou celui ayant obtenu le plus de voix au premier tour après le candidat défaillant se substitue d'office à lui. En conséquence, les personnalités politiques ayant le moins de chance de

---

[414] V. en ce sens, F. Luchaire et G. Conac, "*La Constitution de la République française*", Economica, 1987, p. 354 et s.

[415] V. par exemple, l'alinéa 5 de l'article 7 de la Constitution française du 4 octobre 1958.

[416] F. Luchaire et G. Conac, op. cit., p. 356. Toutefois, la formule est pour le moins discutable car elle sous-entend la démission du chef de l'Etat, laquelle règle d'elle-même le problème.

gagner vont se retrouver en concurrence avec un candidat déjà vainqueur du premier tour.

Enfin, la mise en œuvre législative de la réforme soulève certains problèmes de constitutionnalité[417]. En l'absence de loi organique dans la hiérarchie des normes juridiques turques, il appartenait au Parlement, par le biais d'une loi ordinaire, de venir préciser le nouveau dispositif constitutionnel relatif à l'élection du Président au suffrage universel direct en prenant le soin de ne pas rajouter aux règles constitutionnelles tout en épuisant la totalité de sa compétence. La loi en question[418], promulguée 5 ans après l'amendement constitutionnel, poursuit a priori cet objectif en mettant en relief – dans ses cinq premières dispositions – les principes démocratiques de l'élection en reprenant pour fondement les règles constitutionnelles nouvelles. Cette partie générale est suivie par la distinction des procédures afférentes aux trois différents stades se déroulant avant, pendant et après l'élection suivant en cela la logique des codes électoraux. Elle comprend, en elle-même, à la fois des dispositions nouvelles et d'autres qui, relevant des élections générales, s'appliquent également aux élections présidentielles. Toutefois, ainsi que le démontre la saisine de la Cour constitutionnelle par l'opposition politique[419], la constitutionnalité du dispositif législatif s'avère en partie douteuse. Le non-respect de la Constitution apparaît principalement à un double niveau dans la mesure où une partie des règles constitutionnelles introduites par l'amendement constitutionnel de 2007 semblent méconnues en même temps que se trouve caractérisée la violation du principe constitutionnel d'égalité. En premier lieu, les règles législatives discutables concernent essentiellement la détermination du moment de l'élection. Dans un article provisoire ajouté à la fin du texte lors de la réunion de la commission constitutionnelle du Parlement, la loi détermine le moment de la première élection présidentielle en 2014 en prévoyant que la durée du mandat du onzième président est de sept ans. Elle vise donc directement l'actuel chef de l'Etat lequel a été élu par la GANT

---

[417] Sur l'ensemble de cette question qu'il soit permis de renvoyer à E. Sales et D. Yılmaz, "*L'élection du Président de la République au suffrage universel direct en Turquie*", RDP, n° 5, 2012, pp. 1467-1488.

[418] Loi n° 6271 du 19 janvier 2012, JO du 26 janvier 2012, 28185.

[419] Certaines de ses dispositions ont été portées devant la Cour constitutionnelle par le grand parti politique de l'opposition (CHP), le 22 mars 2012, ainsi que l'article 150 de la Constitution lui en donne la possibilité.

au moment de la réforme constitutionnelle introduisant le principe de l'élection populaire du Président tous les cinq ans et son objectif était de mettre fin aux débats sur la durée de son mandat qui divisaient la scène politique et académique[420]. A priori, le législateur poursuit une certaine logique puisque le chef de l'Etat du moment se voit appliquer les règles constitutionnelles qui existaient lors de sa désignation parlementaire. Toutefois, il peut paraître surprenant qu'une loi, faisant application des nouvelles dispositions constitutionnelles, contienne une mesure transitoire permettant le prolongement des règles constitutionnelles anciennes relatives à la durée du mandat présidentiel. A ce titre, l'opposition politique estime que le législateur n'était pas compétent pour fixer la date d'entrée en vigueur de la révision constitutionnelle et considère que, dans le silence de la Constitution, celle-ci devait être d'application immédiate. Elle défend, en conséquence, l'organisation des élections présidentielles en 2012 et non en 2014 ainsi que cela résulte de la décision du Parlement. Si la faiblesse de l'argumentation est assez facile à mettre en évidence en partie[421], il est surtout important de remarquer la volonté de l'opposition de faire obstacle à l'organisation de la première élection présidentielle. En second lieu, la méconnaissance du principe constitutionnel d'égalité concerne principalement les candidats à l'élection présidentielle. A ce niveau, il est important d'opérer une distinction entre ceux qui peuvent le devenir et ceux qui le sont devenus car des ruptures d'égalité apparaissent à ces deux niveaux. En ce qui concerne le premier aspect, et toujours dans l'article provisoire de la loi, il est interdit à tous les anciens présidents de la République de présenter leur candidature pour les élections présidentielles. Là encore, la loi reproduit une ancienne règle constitutionnelle, antérieure à la réforme de 2007, qui prohibait l'exercice de deux mandats présidentiels. Or, la nouvelle donne constitutionnelle autorisant

---

[420] D'un côté, l'opposition – défavorable au principe de l'élection populaire du Président et, implicitement, plutôt d'accord avec la réduction de la durée du mandat de l'actuel chef d'Etat – arguait que le mandat de M. A. Gül, élu en 2007, s'achevait cette année en 2012. De l'autre, le parti au pouvoir porteur de l'amendement constitutionnel, soutenait que l'élection présidentielle devait avoir lieu en 2014.

[421] Il est difficile de considérer qu'une réforme constitutionnelle est par principe rétroactive. Dans le silence de la Constitution, elle n'est donc valable que pour l'avenir. En conséquence, seules des mesures transitoires constitutionnelles contraires auraient pu justifier la réduction du mandat de l'actuel chef de l'Etat à cinq ans. Dans le même sens, v. J. Marcou, « *Abdullah Gül fera bien son septennat* », http://ovipot.hypotheses.org/6949, billet du 23 janvier 2012.

l'accomplissement de deux quinquennats, il peut paraître surprenant d'exclure les anciens chefs d'Etat du bénéfice du régime juridique le plus récent. S'il ne faut pas exagérer la conséquence de cette précision légale, il est néanmoins nécessaire de souligner qu'elle conduit à mettre hors compétition électorale quatre anciens présidents de la République dont le chef d'Etat du moment. La bonne cote de confiance dans l'opinion publique pouvait permettre à ce dernier d'envisager de se présenter ce qui aurait inévitablement conduit à des divisions au sein de l'AKP et au risque potentiel de réduire d'autant les chances de victoire dudit parti. En conséquence, la sélection législative des candidats avait sans doute pour objectif de laisser le champ politique libre au premier ministre du moment au détriment de l'occupant du Palais de Çankaya[422]. En ce qui concerne le second aspect, la loi établit nettement une inégalité dans la répartition du temps de parole des candidats officiels dans les émissions des chaînes nationales de radio et de télévision là où une stricte égalité devrait s'imposer au regard de la puissance des médias en question. Il résulte, en effet, de l'article 52 de la loi relative aux élections générales, applicable à l'élection présidentielle, que le parti au pouvoir dispose de 50 minutes alors que 40 sont réservées au principal parti de l'opposition, 30 aux autres partis représentés à l'Assemblée et 20 aux autres formations politiques participant à l'élection. En outre, le dispositif en question ne permet pas de prendre en compte le Président de la République en exercice qui serait candidat à sa propre succession. Etant donné que la Constitution lui impose de démissionner de son parti politique de rattachement pour assurer sa neutralité politique, il se retrouve en conséquence politiquement orphelin et bien paradoxalement exclus du service public pour la présentation de son programme de campagne. Si la propagande politique ne se limite pas à ce moyen de communication, il n'en reste pas moins que les candidats à l'élection seront traités différemment sans que cela puisse être justifié par un objectif légitime poursuivi par la loi ou par une différence objective de situation. La loi organise donc

[422] Sur les quatre personnes concernées, seul le Président de l'époque semble visé car pour les autres (K. Evren, S. Demirel et A.N. Sezer) leur âge avancé et leur absence d'ambition en la matière permettaient de les écarter de fait du processus électoral. Toutefois, la nouvelle Cour constitutionnelle – issue de la réforme constitutionnelle de 2010 et dont la plupart des juges a été nommé par le Président Gül – a donné la possibilité à ce dernier de faire acte de candidature en censurant cette disposition législative.

le débat politique devant le service public en prenant pour seul fondement du calcul du temps de parole le résultat des précédentes élections. Il n'est pas sûr que cela soit le meilleur moyen pour inverser les rapports de force entre les diverses formations politiques en présence et pour satisfaire les exigences du principe constitutionnel d'égalité en même temps que le bon déroulement de la vie démocratique[423].

– La présidentialisation du régime ?

La concrétisation constitutionnelle de l'élection du Président de la République au suffrage universel direct n'est pas une réforme comme les autres. Elle se présente comme un bienfait démocratique pour ceux qui y voient logiquement un nouveau droit politique pour le peuple, tout en nourrissant la crainte des autres qui entrevoient avec elle le risque d'une dérive autoritaire du pouvoir. Surtout, elle produira nécessairement des conséquences sur le fonctionnement des institutions et sur la qualification du régime politique turc jusqu'alors aisément identifiable par l'ensemble de ses caractéristiques parlementaires. Néanmoins, à ce stade, nul ne saurait affirmer avec certitude vers lequel des modèles connus le système politique turc va évoluer dans la mesure où deux cas de figure sont principalement envisageables. Si la Constitution de 1982 ne connaît pas de changements supplémentaires d'ici à 2014, la majorité de la doctrine est d'accord pour mettre en avant une nette tendance vers la présidentialisation du régime parlementaire ou pour le dire autrement vers un régime semi-présidentiel à la française qui suscite une certaine admiration chez les intellectuels de la droite modérée car il permettrait d'introduire de la stabilité politique[424]. Il est vrai qu'il existe des rapprochements incontestables avec la reconnaissance de l'élection populaire du chef de l'Etat, la mise en place du quinquennat présidentiel, le renforcement de ses prérogatives constitutionnelles dont certaines sont toujours à l'abri de tout recours juridictionnel. Toutefois, la pratique institutionnelle turque devra infléchir certaines règles constitutionnelles pour que la parenté soit plus proche. Si le Président de la République nomme le Premier ministre encore faudra-

[423] Dans le même sens, v. commission de Venise, "*Rapport sur le droit électoral et l'administration des élections en Europe*", Etude 352/2006, du 12 juin 2006, paragraphe 112.
[424] V. en ce sens, C. Kırca, op. cit., p. 234.

t-il que l'investiture parlementaire du gouvernement – constitutionnellement nécessaire – ne devienne qu'une simple formalité. Le Conseil des ministres présidé par le chef du gouvernement, en vertu de la Constitution, devra être dirigé dans les faits par un Président omniprésent. La neutralité politique du chef de l'Etat, constitutionnellement organisée, devrait céder la place à un Président qui gouverne en déterminant la politique de la Nation. Enfin, la cohabitation – envisageable en Turquie puisque la durée du mandat des députés était de quatre ans – pouvait toujours ramener le régime vers ses origines parlementaires ne serait-ce qu'un court instant alors que la France est quasiment parvenue à la faire disparaître depuis la réforme constitutionnelle de l'an 2000 en alignant le mandat du Président sur celui des députés.

En revanche, étant donné que l'actualité constitutionnelle turque est marquée, particulièrement depuis 2002, par une forte volonté politique de changement global de la Constitution, l'hypothèse d'un basculement vers un régime présidentiel à l'américaine, dont la première pierre serait constituée de l'élection présidentielle au suffrage universel direct, ne doit pas être écartée. Les premiers ministres turcs, n'ont jamais dissimulé leur préférence pour sa mise en place[425]. Le chef du gouvernement l'a clairement déclaré au mois d'avril 2010 en présentant ce basculement comme une nécessité au regard des multiples dysfonctionnements du régime parlementaire turc[426]. Néanmoins, depuis cette date, le calendrier constitutionnel du gouvernement semblait privilégier une succession d'amendements à la Constitution en laissant de côté l'hypothèse de l'entier renouvellement sans lequel il paraît difficile de mettre en place un régime présidentiel. En outre, l'opposition politique et certains intellectuels n'ont eu de cesse de rappeler, à juste titre, que les conditions historiques et politiques de concrétisation d'un tel régime font défaut en Turquie dans la mesure où il n'existe ni une véritable tradition en ce sens, ni une alternance politique régulière entre deux grandes formations politiques, ni une volonté réelle de recherche du consensus entre des institutions politiquement distinctes. Les travaux de la commission

[425] Par exemple, T. Özal, huitième président et lui-même ancien premier ministre, avait ouvertement expliqué son souhait de transformer le régime en ce sens.

[426] V. en ce sens, J. Marcou, "*Recep Tayyip Erdoğan relance l'idée d'un passage au régime présidentiel en Turquie*", http://ovipot.hypotheses.org/1363, billet du 22 avril 2010.

constitutionnelle, chargée de réécrire l'ensemble du texte de la Constitution, avaient relancé nécessairement le débat sur ce sujet[427]. La victoire, dès le premier tour, de M. Erdoğan aux élections présidentielles du mois d'août 2014[428] permet d'alimenter les deux thèses. En premier lieu, l'ancien premier ministre, qui a gouverné la Turquie pendant près de onze ans, ne saurait se limiter à exercer une présidence symbolique. Fort de sa nouvelle légitimité démocratique, il compte, au contraire, faire du Président de la République le véritable centre de gravité du régime politique en délivrant une interprétation large de la Constitution au sujet des prérogatives et des missions présidentielles. Par ailleurs, la nomination de l'un de ses fidèles lieutenants au poste de premier ministre[429] contribuera à recentrer le pouvoir exécutif autour de la personne du chef de l'Etat. En second lieu, le nouveau Président espère une nouvelle victoire de l'AKP aux prochaines élections législatives pour que celles-ci lui permettent d'inscrire, dans son agenda, une refonte importante de la Constitution afin de mettre en place un régime présidentiel à l'américaine[430]. Il restera à savoir si les éléments d'équilibre qui fondent la démocratie américaine seront bien pris en compte à ce moment-là[431]. L'interrogation est désormais tranchée avec la réforme constitutionnelle adoptée par le référendum du 16 avril 2017 et opportunément menée après la tentative de coup d'Etat du mois de juillet 2016. La révision poursuit effectivement la présidentialisation du régime en l'amplifiant et en attribuant au chef de l'Etat l'ensemble du pouvoir exécutif ainsi que de nouvelles prérogatives dans les

---

427 En effet, l'AKP a présenté à la Commission en novembre 2012 un projet de 32 articles qui visait à introduire un régime présidentialiste bien personnalisé (pour R.T. Erdoğan).

428 Erdoğan a été élu au premier tour le 10 août 2014 avec près de 52 % des voix laissant loin derrière lui les autres candidats (Ekmeleddin Ihsanoglu, candidat commun de l'opposition social-démocrate et nationaliste totalisant 38,4% et Selahattin Demirtas issu de la minorité kurde avec 9,8%).

429 Il s'agit de M. Ahmet Davutoglu, ancien ministre des affaires étrangères (depuis 2009) et ancien conseiller diplomatique de M. Erdoğan (de 2003 à 2009).

430 Ce ne fut pas le cas après les législatives de juin 2015 et le recul significatif de l'AKP. Devant la difficulté de constitution d'un gouvernement, de nouvelles élections ont été organisées en novembre 2015 à l'issue desquelles l'AKP a retrouvé une majorité à la GANT (316 députés) et M. Binali Yildirim a été nommé Premier ministre.

431 V. en ce sens le dossier spécial du Courrier de l'Institut du Bosphore, numéro 53, Août 2014, http://www.institutbosphore.org

matières législative et judiciaire. Face à cette forme d'hyperprésidence, il n'y a ni responsabilité politique ni réelle responsabilité pénale dès lors que son déclenchement repose sur une nécessaire majorité qualifiée de parlementaires difficile à réunir. Enfin, le mandat présidentiel d'une durée de cinq ans et la limite de deux mandats successifs sont maintenus. Toutefois, si le Parlement décide d'un renouvellement des élections législatives durant le second mandat du chef de l'Etat, ce dernier peut présenter à nouveau sa candidature. Ainsi, un simple calcul permet de comprendre que les députés de l'AKP pourront, le temps venu, offrir un troisième mandat au chef de leur parti politique. En bref, il est facile de conclure à l'apparition d'un régime autoritaire au sein duquel la fonction présidentielle ne trouve en face d'elle aucun contre-pouvoir.

2 – Un Président doté de prérogatives importantes

Le chef de l'Etat ne saurait être uniquement présenté comme occupant de simples fonctions symboliques. En effet, si tel était le cas à l'origine de la République, le Président turc a vu ses compétences s'accroître progressivement. Dans le cadre de la Constitution de 1982, il exerce une mission générale, déterminée par l'article 104, en vertu de laquelle il représente la République de Turquie, incarne l'unité de la Nation et veille à l'application de la Constitution ainsi qu'au fonctionnement régulier et harmonieux des organes de l'Etat. Pour l'accomplissement de cette fonction arbitrale des prérogatives lui sont attribuées, par la même disposition constitutionnelle, en matière législative (a), exécutive (b) et judiciaire (c).

a – Les prérogatives du Président en matière législative

Dire du chef de l'Etat qu'il dispose de prérogatives constitutionnelles lui permettant d'agir en matière législative ne doit pas conduire à croire qu'il détient un rôle essentiel en matière d'initiative, de fabrication et d'adoption des lois. Il est très rarement, en effet, à l'origine d'un texte législatif car il n'a aucune attribution spécifique dans ce domaine que la Constitution réserve au Conseil des ministres et aux députés. Tout au plus, lui est-il possible de suggérer des réformes lors du discours d'ouverture de l'année législative. Son intervention n'est pas plus déterminante à la fin du processus législatif puisqu'il procède formellement à la promulgation des lois. En revanche, sa capacité à peser sur la fabrication des lois reste importante à un triple point de vue. Il peut, tout d'abord, demander aux députés de délibérer à nouveau sur un texte législatif précédemment adopté par leurs soins[432]. Ainsi, par l'exercice de ce véto présidentiel, le chef de l'Etat est en mesure de contribuer à la reconstruction de la loi si les députés acceptent de parfaire leur travail en prenant en compte l'exposé des motifs du renvoi opéré par le Président. Dans un tel cas de figure, il n'est pas exagéré de dire que ce dernier détient un droit d'amendement a posteriori dont il lui est possible d'assurer le suivi. Effectivement, dans l'hypothèse où l'Assemblée procède à de nouvelles modifications dans le texte renvoyé, le chef de l'Etat peut réutiliser son droit de véto. Néanmoins, les députés disposent de la possibilité de rendre l'intervention présidentielle inefficiente en maintenant le texte d'origine à la suite du premier renvoi. Ensuite, la Constitution lui permet de soumettre les amendements constitutionnels à référendum s'il le juge nécessaire soit pour surmonter le non-respect par les parlementaires de son droit de véto et pour faire arbitrer leur désaccord politique par le peuple, soit pour demander aux citoyens de venir confirmer une révision constitutionnelle adoptée par une majorité qualifiée de députés. Enfin, le Président peut toujours décider de saisir la Cour constitutionnelle afin de lui demander d'annuler l'intégralité de la loi[433] ou seulement certaines des dispositions qu'il considère contraires à la Constitution. Avec la réforme constitutionnelle adoptée par le référendum du 16 avril 2017, il dispose, en outre, de la possibilité de préparer et présenter la loi de finances de l'année[434] ce qui lui donne vraisemblablement un pouvoir d'initiative en la matière. Il détient également un droit de message au Parlement sur la politique interne et externe du pays et il fixe les politiques nationales de sécurité tout en prenant, en observation d'une formule très générale, les mesures nécessaires en la matière. Il peut s'agir, dans les cas extrêmes, du déclenchement de l'Etat d'urgence[435] lequel nécessitera une intervention parlementaire pour être prolongé au-delà d'un délai de six mois. Son véto législatif est conservé par la réforme laquelle prévoit désormais l'exigence d'une majorité parlementaire qualifiée pour le

---

[432] Il peut s'agir d'une loi ordinaire ou d'une loi de révision de la Constitution.

[433] Il peut également contester la constitutionnalité des décrets-lois et du règlement intérieur du Parlement.

[434] Voir l'article 161 de la Constitution dans sa nouvelle version.

[435] Voir l'article 119 de la Constitution dans sa nouvelle version.

surmonter. Son pouvoir de blocage sur l'activité législative et son autorité sur l'institution parlementaire sont donc renforcés.

Il faut rajouter à cette liste de compétences le droit de dissolution[436] de la GANT que le pouvoir constituant a curieusement intégré dans les attributions du Président en matière législative alors que son exercice affecte l'organe et non la fonction laquelle continue d'être exercée par l'assemblée dissoute jusqu'à la constitution de la nouvelle[437]. Au-delà de cette remarque de pure forme, il est surtout important de noter que les conditions requises par l'article 116 de la Constitution, en ce qui concerne le renouvellement anticipé des élections des députés[438], n'ont pas été réunies jusqu'en 2015[439] pour permettre l'exercice présidentiel du droit de dissolution. Néanmoins, il serait trop rapide de conclure à son inutilité car sa simple existence et son possible usage agissent comme une contrainte sur le Parlement tant sur la formation du gouvernement que sur la stabilité de ce dernier. En effet, les statistiques permettent de démontrer que la durée moyenne de formation d'un gouvernement est de vingt-cinq jours après la réunion de rentrée de l'assemblée ou de treize jours après la démission de la précédente équipe gouvernementale. Dans la réalité institutionnelle, les nombreux cas où les élections législatives ont été organisées avant le terme normal reposent sur l'utilisation par la GANT du droit d'auto-dissolution prévu par la Constitution[440]. En

---

[436] La Constitution n'utilise pas le mot de "*dissolution*" mais l'expression "*renouvellement des élections*".

[437] En vertu du dernier alinéa de l'article 77 de la Constitution.

[438] Il faut une crise politique liée au fait que le Conseil des ministres n'a pas obtenu l'investiture (v. l'article 110 de la Constitution) ou qu'il n'a pas obtenu la confiance des députés sur un sujet déterminé ou sur une question de politique générale (v. l'article 111 de la Constitution) ou enfin qu'il a fait l'objet d'une motion de censure conformément à l'article 99 de la Constitution. A côté de ces conditions de déclenchement, la dissolution ne peut intervenir que si un nouveau Conseil des ministres n'a pas pu être formé dans les 45 jours ou s'il n'a pas pu obtenir l'investiture.

[439] Selon les résultats des élections du 7 juin 2015 aucun parti politique n'a réuni les voix nécessaires pour former la majorité parlementaire. Le Président de la République a donc décidé de provoquer de nouvelles élections législatives pour ne pas être contraint de former un gouvernement de coalition avec le CHP.

[440] V. en ce sens, l'article 77 de la Constitution lequel permet à l'Assemblée de décider de renouveler les élections avant l'expiration du délai de quatre ans lequel correspond au mandat des députés. Il existait également une autre possibilité de dissolution dite automatique à partir du moment où l'Assemblée n'était pas

définitive, il appartient à la majorité parlementaire – et derrière elle au gouvernement et surtout au Premier ministre – de choisir le meilleur moment politique pour organiser les élections législatives anticipées. Désormais, à la suite du référendum constituant du 16 avril 2017, avec la disparition programmée du Premier ministre en 2019, le Président pourra, comme avant, prononcer la dissolution de la Grande Assemblée Nationale de Turquie mais sans être tenu de respecter les anciennes conditions qui présidaient à son déclenchement.

b – Les prérogatives du Président en matière exécutive

En matière exécutive, la Constitution confère surtout au Président un pouvoir de nomination dont l'intensité est variable selon les cas. Faible, pour ne pas dire symbolique, lorsqu'il s'agit de désigner le Premier ministre[441] – car le chef de l'Etat ne peut pas se permettre d'écarter le leader du parti politique ayant obtenu la majorité au sein de l'Assemblée – ou lorsqu'il est question de nommer et de révoquer les ministres – car il lui est bien délicat de s'opposer aux choix du chef du gouvernement en la matière – la prérogative se renforce pour la désignation du chef d'Etat-major général, pour celle des membres du Conseil de contrôle de l'Etat[442] ou encore pour la nomination des membres du Conseil de l'enseignement supérieur et pour celle des Recteurs d'Universités. Toujours avec la réforme constitutionnelle validée par le référendum du 16 avril 2017 et avec la disparition officielle du Premier ministre à compter de 2019, ses prérogatives remontent au Président lequel nommera et révoquera les ministres[443] ainsi que les hauts fonctionnaires. Au titre de ses nouveaux pouvoirs propres, il nommera un ou plusieurs vice-présidents ayant vocation à le remplacer lorsqu'il est en déplacement à l'étranger ou quand il est empêché[444]. Il est important d'observer que ces pouvoirs importants

---

parvenue à désigner le Président de la République. Toutefois, l'introduction de l'élection présidentielle au suffrage universel direct a conduit à sa suppression.

[441] Il en va de même lorsque le Président accepte la démission du Premier ministre.

[442] En vertu de l'article 108 de la Constitution, ce conseil, rattaché à la présidence de la République, a pour fonction de réaliser – à la demande du chef de l'Etat – des études et des rapports sur le fonctionnement des établissements et organismes publics, des entreprises de toute espèce dans lesquelles les premiers détiennent plus de la moitié du capital, des organisations syndicales de travailleurs et d'employeurs ainsi que des associations d'utilité publique et des fondations.

[443] Voir l'article 104 de la Constitution dans sa nouvelle version.

[444] Article 104 de la Constitution dans sa nouvelle version.

de nomination seront réalisés, contrairement au fonctionnement des régimes présidentiels démocratiques, en dehors de toute approbation parlementaire.

A côté de ses pouvoirs de désignation, le chef de l'Etat dispose de prérogatives importantes lui donnant la possibilité de peser sur une institution dont il assure la présidence – le Conseil des ministres lorsqu'il le juge nécessaire ou celle du Conseil de sécurité militaire –, ou de prendre directement des décisions capitales comme celle de se servir des forces armées, celle de proclamer l'état de siège ou d'urgence ou encore d'édicter, pendant l'état d'urgence, les décrets-lois décidés en Conseil des ministres[445] et enfin de signer les décrets. Il accrédite, en outre, les diplomates et entérine les traités internationaux avant d'en assurer la promulgation. La liste serait incomplète sans faire mention de son pouvoir de gracier les personnes condamnées lequel pouvait être légitimement introduit dans la partie consacrée à l'énumération de ses compétences en matière judiciaire car le Président, par son utilisation, fait œuvre de justice en annulant une peine ou en la commuant en une sanction plus légère.

c – Les prérogatives du Président en matière judiciaire

Quel que soit le pays concerné, il n'est pas rare de constater l'existence d'un système – reposant essentiellement sur la nomination – permettant au pouvoir exécutif de peser de tout son poids sur l'appareil judiciaire. Il en va ainsi en Turquie au regard des prérogatives que la Constitution réserve au Président en matière judiciaire. A ce titre, la sphère d'influence du chef de l'Etat est assez complète puisqu'elle s'étend de la Cour constitutionnelle au Conseil d'Etat[446] et à la Cour de cassation[447] en passant par les juridictions militaires supérieures[448] et en englobant le Conseil supérieur des juges et des procureurs. Il semble important de s'arrêter un instant sur la première et la dernière institution au regard de leur importance pour la sauvegarde de la norme fondamentale et pour la préservation de l'indépendance de la justice mais aussi en raison des évolutions

---

[445] Dès lors qu'il a présidé ledit Conseil des ministres.
[446] Il nomme un quart des membres du Conseil d'Etat.
[447] Il procède à la nomination du Procureur général de la République et de son adjoint près la Cour de cassation.
[448] Tous les membres de la Cour de cassation militaire et tous ceux du Tribunal administratif militaire supérieur sont désignés par le Chef de l'Etat.

constitutionnelles ayant affecté la maîtrise du Président de la République sur leur composition.
En ce qui concerne la justice constitutionnelle, dans le système mis en place à l'origine en 1982, le Président nommait l'ensemble des juges constitutionnels. Plus précisément, il procédait directement à la nomination de quatre membres – trois titulaires et un suppléant – parmi les quinze qui composaient la Cour constitutionnelle[449]. Ensuite, il choisissait les autres membres en fonction des propositions qui lui étaient faites par d'autres institutions. Il s'agissait ici d'un véritable choix et non d'une désignation purement formelle. En effet, selon la Constitution les propositions de noms devaient être effectuées en nombre triple de celui des postes à pourvoir[450]. Le chef de l'Etat sélectionnait donc les onze autres membres parmi des personnes ayant fait l'objet d'une élection préalable au sein de chacune des institutions constitutionnellement habilitées en la matière. Deux membres titulaires et deux membres suppléants provenaient de la Cour de cassation, deux titulaires et un suppléant du Conseil d'Etat, trois titulaires respectivement de la Cour de cassation militaire, du Tribunal administratif militaire et de la Cour des comptes, et enfin un titulaire issu d'une proposition du Conseil supérieur de l'enseignement. En d'autres termes, le système mis en place pouvait être qualifié de « *mixte à prépondérance présidentielle* » avec une marge de manœuvre importante pour le chef de l'Etat, encadrée, il est vrai, par des conditions précises tenant à la qualité des membres de la Cour constitutionnelle[451]. Néanmoins, ce système pouvait faire l'objet de

[449] La Cour était composée de 15 membres, dont 11 sont titulaires et 4 suppléants.
[450] Article 164 de la Constitution de 1982.
[451] V. à ce propos l'article 146 de la Constitution de 1982. Tout d'abord, il ne pouvait s'agir, pour la plupart d'entre eux, que de magistrats siégeant à la Cour de cassation, au Conseil d'Etat ou à la Cour des comptes. Tout simplement, parce qu'ils font parti du corps des institutions disposant d'un pouvoir de proposition en matière de désignation des juges constitutionnels. L'élection du ou des membres proposés à la nomination présidentielle se faisait effectivement au sein des institutions constitutionnellement habilitées en la matière. Il pouvait s'agir, ensuite, de professeurs des universités, lesquels étaient désignés par le Conseil de l'enseignement supérieur. Pour le reste, la traduction de la Constitution turque n'est pas très claire, mais il était possible de retenir, parmi les qualités requises pour être les juges constitutionnels du contingent présidentiel, la nécessité d'avoir accompli des études supérieures et/ou d'avoir exercé quinze années de service dans la fonction publique ou dans des établissements d'enseignement supérieur. Ce qui revenait, en fin de compte, à laisser la possibilité au chef de l'Etat de désigner directement, pour ce qui le concerne, soit des avocats, soit des hauts fonctionnaires disposant pour

critiques dans la mesure où le processus de désignation unilatérale s'avérait préjudiciable à l'indépendance des juges constitutionnels ainsi qu'à leur impartialité. De ce dernier point de vue, ce danger ne pesait pas directement sur le contrôle de constitutionnalité, mais il existait lorsque la Cour constitutionnelle revêtait les habits de la Haute cour pour connaître, notamment, du jugement du Président de la République pour les infractions commises par lui lors de l'exercice de ses fonctions[452]. Toutefois, pour se limiter à l'étude des conséquences de ce procédé de désignation sur l'exercice du contrôle de constitutionnalité des lois, il pouvait être objecté que le chef de l'Etat est « *constitutionnellement neutre* ». En effet, la Constitution rappelle à plusieurs reprises l'impartialité de celui-ci ne serait-ce que formellement lorsqu'il prête serment lors de son entrée en fonction devant la GANT[453] ou encore en exigeant de lui la rupture des liens qui l'unissaient à son parti une fois élu par le Parlement monocaméral[454]. En outre, l'exigence de l'élection du Président par les deux tiers de la totalité des membres du Parlement[455] a elle-même été envisagée pour favoriser la désignation d'une personnalité indépendante du jeu politique. Ainsi, le chef de l'Etat apparaissait-il comme un gardien de la Constitution et des principes fondamentaux de l'Etat à l'image du rôle confié au Président français par l'article 5 de la Constitution du 4 octobre 1958. Toutefois, rien n'empêche – et cela est déjà arrivé au moins à trois reprises – un ancien Premier ministre, fortement marqué politiquement, d'être désigné pour occuper la magistrature suprême. Pour cette raison, et pour celles évoquées précédemment, plusieurs propositions non officielles de révision de la Constitution ont été rédigées soit par l'Union des Barreaux de Turquie[456] soit par la Cour constitutionnelle[457] elle-même

chacun d'entre eux de quinze ans d'expérience professionnelle. De ce premier point de vue, la Cour constitutionnelle turque se rapprochait très nettement de ses homologues européennes. Toutefois, elle s'en détachait particulièrement en raison de la présence, en son sein, de magistrats militaires issus de la Cour de cassation militaire ou encore du tribunal administratif militaire dont, par ailleurs, la totalité des membres était nommée par le Président de la République.

[452] Article 148 de la Constitution de 1982.

[453] Le contenu du serment est prévu par la Constitution elle-même dans son article 103 au sein duquel cette exigence est directement mentionnée.

[454] V. l'article 101 de la Constitution de 1982.

[455] V. l'article 102 de la Constitution de 1982.

[456] V. Turkish Bar Association, Proposal for Constitution of Republic of Turkey 2001, second edition, 2003, article 156, p. 128.

allant globalement dans le sens d'un retour à l'ancien système issu de la Constitution de 1961, c'est-à-dire à un système mêlant véritablement élection et nomination et débouchant sur la désignation d'un nombre important de membres issus du pouvoir judiciaire. A l'époque, les juridictions suprêmes détenaient un pouvoir important en matière d'élection des juges constitutionnels (onze sur vingt) partagé avec les deux chambres du Parlement (sept sur vingt). Le procédé présentait notamment l'avantage de doter la Cour de la professionnalisation juridique nécessaire à son bon fonctionnement et d'une légitimité non moins nécessaire à la censure des lois votées par les élus du peuple[458]. En conséquence, la Constitution de 1982 a introduit une rupture importante en la matière en substituant au rôle résiduel du Président de la République (deux sur vingt), un rôle déterminant. Cette tendance peut s'expliquer par le fait qu'à l'époque la Constitution se « *présidentialise* », directement à la suite du coup d'Etat de 1980, en accordant de nombreuses et nouvelles prérogatives au chef de l'Etat qui n'était autre que l'instigateur du changement de régime. A partir de la réforme constitutionnelle de 2010[459], ratifiée par la voie référendaire[460], il est possible de constater une légère diminution des pouvoirs de nomination du chef de l'Etat. Pour que la Cour constitutionnelle puisse exercer correctement ses nouvelles attributions[461] le nombre de ses membres est passé de onze à dix-sept. Et surtout, quatorze d'entre eux sont nommés par le Président de la République – quatre directement et dix indirectement – et trois élus par le Parlement[462]. Le changement est notable avec une évolution vers un système mixte de désignation moins présidentialisé qu'auparavant. Toutefois, si le Président perd une partie de son influence, la révision de la Constitution tourne tout de même à l'avantage de la majorité politique du moment. En effet, en toute vraisemblance, sept juges constitutionnels, au minimum, seront

[457] V. Avis de la Commission européenne pour la démocratie par le droit, rendu sur la base des commentaires de Peter Paczolay et sur la demande de la Cour constitutionnelle turque, 59ème session plénière, Venise, 18-19 juin 2004.

[458] Un tel avantage a été mis en avant par la Commission de Venise dans son rapport sur la composition des cours constitutionnelles, Science et technique de la démocratie, n° 20.

[459] Voir la loi constitutionnelle n° 5982 du 7 mai 2010.

[460] Le 12 septembre 2010, le « *oui* » l'a nettement emporté avec 58 % des suffrages exprimés contre 42 pour le « *non* ».

[461] En particulier, en raison de l'introduction du droit de recours individuel.

[462] Il est important de noter qu'aucune majorité qualifiée n'est exigée pour ce faire.

désignés par le même camp politique qui disposera d'un pouvoir de blocage déterminant au sein de la Cour[463].
Enfin, la révision constitutionnelle de 2017 maintient l'influence du Président sur la justice constitutionnelle en lui permettant de nommer douze des quinze membres de la Cour constitutionnelle. Quatre le seront directement par ses soins. Huit indirectement, puisque le chef de l'Etat est constitutionnellement habilité à choisir trois juges parmi les neuf proposés par la Cour de cassation, deux parmi les six proposés par le Conseil d'État et trois parmi les neuf proposés par le Conseil supérieur de l'enseignement dont l'ensemble des membres est nommé directement par le Président. Les trois autres membres de la Cour constitutionnelle seront élus par la Grande Assemblée Nationale à la suite des propositions faites par la Cour des comptes et par le Conseil national des barreaux. En conséquence, le Président de la République et sa majorité parlementaire décident toujours de la composition la Cour constitutionnelle.

S'agissant du Conseil supérieur des juges et des procureurs, la perte de pouvoir du Président est plus significative bien qu'il faille la relativiser en raison du maintien de l'influence du pouvoir exécutif. Au départ, les membres de cette institution garante des juges étaient également désignés par un « *système mixte à prépondérance présidentielle* ». Le chef de l'Etat nommait six juges[464] de la Cour de cassation et quatre[465] du Conseil d'Etat préalablement élus par leurs assemblées générales respectives. Avec la réforme constitutionnelle de 2010[466], la composition a été nettement modifiée afin de limiter l'influence des deux cours suprêmes de l'ordre juridictionnel judiciaire et administratif[467] tout en permettant au gouvernement de

---

[463] Un simple calcul le démontre clairement : avec l'exigence d'une majorité simple pour décider valablement en matière de contrôle de constitutionnalité de nombreuses lois risquent de se voir décerner le label de constitutionnalité ; avec la même majorité exigée lorsque la Cour se transforme en Haute Cour de Justice, le Président, les ministres et les hauts fonctionnaires ne risquent pas d'être véritablement inquiétés ; avec une nécessaire majorité des 2/3 (soit 11 juges sur 17) pour juger des amendements constitutionnels et pour prononcer la dissolution des partis politiques ou leur adresser des sanctions financières, la Cour ne présentera plus un danger pour le parti au pouvoir.
[464] Trois titulaires et trois suppléants.
[465] Deux titulaires et deux suppléants.
[466] Voir la loi constitutionnelle n° 5982 du 7 mai 2010.
[467] Il est utile de ne pas oublier que la Cour de Cassation et le Conseil d'Etat, avaient publiquement exprimé leur farouche opposition à la révision constitutionnelle de

continuer de surveiller de près son fonctionnement. En effet, en prévoyant l'augmentation du nombre de ses membres à vingt-deux, en donnant la possibilité aux juridictions ordinaires d'en désigner dix[468] et en confiant au chef de l'Etat le soin de nommer quatre personnalités extérieures, la réforme semble chercher à diminuer la place centrale auparavant occupée par la Cour de cassation et par le Conseil d'Etat au sein de cette structure[469]. En outre, en ne supprimant pas le ministre de la justice de la liste des membres, lequel reste à la tête du Conseil, il ne semble pas exagéré d'affirmer que l'affaiblissement du pouvoir de nomination du Président de la République reste toujours compensé par le maintien de l'emprise du pouvoir exécutif sur un organe essentiel aussi bien pour la désignation des membres des juridictions administratives et judiciaires suprêmes que pour l'indépendance et le bon fonctionnement de la justice.

Dans ce domaine sensible, la révision constitutionnelle de 2017 a permis à la majorité politique du moment de mettre définitivement la main sur le pouvoir juridictionnel. Alors que le Président de la République procédait à la désignation de quatre membres sur les vingt-deux qui composaient le Haut Conseil des juges et des procureurs, le changement constitutionnel ramène le nombre de membres à treize en augmentant nettement l'emprise présidentielle sur l'institution en lui permettant d'en nommer six. Plus précisément, il choisira quatre membres directement et le ministre de la justice et son sous-secrétaire – déjà nommés par ses soins au sein du gouvernement – assureront respectivement la présidence et l'intérim de la présidence du Haut Conseil. Par ailleurs, contrairement à ce que prévoyait l'ancien système, aucun membre ne sera élu par les juridictions et les sept autres feront l'objet d'une désignation parlementaire. « *Ainsi, le Haut-conseil qui a l'autorité sur les nominations, promotions et révocations de près de quinze mille juges et procureurs tombe sous*

2008 au nom du principe intangible de laïcité. En outre, avant que la Cour constitutionnelle ne la censure, le Conseil d'Etat avait prononcé le sursis à l'exécution des décisions de Recteurs d'Universités ayant autorisé le port du voile (CE, 8ème chambre, 10 mars 2008, Requête 2008/1501).

[468] Sept membres permanents sont élus parmi les juges et les procureurs de première classe des juridictions civiles, et trois membres permanents sont élus parmi les juges et les procureurs de première classe des juridictions administratives.

[469] Les autres membres sont élus par la Cour de Cassation (trois), par le Conseil d'Etat (deux) et par l'académie de justice turque (un). Il faut rajouter, le ministre de la justice et son secrétaire qui siègent d'office au Conseil.

l'influence du président, comme c'était le cas pendant la dictature militaire »[470].

3 – La responsabilité du chef de l'Etat

Dans l'architecture constitutionnelle de 1982, le Président de la République apparaît comme un chef d'Etat classique dans un régime parlementaire. Il ne peut donc voir sa responsabilité engagée car, sur le plan politique, celle-ci est endossée par le Premier ministre et les ministres chargés de la mise en œuvre des décisions contresignées par leur soin. En outre, les mesures qu'il décide seul, au titre de l'exercice de ses pouvoirs propres, bénéficient d'une totale immunité juridictionnelle puisqu'en vertu de l'article 105 de la Constitution elles ne peuvent faire l'objet d'aucun recours ni devant les instances judiciaires ni devant la Cour constitutionnelle. Néanmoins, il existait deux cas de figure où le chef de l'Etat pouvait être amené à répondre de ses actes soit en cas de haute trahison soit pour les infractions relatives à ses fonctions. La réforme constitutionnelle de 2017 a fait disparaître la première option (a) en transformant la deuxième en retenant la possible mise en cause de la responsabilité pénale du chef de l'Etat pour les délits de droit commun (b).

a – La récente suppression de l'inculpation de haute trahison

Selon l'ancienne version du dernier alinéa de l'article 105 de la Constitution, le Président de la République pouvait être inculpé de haute trahison par une décision prise à la majorité des 3/4 du nombre total des membres de la Grande assemblée nationale de Turquie à la suite d'une proposition formulée par au moins 1/3 du nombre total de ses membres. Si les informations de nature arithmétique étaient claires en ce domaine, il n'en restait pas moins difficile d'identifier à la fois l'acte d'accusation et les effets de la décision parlementaire. Du premier point de vue, il n'existait effectivement aucune définition de la haute trahison. Le texte constitutionnel, tout comme le code pénal, demeuraient totalement silencieux en la matière et l'absence de cas concret n'a pas permis aux députés, eux-mêmes, d'en dessiner les

---

[470] Fatih Tombuloğlu et Gulcan Kolay, « *Vers une monarchie présidentielle en Turquie* », Observatoire de la Turquie et de son environnement géopolitique, IRIS, 13 avril 2017, p. 5.

contours. Face à ce vide, une partie de la doctrine estimait que la notion recoupait des actes graves commis contre l'Etat ou la République. Du second point de vue, il est surprenant de constater que la mise en accusation ne débouchait directement ni sur un procès ni sur une procédure de destitution. Il était donc possible de conclure que l'article 105 contenait une lacune importante sauf à considérer qu'il devait être lu de façon combinée avec l'article 148 lequel donne compétence aux juges constitutionnels de juger les infractions relatives aux fonctions présidentielles. Ainsi, l'inculpation parlementaire de haute trahison rentrerait dans la catégorie plus large des infractions commises par le Président et relèverait, à ce titre, de l'office de la Cour constitutionnelle lorsqu'elle statue en tant que Haute Cour. Si une telle interprétation a rassemblé la majorité de la doctrine publiciste, il n'en restait pas moins que le problème central résidait, en Turquie comme ailleurs, dans le difficile déclenchement d'une telle procédure en raison de considérations de nature politique. En effet, il est quasiment impossible d'imaginer de rassembler 413 députés sur les 550 que compte la GANT pour acter de l'inculpation du chef de l'Etat. Depuis la révision de 2017, ces incertitudes sont levées avec la suppression pure et simple de la haute trahison.

b – La responsabilité pénale du Président

En précisant que la Cour constitutionnelle juge, en qualité de Haute Cour, le Président de la République[471] pour les délits relatifs à ses fonctions, l'article 148 de la Constitution ouvrait des perspectives intéressantes. D'une part, ainsi que cela a été précédemment souligné, il permettait de soutenir la thèse de la compétence des juges constitutionnels pour le jugement du chef de l'Etat en cas de haute trahison. Ensuite, il ouvrait la possibilité de poursuivre le chef de l'Etat pour d'autres raisons en faisant l'économie du problématique « *sas parlementaire* ». Toutefois, la notion de délit commis dans

[471] D'autres fonctions sont également concernées comme celle de Premier ministre ou de membre du gouvernement, ou encore celle de président, de membre ou de procureur général de la Cour constitutionnelle, de la Cour de cassation, du Conseil d'Etat, de la Cour de cassation militaire et du Tribunal administratif militaire supérieur pour les infractions relatives à leurs fonctions. Il en va de même, pour des infractions identiques commises par le procureur général adjoint de la République, par le président et les membres du Conseil supérieur des juges et des procureurs et de la Cour des comptes.

l'exercice des fonctions n'était pas aisée à identifier. Etant entendu que les pouvoirs propres du chef de l'Etat bénéficiaient d'une totale immunité juridictionnelle, il n'était pas envisageable de le poursuivre pour faire sanctionner les conséquences pénales de ses décisions personnelles officielles. Le champ d'intervention de la Haute Cour se réduisait donc en englobant éventuellement le cas des actes commis par le chef de l'Etat pendant la durée de son mandat et non dépourvus de tout lien avec l'exercice de ses fonctions. Ainsi, les abus de fonction et, au premier chef, la corruption pouvaient donner lieu à des poursuites diligentées par le procureur général de la République lequel exerce, en vertu de la Constitution, le rôle de procureur auprès de la Haute Cour. Mais étant entendu que le Président procède à la nomination dudit procureur, l'obstacle politique précédemment évoqué dans la procédure parlementaire d'inculpation rejaillissait dans le processus d'accès à la Haute Cour. En outre, la Constitution ne prévoyait rien pour le cas des actes commis avant les fonctions et révélés après l'élection ou pour les actes totalement détachables de l'exercice des fonctions présidentielles accomplis pendant la durée du mandat. En conséquence, seuls les juges ordinaires pouvaient se prononcer sur ce sujet délicat si l'occasion se présentait. Le pouvoir constituant était également en mesure de combler cette lacune – à l'image de ce qui s'est produit, par exemple, en France en 2007[472] – en prenant le soin de préciser si le Président peut être jugé par les juridictions civiles et pénales pendant la durée de son mandat ou à l'échéance de ce dernier. L'option entre ces deux possibilités dépend de la question de savoir s'il est bon ou non de protéger avant tout la fonction présidentielle en lui donnant un statut au moins équivalent à celui conféré aux parlementaires.

Plusieurs changements ont été opérés à la suite de la dernière révision constitutionnelle soumise au référendum du 16 avril 2017 sans pour autant apporter tous les éclaircissements nécessaires. Une procédure de destitution est mise en place sur initiative parlementaire

---

[472] Pendant toute la durée de son mandat le chef de l'Etat bénéficie d'une immunité juridictionnelle. En revanche, à la fin de son mandat, le président redevient un citoyen comme les autres et, à ce titre, peut être amené à voir sa responsabilité pénale engagée devant les juridictions ordinaires. Il est important, pour être complet de signaler que l'amendement constitutionnel en question suspend tout délai de prescription ou de forclusion. V. en ce sens l'article 67 de la Constitution du 4 octobre 1958 issu de la révision constitutionnelle n° 2007-238 du 23 février 2007, JO du 24 février 2007, p. 3354.

et dans des cas plus clairement identifiables qu'auparavant. En premier lieu, les députés peuvent diligenter une enquête parlementaire susceptible d'engager la responsabilité pénale des membres du pouvoir exécutif qu'il s'agisse du Président, des futurs vice-présidents ou des ministres. Pour ce faire, encore faut-il que celle-ci soit ouverte par une décision prise à la majorité des trois cinquièmes des députés et que deux tiers d'entre eux décident de saisir la Cour constitutionnelle. Ainsi, comme dans le cadre de l'ancienne procédure relative à la haute trahison, il existe les mêmes obstacles politiques au déclenchement et à l'aboutissement de la procédure de destitution en raison du jeu naturel de la logique majoritaire. En second lieu, si l'imprécision demeure en ce qui concerne les actes répréhensibles, les nouveaux articles 105 et 106 traitent des infractions qui débouchent sur une inéligibilité. Ainsi, dans ce cadre-là et en liaison avec l'article 76 fixant les cas d'inéligibilités à un siège de parlementaire – et par voie de conséquence aux fonctions présidentielles, de vice-présidents et de ministres – sont visées « *les personnes ayant été condamnées à une peine de prison d'une année ou plus, sauf pour infraction involontaire, ou de réclusion, les personnes condamnées pour des actes malhonnêtes tels que le détournement de fonds, la corruption active et passive, le vol, l'escroquerie, le faux, l'abus de confiance et la faillite frauduleuse, ou pour contrebande, corruption dans les adjudications et achats officiels, divulgation de secrets d'État, participation à des actes terroristes, provocation ou incitation criminelles à de telles actions* »[473].
En résumé, le cas de haute trahison disparaît ainsi que le déclenchement de la procédure de mise en cause de la responsabilité pénale par le Procureur de la République, au bénéfice d'une nouvelle procédure de destitution aux motifs certes élargis mais vraisemblablement cantonnée « *aux situations extrêmes, et qui ne peut véritablement servir à contrôler le fonctionnement quotidien de l'État* »[474]. En outre, les membres du pouvoir exécutif relèvent au final d'un jugement de la Cour constitutionnelle dont les membres seront choisis par le Président et par la majorité politique du moment.

---

[473] Voir en ce sens, l'avis de la Commission de Venise sur les modifications de la Constitution adoptées par la Grande Assemblée Nationale le 21 janvier 2017 et soumises au référendum national le 16 avril 2017, numéro 875/2017 du 13 mars 2017, p. 24.
[474] Ibid, p. 24.

Dans l'ensemble, le rôle du Président de la République peut s'analyser autour de trois tendances politiques principales jusqu'en 2007. Il peut, tout d'abord, incarner, eu égard à son statut de neutralité et en raison de la faiblesse de sa personnalité, une « *présidence symbolique* ». Il est, ensuite, en mesure de jouer le rôle du « *président collaborateur* » en situant ses décisions et ses actions dans la lignée de celle du Premier ministre. Dans ces deux cas de figure, il ne fait pas de doute que l'homme fort du régime est le chef du gouvernement. Toutefois, l'homme de Çankaya peut s'avérer plus actif et combatif vis-à-vis de la majorité politique du moment en devenant un « *président résistant* » essentiellement par le biais de son droit de véto et de la saisine de la Cour constitutionnelle. A partir de la première élection présidentielle au suffrage universel direct, en 2014, il ne serait pas étonnant qu'il devienne un « *président gouvernant* » ou, pour le dire autrement, la véritable clé de voûte des institutions républicaines turques. Les circonstances politiques devraient le lui permettre car les élections législatives sont programmées en 2015. Elles ont donc vocation à lui apporter une majorité politique à la GANT afin de faciliter la concrétisation de ses promesses électorales[475]. La pratique institutionnelle se chargera du reste car « *l'homme du peuple* » pourra profiter du discours inaugural devant la GANT pour présenter son programme politique et pour s'octroyer un droit d'initiative en matière législative. Il sera difficile de lui empêcher de présider en permanence[476] le Conseil des ministres dont il aura réellement choisi le premier d'entre eux ainsi que l'ensemble de l'équipe gouvernementale. Bref, sans qu'il soit impératif de développer plus avant la prospective, il ne paraît pas exagéré d'imaginer une présidentialisation à venir du régime politique turc dans le cadre de l'ingénierie constitutionnelle actuelle. La dernière réforme constitutionnelle adoptée par le référendum du 16 avril 2017 le confirme nettement en accentuant grossièrement et dangereusement cette tendance.

[475] Si le vainqueur de l'élection présidentielle est un membre de l'AKP (ou un ancien membre), il aura tout intérêt à voir les élections législatives organisées à échéance normale (c'est-à-dire en 2015) afin de s'assurer de la concordance des majorités – présidentielles et parlementaires – jusqu'en 2019.

[476] La Constitution précise que le chef de l'Etat préside le Conseil des ministres lorsqu'il l'estime nécessaire. Rien ne lui interdit de considérer que cette nécessité est quotidienne.

B – Le Conseil des ministres

La Constitution de 1982 ne s'est pas limitée au renforcement de la seule autorité présidentielle. Elle a également consolidé nettement l'institution gouvernementale tout en essayant de lui assurer une stabilité qui lui faisait défaut sous les Républiques antérieures. Le Premier ministre a une existence constitutionnelle et son autorité au sein du gouvernement est expressément reconnue. Toutefois, la réforme constitutionnelle validée par le référendum du 16 avril 2017 bouleverse l'économie du système au profit du chef de l'Etat en enregistrant la disparition du chef du gouvernement à compter de 2019. La composition du gouvernement (1), ses attributions (2) et la responsabilité du Conseil des ministres ainsi que celles de ses membres (3) appellent donc quelques remarques particulières qui demeurent valables jusqu'au changement à venir à l'occasion des prochaines élections présidentielles et législatives de 2019[477].

1 – La constitution du Conseil des ministres

La mise en place du gouvernement obéit à une double phase reposant, en premier lieu, sur la désignation présidentielle des membres du Conseil des ministres et, en second lieu, sur l'obtention de l'appui politique de la GANT. Toutefois, la pratique institutionnelle permet de démontrer le caractère essentiellement formel de la nomination (a) et toute l'importance des conditions parlementaires de l'entrée en fonction du Conseil des ministres (b).

a – La nomination des membres du Conseil des ministres

Ainsi que cela a été précédemment évoqué, la Constitution attribue au Président de la République un pouvoir de nomination en matière exécutive. A ce titre, il procède notamment à la désignation du Premier ministre et à celle des autres membres du gouvernement. Toutefois, il est clair que sa marge de manœuvre est considérablement limitée en ce domaine car il est extrêmement délicat, pour lui, de

[477] A ce moment-là, une alternance politique pourra toutefois – avec une nécessaire et nouvelle révision de la Constitution – ramener le système vers ses origines parlementaires en rétablissant la fonction de Premier ministre, la responsabilité du gouvernement devant le Parlement et en redéfinissant la désignation et le rôle du Président de la République.

nommer à cette fonction un député[478] qui ne serait pas le leader du parti politique ayant obtenu la majorité au sein de l'Assemblée[479] et/ou de s'opposer à la liste des ministres préalablement constituée par le chef du gouvernement[480]. Il existe, cependant, des exceptions notables qui méritent d'être rappelées à ce sujet. Tout d'abord, en 1997, à la suite de la démission « *programmée* »[481] du Premier ministre Erbakan, le Président Demirel a nommé, pour lui succéder, une personnalité politique[482] ne correspondant pas à l'accord de coalition qui avait été passé entre le REFAH et le DYP. Au regard de cet exemple, il pourrait être soutenu que le chef de l'Etat a joué un rôle politique majeur là où en temps normal il ne fait qu'entériner les choix de la formation politique dominante. Néanmoins, il est plus réaliste de souligner que le Président s'est retrouvé, en réalité, au bout de la chaîne d'un processus plus large trouvant son origine dans la réunion du Conseil de sécurité nationale du 28 février 1997 – au cours de laquelle certaines décisions prises ont poussé Erbakan à quitter ses fonctions plus tôt que prévu[483] – et dans la demande déposée devant la Cour constitutionnelle, par le Procureur général près la Cour de cassation, en vue de la dissolution du REFAH. Le choix du Président Demirel peut donc se comprendre soit parce qu'il a été téléguidé par les militaires soit pour éviter un probable coup d'Etat militaire dans l'hypothèse du maintien du REFAH au pouvoir en raison des risques que le parti pouvait faire peser sur le principe constitutionnel de laïcité

[478] En vertu de l'article 109 de la Constitution, le Premier ministre est nommé parmi les membres de la GANT.

[479] Il en va de même pour le leader du parti politique ayant obtenu le plus de voix au Parlement et qui, pour constituer un gouvernement, a besoin d'une coalition avec un autre parti.

[480] Toujours selon l'article 109 précité, le Premier ministre désigne les ministres parmi les membres du Parlement ou parmi les personnes réunissant les qualités requises pour être élues députés.

[481] En 1996, le Premier ministre et leader du parti REFAH – N. Erbakan – avait conclu une convention de coalition avec le DYP en vertu de laquelle il devait démissionner au bout de deux ans pour céder la place à Mme Çiller et lui permettre ainsi d'être Premier ministre pour deux années.

[482] Il s'agissait de M. Yılmaz à la tête d'une coalition dite "*ANA-SOL-D*".

[483] A ce titre, il est possible de comprendre l'expression utilisée en Turquie de "*coup d'Etat post-moderne*" pour qualifier le rôle joué par les militaires dans cette "*passation forcée*" du pouvoir. Le Premier ministre Erbakan a effectivement démissionné de ses fonctions avant l'échéance des deux années prévues par l'accord de coalition.

et, plus généralement, sur l'ordre juridique du pays[484]. Ensuite, le Président Sezer – après l'arrivée au pouvoir de l'AKP[485] – a refusé la nomination de certains ministres proposés par le Premier ministre de l'époque[486]. Plus précisément, il n'a pas accepté de nommer la personnalité suggérée par le chef du gouvernement pour occuper le poste de ministre de l'éducation[487] et a préféré lui substituer – parce que plus laïque – celle qui était pressentie pour être ministre du tourisme[488]. Plus que l'épisode précédent, cette intervention présidentielle dans la constitution du gouvernement témoigne de l'influence qui peut être exercée au sommet de l'Etat par un Président actif incarné par une personnalité forte. Mais, au-delà de ces illustrations, le choix du Premier ministre s'impose au chef de l'Etat et le chef du gouvernement reste véritablement maître de la détermination de son équipe. Il en va également s'agissant de la recomposition du gouvernement laquelle peut être rendue nécessaire par une démission d'un ou de plusieurs de ses membres intervenant, notamment, à la suite d'une révocation décidée par le Premier ministre. Dans cette hypothèse spécifique, la Constitution – dans le respect du principe du parallélisme des formes – précise effectivement qu'il est mis fin à leur fonction, « *en cas de nécessité* », par le Président de la République sur proposition du Premier ministre[489]. L'avenir des ministres dépend donc étroitement de la décision du premier d'entre eux. Il existe, toutefois, un cas de figure particulier pour lequel la démission de certains ministres est constitutionnellement imposée en fonction de circonstances

---

[484] La Cour constitutionnelle a prononcé la dissolution dudit parti dans sa décision 1998/1, du 16 janvier 1998, Requête 1997/1. V. également les suites de l'affaire devant la Cour de Strasbourg, Cour EDH, Refah partisi c. Turquie, Requêtes n°s 41340/98, 41342/98, 41343/98 et 41344/98, 13 février 2003. Dans le paragraphe 125, en « *rappelant l'importance du respect du principe de la laïcité en Turquie pour la survie du régime démocratique, la Cour considère que la Cour constitutionnelle avait raison lorsqu'elle estimait que le programme du Refah visant à établir la charia était incompatible avec la démocratie* ».

[485] Parti politique constituée à la suite de la dissolution du Refah.

[486] Il s'agissait de M. Gül.

[487] La personne en question a été nommée ministre d'Etat.

[488] Le ministère du tourisme a été confié à la personnalité qui devait initialement être à la tête du ministère d'Etat.

[489] La fin des fonctions ministérielles peut reposer aussi sur une démission rendue nécessaire par l'inculpation d'un ministre ainsi que le prévoit l'article 113 de la Constitution. Dans ce cas de figure, le Premier ministre n'est pas à l'origine de ce départ anticipé.

électorales. Avant les élections législatives, que celles-ci se déroulent à échéance normale ou de façon anticipée, il en va ainsi – pour des raisons assez faciles à comprendre au regard des circonstances politiques du moment et du rôle clé joué par ces départements ministériels – des ministres de la justice, de l'intérieur et des communications[490]. Ces derniers sont effectivement remplacés par décision du Premier ministre, lequel doit procéder à la nomination de personnalités indépendantes en les choisissant au sein de la GANT ou en dehors de l'institution parlementaire. Dans la pratique, les différents chefs de gouvernement ont pris pour habitude de désigner des personnes extérieures au Parlement en privilégiant, notamment, des universitaires dont le statut protecteur offre a priori l'avantage de satisfaire le critère constitutionnel de l'indépendance. La tendance actuelle consiste plutôt à pourvoir au remplacement desdits ministres par leurs conseillers qui, en tant que hauts fonctionnaires, ne présentent pas les mêmes garanties.

b – L'entrée en fonction du Conseil des ministres

Si juridiquement, le Conseil des ministres est constitué par la nomination de ses membres par le Président de la République, son entrée en fonction dépend étroitement du soutien politique du Parlement qui, par un vote de confiance, lui donne l'autorisation de gouverner durablement. A ce niveau, le texte constitutionnel prévoit plus précisément une double investiture puisque la liste des membres du Conseil des ministres est d'abord soumise à la GANT avant que cette dernière ne se prononce sur la présentation, par le Premier ministre, du programme politique du gouvernement. Néanmoins, dans la pratique, l'intervention des députés ne porte que sur le second point car la création du Conseil des ministres est considérée comme acquise[491] et car il n'existe pas d'exemple concret de remise en cause parlementaire totale ou partielle de la liste des ministres d'un gouvernement. En revanche, aucun chef de gouvernement ne pourrait se permettre de se passer de la question de confiance ou de la poser en faisant comme si elle était accessoire. Elle est non seulement constitutionnellement obligatoire mais aussi politiquement

[490] V. en ce sens, l'article 114 de la Constitution.

[491] La lecture du programme est organisée par la Constitution, au plus tard, dans la semaine qui suit la création du Conseil des ministres. Ce dernier existe donc dès la nomination de l'ensemble de l'équipe par le Président de la République.

incontournable. Elle doit, en outre, faire l'objet de réflexions et de discussions que la Constitution a pris le soin d'aménager[492] avant l'intervention du vote lequel ne peut aboutir à son rejet qu'à la condition d'avoir recueilli la majorité absolue du nombre total des députés[493]. Ainsi organisée, la technique de mise en jeu de la responsabilité politique du gouvernement, au moment de son entrée en fonction, est destinée à produire de la stabilité gouvernementale. Si la confiance n'est pas difficile à obtenir car elle est accordée par la majorité politique du moment – constituée d'un seul parti ou reposant sur une coalition – elle n'en reste pas moins nécessaire pour asseoir la légitimité du gouvernement et pour accompagner la concrétisation de son programme législatif.

La mise en œuvre de la réforme constitutionnelle de 2007, ayant permis l'élection du Président de la République au suffrage universel direct, inversera peut-être l'ordre de cette présentation si elle est, toutefois, accompagnée de l'adoption du scrutin majoritaire uninominal à deux tours aux lieux et place du scrutin proportionnel actuel pour l'élection des députés. Dans cette configuration, il ne serait pas, effectivement, surprenant que le Premier ministre estime accessoire de demander la confiance du Parlement dans la mesure où le gouvernement ne procédera, en réalité, que du choix du chef de l'Etat. Les élections présidentielles vont inévitablement faire apparaître au sein de la GANT une majorité politique qui, devant son entière existence au Président nouvellement élu, n'aura pas d'autre choix que d'entériner les volontés présidentielles. En conséquence, en 2014, il faudra sans doute revoir les propos introductifs de ce passage car si la mise en place du gouvernement obéira encore à une double phase – reposant, en premier lieu, sur la désignation présidentielle des membres du Conseil des ministres et, en second lieu, sur l'obtention de l'appui politique de la GANT – la pratique institutionnelle nouvelle conduira à insister sur le caractère déterminant de la nomination

---

[492] En vertu de l'article 111§2 de la Constitution, le débat sur la confiance ne peut débuter qu'un jour franc après la présentation du programme gouvernemental devant la GANT et il faut également respecter un jour franc, après la clôture des débats, pour procéder au vote.

[493] L'article 110 ne prévoit aucune règle pour le vote de la confiance au moment de l'investiture. Seul l'article 111, relatif au vote de confiance en cours d'exercice, mentionne l'exigence de la majorité absolue du nombre total des sièges pour son rejet. Il est donc possible d'imaginer que l'article 110 est soumis à la même condition.

présidentielle et sur l'aspect purement formel des conditions parlementaires de l'entrée en fonction du Conseil des ministres.

2 – Les attributions gouvernementales

Le Conseil des ministres est un organe collégial organisé de façon hiérarchique. A ce titre, il paraît important de distinguer les attributions exercées par les membres qui le composent (a) de celles qui relèvent du Conseil des ministres lui-même (b).

a – Les attributions des membres du Conseil des ministres

Parmi les membres de l'équipe gouvernementale, le Premier ministre occupe indiscutablement une position dominante. A ce titre, l'élément central de la hiérarchie gouvernementale repose sur l'autorité qu'il exerce en dirigeant l'action du Conseil des ministres par le biais de son double pouvoir de coordination et de surveillance[494]. En vertu du premier, il délivre des instructions aux ministres. En observation du second, il veille à l'exécution de la politique générale du gouvernement et à ce que les ministres remplissent leurs fonctions conformément à la Constitution et aux lois. En outre, et de façon corrélative, la Constitution lui confère un véritable pouvoir disciplinaire sur l'ensemble des membres de l'équipe gouvernementale. A ce propos, la « *nécessité* » évoquée par l'article 109 de la Constitution – en vertu de laquelle il peut demander au chef de l'Etat de mettre fin aux fonctions des ministres – se comprend particulièrement au regard de l'affirmation, dans l'article 112, de la responsabilité personnelle de chaque ministre devant le Premier ministre. Autrement dit, le chef du gouvernement dispose de moyens efficaces de contraintes lui permettant de s'assurer du respect de la règle de solidarité laquelle interdit, en principe, à tout membre du gouvernement de prendre publiquement une position non conforme à la politique de celui-ci. Par ailleurs, il peut se défaire d'un ministre car il souhaite relancer ou changer son action dans un domaine de l'activité gouvernementale, car il a perdu confiance en lui ou pour de nombreuses autres raisons qui relèvent de sa simple décision.

Les membres du gouvernement occupent, de leur côté, une double fonction. La première, politique, est inhérente à leur qualité et

---

[494] V. en ce sens, l'article 112 de la Constitution.

identifiée par leur participation à la définition et à la mise en œuvre de la politique gouvernementale. La seconde, administrative, car ils sont, pour la plupart d'entre eux, à la tête d'un département ministériel doté d'une administration dont ils sont les supérieurs hiérarchiques. Le premier ministre et le gouvernement sont, enfin, appelés à jouer un rôle fondamental en matière d'élaboration de la loi ordinaire laquelle repose, la plupart du temps, sur des textes préparés par eux et identifiés par l'expression spécifique de « *projets de loi* ».

b – Les attributions du Conseil des ministres

Le gouvernement est un organe collégial en ce sens qu'il a une existence propre, dissociée de celle de ses membres. Cette collégialité se traduit concrètement dans l'institution du Conseil des ministres laquelle détient, en tant que telle, un certain nombre de compétences. Ainsi en est-il, par exemple, des règlements d'administration publique destinés à assurer l'application des lois[495] ou des décrets-lois qui peuvent être édictés sur autorisation préalable de la GANT en vertu des règles détaillées par l'article 91 de la Constitution. Il en va aussi des décrets-lois de l'état de siège et des décrets-lois de l'état d'urgence dont l'édiction relève de la compétence du cabinet présidé par le chef de l'Etat[496]. Exemptés de tout contrôle juridictionnel, de tels pouvoirs exceptionnels sont fortement critiqués en Turquie malgré l'organisation de la nécessaire approbation parlementaire de leur poursuite[497]. Il a donc été proposé de les supprimer ou de prévoir la vérification de leur constitutionnalité[498].

3 – Les responsabilités des membres du Conseil des ministres

En vertu du texte constitutionnel, il est possible de distinguer deux types de responsabilités incombant aux membres du gouvernement. La première les concerne individuellement sur le plan pénal (a), la seconde les affecte collectivement et individuellement sur le plan politique (b).

---

[495] V. L'article 115 de la Constitution.

[496] V. Les articles 119 à 121 pour l'état d'urgence et l'article 122 pour l'état de siège.

[497] V. E. Onar, op. cit., p. 69 et s.

[498] V. Sultan Tahmazoğlu Üzeltürk, op. cit., p. 366 et 367.

a – La responsabilité pénale individuelle

En vertu de la Constitution, les ministres – Premier ministre compris – peuvent être déférés, par décision de la GANT[499], devant la Cour constitutionnelle – transformée en Haute Cour – pour répondre individuellement des infractions relatives à leurs fonctions[500]. Etant entendu que les membres du gouvernement disposent du bénéfice de l'immunité parlementaire[501], la décision par laquelle le Parlement les renvoie devant la Haute Cour doit être comprise comme emportant également la levée de leur protection spéciale[502]. Toutefois, quelques zones d'ombre existent tant au niveau du fondement des poursuites qu'au regard du respect du principe de la présomption d'innocence. Du premier point de vue, l'article 148 de la Constitution reste assez imprécis en visant le cas des infractions relatives aux fonctions. A priori, les crimes ou délits commis pendant la période d'exercice desdites fonctions mais en dehors d'elles ainsi que les actes commis avant les fonctions et révélés après la nomination ne semblent pas relever de ce régime juridique[503]. Le champ d'intervention de la Haute Cour se limiterait donc au jugement des actes non dépourvus de tout lien avec l'accomplissement des fonctions commis par un ministre en exercice. Ainsi, les abus de fonction et, au premier chef, la corruption pourraient donner lieu à des poursuites. Les conséquences pénales de leurs décisions personnelles officielles relèveraient potentiellement du même régime. En second lieu, la Constitution, en établissant la déchéance automatique du ministre déféré devant la Haute Cour[504], méconnaît frontalement le principe de la présomption d'innocence. Il peut, en effet, être surprenant d'imposer à un membre du gouvernement de quitter ses fonctions alors qu'il n'a pas été reconnu

---

[499] Voir l'article 100 de la Constitution relatif à la réglementation de la procédure des enquêtes parlementaires. Il est précisé que la décision ne peut être prise qu'à la majorité absolue du nombre total des sièges de la GANT.

[500] Voir l'article 148 de la Constitution.

[501] Tel est le cas soit parce qu'ils sont députés soit, pour ceux qui ne le sont pas, parce qu'ils bénéficient du même statut protecteur en vertu de l'article 112 de la Constitution.

[502] V. en ce sens, Cour constitutionnelle, E. 2004/5, K. 2006/2 (Yüce Divan), décision du 26 mai 2006.

[503] Ils relèvent de la compétence des juridictions ordinaires sous réserve de la levée préalable de l'immunité par la GANT, laquelle n'est pas nécessaire en cas de flagrant délit.

[504] Voir l'article 113 de la Constitution.

coupable. L'objectif poursuivi est sans doute de lui permettre de préparer correctement sa défense tout en évitant que l'affaire ne rejaillisse sur l'ensemble du Conseil des ministres. Toutefois, le système de la déchéance automatique pourrait être exploité par les députés pour révoquer un ministre pour des raisons politiques. Si l'hypothèse peut paraître exagérée, elle ne saurait pour autant être totalement écartée dans le cas où le Premier ministre est concerné par la procédure. La Constitution prévoit, effectivement, s'il est déféré devant la Haute Cour, non seulement la déchéance automatique de ses fonctions mais aussi la démission collective du gouvernement[505]. En d'autres termes, la mise en cause d'une responsabilité pénale individuelle débouche – avant tout jugement – sur une responsabilité collective. La poursuite du Premier ministre peut donc être un prétexte susceptible d'aboutir au renversement d'un gouvernement en dehors du respect de l'application des règles de la motion de censure. Dans la pratique, il n'existe pas, d'exemples de ce genre car – pour des raisons politiques assez évidentes – la Haute Cour n'a pas été saisie pour juger des infractions commises par un Premier ministre ou par un membre du gouvernement en exercice. Les seules affaires connues étaient relatives à d'anciens ministres poursuivis devant la Haute Cour pour répondre des infractions relatives à leurs fonctions commises pendant la période où ils étaient membres du Conseil des ministres. Depuis 1982, une seule condamnation à une peine de prison a été prononcée pour abus de pouvoir et corruption[506]. Dans les autres cas, la Haute Cour a reconnu l'absence de culpabilité des personnes concernées ou n'a pas pu rendre de décision en raison de l'intervention bienvenue de lois d'amnistie.

b – La responsabilité politique collective et individuelle

Comme dans tout régime parlementaire, la responsabilité politique des membres du gouvernement est collective. Toutefois, comme le texte constitutionnel de 1982 organise également une double responsabilité politique individuelle des ministres devant le Premier ministre et devant l'Assemblée, il est important de souligner que ledit régime parlementaire est dualiste.

[505] Il s'agit encore de l'article 113 précité.

[506] Cour constitutionnelle, E. 1985/1, K. 1986/1, décision du 14 février 1986. Il s'agissait de l'ancien ministre Özdağlar.

- La responsabilité politique collective des membres du gouvernement

La responsabilité politique collective des membres du gouvernement, est engagée selon une procédure purement politique débouchant sur un vote de l'assemblée. La sanction politique repose sur l'obligation faite au Premier ministre de présenter la démission de la totalité de son équipe. Les mécanismes permettant l'enclenchement de cette responsabilité collective des membres du gouvernement sont variés et obéissent aux conditions et procédures prévues aux articles 99, 110 et 111 de la Constitution. Il peut s'agir d'une responsabilité engagée directement par le gouvernement lui-même ou spontanément mise en cause par la GANT. Dans le premier cas de figure, le chef du gouvernement doit – après la lecture de son programme gouvernemental[507] – ou peut – en cours d'exercice des fonctions gouvernementales[508] – demander la confiance du Parlement. Le caractère obligatoire de la mise en jeu de la responsabilité du gouvernement correspond, dans les régimes parlementaires, à la traditionnelle investiture du gouvernement par l'Assemblée et permet à celui-ci de s'assurer du soutien politique des députés sans lequel il n'est pas possible de commencer à gouverner. Le caractère facultatif de l'engagement de la responsabilité du Conseil des ministres obéit, en revanche, à des considérations différentes. Il s'agit notamment, pour le Premier ministre, soit de contraindre à la discipline les membres de la majorité parlementaire qui seraient tentés par la dissidence sur un texte ou sur un sujet en particulier soit d'accompagner un changement politique important. En d'autres termes, il est question ici de solliciter les députés pour leur demander de continuer à gouverner. Dans le second cas de figure, l'Assemblée peut directement décider de renverser le Conseil des ministres en faisant usage de la motion de censure[509]. Au-delà de la réglementation stricte de son dépôt[510], de sa publication[511], de son inscription à l'ordre

[507] Article 110 de la Constitution.
[508] Article 111 de la Constitution.
[509] Article 99 de la Constitution.
[510] La motion peut être déposée soit au nom d'un parti politique soit par 20 députés au moins.
[511] Elle est publiée dans les trois jours de son dépôt et distribuée à l'ensemble des députés.

du jour[512], du moment de sa délibération[513] et de son vote[514], la Constitution exige – pour son aboutissement – un vote à la majorité absolue du nombre total des sièges[515] et – pour qu'elle soit constructive – la mise en place rapide d'un nouveau gouvernement. En cas d'échec, à ce dernier stade, l'existence de l'Assemblée est sous la menace de l'exercice, par le Président de la République, de son droit de dissolution[516]. Pour éviter une telle issue, il appartient donc aux députés de s'entendre sur la constitution d'une nouveau Conseil des ministres ou de censurer un gouvernement après avoir pris le soin de décider de l'organisation d'élections législatives anticipées. Ce dernier cas de figure constitue d'ailleurs le seul exemple d'une motion de censure ayant abouti, sous l'empire de la Constitution de 1982. Le gouvernement de M. Yılmaz – à la suite d'une allégation de corruption à l'occasion de la privatisation de Türkbank – a effectivement été renversé en 1998.

- La responsabilité politique individuelle des ministres

La responsabilité politique individuelle des ministres existe à un double niveau à la fois devant le Premier ministre et, de façon plus surprenante, devant la GANT. Sans qu'il soit nécessaire de revenir sur la première hypothèse déjà envisagée au travers du pouvoir de révocation des ministres détenu par le chef du gouvernement, il semble plus intéressant de s'arrêter sur la mise en cause, par l'Assemblée, de la responsabilité politique personnelle d'un membre du gouvernement. Etant entendu qu'elle trouve son fondement dans

512 Son inscription à l'ordre du jour est discutée dans les dix jours suivant sa publication. La résolution relative à son inscription fixe la date de sa délibération.

513 La délibération ne peut avoir lieu au minimum deux jours ou au maximum sept jours après la résolution.

514 Entre la clôture de la délibération et le vote, il faut respecter l'écoulement d'un jour franc.

515 Seuls les votes favorables à la censure sont comptabilisés. L'abstention est donc un signe de soutien au gouvernement en place.

516 L'article 116 de la Constitution précise que, à la suite d'un refus de confiance ou d'une motion de censure, le Président de la République peut procéder à la dissolution de la GANT sauf si un Conseil des ministres a été formé dans les quarante cinq jours ou si un Conseil des ministres a obtenu la confiance des députés. L'exercice du droit de dissolution est donc strictement encadré par la nécessaire existence de deux crises ministérielles liées à un vote hostile de la majorité des députés.

l'article 99 de la Constitution, elle est soumise au respect des mêmes règles que celle relatives à la motion de censure visant le gouvernement. Elle rappelle, dans une certaine mesure, la technique spécifiquement française de l'interpellation par laquelle une question posée à un ministre était suivie d'une discussion et du vote d'un ordre du jour qui, s'il était défavorable au ministre, entraînait sa démission[517]. La différence tient à sa reconnaissance textuelle et au nécessaire respect de la majorité absolue des membres de la GANT[518]. Pour les mêmes raisons que celles qui ont présidé à la chute du cabinet Yılmaz, son ministre des Finances – Güneş Taner – a préalablement dû démissionner à la suite de la mise en cause de sa responsabilité politique individuelle et de son renversement par la GANT. Il ne fait pas de doute que l'Assemblée tenait à le sanctionner personnellement car si tel n'avait pas été sa volonté il lui aurait alors suffi de voter une seule motion de censure contre l'ensemble de ladite équipe gouvernementale[519].

C – Les procédures exceptionnelles d'administration

L'état d'urgence et l'état de siège ont été prévus comme deux catégories principales du régime extraordinaire règlementé sous le titre des « procédures exceptionnelles d'administration » (Articles 119 à 122 de la Constitution).

L'état de siège comprend la mobilisation générale et l'état de guerre. Quant à l'état d'urgence, il existe aussi deux sous catégories puisqu'il peut être proclamé pour cause de catastrophe naturelle, de crise économique grave (Art.119) ou encore pour cause d'extension des actes de violence et de perturbation sérieuse de l'ordre public (Art.120).

Récemment, c'est cette deuxième disposition qui a été utilisée puisqu'elle vise la proclamation de l'état d'urgence « en cas d'apparition d'indices sérieux d'extension d'actions violentes visant à renverser l'ordre démocratique libre instauré par la Constitution ou à

[517] Tel était le cas de la pratique développée sous l'empire de la charte constitutionnelle de 1830 en France.

[518] Dans le système français, spécialement sous les IIIème et IVème Républiques, la technique de l'interpellation a permis de renverser des ministres ou des gouvernements avec un majorité relative en dehors du respect des règles constitutionnelles permettant de provoquer le départ du gouvernement.

[519] En ce sens, v. E. Onar, op. cit.,p. 58.

supprimer les droits et libertés fondamentaux ou en cas de perturbation sérieuse de l'ordre public en raison d'actes de violence (…) ».

Les conditions formelles de déclaration de l'état d'urgence sont prévues aux articles 120 et 121. C'est le Conseil des ministres, réuni sous la présidence du Président de la République qui peut, après avoir consulté le Conseil de sécurité nationale (MGK), proclamer l'état d'urgence dans une ou plusieurs régions du pays ou sur l'ensemble du territoire, pour une durée ne dépassant pas six mois. La décision est publiée au Journal officiel et soumise à l'approbation de la Grande Assemblée Nationale de Turquie. Cette dernière peut décider de modifier la durée de l'état d'urgence, de la proroger à la demande du Conseil des ministres pour des périodes ne dépassant pas quatre mois, ou encore de lever l'état d'urgence. L'instauration de l'état d'urgence est donc soumise à plusieurs étapes de validation et finalement soumise au Parlement.

En ce qui concerne les mesures à prendre sous l'état d'urgence, c'est la loi de l'état d'urgence qui réglemente les obligations des autorités publiques. Pendant toute la durée de l'état d'urgence, le Conseil des ministres réuni sous la présidence de la République peut édicter des décrets-lois dans les matières qui rendent l'état d'urgence nécessaire[520].

Section 2 – Les gouvernés

La notion de peuple, apparemment dotée d'une signification évidente, est en réalité bien délicate à saisir. Il est effectivement difficile de la déterminer car elle est souvent accolée à d'autres notions ou employée à leur place. Ainsi, il devient complexe de bien la comprendre lorsqu'elle est exploitée pour désigner la nation, la population ou encore l'Etat. Elle est parfois exploitée à titre revendicatif au sein d'un même Etat et bien délicate à discerner sans Etat. La notion de peuple est néanmoins importante à maîtriser car elle

---

[520] La pratique de décrets-lois fut la plupart du temps l'objet de contestations en raison du fait que d'après l'article 148 de la Constitution, « les décrets-lois édictés, en période d'état d'urgence, d'état de siège ou de guerre ne peuvent pas faire l'objet d'un recours en inconstitutionnalité devant la Cour constitutionnelle ». A cela s'ajoute l'ineffectivité du contrôle législatif en raison des retards excessifs à cause de l'incertitude des délais et des procédures d'approbation par l'Assemblée nationale (art.121/dern. Alinéa).

sert à légitimer le pouvoir et son exercice. Il en va ainsi du Parlement qui a vocation à représenter le peuple ou de la Justice rendue au nom du peuple. Depuis le fameux « *nous le peuple* », placé en tête de la Constitution des Etats-Unis, rares sont les constitutions qui n'accordent pas une place importante au souverain considéré, selon une fiction juridique bien répandue, comme l'auteur de la Constitution et dont les actes sont incontrôlables car ils constituent l'expression directe de la souveraineté nationale. Le peuple a donc la particularité d'être à la fois le pouvoir suprême, le fondement du pouvoir réel et celui qui n'exerce pas le pouvoir. Indispensable à l'existence de l'Etat, incontournable pour les institutions qui s'expriment en son nom et pour son compte, le peuple est un souverain gouverné[521].

Dans la Constitution de 1982, la Nation turque apparaît plus souvent que le peuple turc (§ 1) en donnant l'impression que les constituants ont été beaucoup plus sensibles à la théorie de Sieyès qu'à celle de J-J. Rousseau. Néanmoins, le suffrage universel et la présence de la technique référendaire atténuent largement une telle impression puisqu'ils permettent au peuple de participer à la prise de décision politique (§ 2).

§ 1 – La notion de peuple turc

La notion de peuple turc, rarement utilisée dans la Constitution (A) est difficile à comprendre (B).

A – Une notion rarement utilisée dans la Constitution

La Constitution de 1982 ne fait pratiquement pas référence à la notion de peuple turc[522] si ce n'est à deux reprises au début et à la fin

---

[521] On peut créer également un lien entre la conception de la souveraineté et ces mots. Alors que la souveraineté nationale fait référence à la « nation », la souveraineté populaire repose naturellement sur le « peuple ». En Turquie, la loi fondamentale de 1921 utilisait les deux mots du fait qu'elle reflétait une conception de la souveraineté mixte à l'instar de la Constitution de Vème République. Ainsi, en vertu de l'article 1er « La souveraineté appartient purement et simplement à la nation. Le système de Gouvernement est fondé sur le principe suivant lequel c'est le peuple, lui-même, qui effectivement décide de sa destinée ».

[522] Ainsi en est-il, plus précisément, dans la traduction française présente sur le site de l'Université de Perpignan (http://mjp.univ-perp.fr/constit/tr.htm). Toutefois, les mots qui ont été traduits par l'expression "*peuple turc*" correspondent, en réalité, "*au fait d'être turc*" ("*türklük*") ou à la "*société turque*" ("*Türk toplumu*").

du texte constitutionnel. Le Préambule de la Constitution, tout d'abord, précise « *qu'aucune activité ne peut se voir accorder protection à l'encontre... des valeurs historiques et spirituelles inhérentes au peuple turc* »[523]. L'article 174 de la Constitution souligne, quant à lui, que le but des lois de réforme « *est de hisser le peuple turc au-dessus du niveau de la civilisation contemporaine et de sauvegarder le caractère laïque de la République* »[524]. Au-delà de la généralité de ses formules, il est intéressant de souligner le caractère potentiellement contradictoire de leurs objectifs. En effet, selon la première, la Constitution confère une protection toute particulière à l'identité du peuple turc en permettant de considérer qu'elle est intouchable ou que les activités – y compris intellectuelles – la mettant en cause ne sauraient être admises. Plus précisément, si l'expression d'idées ou d'opinions – développées à l'encontre des valeurs historiques et spirituelles du peuple turc – sont possibles, elles ne seront pas pour autant juridiquement défendables. Aussi surprenant soit-elle sur le principe, la déclaration semble heurter, par ailleurs, la finalité poursuivie par l'article 174 dans la mesure où la volonté de hisser le peuple turc au-dessus du niveau de la civilisation contemporaine ne peut se comprendre qu'en ayant le souci de développer les droits et libertés fondamentaux, dont la liberté d'expression, en les dotant d'un niveau de protection adéquat.

La plupart du temps, le texte constitutionnel – Préambule inclus – est rédigé en prenant appui sur les concepts de patrie et de nation. A ce titre, il est rappelé que la souveraineté appartient à la Nation turque qui l'exerce par l'intermédiaire des organes habilités et selon les principes institués par la Constitution[525]. S'il est classique de constater que le Parlement représente la Nation en exerçant en son nom le pouvoir législatif[526], il est important de remarquer que le texte constitutionnel a pris le soin de confier également une fonction représentative aux tribunaux en soulignant qu'ils exercent le pouvoir

---

[523] Ici l'expression "*peuple turc*" a été choisie par les traducteurs pour traduire "*le fait d'être turc*" ("*türklük*"). Or, il parait difficile d'utiliser l'expression "peuple turc" pour traduire "türklük" du fait que le "peuple turc" peut être conçu comme une expression de science politique alors que "türklük" a une connotation sociologique, même ethnique.

[524] Ici l'expression "*peuple turc*" a été choisie par les traducteurs pour traduire la "*société turque*" ("*Türk toplumu*").

[525] V. En ce sens l'article 6 de la Constitution.

[526] Article 7 de la Constitution. Cela se comprend aisément car la GANT, en votant la loi, exprime la volonté générale.

judiciaire au nom de la Nation[527]. En revanche, dans cette première partie de la Constitution consacrée aux principes généraux et spécialement dans le titre réservé à la souveraineté, le Président de la République et le Conseil des ministres ne sont pas érigés en représentants de la Nation. Il est simplement précisé qu'ils exercent le pouvoir exécutif en conformité avec la Constitution et les lois. A priori, en procédant ainsi, le texte fondamental donne le sentiment d'entretenir une méfiance à l'endroit du pouvoir exécutif en exigeant de lui qu'il accomplisse ses fonctions en respectant la volonté du souverain directement exprimée dans la Constitution adoptée par référendum et indirectement dans la loi votée par les représentants du peuple. Toutefois, cette impression doit être nuancée dans la mesure où l'article 104 de la Constitution précise que le Président de la République « *représente la République de Turquie et incarne l'unité de la Nation turque* ». Qui plus est, par son droit de véto, il contribue à l'exercice du pouvoir législatif – ne serait-ce que négativement – et donc à la manifestation de l'expression de la volonté générale. En outre, comme la pratique révèle que les textes législatifs trouvent essentiellement leur origine dans des projets de lois, il faudrait aussi reconnaître le rôle essentiel joué par le gouvernement dans le processus de fabrication et d'énonciation de la volonté générale et par voie de conséquence son caractère représentatif.

B – Une notion difficile à saisir

Rarement utilisée dans la Constitution, la notion de peuple est délicate à appréhender en raison de l'utilisation, dans la version originale de la Constitution turque, d'un seul et même mot[528] pour désigner la nationalité et la citoyenneté (1). Pour surmonter cette difficulté, il peut être proposé de définir le peuple comme la collectivité juridique formée par le corps électoral (2).

---

[527] Article 9 de la Constitution. Il est plus rare de donner une fonction de représentation aux juges dans la mesure où ils ne font qu'appliquer la loi. Mais ce faisant, il est vrai qu'ils veillent au respect de la volonté générale en rendant leurs décisions au nom de la Nation turque.

[528] Le terme turc en question est celui de "*vatandaşlık*". Cela peut paraître surprenant puisqu'il existe un autre mot qui pouvait être utilisé pour désigner la nationalité : "*uyrukluk/milliyet*".

1 – En raison de l'utilisation d'un même mot pour désigner la nationalité et la citoyenneté

Dans le chapitre quatre de la Constitution réservée aux droits et devoirs politiques, la rédaction des articles 66 et 67 est surprenante à bien des égards. En effet, le même mot est utilisé dans la Constitution pour désigner deux réalités généralement traitées de façon différente par le droit. Ainsi, un seul terme est à la fois employé pour exprimer le lien juridique qui relie une personne à l'Etat et pour identifier ceux qui détiennent les droits politiques. Pour les besoins de la compréhension, il peut être choisi de lui donner une unité de sens et d'en analyser les conséquences.

Tout d'abord, les dispositions constitutionnelles en cause peuvent être traduites avec les mots « *citoyenneté* » et « *citoyen* ». De ce point de vue, en vertu de l'article 66, « *est turc quiconque est rattaché à l'Etat turc par le lien de la citoyenneté* ». L'alinéa 2 du même article poursuit en soulignant que tout enfant de père turc ou de mère turque est turc. L'article 67, quant à lui, précise que « *les citoyens ont le droit d'élire, d'être élus... et de participer aux référendums...* »[529]. L'alinéa 3 de cette même disposition énonce que « *tout citoyen turc âgé de dix-huit ans accomplis a le droit d'élire et de participer aux référendums* ». La lecture combinée de ces dispositions constitutionnelles conduit à considérer, par exemple, que tout enfant de père turc ou de mère turque naît citoyen... mais qu'il ne votera qu'à compter du moment où il atteindra sa majorité. La citoyenneté est, en conséquence, présentée comme une condition préalable à l'accomplissement des actes politiques. Or, le droit définit le citoyen comme celui qui, remplissant certaines conditions préalables – comme la nationalité, l'âge – est électeur et éligible. En n'établissant pas une telle distinction, la Constitution de 1982 ne permet pas de dissocier la notion de peuple de celle de Nation. Par exemple, un enfant turc de moins de dix-huit ans est indistinctement rattachable à l'un ou à l'autre alors qu'il ne devrait être relié qu'à la Nation. Ce n'est qu'à

[529] Ici, il est intéressant de signaler que l'article 67 fait référence au peuple à l'occasion du référendum (halkoylaması). La traduction mot-à-mot de ce mot est la « votation du peuple ». Quant à l'article 175, le « référendum » est utilisé comme procédé d'adoption de la loi constitutionnelle. Celle-ci peut être ou doit être soumise au référendum dans les conditions énoncées dans cet article. Toutefois, le mot utilisé en turc comme équivalant de « référendum » est « halkoyu » (l'opinion du peuple).

partir de sa majorité qu'il intègre le peuple juridiquement entendu comme la collectivité formée par le corps électoral.

Ensuite, il est également possible de traduire les mêmes dispositions constitutionnelles avec les termes de « *nationalité* » et de « *national* ». Dans ce cas, le concept de citoyenneté apparaît, dans la version française, sans même être mentionné. Il suffit effectivement d'associer à la formule « *est turc quiconque est rattaché à l'Etat turc par le lien de la nationalité* », la précision selon laquelle « *les Turcs âgés de dix-huit ans accomplis ont le droit d'élire et de participer aux référendums* » et d'y ajouter les précisions nécessaires pour être éligibles. Ce faisant, le peuple, entendu comme la collectivité juridique formée par le corps électoral, peut-être plus facilement identifiable par rapport aux concepts plus larges de Nation et de population. Toutefois, la traduction de « *vatandaşlik* » par « *nationalité* » pose problème car l'expression est également usitée, en turc, pour identifier les nouvelles règles contenues dans le traité de Maastricht et permettant aux ressortissants de l'Union européenne de voter au niveau local dans le pays de l'Union au sein duquel ils résident. En d'autres termes, la citoyenneté européenne serait traduite par « *nationalité européenne* », ce qui, en l'état actuel des choses, ne correspond en aucune façon à la réalité politique européenne.

Au final, comme aucune de ces possibilités ne s'avère totalement pertinente, il reste envisageable – comme le terme turc est interchangeable – de considérer que l'article 66 vise le cas de l'acquisition de la nationalité et que l'article 67 détermine les conditions de la citoyenneté. Cela permet, en effet, d'identifier le peuple comme la collectivité juridique formée par le corps électoral.

2 – Une notion à éclaircir

Définir le peuple turc, comme l'ensemble des citoyens turcs participant légalement, directement ou indirectement, à l'expression de la souveraineté nationale, offre plusieurs avantages. Le premier mérite d'une telle définition permettrait de rendre compte juridiquement de la réalité politique turque.

Il offrirait, en outre, la possibilité d'anticiper les difficultés susceptibles de se poser si la Turquie intègre l'Union européenne. En effet, comme chacun le sait, il existe depuis le traité de Maastricht une citoyenneté européenne qui confère le droit, pour les ressortissants de l'Union, d'être électeurs et éligibles au niveau local dans le pays de l'Union dans lequel ils résident de façon stable et régulière. A ce propos, la définition précitée permet à un non-national de voter en Turquie dès lors qu'il ne contribue pas, par son acte politique ou s'il est élu, à exprimer la souveraineté de la Nation. En d'autres termes la citoyenneté européenne ne bouleversera pas le concept de peuple turc puisque lui seul est autorisé à participer à la prise de décision politique au niveau national.

Enfin, et surtout, la définition précitée englobe tous les citoyens quel que soit le lieu où ils résident. Ainsi, les citoyens turcs vivant à l'étranger détiennent les mêmes droits et obligations que ceux qui résident sur le territoire national. Ne pas les traiter de la même façon conduit à méconnaître tout autant le principe d'unité du peuple turc que celui d'égalité. Or, en la matière, les citoyens turcs expatriés sont victimes d'un système juridique bien discutable au regard des principes constitutionnels fondamentaux susmentionnés. La loi électorale de 2012[530] – et ce quelle que soit l'élection concernée – règle de façon distincte, sur le plan des modalités de leur participation, la situation des citoyens turcs expatriés en renvoyant à la législation relative aux élections générales. Ici, il faut reconnaître que le Parlement n'est pas directement responsable de cette citoyenneté à géographie variable. A l'origine, depuis 1987, les citoyens turcs vivant à l'étranger devaient se rendre aux frontières de leur pays pour pouvoir accomplir leur devoir civique. Néanmoins, dans un souci bien compréhensible de démocratisation du système électoral une réforme constitutionnelle de 1995[531] mentionnait que la loi doit permettre aux citoyens turcs qui se trouvent à l'étranger de pouvoir y voter. Dans le courant de la même année, le Parlement a adopté une modification de la loi électorale[532] en conférant une telle faculté à ceux qui résident en dehors du territoire national. Or, à la suite d'une saisine de la Cour constitutionnelle cette dernière a procédé à l'annulation de la modification législative en considérant qu'elle était plus restrictive que ce que prévoyait la Constitution[533]. Ce n'est qu'en 2008 que la

[530] Loi n° 6271 du 19 janvier 2012, JO du 26 janvier 2012, 28185.

[531] Loi constitutionnelle n° 4121 du 23 juillet 1995, JO du 26 juillet 1995, 22355.

[532] Loi n° 4125 du 27 octobre 1995, JO du 28 octobre 1995, 2247.

[533] Décision de la Cour constitutionnelle, 1995/59, du 18 novembre 1995, requête 1995/54, JO du 21 novembre 1995/22470 (dans le supplément). Pour la Cour, en visant le cas des citoyens se trouvant à l'étranger, la Constitution envisageait de permettre d'y voter aussi à ceux qui étaient, par exemple, en déplacement à l'extérieur du pays au moment du vote. En ne retenant que les citoyens résidant à

GANT s'est attachée à concrétiser l'invitation constitutionnelle en faveur d'une meilleure égalité entre citoyens turcs quel que soit le lieu de leur domicile. A cette fin, la loi[534] – après avoir défini les électeurs expatriés comme ceux qui ont leur résidence à l'étranger et qui l'ont déclaré auprès du ministère de l'intérieur – leur donnait la possibilité de voter soit aux frontières, soit par correspondance, soit par voie électronique ou enfin au sein de leur consulat. La volonté législative d'améliorer le sort de ces citoyens turcs était bien réelle. Toutefois, elle ne se concrétisera pas pour autant car les juges constitutionnels ont censuré le vote par correspondance en l'estimant contraire à la liberté et au secret du vote[535]. En outre, par deux décisions rendues en 2010 et en 2011[536] – à l'occasion du référendum portant révision de la Constitution et des élections législatives – le Haut conseil électoral a rendu le vote électronique inapplicable à ces opérations électorales en raison d'insuffisances techniques. Au surplus, cette même institution a retenu que le vote dans les consulats n'était pas possible car certains Etats étrangers ont refusé de prendre en charge la sécurité publique aux abords des locaux diplomatiques turcs à l'occasion des différents scrutins[537] et car le contrôle du bon déroulement du vote était difficile à organiser[538]. En conséquence, dans les faits la situation n'a toujours pas changé pour les citoyens turcs expatriés lesquels sont contraints de

---

l'étranger, la loi était donc inconstitutionnelle en raison de son caractère limitatif. En précisant que « *les citoyens qui vivent à l'étranger votent selon les règles déterminées dans la loi générale électorale* », l'article 2 de la loi de 2012 pourrait encourir la censure des juges constitutionnels pour les mêmes raisons.

[534] Loi n° 5749 du 13 mars 2008, JO du 22 mars 2008 (dans le supplément de ce numéro).

[535] Décision de la Cour constitutionnelle, 2008/113, du 29 mai 2008, requête 2008/33, JO du 5 juillet 2008, 26927.

[536] Décisions du Haut conseil électoral n° 331 du 20 mai 2010, JO du 22 mai 2010, 27588 ; n° 120 du 26 février 2011, JO du 27 février 2011, 27859 (dans le supplément de ce numéro).

[537] Dans ses deux décisions précitées, le Haut conseil électoral a fait état de la situation en Allemagne où résident 1,9 millions de turcs, en précisant que les autorités allemandes avaient refusé d'assurer la sécurité du déroulement des opérations électorales sur une seule et même journée. En revanche, le Haut conseil ne les a pas sollicitées à nouveau en leur proposant d'étaler le scrutin sur plusieurs jours.

[538] L'argument paraît discutable dans la mesure où il appartient au Haut conseil, au regard de ses compétences, de prévoir un contrôle spécifique au sein des instances diplomatiques turques lors du déroulement du vote. Or, il ne semble pas, en réalité, disposé à le mettre en place. Il eut peut-être été plus simple que l'Etat le prévoit lui-même.

se déplacer aux frontières de leur territoire pour accomplir leur choix électoral. Dans la pratique, les partis politiques organisent souvent des transports collectifs permettant leur rapatriement électoral lequel n'est sans doute pas le mieux à même d'assurer une totale liberté de vote. L'un des mérites de la mise en place de l'élection du Président au suffrage universel direct sera peut-être de permettre de surmonter ces différentes résistances puisque le parti au pouvoir a fait savoir qu'il préparait un projet de loi visant à organiser le vote dans les consulats pour les prochaines élections présidentielles de 2014.

§ 2 – La participation du peuple turc à la prise de décision politique

Le pouvoir constituant turc a fait preuve d'un certain réalisme en évitant de proclamer des contre-vérités par de belles citations. Ainsi, la vieille formule célèbre énoncée par Abraham Lincoln dans son discours prononcé en 1863 en Pennsylvanie[539], selon laquelle le principe de la République est « *le gouvernement du peuple, par le peuple, pour le peuple* », n'apparaît pas dans la Constitution de 1982 alors que d'autres Etats lui ont accordé une place centrale dès les premiers articles de leur Constitution[540]. Le choix ne peut être que salué dans la mesure où il est clair que le peuple ne gère pas directement ses propres affaires puisqu'il procède à la désignation de représentants agissant à sa place. Ainsi, il ne participe qu'indirectement à la décision politique (A). Il intervient toutefois directement, même si cela est plus rare, dans le processus constituant (B).

---

[539] Voir le discours prononé le 19 novembre 1863 au cimetière des anciens combattants de Gettysburg. Discours traduit par B. Vincent, "*Abraham Lincoln, Le Pouvoir des mots, Lettres et discours*", L'Archipel, Paris, 2009.

[540] Elle apparaît pour la première fois, en France, dans l'article 2 alinéa 4 de la Constitution de 1946 et est reprise dans l'article 2 de la Constitution de 1958. Lors de l'élaboration de la Constitution de la Vème République, la question de la pertinence de la reprise de cette formulation a été débattue notamment au sein du comité consultatif constitutionnel. Malgré l'opposition de Paul Reynaud, pour qui une telle assertion ne devait pas figurer dans le texte constitutionnel car elle ne correspondait à aucune réalité – le peuple ne gérant pas directement ses propres affaires puisqu'il procède à la désignation de représentants agissant à sa place – il a été décidé de reconduire la même formule.

A – La participation indirecte à la prise de décision politique

« *Le peuple, dans la démocratie, est, à certains égards, le monarque ; à certains autres, il est le sujet* »[541]. Lorsqu'il procède à la désignation de ses représentants, il est effectivement convenu de considérer qu'il exprime sa souveraineté. Néanmoins, en réalité, il ne fait que participer indirectement à la prise de décision publique puisqu'il choisit une force politique sur la base d'un programme qui sera, ensuite, traduit en actes normatifs aux niveaux national ou local et finalement applicable à l'ensemble de la population. Toutefois, le peuple *« ne peut être monarque que par ses suffrages qui sont ses volontés »*[542]. Pouvoir essentiel, fruit d'un long combat, il est aussitôt épuisé une fois exercé et ce jusqu'à la prochaine échéance électorale. A l'heure actuelle, il n'est pas négligé en Turquie (1) alors qu'ailleurs le phénomène de l'abstentionnisme se développe. Toutefois, certains mécanismes, comme le droit de pétition, s'avèrent décevants sur le principe et dans la pratique (2).

1 – Une participation non négligée lors des élections générales

Dans le cadre de la Constitution de 1982, la participation des citoyens aux élections législatives est assez bonne depuis les premières élections générales organisées en 1983 jusqu'aux dernières élections qui se sont déroulées en 2011. Les chiffres le démontrent nettement avec une faible abstention lors des élections législatives de 1983[543] et de 1987[544] et avec une moyenne raisonnable, autour de 15 %, pour l'ensemble des autres élections parlementaires de 1991 à 2011. Pour bien comprendre la situation, plusieurs explications sont possibles. Au titre des premières, la conscience civique des électeurs pourrait être évoquée. Il existe, sans doute, auprès de certains citoyens le sentiment d'exercer – par le vote – un devoir plus qu'un droit. Par ailleurs, l'intérêt des électeurs est doublement accru par un nombre assez faible de consultations électorales et par l'importance des élections législatives pour la vie politique du pays. Au-delà de ces éléments factuels, il faut souligner aussi l'existence d'une réglementation juridique destinée à lutter contre le phénomène de

---

[541] Montesquieu, L'Esprit des Lois, II, 2.
[542] Ibidem.
[543] Le taux était de 7.73 % des inscrits.
[544] Le taux était de 6.74 % des inscrits.

l'abstentionnisme. La loi la plus contraignante – et qui a sans doute fortement marqué les esprits – était celle du 24 septembre 1982[545]. Elle prévoyait que ceux qui s'abstenaient de participer au référendum constituant du 7 novembre 1982, sans excuse valable, ne pouvaient ni participer aux élections législatives, locales et autres référendums ultérieurement organisés dans les cinq ans suivant le référendum constitutionnel, ni être candidats lors de ces élections. Ainsi, il n'est pas surprenant de retrouver dans l'article 175 de la Constitution de 1982 une précision selon laquelle « *les dispositions nécessaires afin d'assurer la participation aux référendums, aux élections parlementaires générales et partielles et aux élections locales générales, y compris l'imposition d'amendes, sont arrêtées par la loi* ». A cette fin le législateur est intervenu à plusieurs reprises en fixant des amendes financières pour sanctionner les électeurs défaillants lors des élections législatives[546] ou à l'occasion des référendums relatifs à la révision de la Constitution[547]. Si aujourd'hui la législation – faisant du vote une obligation juridiquement sanctionnée – n'est pas appliquée dans la pratique, elle a sans doute contribué à inscrire dans les mentalités l'image d'un devoir à accomplir plutôt que d'une faculté à laquelle il est possible de renoncer.

Le seul moment où le phénomène de la non-participation aux élections se développe est concentré sur la période de 2002 au cours de laquelle il atteint presque 21 % des électeurs inscrits. Il n'est pas inutile de rappeler que, lors de ces élections législatives, seules deux formations politiques (l'AKP et le CHP) ont pu obtenir des sièges à la GANT. Si le seuil électoral des 10 % permet d'expliquer une telle situation, il n'est donc pas le seul à prendre en considération car une forte abstention conduit à accentuer la mauvaise représentation produite par le système électoral.

2 – Une participation insignifiante au travers du droit de pétition

A côté de la participation politique classique permettant aux citoyens turcs de désigner leurs représentants, la Constitution a organisé un mécanisme intéressant, sur le principe, leur conférant un

545 V. Loi n° 2707 du 24 septembre 1982, RG du 25 septembre 1982.

546 V. Loi n° 2839 du 10 juin 1983, et spécialement son article 63, RG du 13 juin 1983.

547 V. Loi n° 3376 du 23 mai 1987, RG du 28 mai 1987.

droit de pétition. Toutefois, la formule peut paraître trompeuse dans la mesure où elle ne permet en aucune façon aux citoyens turcs de demander l'inscription à l'ordre du jour de la GANT d'une question relevant de sa compétence – à l'image, par exemple, de ce qui existe au sein de l'Union européenne depuis le traité de Lisbonne avec « *l'initiative citoyenne européenne* » – ou d'organiser un référendum comme en Suisse ou encore en Italie. L'article 74 de la Constitution est effectivement plus modeste puisqu'il prévoit uniquement leur droit d'adresser, par écrit aux autorités compétentes et à la GANT, leurs requêtes et plaintes se rapportant à leur personne ou à la chose publique. Pour donner le sentiment qu'une telle action sera prise en considération, la Constitution mentionne que le résultat des pétitions est communiqué par écrit et sans retard à leurs auteurs. La Constitution de 1961 prévoyait également cette possibilité tout en précisant qu'elle pouvait être exercée individuellement ou collectivement. Le silence du texte de 1982 sur ce point a permis au législateur de faire un choix et de limiter l'exercice de ce droit à l'expression de réclamations individuelles. La mise en place d'un médiateur de la République (Ombudsman), depuis la réforme constitutionnelle de 2010, contribuera peut-être à conférer à ce droit de pétition une autre dimension.

B – La participation directe à la prise de décision politique

Le référendum permet au peuple de prendre directement des décisions politiques. Instrument de démocratie semi-directe par l'intermédiaire duquel les citoyens sont appelés à exprimer, par un vote, leur avis sur une question posée par le chef de l'Etat, le référendum peut être utilisé pour adopter, modifier voire abroger une loi ordinaire ou une loi constitutionnelle. Dans le premier cas, il est législatif et constituant dans le second. La Turquie n'a connu jusqu'à présent que le référendum constituant (1) avec de notables dérives plébiscitaires (2).

1 – Une participation cantonnée au processus constituant

La technique référendaire n'a été utilisée en Turquie que pour l'adoption de certaines constitutions, comme celles de 1961 et de 1982, et n'est organisée que pour procéder à des révisions constitutionnelles ainsi que le prévoit le texte actuel. En d'autres termes, seul le référendum constituant a permis au peuple de s'exprimer directement sur des questions aussi essentielles que la création du texte fondamental ou sur sa modification. Le référendum législatif, qui lui offrirait la possibilité de donner son avis plus régulièrement sur des sujets quotidiens tels que ceux portant, par exemple, sur la politique économique, sociale et environnementale de la Nation, n'existe pas. De façon assez paradoxale, le peuple est donc à même de décider souverainement des règles les plus importantes de la société ou de désigner ses représentants alors qu'il ne dispose d'aucun moyen lui permettant d'adopter, aux lieu et place du Parlement, une simple loi ordinaire. Malgré l'ensemble des arguments bien connus susceptibles de justifier une telle situation[548], il faut reconnaître que le référendum constituant a surtout pour but de légitimer ceux qui exercent le pouvoir – de fait ou légalement – et d'éviter que le peuple ne gouverne. Pour le dire autrement, mais plus radicalement, il s'agit de faire en sorte que le souverain admette qu'il ne l'est pas.

Néanmoins, le déroulement de cinq des six référendums de l'histoire de la République de Turquie[549], entre 1982 et 2010, témoigne d'un intérêt certain pour cette consultation populaire. Ainsi, le 7 novembre 1982, le peuple a été amené à se prononcer sur la nouvelle Constitution faisant suite au coup d'Etat de 1980. Ensuite, les autres référendums ont tous eu pour point commun de réviser ladite Constitution afin de permettre le retour à la vie politique des anciens dirigeants qui en avaient été écartés par les militaires sept ans auparavant[550], pour avancer la date des élections locales[551], pour concrétiser l'élection du Président de la République au suffrage universel direct tous cinq ans[552] et, enfin, pour faire valider un large paquet constitutionnel conférant de nouveaux droits aux individus tout en redéfinissant la composition de deux institutions fondamentales pour leur protection à savoir la Cour constitutionnelle et le Conseil des juges et des procureurs[553]. Les points communs de l'ensemble de ces

---

548 V. Notamment sur ce sujet, H. Roussillon, "*Contre le référendum*", in Pouvoirs, n° 77, 1996, p. 181 et s.

549 Le référendum qui se situe en dehors de la période de l'actuelle Constitution était celui du 9 juillet 1961 qui a permis l'entrée en vigueur de la précédente Constitution.

550 Référendum du 6 septembre 1987.

551 Référendum du 5 octobre 1988.

552 Référendum du 21 octobre 2007.

553 Référendum du 2 septembre 2010.

consultations sont une forte participation des citoyens[554] et, en dehors de l'approbation massive de la Constitution de 1982[555], un écart raisonnable entre le « *oui* » et le « *non* ». Le seul échec a été celui de 1988 concernant un référendum qui, de l'avis des constitutionnalistes turcs, était le plus dépourvu de sens de toute l'histoire de la Turquie tant au regard du sujet que du choix de la période à la suite de plusieurs consultations électorales[556] ayant contribué au développement d'un début de lassitude des électeurs[557].
Le référendum du 16 avril 2017 a connu un taux de participation assez élevé autour de 85 %[558] alors que les précédentes consultations du même genre, en 2007 et en 2010, n'avaient pas été aussi mobilisatrices[559]. Les conséquences importantes sur la nature du régime politique expliquent sans doute cette tendance avec une question centrale à trancher en faveur du basculement vers un régime fabriqué sur mesure pour le Président en exercice. Organisé pendant l'état d'urgence, avec le rappel régulier de la part des responsables de l'AKP de la nécessaire lutte contre les auteurs de la tentative de putsch de l'été 2016 et le lancement d'un débat autour du rétablissement de la peine de mort, le référendum et la campagne politique l'accompagnant ont tourné autour du renforcement impératif du pouvoir présidentiel. Au-delà de la dynamique bien connue du soutien au chef ou du chaos, les résultats n'ont pas été à la hauteur des espérances du parti au pouvoir et de ses dirigeants. En effet, le "*oui*" a seulement totalisé 51,4 % des suffrages exprimés contre 48,5 % en faveur du "*non*". En outre, des soupçons de fraude laissent planer des doutes importants sur la régularité du scrutin. La décision du Haut conseil électoral de

---

[554] Le dernier référendum organisé en 2010, avec 26.3 % des électeurs inscrits qui n'ont pas voté, doit être distingué des autres au regard d'une abstention assez élevée.
[555] 91.3 % de réponses favorables.
[556] Le référendum de 1988 est intervenu après une année 1987 fortement marquée par un précédent référendum et par les élections législatives.
[557] Le référendum du 6 septembre 1987 a connu le taux de participation le plus élevé avec 93.6 % des électeurs inscrits. Les élections législatives de 1987 relèvent de la même tendance avec 93.26 % de participation. Au regard de ces exemples, l'abstention de 11.2 %, lors du référendum du 5 octobre 1988, est particulièrement élevée.
[558] V. http://www.lemonde.fr/international/article/2017/04/16/le-premier-ministre-turc-proclame-la-victoire-du-oui-au-referendum constitutionnel_5112199_3210.html
[559] Pour une analyse détaillée du référendum du 16 avril 2017, v. Max-Valentin Robert et Ilan Berlemont, « *Analyse des résultats du référendum constitutionnel et décryptage des dynamiques électorales* », HTTP://OVIPOT.HYPOTHESES.ORG/14803, Publication du 27 avril 2017, mis à jour le 2 mai 2017.

prendre en compte des bulletins issus d'urnes non scellées a ainsi été vivement contestée par l'opposition politique[560] et le rapport de l'OSCE a souligné que "*le référendum n'a pas été à la hauteur des standards du Conseil de l'Europe*"[561]. Au final, le référendum de 2017 n'a ni contribué à assurer une victoire incontestable à l'AKP ni permis d'apaiser les tensions politiques dans le pays. Il a néanmoins contribué à changer profondément le texte constitutionnel dans le sens souhaité par le Président Erdoğan dans des circonstances de crise.

2 – Une participation détournée par les dérives plébiscitaires

Lorsque le référendum se transforme en plébiscite, il n'est pas exagéré de considérer que le vote a été détourné de ses buts affichés pour être réorienté vers ses objectifs réels. S'il est bien délicat d'identifier totalement une telle mutation du référendum, il existe cependant toute une série de critères qui permettent de s'en rapprocher. Tel est le cas lorsqu'il y a personnalisation du référendum. Il en va de même si la question posée n'a pas le mérite de la clarté. Les mauvaises conditions d'organisation de la campagne et du vote référendaires sont également à prendre en considération. Quand tous ces éléments sont réunis, il y a de fortes probabilités qui permettent de conclure à l'existence de dérives plébiscitaires comme ce fut nettement le cas en 1982. A ce moment-là, en effet, K. Evren – Président du Conseil de sécurité nationale et instigateur du référendum – avait été désigné par ledit Conseil comme responsable officiel de la présentation de la nouvelle Constitution. Sa forte implication personnelle dans la campagne en faveur de son approbation populaire était indiscutable dans la mesure où il s'est présenté comme le garant du texte constitutionnel. Il s'agissait, pour lui, de justifier a posteriori le coup d'Etat dont il était l'un des responsables principaux et d'éviter tout retour en arrière lequel, s'il intervenait, était synonyme de chaos. Par ailleurs, et de façon déterminante, la consultation était, en réalité, un « *référendum-élection* » car il était prévu, dans la Constitution soumise au peuple, que « *le Président du Conseil de sécurité nationale et chef de l'Etat à la date du référendum acquiert, au moment de la proclamation officielle de l'adoption de la Constitution en tant que*

---

[560] Ibid.

[561] V. le rapport de l'OSCE du 22 juin 2017, http://www.osce.org/odihr/elections/turkey/324816?download=true

Constitution de la République de Turquie à la suite du référendum, la qualité de Président de la République et exerce pendant une période de sept ans les pouvoirs et attributions conférés par la Constitution au Président de la République »[562]. En conséquence, dire « *oui* » à la Constitution avait également pour signification d'accepter que K. Evren en devienne son premier Président. La question posée au peuple avait donc un effet direct et immédiat sur son avenir politique personnel. Enfin, les conditions d'organisation de la campagne référendaire et du vote étaient bien discutables. Non seulement, la censure avait pour but de faire taire toute critique s'élevant contre la présentation officielle du projet constitutionnel[563], mais aussi la faible épaisseur des enveloppes permettait de laisser entrevoir la couleur bleue du « *non* ».

En revanche, les autres épisodes référendaires ne révèlent pas une telle dérive plébiscitaire. Ils ne sont pas pour autant exempts de tout reproche. Par exemple, le référendum de 2010, relatif à une révision constitutionnelle comportant vingt-trois amendements affectant plusieurs dispositions de la Constitution de 1982, n'avait pas le mérite de la clarté. En résumé, il était demandé au peuple de se prononcer sur l'ensemble du « *paquet constitutionnel* » sans avoir la possibilité de distinguer, en son sein, les mesures qui n'avaient pas sa faveur. Or, comme la réforme constitutionnelle avait, en partie, pour finalité de consacrer de nouveaux droits et libertés, il devenait difficile pour le peuple de les refuser. En les acceptant, les citoyens ont par la même occasion validé de nouvelles règles constitutionnelles renforçant le pouvoir exécutif et, indirectement, la majorité politique du moment. Il était pourtant possible de procéder autrement en ne soumettant pas, par exemple, à l'appréciation populaire le volet relatif aux droits fondamentaux ou en proposant au peuple de se prononcer distinctement sur chaque amendement[564]. En ne choisissant pas cette voie et en insistant publiquement sur le nécessaire toilettage d'une Constitution militaire afin de laisser progressivement apparaître une

---

[562] Premier article transitoire de la Constitution de 1982.

[563] V. en ce sens la décision n° 71 du Conseil de sécurité nationale en date du 21 octobre 1982.

[564] V. en ce sens l'article 175 de la Constitution précise que la GANT doit, lorsqu'elle adopte une loi portant amendement constitutionnel, décider en même temps lesquelles des dispositions modifiées de la Constitution devront, dans le cas où la loi est soumise à un référendum, être approuvées ensemble et lesquelles devront l'être séparément.

Constitution civile[565], les responsables politiques de l'époque n'ont donné au peuple ni les informations nécessaires à sa prise de décision ni les moyens de décider autrement. En outre, le positionnement du référendum – moins d'un an avant les élections législatives – a sans doute contribué à asseoir la légitimité démocratique de l'AKP. Les mêmes remarques concernant le défaut de clarté et l'impossible choix populaire sur les dix-huit nouveaux articles de la Constitution peuvent être également formulées en ce qui concerne le dernier référendum de 2017. En outre, organisé pendant l'état d'urgence, sans véritable débat démocratique équilibré et avec des soupçons de fraude, ce référendum n'est sans doute pas à classer parmi les modèles à suivre pour réviser une Constitution.

[565] Le choix de la date du référendum, le 12 septembre 2010, le jour du 30ème anniversaire du coup d'Etat du 12 septembre 1980 était symboliquement révélateur.

Chapitre 4 – Les droits et libertés fondamentaux

Dans tout texte constitutionnel contemporain les droits et libertés fondamentaux occupent une place importante et constituent des limites déterminantes à l'activité normative des pouvoirs publics. Il en va ainsi dans le cadre de la Constitution de 1982 laquelle permet d'isoler les définitions et les principes pertinents en la matière (Section 1) tout en établissant un catalogue des droits et libertés (Section 2) et une garantie destinée à leur assurer une protection effective (Section 3).

Section 1 – Définitions et principes

Pour prendre la mesure des définitions et des principes qui gouvernent les droits et libertés fondamentaux il est important de revenir sur la relation essentielle qui existe entre eux et l'Etat (§1), de rappeler l'axe constitutionnel dans lequel ils évoluent (§2) et de souligner le rôle du droit international dans ce domaine (§3).

§ 1 – L'Etat et les droits de l'homme

Dans le droit constitutionnel turc contemporain, la relation entre l'Etat et les droits de l'homme est clairement établie dans le Préambule de la Constitution (A). Contenant les grands principes directeurs, le texte constitutionnel introductif et le corps de la Constitution signalent leur caractère prioritaire en donnant à voir une transition notable d'un Etat simplement fondé sur les droits de l'homme à un Etat respectueux de ces mêmes droits (B). Toutefois, deux conceptions des droits de l'homme apparaissent au fil du temps (C).

A – Le préambule

Alors que la Constitution de 1924 était à l'origine exclusivement attachée à l'idéologie individualiste et libérale de 1789, la Constitution de 1961, tout en maintenant la conception classique, fut imprégnée à la fois de la conception sociale. Elle évoquait dans son préambule la « justice sociale », le « bien-être de la société », les « fondements sociaux de l'Etat », « l'Etat social »... La Constitution de 1982, quant à elle, accorde la priorité à l'Etat[566] par rapport à la société[567] et reflète sa conception relative aux droits de l'homme vers la fin du préambule : « *Considérant que l'ensemble des citoyens turcs ont en commun leur sentiment de fierté et de gloire nationales, partagent les joies et peines nationales, les droits et devoirs envers l'entité nationale, (...), et ont le droit d'exiger une vie paisible, dans le respect absolu de leurs droits et libertés réciproques (...)* ». Le contexte de la Constitution précédente était tout à fait différent : « *La Nation Turque qui, au long de son histoire, a vécu dans l'indépendance et a lutté pour ses droits et libertés ; a fait la révolution du 27 mai 1960 en exerçant son droit de s'opposer à un pouvoir qui avait perdu sa légitimité par sa conduite et ses agissements contraires au droit et à la Constitution ;* (…) *En vue de fonder un Etat démocratique de droit avec toutes ses bases juridiques et sociales propres à réaliser et à garantir les droits et les libertés de l'homme (...) ; A approuvé et proclamé la présente Constitution élaborée par l'Assemblée Constituante.., et la confie à la garde vigilante de ses enfants épris de liberté, de justice et de vertu, avec la conviction que sa vraie garantie réside dans la conscience et la volonté des citoyens* ».

Quant à la valeur juridique du préambule, ce dernier « *indiquant les principes et considérations fondamentaux sur lesquels repose la présente Constitution fait partie intégrante du texte de la Constitution* »[568]. Comme il est possible de le constater, les préambules reflètent les éléments concernant les bases éthiques des deux Constitutions.

---

[566] L'adjectif "sacré" utilisé dans le texte initial pour l'Etat comme "l'existence sacrée de l'Etat Turc" a été supprimé par la modification effectuée en 1995 (Değişik : 23.7.1995-4121/1 md.).

[567] La société était aussi conçue comme turquicité. Pour cette raison, la société aurait une place primordiale par rapport à l'individu. En effet, le paragraphe 5 du Préambule interdisait "la liberté d'expression" quand il s'agit d'intérêts nationaux des turcs..." Considérant qu'aucune opinion ou pensée ne peut se voir accorder protection à l'encontre des intérêts nationaux turcs, …". "Opinion ou pensée" a été remplacée par "activité" pendant la révision constitutionnelle effectuée en 2001.

[568] Voir l'article 156 de la Constitution de 1961 et l'article 176 de la Constitution de 1982. Par contre, les titres en marge des articles ont pour seule fonction d'indiquer l'objet, l'ordre et l'agencement des articles. Ces titres ne font pas partie du texte de la Constitution (Art. 156/ al.2, 176/al.2).

B – De l'Etat fondé sur les droits de l'homme à l'Etat respectueux des droits de l'homme

Les deux Constitutions reflètent deux approches différentes du point de vue de la définition des droits de l'homme. Ces derniers étaient conçus comme « raison de l'Etat » dans la Constitution de 1961 : la République de Turquie était définie comme un Etat de droit, national, démocratique, laïque et social fondé sur les droits de l'homme (Art.2). Cet article relatif aux caractéristiques de la République a été retenu par la Constitution de 1982 tout en introduisant deux ordres de différence. D'une part, il a été élargi en introduisant quelques énoncés non-juridiques tels que le « bien-être de la société », « la solidarité nationale », « la conception de la justice ». D'autre part, il a été intégré dans le bloc des dispositions non-altérables[569].

C'est à partir de deux définitions différentes des droits de l'homme par rapport à l'Etat que la conception des droits de l'homme a été concrétisée dans chacune des deux Constitutions. Autrement dit, le changement de la définition a affecté fondamentalement le régime général des droits de l'homme de chaque Constitution. Toutefois, la nouvelle rédaction, en 2001, de l'article 14 a atténué – de façon implicite – l'écart des deux approches en utilisant la formule de 1961 : « la République démocratique et laïque fondée sur les droits de l'homme » (Art.14/1).

Quant au principe d'égalité, il fait l'objet d'un aménagement de plus en plus détaillé. Ainsi « l'égalité devant la loi » figure dans la première partie consacrée aux « principes généraux » dans la Constitution de 1982 (Art.10), alors que l'égalité dans la Constitution de 1961 était prévue parmi les « dispositions générales » des droits et obligations fondamentaux (Art.12)[570]. Malgré cette différenciation en

[569] Il faut rappeler que la disposition inaltérable dans la Constitution de 1961 était limitée au premier article. Toutefois, la Cour constitutionnelle a élargi l'effet de l'article 9 en intégrant l'article 2 dans le bloc des dispositions inaltérables par son arrêt du 16.06. 1970 (AYM, E.1970/1, K.1970/31). Quant au pouvoir constituant de 1982, celui-ci a créé un bloc de dispositions inaltérables englobant les trois premiers articles. Pour le détail, cf. Supra : Chapitre 2-Les principes constitutionnels intangibles.

[570] L'article 10 qui contient l'obligation positive a été affermi en 2004 : "Les femmes et les hommes ont les droits égaux. L'Etat a l'obligation de mettre en pratique cette égalité".

ce qui concerne la définition des droits de l'homme en liaison avec l'Etat, les deux Constitutions ont suivi la tradition libérale du point de vue de la systématique constitutionnelle en général en distinguant trois parties respectivement consacrées aux principes généraux, aux droits et devoirs fondamentaux et à l'organisation fondamentale de la République[571].

C – Les deux conceptions des droits de l'homme

La Constitution de 1961 est le point culminant de la constitutionnalisation des droits et des libertés. Elle est d'abord marquée par une approche sociale et dynamique des droits de l'homme tandis que la loi fondamentale de 1924 était limitée par la définition du droit naturel. Ensuite, la Constitution de 1961, après avoir prévu le principe de légalité dans le respect de la Constitution, interdisait au législateur de toucher l'essence de chaque droit, celle-ci étant considérée comme le noyau intangible des droits et des libertés. De plus, un système de « limitation différenciée » d'après le caractère de la liberté en cause ne serait mis en pratique que conformément à l'esprit et à la lettre de la Constitution. En troisième lieu, l'étendue des droits et des libertés était systématisée suivant une triple classification : droits individuels, droits sociaux et économiques et droits politiques. Enfin, sa normativité a été assurée par la Cour constitutionnelle qui constitue également une protection jurisprudentielle des droits de l'homme. Elle a utilisé diverses méthodes de matérialisation des normes : la méthode évolutive de la Constitution et celle de « la détermination exacte du sens propre de la Constitution » ainsi que « l'enrichissement de la Constitution » (…).

La plupart des principes généraux concernant les droits et libertés ainsi que le principe d'égalité figurent dans le chapitre 1 de la partie consacrée aux droits de l'homme dans les deux Constitutions.

L'article premier du chapitre consacré aux dispositions générales dans la Constitution de 1961 est le suivant : « *Chacun possède des*

- "Les organes de l'Etat et les autorités administratives sont tenus d'agir conformément au principe de l'égalité devant la loi en toute circonstance."
- "Les femmes et les hommes ont les droits égaux. L'Etat est tenu d'assurer cette égalité" (Ek.07.05.2004-5170).

[571] Ce titre fut nuancé dans la Constitution de 1982 : "Organes fondamentaux de la République".

libertés et droits fondamentaux qui sont personnels, inviolables, inaliénables et auxquels il ne peut renoncer » (Art.10, al.1). Cette disposition qui reflète la conception de l'école du droit naturel est complétée par le deuxième alinéa du même article apportant un dynamisme aux droits et libertés[572] : « *L'Etat supprime tous les obstacles d'ordre politique, économique et social qui restreignent les libertés et droits fondamentaux de la personne d'une manière incompatible avec la quiétude de l'individu, la justice sociale et les principes de l'Etat de droit ; il prépare les conditions requises pour le développement matériel et spirituel de l'individu* ».

Quant à la Constitution de 1982, l'effet de cet article qui prévoit les obligations positives pour l'Etat a été d'abord atténué et ensuite remplacé par une disposition qui attribue à l'individu plutôt des devoirs. En effet, l'article 12 de la Constitution qui maintient la conception du droit naturel du point de vue du caractère des droits et libertés fondamentaux (Al.1), introduit les devoirs et les responsabilités de l'individu à la place des obligations de l'Etat : « *Les droits et libertés fondamentaux comprennent également les devoirs et responsabilités de l'individu envers la société, sa famille et les autres personnes* » (Al.2). Toutefois, les obligations de l'Etat en matière de droits de l'homme ont été concrétisées à la suite d'énumérations d'objectifs et devoirs fondamentaux de l'Etat tels que la sauvegarde de l'indépendance, de l'intégrité de la Nation et de l'indivisibilité du territoire (Art.5). Il lui appartient également « *de supprimer les obstacles de nature politique, économique et sociale qui entravent les droits et libertés fondamentaux de l'individu, d'une manière incompatible avec les principes de justice, d'Etat de droit et d'Etat social ; et de s'efforcer de mettre en œuvre les conditions nécessaires à l'épanouissement de l'existence matérielle et spirituelle de l'être humain* ».

La différenciation de la définition des droits de l'homme par rapport à l'Etat a façonné d'une façon explicite la conception des libertés des deux textes constitutionnels. Dans la première, la distinction entre « le droit de… » et « le droit à… » est plus accentuée par rapport à la formule utilisée dans la deuxième. Comme on peut le

---

[572] Cf. Mehmet Akad, "L'évolution du concept des 'libertés publiques' dans les constitutions turques et Française, étude comparative", in *ANNALES de la Faculté de droit d'Istanbul*, no.42, 1979, p.366; Kubalı, "Les traits dominants de la Constitution de la Seconde République Turque", pp.858-59.

constater, par rapport à la Constitution de 1982, la formulation de la Constitution de 1961 correspond davantage aux obligations de l'Etat vis-à-vis des droits de l'homme : respecter, protéger et développer. En effet, la Constitution de 1982, tout en maintenant l'aspect systématique des droits et libertés tel qu'il a été reconnu dans la norme fondamentale précédente, renversa le système de garantie et de restriction : une protection différenciée et affaiblie, une limitation généralisée affermie. D'abord, « l'essence de la liberté » comme critère de garantie a été remplacée par les « nécessités d'une société démocratique » sous l'optique de la Convention européenne des droits de l'homme (CEDH). Ensuite, une clause générale de restrictions a été introduite alors que des raisons spécifiques de limitations étaient prévues pour la plupart des libertés constitutionnelles (Art. 13). En bref, la Constitution n'était pas imaginée comme un instrument de protection de la liberté, mais plutôt comme un moyen au service de la stabilité et de l'autorité.

Au cours du processus de restauration de l'État de droit, la rédaction nouvelle de l'article 13 de la Constitution en 2001, qui, d'une part, a supprimé la clause générale de restriction et, d'autre part, a augmenté les critères de garanties, constitua l'axe des réformes du droit constitutionnel des libertés. Les quatre critères réunis dans le même article peuvent être conçus comme autant de garanties constituant le seuil minimum des restrictions : la société démocratique, l'essence du droit, la proportionnalité et la République laïque[573].

§ 2 – L'axe constitutionnel

L'axe de la Constitution de 1982 ne peut être conçu que sous l'optique des modifications et révisions étalées sur un quart de siècle de 1987 à 2010. Cette période correspond à la restauration de l'Etat de droit avec une amélioration graduelle du statut des libertés (A) et de leur régime (B) tout en assurant le maintien de possibles suspensions des libertés en cas de circonstances exceptionnelles (C).

---

[573] La rédaction de l'article 14 relatif au non-abus des droits et libertés fondamentaux a également introduit – comme cela a déjà été signalé – la formule de la Constitution précédente : « La République démocratique et laïque fondée sur les droits de l'homme » (Article 14, modifié en 2001).

A – *L'amélioration graduelle du statut des libertés*

La partie consacrée aux droits et libertés n'est plus telle qu'elle était dans le texte initial de la Constitution. De 1987 à 2010 la plupart des articles modifiés sont relatifs aux droits et libertés[574]. Les traits généraux des modifications seront signalés du point de vue chronologique[575] en présentant celles concernant les libertés et droits principaux (1), celles relatives à leur régime général (2) et à la reconnaissance de la primauté des conventions internationales ainsi qu'à la mise en place du recours individuel devant la Cour constitutionnelle (3).

1 – L'amélioration des libertés et droits principaux

Les évolutions constitutionnelles marquantes portent sur les libertés collectives (a), les libertés physiques et spirituelles (b) et sur l'équation entre liberté et égalité (c).

a – L'évolution concernant les libertés collectives

Dans le texte initial, les interdictions relatives aux libertés collectives étaient abondantes. Outre la clause générale de limitation (Art. 13), les dispositions qui aménageaient les libertés collectives contenaient des restrictions spécifiques pour chacune. La révision constitutionnelle intervenue en 1995 a supprimé les limitations concernant surtout « la solidarité des libertés collectives », c'est-à-dire l'interdiction des activités en commun dans les buts politiques de tous les groupements associatifs, politiques et socioprofessionnels[576]. En même temps certaines restrictions spécifiques ont été remplacées par des garanties pertinentes d'après le caractère du groupement en cause. Par exemple, pour les partis politiques, un système de sanction différenciée a été prévu[577]. La Cour constitutionnelle, au lieu de

---

574 Le titre d'un article décrit bien cet état : İbrahim Ö. Kaboğlu, « Vers le droit constitutionnel des libertés en Turquie », *Mélanges G. Kassimatis*, Ant. N. Sakkoulas, Berliner Wissenschafts-Verlag, Bruylant, Athènes, 2004, pp. 939-955.

575 Pour le détail, v. Ibrahim Ö. Kaboğlu, "De la réforme constitutionnelle en Turquie", Mai 2002, *Chroniques de l'OMIJ, PULIM*, mars 2004, pp. 9-30.

576 Pour une étude détaillée, v. İbrahim Ö. Kaboğlu, *Kolektif Özgürlükler*, DÜHF yay., 1989 Diyarbakır, pp. 230-241.

577 Loi constitutionnelle du 3 octobre 2001, no. 4709.

dissoudre un parti politique à titre définitif, peut prononcer la privation totale ou partielle de l'aide d'Etat en fonction de la gravité des faits litigieux (Art. 69).

b – La promotion des libertés physique et spirituelle

Tout d'abord, en ce qui concerne le *droit à la vie,* la peine capitale a été supprimée lors de la modification de 2001 sauf en ce qui concerne les cas « de guerre ou de menace de guerre imminente ou pour des délits constitutifs d'actes de terrorisme » (Art.38/X). A l'occasion d'un nouveau changement, entré en vigueur le 22 mai 2004, la peine de mort a été totalement éliminée par la suppression de cet alinéa. Toutes les références constitutionnelles faites à la peine de mort ont été également éliminées.

Ensuite, en ce qui concerne *le délai pour être déféré devant un juge* : « La personne arrêtée ou placée en détention est traduite devant un juge au plus tard dans les quarante-huit heures... » (Art. 19/IV). Pour les délits collectifs ce délai, qui était de 15 jours dans le texte initial, a été réduit à 4 jours.

En troisième lieu, *la garantie du juge* a été renforcée pour le secret de la vie privée, l'inviolabilité du domicile et la liberté de correspondance. Toutefois, à la suite de la suppression de la clause générale de restriction (Art. 13), certaines causes de limitation ont été réparties sur une partie des libertés principales dont le secret de la vie privée (Art. 20), l'inviolabilité du domicile (Art.21) et la liberté de communication (Art.22).

Enfin, pour ce qui concerne *la liberté d'expression*, l'article 26 de la Constitution avait introduit, dans une certaine mesure, des restrictions comparables à celles contenues dans l'article 10 de la CEDH. Néanmoins, il était accordé au législateur la possibilité d'introduire certaines restrictions telle que l'interdiction de l'utilisation des langues (Al. III). L'élimination de cette disposition honteuse a exercé des effets positifs sur la liberté de la presse (Art. 28).

c – L'équation de liberté et d'égalité

On peut mentionner une série de rectifications partielles afin de renforcer le statut de certaines libertés ou de reconnaître certains droits et principes : « l'égalité entre les époux » (Art. 41 : protection de la famille), « le droit à un procès équitable » (Art. 36 : liberté de faire valoir ses droits), l'obligation pour l'Etat de protéger les chômeurs (Art. 49 : droit et devoir de travailler), l'élargissement du droit de fonder les syndicats (Art. 51). Une autre nouveauté est introduite en 2004 dans la clause concernant le principe général de l'égalité (Art. 10) : « Les femmes et les hommes ont des droits égaux. L'Etat est tenu de mettre en pratique cette égalité ».

2 – L'amélioration du régime général des droits et libertés

Comme cela a déjà été signalé, le régime juridique des libertés et droits constitutionnels dont l'article 13 constituait l'axe a été transformé. Cet article, rédigé dans l'esprit de restreindre autant que possible les droits et libertés constitutionnels, a été reformulé afin de le transformer en disposition de garantie valable pour les droits et libertés constitutionnels dans leur ensemble. La clause générale des restrictions ayant été supprimée, l'article 13 se contente de faire référence aux articles pertinents.

3 – De la primauté des conventions internationales au recours individuel

La primauté par rapport à la loi a été accordée aux conventions internationales relatives aux droits de l'homme en 2004 (Art. 90/dern. alinéa).

Parmi les nouveautés issues de la révision constitutionnelle de 2010 en matière de droits de l'homme[578], la reconnaissance du recours individuel devant la Cour constitutionnelle est la plus significative. En vertu de l'article 148/2 de la Constitution « chaque personne qui estime que l'un de ses droits et libertés garantis par la Constitution, figurant dans la Convention Européenne des Droits de l'Homme a été violé par la puissance publique peut saisir la Cour constitutionnelle. Pour pouvoir faire (ce) recours, toutes les voies légales ordinaires doivent être épuisées »[579].

---

[578] Il s'agit notamment de la protection des données personnelles et de la reconnaissance du droit à la convention collective pour les agents publics.

[579] Par cette règlementation, la CEDH figure dans le texte constitutionnel pour la première fois. Le recours individuel devant la Cour européenne des droits de l'homme a été reconnu le 28 janvier 1987. La compétence de la Cour EDH a été reconnue le 22 janvier 1990.

Afin de mettre en pratique les révisions constitutionnelles dans le cadre du processus de restauration de l'État de droit, le Parlement a utilisé la méthode des lois d'harmonisation. A partir de 2002, une dizaine de paquets de loi a été élaborée et mise en vigueur dans cet objectif[580].

Il convient de signaler également le facteur européen sur le processus de restauration de l'Etat de droit avec un rôle important joué par le Conseil de l'Europe ou encore par la candidature à l'Union européenne qui peut être aussi considérée comme un facteur accélérateur dans la persévérance des réformes[581].

---

[580] Le troisième paquet de loi (du 03.08.2002) peut être considéré comme le plus radical. Cette loi élimine d'abord des dispositions antilibérales de certaines lois, telles que la loi sur les associations, la loi sur les réunions et les manifestations, et ensuite elle reconnaît pour la première fois la possibilité du renouvellement du procès à la suite de la condamnation de Turquie par la Cour EDH. Enfin, elle contient également de nouvelles dispositions élargissant le domaine des droits culturels et minoritaires. Celles-ci peuvent se regrouper en 3 catégories :

• liberté linguistique : l'apprentissage de langues et dialectes utilisées par les citoyens turcs dans leurs vies quotidiennes ;

• utilisation de la langue : la diffusion d'émissions à la télévision et à la radio dans ces langues et dialectes ;

• le droit de propriété des minorités : la possibilité pour les fondations des communautés d'acquérir la propriété immobilière.

[581] Le début des relations entre la Turquie et l'UE remonte aux années 1950. Le Gouvernement de la République de Turquie déposa, le 31 juillet 1959, une demande d'association à la Communauté Economique européenne. Le 12 octobre 1959, le Conseil de la Communauté économique répondait positivement à la demande de la Turquie. L'accord créant une association entre la CEE et la Turquie signé le 13 septembre 1963 à Ankara est entré en vigueur le 1er décembre 1964. Il désignait deux grands objectifs : l'établissement progressif d'une union douanière et la préparation d'une éventuelle adhésion de la Turquie à la Communauté. L'Union douanière a été assurée à partir du 1er janvier 1996. C'est le 14 avril 1987 que la Turquie présenta officiellement sa demande d'adhésion à la Communauté. Le Conseil européen a déclaré la Turquie comme candidate officielle à l'UE en décembre 1999. Les critères de Copenhague ont joué un « rôle de levier » pour la Turquie dans ses réformes de démocratisation et d'amélioration des droits de l'Homme, accélérées à partir de 2001. Le processus de négociations qui est en cours actuellement a commencé à partir de 2005 à la suite du respect des critères de Copenhague par la Turquie. Pour l'Union européenne et ses relations avec la Turquie, v. : « *L'Union européenne entre impulsion et refondation* », (dir.) Yves Charles Zarka, Pascal Perrineau et Alain Laquièze, Ed. Mimésis, 2016 ; İ.Ö. Kaboğlu, « *Les acquis politico-constitutionnels de la Turquie sous l'optique de la construction de l'UE : avancées et difficultés* », in « *L'Union europénne entre implosion et refondation* », pp. 101-116.

B – Le régime des droits et libertés[582]

Il s'agit ici du régime de droit commun[583] des libertés et droits constitutionnels tracé par les articles 13 et 14 de la Constitution.

« Les droits et libertés fondamentaux ne peuvent être limités que pour des motifs prévus par des dispositions particulières de la Constitution et en vertu de la loi, et pour autant que ces limitations ne portent pas atteinte à l'essence même des droits et libertés. Les limitations dont les droits et libertés fondamentaux font l'objet ne peuvent être en contradiction ni avec la lettre et l'esprit de la Constitution, ni avec les exigences d'un ordre social démocratique laïque, et elles doivent respecter le principe de proportionnalité » (Art.13). Trois principes peuvent être tirés de cet article. Il s'agit de la légalité et de la conformité à la lettre et à l'esprit de la Constitution (1), de la constitutionnalité des limites et des critères de garantie (2) et du non-abus des droits déterminé par l'article 14 (3).

1 – La légalité dans le respect de la Constitution

Les droits et libertés constitutionnels ne peuvent être limités que par la loi. Cette réserve a les trois significations suivantes. Premièrement, au niveau de la hiérarchie des normes l'acte juridique qui peut restreindre les droits et liberté est la loi[584]. Deuxièmement, le Parlement est le seul organe compétent. Troisièmement, la loi ne sert qu'à la concrétisation des raisons constitutionnelles. Toutefois, l'article 91 peut être conçu comme une norme dérogatoire par rapport à cette règle générale en ce qui concerne les droits sociaux et économiques dans la mesure où ils peuvent être aménagés par des décrets-lois. Ces derniers ont été reconnus par la Constitution pour la première fois en 1971(Art.64)[585]. La GANT peut, par une loi d'habilitation, accorder au Conseil des Ministres le pouvoir d'élaborer des décrets-lois pour des matières déterminées. La Constitution de 1982 a assoupli la possibilité d'habiliter le Conseil des Ministres pour

[582] Les explications détaillées seront données dans la section consacrée aux "garanties des droits de l'homme" (Section 3).

[583] Le terme « droit commun » a été préféré pour distinguer le régime des libertés et droits de celui des circonstances exceptionnelles.

[584] En droit turc, le principe de loi "unique" est valable du fait qu'une distinction entre loi ordinaire et loi organique n'existe pas.

[585] Modification effectuée par la loi no 1488 publiée le 22.09.1971.

les décrets-lois (Article 91). Toutefois, les articles 64 et 91 ont un dénominateur commun en ce qui concerne l'aménagement des droits sociaux et économiques[586].

Le principe de légalité prend son sens « dans le respect de la constitutionnalité ». La conformité des limitations à la lettre et à l'esprit de la Constitution est une clause valable pour les droits et libertés constitutionnels qui sont susceptibles d'être limités. Cette formule peut être caractérisée dans le lien existant entre la loi et la Constitution et plus précisément dans le fait que la loi respecte la Constitution. La réserve de la « conformité » prend sa signification dans l'interprétation de la Constitution. Certes, pour « la lettre », on pourrait se contenter de l'interprétation exégétique. Toutefois, l'esprit de la Constitution peut impliquer l'utilisation des techniques d'interprétation systématique, téléologique et génétique.

2 – Les critères de garantie et motifs de limitation

L'article 13 prévoit des réserves principales en ce qui concerne la limitation des droits et libertés. Ils ne peuvent être restreints que pour des motifs prévus dans des dispositions constitutionnelles particulières et ces limitations ne peuvent être en contradiction avec la lettre et l'esprit de la Constitution.

Les motifs des limitations qui devront être prévus par la Constitution font donc référence à certaines dispositions. Si un article constitutionnel contient un (ou plusieurs) motif de restriction, le droit ou la liberté en cause peut faire l'objet d'une règlementation législative. A ce titre, les articles 25 et 26 peuvent être cités comme exemple. Le premier, relatif à la liberté de pensée et d'opinion, ne contient aucune clause de limitation alors que le second, concernant la liberté d'expression, prévoit une série de motifs de restriction tels que l'ordre public, la sécurité publique et la sécurité nationale.

---

586 "Les droits fondamentaux et les droits et devoirs de l'individu figurant aux premier et deuxième chapitres de la deuxième partie de la Constitution, ainsi que les droits et devoirs politiques énoncés au quatrième chapitre de cette partie ne peuvent pas faire l'objet de décrets-lois" (Art.91). Comme l'on voit, les droits sociaux économiques ne figurent pas dans cette catégorie, ceux-ci pourront faire l'objet de décrets-lois. Toutefois, il faut se demander si "faire l'objet de décret-loi" veut dire qu'ils pourront être également limités par l'exécutif. A notre avis, les droits sociaux et économiques peuvent être réglementés (ou plutôt aménagés), mais ne peuvent pas être limités par les décrets-lois.

Il faut rappeler encore une fois que l'article 13, dans sa version initiale, prévoyait aussi une clause générale de restriction qui a été supprimée en 2001. A partir de cette révision, il existe une technique de limitation différenciée à l'instar de ce que prévoyait la Constitution de 1961.

Les critères de garantie et des motifs de restriction sont aménagés dans les deux Constitutions parmi les « dispositions générales » sous des titres différents : « l'essence des droits fondamentaux » dans la Constitution de 1961 et la « limitation des droits et des libertés fondamentaux » dans la Constitution de 1982. Les deux articles ont été révisés en 1971 et en 2001 dans un sens opposé : l'article 11 pour atténuer les critères de garantie et l'article 13 pour atténuer la clause de restriction. L'article 11 qui interdisait de porter atteinte à l'essence des droits et libertés fondamentaux a été élargi afin d'introduire la clause de la limitation générale et l'interdiction d'abus des droits de l'homme[587]. L'élargissement comprend aussi le titre : « L'essence des droits et libertés fondamentaux et interdiction d'en abuser ». Quant à la modification de 2001, cette fois l'article 13 a été rédigé de nouveau afin de supprimer la clause générale des restrictions et d'augmenter les critères de garanties tout en maintenant son titre. L'essence des libertés[588], la proportionnalité[589] et la République laïque s'ajoutent ainsi à la société démocratique comme critères de garantie des libertés et droits constitutionnels. Ces notions peuvent être conçues également comme des limites aux restrictions dans le régime général des droits de l'homme. Autrement dit, les critères de garantie et les motifs de restriction se complètent les uns et les autres[590].

[587] Cet élargissement n'a pas mis fin au débat doctrinal relatif au caractère de l'article 11 et sur la question de savoir si c'était une clause de limitation générale ou non. Cf. Infra : section 3 - La garantie des droits et libertés fondamentaux/C-3.

[588] Ainsi, 21 ans plus tard, la notion relative à "l'essence des libertés et droits fondamentaux" fut constitutionnalisée de nouveau.

[589] La proportionnalité était prévue dans le texte initial comme "un but autre que celui dans lequel elles ont été prévues".

[590] La Notion "d'ordre public européen" utilisée par la Cour EDH peut être citée comme preuve d'une telle complémentarité : La Cour qualifie la Convention d' "instrument constitutionnel de l'ordre public européen" (Arrêt Loizidou c. Turquie du 25 mars 1995). La Cour pose donc le postulat d'un ordre public européen, c'est-à-dire d'un "ensemble de règles perçues comme fondamentales pour la société européenne et s'imposant à ses membres." (F. Sudre, La Convention Européenne des Droits de l'homme, PUF, 9e éd. mise à jour, 2012, p.5).

3 – Le non-abus de droits et libertés

Ce terme n'a été constitutionnalisé qu'en 1971 avec l'ajout fait à l'article 11[591]. La Constitution de 1982 consacra l'article 14 au non-abus des droits et libertés par une formulation assez détaillée qui portait atteinte à la liberté d'expression.

L'article 14, qui a été rédigé de nouveau en 2001, a diminué le risque d'introduire le délit d'opinion en concrétisant davantage les notions en cause sous l'optique de l'article 17 de la Convention Européenne des Droits de l'Homme. Le non-abus des droits et libertés constitutionnels est d'abord relatif aux « activités » ayant pour but de porter atteinte à l'intégrité indivisible de l'Etat et, à l'interdiction d'« interpréter » les dispositions de la Constitution dans le sens de l'anéantissement des droits et libertés constitutionnels pour les individus et de limiter « ces droits et libertés dans une mesure dépassant celle qui est mentionnée par la Constitution » pour l'Etat.

C – Les circonstances exceptionnelles : la « suspension des libertés »

Deux régimes de restriction aux droits et libertés fondamentaux sont prévus par la Constitution de la République de Turquie. L'article 13 vise les restrictions opérées dans le cadre d'une situation « normale » alors que l'article 15, dont la mise en œuvre a été permise par l'instauration de l'état d'urgence, vise les restrictions en situation d'exception.

Selon l'article 121, toute limitation ou suspension des droits et libertés devra être conforme aux principes énoncés à l'article 15 de la Constitution. Si bien que toute mesure adoptée dans ce cadre dérogatoire devra l'être uniquement dans la mesure où la situation l'exige, ainsi le principe de proportionnalité trouve-il à s'appliquer dans le contexte d'un régime d'exception. L'article 15 de la Constitution comporte une liste de droits et libertés insusceptibles de dérogation : droit à la vie, à l'intégrité physique et spirituelle, à la liberté de religion, de conscience et de pensée, respect de la règle de non-rétroactivité des peines et de la présomption d'innocence. Il s'agit d'un « noyau-dur » des droits de l'homme auquel il est exclu de porter

[591] "Aucun des droits et libertés fondamentaux qui se situent dans cette Constitution ne pourrait être utilisé ni avec l'intention de détruire les libertés et droits de l'homme ou l'intégrité indivisible de l'Etat de Turquie avec son territoire (…) ; ni en s'appuyant sur la distinction de langue, de race, de classe (…)" (Art.11/3).

atteinte, quelles que soient les circonstances, et donc même sous couvert de lutte contre le terrorisme. Les mesures adoptées dans le cadre de l'état d'urgence devront aussi respecter les obligations découlant du droit international. Cela implique l'obligation d'informer les organes compétents du Conseil de l'Europe et des Nations unies des dérogations à la Convention européenne des droits de l'homme et au Pacte international relatif aux droits civils et politiques. Ainsi, suite à l'instauration de l'état d'urgence le 20 juillet 2016, les autorités de la République de Turquie ont-elles informé le Secrétaire général du Conseil de l'Europe de la mise en œuvre de la clause dérogatoire prévue à l'article 15 de la Convention européenne des droits de l'homme[592]. Cette disposition prévoit, elle aussi, un encadrement strict de la dérogation aux droits et libertés garantis par la Convention européenne des droits de l'homme.

L'article 15 de la Convention européenne des droits de l'homme reconnaît aux États parties la faculté de déroger, de manière temporaire, limitée, et sous le contrôle de la Cour européenne des droits de l'homme, aux droits et libertés garanties par la Convention européenne des droits de l'homme.

Premièrement, cette disposition ne peut être invoquée « qu'en cas de guerre ou d'autre danger menaçant la vie de la nation ». Par cette expression, la Cour européenne des droits de l'homme entend « une situation de crise ou de danger exceptionnel et imminent qui affecte l'ensemble de la population et constitue une menace pour la vie organisée de la communauté composant l'État ». L'existence d'une telle « situation de crise ou de danger exceptionnel et imminent » a pu être constatée par la Cour européenne dans différentes affaires ayant pour cadre des actes terroristes. La Turquie, à diverses reprises au cours des années 90, a ainsi informé le Secrétaire général du Conseil de l'Europe de sa volonté de déroger à la Convention européenne des droits de l'homme « [e]n raison de l'intensité et de la diversité des actions terroristes » et c'est à nouveau eu égard à la menace terroriste que les autorités de la République de Turquie, le 24 juillet 2016, ont décidé de mettre en œuvre la clause dérogatoire. A l'exception de l'affaire grecque, la réalité de la menace invoquée par les États n'a jamais été contestée que ce soit par la Commission ou par la Cour. Au vu des évènements survenus en Turquie, l'existence d'une « situation de crise ou de danger exceptionnel et imminent » n'apparaît pas, en

---

[592] Notification-118190C Tr./005-192 du 25 juillet 2016.

tout cas au moment où la Turquie a fait part de sa volonté de bénéficier de la dérogation de l'article 15, pouvoir être remise en cause. Si la question pourrait se poser de la nécessité de prolonger cette dérogation, il apparaît que la Cour européenne adopte une approche relativement souple estimant « qu'un "danger public" au sens de l'article 15 peut persister plusieurs années »[593] .
Deuxièmement, les mesures dérogatoires ne peuvent être adoptées « que dans la stricte mesure où la situation l'exige ». Cela implique que les mesures prises par les autorités doivent revêtir un caractère d'absolue nécessité. S'il revient aux États parties, « en contact direct et constant avec les réalités pressantes du moment »[594] de choisir « la nature et l'étendue des dérogations nécessaires », ils ne jouissent pas d'un pouvoir illimité, et la Cour européenne des droits de l'homme opère un contrôle sur la proportionnalité des mesures adoptées[595] .
Troisièmement, les mesures prises par l'État ne doivent pas être « en contradiction avec les autres obligations découlant du droit international »[596] . On note donc jusqu'ici une parfaite concordance entre les garanties de l'article 15 de la Convention européenne et l'article 15 de la Constitution de la République de Turquie.
Enfin, certains droits protégés par la Convention européenne des droits de l'homme ne peuvent faire l'objet d'aucune dérogation. L'article 15 § 2 interdit en effet toute dérogation au droit à la vie (sauf pour les cas d'actes licites de guerre), à l'interdiction de la torture et des peines ou traitements inhumains ou dégradants, à l'interdiction de l'esclavage et de la servitude et à la règle « pas de peine sans loi »[597].
L'adoption de protocoles additionnels est venue enrichir cette liste, si bien que toute dérogation à l'article 1er du Protocole n° 6 à la Convention, qui porte abolition de la peine de mort en temps de paix, à l'article 1er du Protocole n° 13 à la Convention, relatif à l'abolition de la peine de mort en toutes circonstances, ainsi qu'à l'article 4 du Protocole n° 7 (droit à ne pas être jugé ou puni deux fois) est interdite. Sur ce dernier point, les deux articles 15 ne sont donc pas strictement similaires, ce qui entraîne des obligations d'autant plus étendues pour la Turquie en matière de droits indérogeables. Ceci est renforcé par le fait que la Turquie est également partie au Pacte international relatif

---

[593] Cour EDH, Gde Ch., A. et autres c. Royaume-Uni, 19 février 2009, § 178.
[594] Cour EDH, Irlande c.Royaume-Uni, préc., 18 février 1978, § 207.
[595] Cour EDH, Gde Ch., A. et autres c. Royaume-Uni, préc.,
[596] Voy. Cour EDH, Branningan&McBride c. Royaume-Uni, 26 mars 1993.
[597] Voyez les articles 2,3, 4 et 7 de la Convention européenne des droits de l'homme.

aux droits civils et politiques qui contient une liste de droits indérogeables[598] plus large que la clause européenne.
De plus, le fait que l'article 15 vise une liste de droits intangibles ne signifie aucunement qu'il soit permis de porter atteinte aux autres droits et libertés sans restriction. Ainsi, comme en atteste la jurisprudence de la Cour européenne des droits de l'homme, le droit à la liberté et à la sûreté, garanti par l'article 5 de la Convention, constitue-t-il un « droit fondamental (...) qui revêt une très grande importance dans "une société démocratique" »[599] , quand bien même celui-ci n'est pas visé dans la liste des droits indérogeables. « Ce souci de valoriser l'article 5 dans le système de la Convention annonce un contrôle de proportionnalité serré » de la part de la Cour européenne, qui a conclu à la violation de cette disposition dans plusieurs affaires ayant pour cadre des mesures dérogatoires au titre de l'article 15 de la Convention[600] .
Dès lors, la mise en œuvre des clauses dérogatoires ne correspond nullement « à un chèque en blanc » ou « à un blanc-seing », mais s'avère strictement encadrée. C'est pourquoi, tout en reconnaissant les difficultés et le bien-fondé des États à lutter contre le terrorisme[601], la Cour européenne n'a cessé de rappeler que cette lutte doit être menée dans le respect des droits et libertés garantis par la Convention européenne des droits de l'homme. Or, les mesures adoptées depuis l'été 2016 par les autorités de la Turquie dans le cadre de l'état d'urgence sont loin de répondre à cet impératif[602].

---

[598] C'est une liste de neuf droits intangibles qui figure dans le Pacte international relatif aux droits civils et politiques : interdiction de la discrimination, droit à la vie, interdiction de la torture et des traitements inhumains ou dégradants, interdiction de l'esclavage et de la servitude, non-rétroactivité de la loi pénale, le droit à la reconnaissance de la personnalité juridique, droit à la liberté de pensée, de conscience et de religion, interdiction de la prison pour dette. (Le protocole no 2 y a ajouté l'abolition de la peine de mort en temps de paix.)

[599] Cour EDH, Gde Ch., Medvedyev et autres c. France, 29 mars 2010, § 76.

[600] Cour EDH, Aksoy c.Turquie, préc. ; CourEDH, Bilen c.Turquie, 21 février 2006.

[601] Cour EDH, Gde Ch., Öcalan c. Turquie, 12 mai 2005, § 104 ; Cour EDH, Ramiirez Sanchez c.France, 4 juillet 2006, § 84.

[602] Pour le détail, voy. : İbrahim Kaboğlu-Christelle Palluel, *« L'état d'urgence en Turquie à l'épreuve du droit européen des droits de l'Homme »*, *Rev. Trim. Dr.h., janvier 2018*, No.113, pp. 5-27.

§3 – Le droit international des droits de l'homme

La dimension internationale des droits de l'homme a connu un développement progressif (A) avec une multiplication des références au droit international (B) et la détermination de la place des traités internationaux en droit interne (C).

A – Les développements : de Lausanne à la CEDH

Tout d'abord, il faut signaler le « Traité de Lausanne » du 24 juillet 1923 qui accorde à la Turquie son indépendance[603]. Pour cette raison le Traité de Lausanne est identifié comme le Traité de la paix ou le Traité pour la paix. Le Traité de Lausanne qui est toujours en vigueur suscite de vifs débats du point de vue des minorités du fait de sa spécificité en la matière. Il impose effectivement à la Turquie et à la Grèce de reconnaître le statut des minorités basé sur le critère de la religion. La Turquie a donc accordé un tel statut à ses citoyens non-musulmans à savoir les grecs, les juifs et les arméniens, alors que la Grèce accorda le même statut aux musulmans de la Grèce, citoyens non orthodoxes. Du point de vue des droits reconnus, l'actualité du Traité de Lausanne est constante tant au niveau national qu'au niveau européen à la fois en Grèce[604] et en Turquie[605]. L'ouverture de la Turquie vers le monde extérieur débuta sous le régime de la Constitution de 1924. Ensuite, c'est à partir de la fondation des Nations Unies en 1945 que la Turquie, en tant que membre fondateur,

---

[603] Il convient de rappeler que la proclamation de la République date du 29 octobre 1923.

[604] Pour ce qui concerne la Grèce, v. *Les droits de l'homme des minorités*, Conseil de l'Europe, Commissaire aux Droits de l'Homme, Rapport de M. Thomas Hammarberg, Commissaire aux droits de l'homme du Conseil de l'Europe, sur sa visite en Grèce du 8 au 10 décembre 2008, Strasbourg, 19 février 2009 CommDH(2009)9.

[605] La Cour EDH a déjà rendu trois arrêts relatifs au droit de propriété des fondations appartenant à la communauté grecque : Affaire Fener Rum Erkek Lisesi Vakfı c. Turquie, req. No. 34478/97, 9.01.2007 ; Affaire Fener Rum Patrikliği (Patriarcat Œcuménique) c. Turquie, req. No. 14340/05, 8.07.2008 ; Affaire Bozcaada Kimisis Teodoku Rum Ortodoks Kilisesi Vakfi c. Turquie (No 2) (Requêtes nos 37639/03, 37655/03, 26736/04 et 42670/04), 3 Mars 2009. V. Section 2 - Catalogue des droits et libertés fondamentaux : C-1.

commence à intérioriser les droits de l'homme[606]. La Déclaration Universelle des Droits de l'Homme peut être signalée comme exemple[607].

En outre, le passage du parti unique au multipartisme en 1946 a été marqué par l'évolution politique en Turquie. La victoire du Parti démocrate (DP) lors des élections du 14 mai 1950 a réalisé l'alternance politique pour la première fois en mettant fin au gouvernement du Parti républicain du peuple (CHP) qui était au pouvoir depuis 1923[608].

En ce qui concerne la Convention européenne des Droits de l'Homme, il convient tout d'abord de signaler que la Turquie se trouve parmi les Etats fondateurs du Conseil de l'Europe. A ce titre, elle a participé à l'élaboration de la Convention européenne des Droits de l'Homme. La CEDH a été signée par la Turquie le 4 novembre 1950 et a été ratifiée en 1954. Plus précisément l'Assemblée nationale a adopté la Convention européenne des droits de l'homme par une loi du 10 mars 1954. Cependant, la mise en vigueur de la CEDH date du 18 mai 1954 lors de la transmission des documents de ratification au Conseil de l'Europe[609].

Lors de la rédaction de la Constitution de 1961, la Convention européenne était donc en vigueur. Par rapport à la CEDH, deux caractéristiques de la Constitution de 1961 peuvent être signalées : « l'essence de la liberté » comme critère de garantie au lieu de la « société démocratique » prévue par la CEDH et l'étendue plus

---

[606] Pour le détail, v. Füsun Türkmen, "Turkey's Participation in Global and Regional Human Rights Regims", in *Human Rights in Turkey*, Edited by Zehra F. Kabasakal Arat, PENN (University of Pennsylvania Press Philadelphia), 2007, pp. 249-261.

[607] L'arrêté du Conseil des Ministres, en ce qui concerne l'intégration de la Déclaration Universelle des droits de l'homme dans les programmes d'enseignement et sa diffusion par les radios et journaux, est significatif. (V. Le Journal Officiel du 27 Mayıs 1949-16199, Bakanlar Kurulu Kararı, Karar sy. : 9119).

[608] La décennie des années 1950 fut marquée par l'accélération des démarches de la Turquie vers l'Europe et le Monde avec son adhésion (1948) à l'O.E.C.E. (l'Organisation Européenne pour la Coopération Economique) qui deviendra plus tard l'O.C.D.E. (l'Organisation de Coopération et de Développement Economique) et avec–son adhésion à l'O.T.A.N. en 1951. La Turquie a demandé à la C.E.E. (Communauté économique européenne) l'étude d'un Accord d'association en juillet 1959.

[609] Le Protocole additionnel à la Convention de Sauvegarde des Droits de l'homme et des Libertés fondamentales est également entré en vigueur le 18 mai 1954. La Turquie fait partie des pays contractants qui ont été les premiers à ratifier la Convention européenne des Droits de l'Homme.

large des droits et libertés reconnues par rapport à la CEDH[610]. Ceci dit, il est possible d'avancer que la Constitution de 1961 représentait le « standard maximum » vis-à-vis de la CEDH. Pour ce qui concerne la restriction des libertés, la Constitution de 1961 avait mis en place un système de « limitation différenciée » d'après le caractère du droit reconnu. Les critères de limitation énoncés dans la CEDH reflètent la même approche.

Quant à la Constitution de 1982, le régime de limitation des droits signifie une rupture avec la volonté émancipatrice des rédacteurs de la Constitution précédente. Toutefois, la présence de la CEDH dans la norme fondamentale est assez visible. Les références faites à la CEDH dans les exposés des motifs des articles intéressés sont beaucoup plus nombreuses par rapport à la Constitution précédente. Le remplacement de la notion « d'essence du droit » (1961) par celle de « la société démocratique » (1982) comme critère de garantie est assez significatif. Cependant, la CEDH a été utilisée comme référence plutôt pour les critères de limitation. Le souci de cohérence avec la CEDH du point de vue de la forme est assez clair dans le texte constitutionnel. En effet, la Constitution de 1982, tout en maintenant l'aspect systématique des droits et libertés reconnus par la Constitution précédente, même en élargissant la liste des deux générations des droits de l'homme vers la troisième (droit à l'environnement par exemple), a mis en place un régime juridique différent du précédent en ce qui concerne la limitation et la garantie des libertés. La dérogation aux règles de l'Etat de droit n'a pas tardé d'exercer ses effets sur les relations entre la Turquie et le Conseil de l'Europe[611].

---

610 Il convient de rappeler que la Constitution a accordé aux droits sociaux et économiques une longue liste alors que la CEDH ne reconnaissait en principe que les libertés publiques. Pourtant, avec "*la Charte sociale européenne ouverte à la signature à Turin le 18 octobre 1961 et ses protocoles, les Etats membres du Conseil de l'Europe ont convenu d'assurer à leurs populations les droits sociaux spécifiés dans ces instruments afin d'améliorer leur niveau de vie et de promouvoir leur bien-être*" (Charte sociale européenne – révisée –, Strasbourg, 3 mai 1996, Préambule).

611 La Turquie avait fait l'objet de requêtes introduites par le Danemark, la France, les Pays-Bas, la Norvège et la Suède en juin 1982 à la suite de la militarisation de son régime politique et de la violation des droits de l'homme dans la période du 12 septembre 1980 au premier juillet 1982. La Commission européenne des Droits de l'Homme a décidé la recevabilité de la requête le 6 décembre 1983. Un règlement

B – Les références au droit international

La référence au droit international figure dans plusieurs articles de la Constitution. S'agissant du régime des droits de l'homme en période de circonstances exceptionnelles, *« ... l'exercice des droits et libertés fondamentaux peut être partiellement ou totalement suspendu (...) à condition de ne pas violer les obligations découlant du droit international » (Art.15/al.1).* La Cour constitutionnelle, amenée à se prononcer sur l'expression « ne pas violer les obligations découlant du droit international », a précisé que le législateur était tenu de respecter, en cas d'état d'exception, les principes généraux du droit international[612].

En ce qui concerne la situation des étrangers *leurs « droits et libertés fondamentaux peuvent être limités par la loi conformément au droit international en ce qui concerne les étrangers » (Art.16).* La Cour constitutionnelle, dans son arrêt du 13 juin 1985, a confirmé que si les textes internationaux concèdent à tous les Etats le droit de restreindre les droits et libertés fondamentaux des étrangers, les restrictions doivent être compatibles avec le droit international, comme l'exige l'article 16[613].

Pour le droit et le devoir d'éducation et d'instruction *: « Les dispositions des conventions internationales sont réservées » (Art.42/ dernière phrase)*[614].

L'article 90 est relatif à l'approbation des conventions internationales et la dernière phrase de son dernier alinéa impose de faire prévaloir les *« traités internationaux par rapport aux lois en matière des droits de l'homme ».*

L'état de guerre ne peut être proclamé que *« dans les cas considérés comme légitime par le droit international... » (Art.92/premier alinéa).*

Enfin, il est prévu que *« chaque personne qui estime que l'un des ses droits et libertés garantis par la Constitution, figurant dans la*

---

amiable clôturera l'affaire. Le rapport adopté par la Commission le 7 décembre 1985 prévoit une solution dans le respect des droits de l'homme.

612 Cour constitutionnelle, 10 janvier 1991, no.1990/25 E et 1991/1 K (AYMKD, 1993, no.27/1), p.96.

613 Arrêt du 13 juin 1985, no 1984/14 et 1985/7 K, AYMKD, 1986, no.21.

614 Par cette réserve, c'est le Traité de Lausanne qui est visé principalement.

Convention Européenne des Droits de l'Homme a été violé par la puissance publique peut saisir la Cour constitutionnelle » (Art.148)[615].

C – La place des traités internationaux en droit interne

La place des traités en droit interne fait l'objet d'un débat permanent dans la doctrine de droit public (2). La pratique se diversifie aussi d'une cour à l'autre (3). Il convient tout d'abord de rappeler le droit positif (1).

1 – Sur le plan constitutionnel

La formule introduite par la Constitution de 1961 concernant le statut des traités internationaux a été maintenue dans la Constitution de 1982. Selon l'article 65 de la Constitution de 1961, "*La ratification des traités au nom de la République de Turquie avec les Etats étrangers et les organisations internationales dépend de l'approbation de la ratification par la Grande Assemblée nationale de Turquie et en vertu d'une loi. (...) Les traités internationaux régulièrement mis en vigueur ont force de loi. On ne peut pas recourir à leur encontre devant la Cour constitutionnelle (...)*".

Quant à la Constitution de 1982, l'article 90 est calqué sur l'article 65 de la Constitution précédente. Les dispositions des articles 65 et 90 démontrent qu'en matière d'incorporation des normes internationales dans l'ordre juridique interne, la conception moniste avait été choisie[616]. A l'article 90, la phrase suivante a été ajoutée lors de la modification constitutionnelle effectuée en 2004 : *"En cas de conflit du fait que les accords internationaux et les lois relatifs aux droits et libertés fondamentaux mis en vigueur conformément à la procédure comportent des dispositions différentes sur le même sujet, les clauses des accords internationaux prévalent".* Un tel ajout en faveur des droits de l'homme signifie l'ouverture d'une nouvelle ère en ce qui

---

[615] En ce qui concerne les conventions internationales ratifiées par la Turquie, la liste des instruments internationaux du point du nombre et de la diversité est non négligeable. v. İbrahim Ö. Kaboğlu, *Özgürlükler hukuku* 1, İnsan Hakları Genel Kuramına Giriş, 7. Baskı, İmge Kitabevi, 2013, pp. 61-66.

[616] Sinem Yargıç, "L'influence du droit conventionnel européen des droits de l'homme sur l'ordre juridique interne Turc", *Maltepe Üniversitesi Hukuk Fakültesi Dergisi*, 2010/1, p. 47.

concerne la place des instruments internationaux relatifs aux droits de l'homme. Ils sont supérieurs aux lois ordinaires.

En conséquence, la supériorité de la Convention EDH par rapport aux lois a été également affermie. A partir d'une telle règlementation, à cotés des cours suprêmes, les juges de première instance participent au processus d'intériorisation de la CEDH[617]. En effet, la nouvelle disposition constitue une nouveauté primordiale du point de vue du droit constitutionnel des libertés. D'abord, le système moniste a été affermi par une telle ouverture vers l'internationalisation des droits de l'homme. Le rapprochement du juge national de la norme internationale semble susceptible d'amorcer les deux processus suivants, mais dans un sens opposé : l'internationalisation des droits et libertés d'une part, et la nationalisation du droit international des droits de l'homme de l'autre. Une telle interaction ne manque pas d'exercer ses effets positifs sur la culture juridique des juristes dont les formations sont calquées essentiellement sur la notion de loi. A tout cela, il convient d'ajouter enfin que le destinataire de la dernière phrase de l'article 90 n'est pas limité aux organes juridictionnels. Toutes les instances ayant la capacité d'appliquer la loi doivent réagir conformément à cette implication constitutionnelle.

2 – Sur le plan doctrinal

Les dispositions de l'article 90 qui précisent que les conventions internationales ont force de loi et qu'elles sont exclues du contrôle de constitutionnalité ont suscité des vives discussions dans la doctrine de droit public au sujet du rang des conventions internationales dans la hiérarchie des normes[618]. Du point de vue de la hiérarchie des normes quelle place peut donc être accordée aux conventions internationales ? Suivant une partie des publicistes, les conventions internationales se situent au niveau légal. Ce point de vue prend en considération la qualification constitutionnelle qui donne aux conventions "force de loi"[619].

---

617 Pour le détail, voyez Sinem Yargıç, "L'influence du droit conventionnel européen des droits de l'homme sur l'ordre juridique interne Turc", op. cit., pp. 45-79.

618 Sinem Yargıç, "L'influence du droit conventionnel européen...", p. 48.

619 MM. Les Professeurs R. Aybay, H. Pazarcı et E. Özbudun sont partisans de ce point de vue. Pour le détail v. İbrahim Ö. Kaboğlu, *Özgürlükler Hukuku,* İmge yay., 6. Bası, Ankara 2002, pp. 228-229.

D'après un deuxième point de vue, les conventions internationales ont une valeur supérieure aux lois du fait qu'elles ne sont pas soumises au contrôle de constitutionnalité[620]. Certains publicistes ont opéré une distinction entre les traités en général et les instruments internationaux relatifs aux droits de l'homme. Cette conception a été soutenue par une partie de la doctrine afin d'accorder une place privilégiée aux conventions relatives aux droits de l'homme par rapport aux autres. A partir d'une telle distinction, la CEDH aurait une place au niveau constitutionnel et même supra-constitutionnel[621].

Le débat sur la place des traités internationaux et instruments des droits de l'homme y compris la CEDH a été naturellement nuancé à la suite de l'intégration dans la Constitution d'une disposition spécifique consacrée aux droits de l'homme (Article 90/dernier alinéa)[622]. Certes, les instruments relatifs aux droits de l'homme tiennent une place au-dessus des lois, mais inférieure à la Constitution. Cependant, la CEDH doit être prise en compte à part du fait qu'elle est accompagnée d'un système de sanction.

3 – Sur le plan jurisprudentiel

Dans la pratique jurisprudentielle, il est important de distinguer la position du Conseil d'Etat par rapport à l'approche de la Cour constitutionnelle et à celle de la Cour de cassation. La Cour de cassation accorda en principe aux conventions internationales la même valeur que la loi. De son côté, la Cour constitutionnelle a souvent utilisé les conventions internationales comme des normes de référence secondaires mais pas d'une façon indépendante vis-à-vis de la Constitution. La jurisprudence de la Cour constitutionnelle est variable s'agissant de la place des conventions internationales dans la hiérarchie des normes. D'après certains arrêts de la Cour, les

---

[620] A. Şeref Gözübüyük, *İnsan Hakları Sözleşmesi ve Bireysel Başvuru*, İnsan Hakları Derneği yay., 35. Yıl, c.9, ank.1987, s.3.

[621] MM. Les Professeurs T. Akıllıoğlu, E. Çelik, A.Ş. Gözübüyük, M. Gülmez et N. Yüzbaşıoğlu. Pour le détail, v. Yasemin Özdek and Emine Karacaoğlu, "Turkey", in *The European Convention on Human Rights and its Member States*, 1950-2000, ed.by R. Blackburn and J. Polakiewicz, Oxford, pp. 879-915.

[622] Pour le détail, v. *İnsan Hakları Uluslararası Sözleşmelerinin İç hukukta Doğrudan Uygulanması* (Anayasa, md.90/son), TBB-İHAUM, Ankara 2004 ; *İnsan Hakları Avrupa Sözleşmesi ve Anayasa/ Anayasa Mahkemesine Bireysel Başvuru Kapsamında Bir İnceleme*, Ed. Sibel İnceoğlu, Avrupa Konseyi, 2013 (1. Baskı).

conventions internationales ont une valeur égale à la loi[623]. La Cour accorde parfois aux traités internationaux une place supérieure aux lois et inférieure à la Constitution[624]. En outre, les conventions internationales seraient qualifiées de normes supra-constitutionnelles ainsi que le révèle un arrêt de 1990 : « Les Etats civilisés ont mis fin à toutes les inégalités entre les enfants légitimes et les enfants naturels. Dans les conventions qui peuvent être qualifiées de normes supra constitutionnelles, toutes les discriminations relatives aux enfants ont été supprimées (...) »[625]. Quant à l'utilisation de la CEDH par la Cour constitutionnelle comme norme de référence cela dépend des circonstances. Par exemple, elle a souvent pris en compte l'article 17 (l'interdiction de l'abus de droit), mais pas l'article 10 (la liberté d'expression) de la CEDH dans ses arrêts concernant la dissolution des partis politiques[626].

Contrairement à la Cour constitutionnelle, le Conseil d'Etat a développé une jurisprudence prétorienne accordant à la CEDH une valeur supra-constitutionnelle afin de condamner la pratique des mesures déclarées en période exceptionnelle : l'état de siège et l'état d'urgence sont présentés comme prolongement du régime militaire[627]. A défaut d'une interdiction explicite dans la Constitution de 1982 en ce qui concerne les syndicats des agents publics, le Conseil d'Etat a également appliqué l'article 11 de la CEDH pour reconnaître le droit syndical dans la fonction publique[628]. Comme cela a déjà été signalé, d'après l'article 15, les restrictions et la suspension des droits de l'Homme en cas d'état d'exception ne doivent pas enfreindre les obligations découlant du droit international. La Cour constitutionnelle, amenée à se prononcer sur l'expression « ne pas violer les obligations

---

[623] Citons comme exemple, Cour constitutionnelle, Arrêt, E.1990/30, K.1990/31, 29.11.1990.

[624] Pour le détail v. M. Gönül, E. Cansel, Y. Aliefendioğlu, "Turkish Report", in *The Hieracchy of Constitutional Norms and its Function in the Protection of Human Rights*, VIII. European Constitutional Courts Conference (7-10 May, 1990, Ankara), Anayasa Mahkemesi yay., pp.141-182.

[625] Cour constitutionnelle, Arrêt, E.1990/15, K.1991/5, le 28.02.1991 (AYMKD, sy.27, c.1, s.48 vd., 61).

[626] "La Convention européenne des droits de l'homme a donc force de loi. Toutefois la loi no 2820 relative aux partis politiques est une loi spéciale par rapport à la Convention, elle a la priorité d'application" (CC, arrêt E.1996/3, K.1997/3, 22/05/1997).

[627] DIBK, E.1989/6, K.19889/4, *Danıştay Dergisi*, no.78-79, ss.50-67.

[628] Danıştay, 10. Daire, E.1991/1261, K.1992/3911.

découlant du droit international », a précisé que le législateur était tenu de respecter, en cas d'état d'exception, les principes généraux du droit international.

Dans la jurisprudence du Conseil d'Etat, les arrêts de la Cour EDH ont servi depuis longtemps de source de référence supplémentaire. En prenant en compte la révision constitutionnelle qui a eu lieu en 2004 (en ce qui concerne la place des conventions concernant les droits de l'homme dans la hiérarchie des normes), cette attitude adoptée dans les arrêts du Conseil d'Etat peut être interprétée d'une manière positive. Puisque les jeunes générations (comme les maîtres des requêtes et jeunes conseillers d'Etat qui se trouvent dans la partie dissidente) ont tendance à utiliser les normes européennes, on peut s'attendre au développement de la jurisprudence interne en matière des droits de l'homme dans un sens favorable à la reprise de la jurisprudence européenne[629].

Quant à la pratique de l'article 16 de la Constitution, les juges s'attachent à vérifier que les restrictions apportées aux droits et libertés des étrangers soient conformes au droit international. Le Conseil d'Etat, sous le régime constitutionnel précédent, avait déjà censuré un acte gouvernemental au nom de la liberté d'expression. En se référant à l'acte final d'Helsinki du 1er août 1975, il a annulé un arrêté d'expulsion pris et adopté contre les journalistes d'une télévision suédoise. En ce qui concerne l'application de la CEDH en matière de liberté d'expression, la priorité est accordée à la Convention par rapport au droit national dans la jurisprudence du Conseil d'Etat[630].

Section 2 – Le catalogue des droits et libertés fondamentaux

Le catalogue des droits et libertés constitutionnels reflète la classification tripartite proposée par G. Jellinek[631] : droits et libertés de statut négatif (droits et devoirs de la personne) ; droits et libertés de

[629] Conseil d'Etat (CE), 1ère Chambre, registre no : 1992/136, décision no : 2004/4148, daté du 20.12.2004. CE, 5ème Chambre, registre no : 1998/1001, décision no : 1998/2032 ; CE, 5ème Chambre, registre no : 2000/2688, décision no : 2001/3608.

[630] Conseil d'Etat, 12 ème Chambre, le 24 avril 1978, no.1977/1349 et 1978/955 K., Danıştay Dergisi, 1978, no.30-31, s.50-53.

[631] Robert Alexy, *A Theory of Constitutional Rights*, (translated by Julian Rivers), Oxford University Press, 2001, p.163-177.

statut positif (droits et devoirs sociaux-économiques) et, droits de statut actif (droits et devoirs politiques). Une telle classification introduite par la Constitution de 1961 a été maintenue dans la Constitution de 1982[632] avec l'énoncé des droits et libertés classiques (§1), droits sociaux, économiques et culturels (§2) et des droits politiques (§3).

§ 1 – Les droits et libertés classiques

Le chapitre II de la Constitution est consacré aux « droits et devoirs de l'individu » qui englobe également les libertés collectives (Articles 17-40). Ces articles contiennent à titre principal un volet substantiel et un volet procédural[633].

L'étendue des droits reconnus est relativement large. Ces droits et libertés aménagés de façon détaillée dans les articles 17 à 34 sont accompagnés de clauses de restrictions non négligeables.

Les principaux droits et libertés reconnus sous le chapitre 2 peuvent être regroupés sous les trois titres suivants : libertés de la personne physique (A) ; libertés de croyance, de la pensée et d'expression (B) ; libertés collectives (C)[634].

A – Les droits et libertés de la personne physique

Les droits et libertés de la personne physique ont été organisés en regroupant « l'inviolabilité et l'intégrité physique et spirituelle de l'individu » (Art.17), « l'interdiction du travail forcé » (Art.18), la « liberté et la sécurité individuelle » (Art.19), « l'intimité de la vie privée » (Art.20), « l'inviolabilité du domicile » (Art.21), la « liberté de la communication » (Art.22) et la « liberté d'établissement et de voyage » (Art.23).

---

[632] La classification proposée à partir de l'évolution des droits est utilisée de plus en plus dans la doctrine : première génération des droits de l'homme, deuxième génération des droits de l'homme et la troisième génération des droits de l'homme.

[633] Le volet procédural (dispositions relatives à la protection des droits et libertés fondamentaux) sera étudié sous le Chapitre 4, Section 3, §2 - Les voies de recours.

[634] Le droit de propriété qui figure parmi les "droits et libertés de l'individu, contrairement à la Constitution précédente dans laquelle il était aménagé parmi les droits sociaux et économiques, sera abordé sous le titre suivant.

1 – L'intégrité de la personne : le droit à la vie

Celle-ci a été concrétisée par le titre relatif à « l'inviolabilité et l'intégrité physique et spirituelle de l'individu » (Art.17) et par l'interdiction du travail forcé (Article 18). Le principe relatif au droit à la vie reflète aussi le droit au développement. En effet, « Chacun possède le droit à la vie et le droit de préserver et d'épanouir son intégrité physique et morale ».

Ces droits sont accompagnés par deux interdictions :

- « Il ne peut pas être porté atteinte à l'intégrité corporelle sans son consentement, sauf en cas de nécessité médicale ».
- « Nul ne peut être soumis à la torture ni à des sévices ; nul ne peut faire l'objet de peines ou traitements incompatibles avec la dignité humaine ».

En ce qui concerne les exceptions prévues par l'alinéa 4 de cet article, on peut créer un parallélisme avec le paragraphe 2 de l'article 2 de la CEDH d'après lequel « La mort n'est pas considérée comme infligée en violation de cet article dans les cas où elle résulterait d'un recours à la force rendu absolument nécessaire (…) »[635].

Les garanties concernant le droit à la vie et l'interdiction de la torture ont été très souvent bafouées. La plupart des arrêts de la Cour EDH dans lesquels les violations ont été constatées concernent l'aspect matériel de l'article 2 de la CEDH à savoir l'atteinte à la vie. Les exceptions au droit à la vie sont aussi énumérées (dernier alinéa) tels que les actes de meurtres occasionnés en état de légitime défense ou ceux qui résultent de l'utilisation d'armes. Les garanties constitutionnelle et conventionnelle n'ont pas pu empêcher la violation des droits de l'homme en Turquie. Le nombre d'arrêts de la Cour EDH qui constatent les violations de l'article 2 en est la preuve[636]. Quant aux arrêts concernant l'interdiction de la torture[637] ou

---

[635] Parmi les exceptions énoncées dans l'article 17 la peine capitale prévue dans le texte initial a été supprimée lors de la modification effectuée en 2001 et, la peine capitale prévue pour les périodes des circonstances exceptionnelles a été supprimée en 2004.

[636] Les arrêts principaux sont les suivants : Cour EDH, Gül c.Turquie, 14 décembre 2000 ; Cour EDH, Akum et autres. c. Turquie, 24 mars 2005 ; Cour EDH, İpek c. Turquie, 17 février 2004 ; Cour EDH, Ali et Ayşe Duran c.Turquie, 8 avril 2008 ; Cour EDH, Orak c.Turquie, 14 février 2002 ; Cour EDH, Aydan c.Turquie, no.16281/10, 12 mars 2013 ; Cour EDH, Mehmet Şentürk et Bekir Şentürk c. Turquie, no.134423/09, 9 avril 2013.

des traitements inhumains et dégradants (Article 3 de la CEDH), la Cour a constaté dans une centaine d'affaires la violation par la Turquie de l'interdiction de la torture. Les raisons de la violation de l'article 2 peuvent être regroupées en trois catégories relevant de l'utilisation non-nécessaire de la force[638], du défaut d'adoption de mesures préventives contre les risques sur la vie[639] et enfin reposant sur le manque d'enquête effective et l'impunité des responsables qui ont causé la mort[640].

« Le décès d'une femme enceinte victime d'un dysfonctionnement flagrant des services hospitaliers, l'ayant privé de la possibilité d'avoir accès à des soins d'urgence appropriés, soulève la question des obligations positives que l'article 2 fait peser sur l'Etat »[641]. Un gendarme conduisant une jeep militaire et confronté à des manifestations avait utilisé son arme à feu en mode automatique, ce qui provoqua le décès d'une personne qui était extérieure à la manifestation[642]. D'après la Cour EDH, « La dispense de sanction pénale à un gendarme qui a utilisé son arme à feu de manière injustifiée risque d'être interprétée comme donnant carte blanche aux forces de l'ordre »[643].

Dans un arrêt du 19 décembre 2013, la Cour constitutionnelle a reconnu, à l'unanimité, que l'impossibilité pour la femme mariée de porter exclusivement son nom d'origine constituait une violation du droit à la protection et au développement de la personnalité (Art.17). Selon la Cour, l'interdiction posée par le Code civil n'est pas applicable en l'espèce dans la mesure où la jurisprudence

---

[637] Cour EDH, Ilhan c. Turquie, Gr. Chambre, 27 juin 2000 ; Cour EDH, Algür c. Turquie, 22 octobre 2002 ; Cour EDH, Aydın c.Turquie, 10 juillet 2001 ; Cour EDH, Tekin c.Turquie, 9 juin 1998 ; Cour EDH, Okkalı c.Turquie, 17 octobre 2006 ; Cour EDH, Dikme c.Turquie, 11 juillet 2000 ; Cour EDH, Selçuk et Asker c. Turquie, 24 avril 1998 ; Cou EDH, Bilgin c.Turquie, 16 novembre 2000.

[638] Cour EDH, Oğur c. Turquie (appl. No. 21594/93), Grande Chambre, 20 mai 1999.

[639] Cour EDH, Kılıç c. Turquie (appl.no.22492/93), Première Section, 20 mars 2000.

[640] Cour EDH, Kaya c. Turquie, (appl. No.22729/93), 19 février 1998 ; Bati and others v. Tukey (appl. No.33097/96 and 57834/00), Première Section, 3 juin 2004.

[641] Cour EDH, Mehmet Şentürk et Bekir Şentürk c. Turquie, no 13423/09, 9 avril 2013. "La Cour condamne l'Etat pour manquement à son obligation de protéger l'intégrité physique de la défunte car les services hospitaliers compétents ne lui ont pas administré le traitement d'urgence..." (Cour EDH-Rapport annuel 2013, pp. 86-87).

[642] Cour EDH, no : 16281/10, 2 mars 2013.

[643] Cour EDH-Rapport annuel 2013, p. 86.

européenne[644] prime sur la loi en vertu de l'article 90/5 de la Constitution. À la différence de la Cour européenne, la Cour n'a pas examiné la requête sous l'angle du principe de l'égalité. Par ailleurs, la juridiction constitutionnelle ne s'est pas prononcée sur la nécessité et la proportionnalité de l'interdiction en cause car l'absence de base légale de l'ingérence suffit à constater une violation de la Constitution[645].

2 – La liberté et sécurité de l'individu

L'article 19 relatif à la liberté et sécurité individuelles figure parmi les plus longs de la Constitution. Après avoir posé le principe de liberté par le premier alinéa, l'alinéa 2 précise la clause de restrictions en soulignant que « *nul ne peut être privé de sa liberté sauf dans les cas suivants et selon les formes et dans les conditions définies par la loi* ».

Les conditions de la privation de liberté constituent une longue liste (§3). Citons-en comme exemple :
- l'exécution des peines privatives de liberté et des mesures de sûreté prononcées par les tribunaux,
- l'arrestation par la décision du juge,
- l'exécution d'une décision prise en vue de l'éducation surveillée d'un mineur,
- l'exécution d'une mesure prise conformément aux règles définies par la loi en vue du traitement d'un aliéné, d'un toxicomane etc…

La détention dépend en principe de la décision du juge vis-à-vis de personnes contre lesquelles il existe des doutes sérieux. Dans ce cas, la décision du juge se fonde sur l'existence des conditions nécessaires comme la fuite ou la destruction des preuves par la personne soupçonnée.

Aucune arrestation ne peut être procédée sans décision du juge sauf en cas de flagrant délit où un retard serait préjudiciable.

Toute personne arrêtée ou placée en détention doit être informée des motifs de son arrestation ou de sa mise en détention et des accusations qui sont formulées contre elle. Les proches de la personne

---

644 Ünal Tekeli c.Turquie, 16 novembre 2004, 29865/96.
645 AYM, Başvuru no. 2013/2187, ka.ta. : 19 décembre 2013.

arrêtée ou placée en détention sont immédiatement avisés de sa situation.

Le délai de la traduction devant le juge est de 48 heures et de 4 jours maximum en ce qui concerne les délits collectifs[646].

Les personnes placées en détention ont le droit de demander à être jugées dans un délai raisonnable et à être mises en liberté pendant le cours de l'enquête ou des poursuites[647]. Toute personne privée de sa liberté pour une raison quelconque, a le droit d'introduire une requête devant une autorité judiciaire compétente afin d'obtenir une décision dans un délai le plus bref sur son état et sa libération immédiate dans le cas où cette privation est illégale. A ce propos, la Cour constitutionnelle a joué un certain rôle protecteur surtout à partir de l'introduction du recours individuel[648] et la Cour EDH a commencé à faire référence à certains arrêts de la Cour constitutionnelle pour souligner le principe de subsidiarité[649].

Quant à la jurisprudence européenne, les arrêts concernant le droit à la liberté et à la sûreté (Article 5 de la CEDH) dans lesquels la Cour a conclu à leur violation se trouvent parmi ceux dont le nombre est

[646] Ce délai était fixé à 15 jours dans le texte initial. C'est par la modification effectuée en 2001 que le délai a été fixé à 4 jours.

[647] En raison du délai non raisonnable de la détention des députés, la Cour constitutionnelle a constaté la violation de l'article 19/7 en liaison avec l'article 61/1 (droit d'être élu) (V. AYM, Mehmet Haberal Başvurusu, Başvuru no.2012/849 ; karar ta. : 14.12.2013 ; Mustafa Balbay, Başvuru no : 2012/1272, Karar ta. : 13.12.2013)

[648] L'arrêt de la Cour constitutionnelle du 6 mars 2014 rendu à la suite du recours individuel par İlker Başbuğ (ancien commandant d'état-major) reflète bien le non-respect de l'article 19 et surtout du principe de "l'habeas corpus". La CC met l'accent sur les raisons constitutionnelles exhaustives de la privation de liberté. La violation constatée s'appuie sur les deux éléments suivants : 1) l'argument d'après lequel la privation de la liberté était sans fondement juridique a été refusé par le Tribunal sans une étude efficace ; 2) l'arrêt motivé de la condamnation n'a pas pu être envoyé à la Cour de cassation du fait qu'il n'a pas été rédigé au cours des sept mois à partir du verdict, AYM Kararı, Başvuru no. : 2014/912 ; Ka. Ta. : 6/3/2014, JO, 11/3/2014, 28938.)

[649] A ce propos, l'arrêt concernant les deux journalistes E. Gül et C. Dündar est assez significatif du fait que la Cour EDH a fait référence à ces deux arrêts d'une façon systématique pour rejeter les recours introduits sous le régime de l'état d'urgence (V.AYM, Erdem Gül ve Can Dündar, Başvuru no. 2015/18567, Ka.ta. : 25/2/2016 ; R.G. : 1.3.2016-2649).

très élevé[650]. L'arrêt Gülay Çetin c. Turquie[651] développe la jurisprudence sur la protection de la dignité des détenus atteints d'une maladie présentant un pronostic fatal à court terme.

3 – L'intimité de la vie privée

L'intimité de la vie privée et l'inviolabilité du domicile ainsi que la liberté de communication sont garanties par les articles 20, 21 et 22. La révision constitutionnelle effectuée en 2001 a occasionné, d'une part, l'augmentation des motifs de restrictions à la suite de la suppression de la clause générale prévue par l'article 13 et, d'autre part, la consolidation de la garantie juridictionnelle.

Malgré l'amélioration du statut de ces libertés, celles-ci se trouvent parmi les droits et libertés constitutionnels les plus sensibles du fait qu'ils ont été souvent mis en cause pendant les grands procès qui se sont déroulés devant les cours d'assise spéciales[652].

L'inviolabilité du domicile et les écoutes téléphoniques ont fait l'objet de grands débats politico-juridiques au cours de ces dernières années.

Les gardes à vue et les arrestations liées aux grands procès politiques tels qu'Ergenekon, KCK et Balyoz ont suscité des discussions et même de vives contestations du fait que les actes et actions des forces de l'ordre ne respectaient pas les garanties constitutionnelles[653].

Depuis le début de l'examen de ces affaires, le Comité des ministres a noté que les violations constatées étaient dues à un certain

---

[650] D'après les informations statistiques publiées par la Cour EDH concernant 2013, le nombre de violations du droit à la liberté et à la sureté (Article 5 de la CEDH) est de 35 (Rapport Annuel-2013, p. 207).

[651] Cour EDH, n. 44084/10, 5 mars 2013.

[652] Les cours d'assise spéciales, remplacées par les cours de sûreté de l'Etat, ont été créées par le code de procédure pénale de 2005. Les grands procès politiques tels qu'Ergenekon, Balyoz et KCK se sont déroulés devant les cours en cause ayant été supprimées par la loi du 2 juillet 2012 à condition que les affaires pendantes soient achevées par des arrêts définitifs. Quant à la loi du 6 mars 2014, celle-ci a supprimé les cours d'assises d'une façon définitive (Teörle Mücadele Kanunu ve Ceza Kanunu...Değşiklik Yapılmasına Dair Kanun, no : 6526, JO, 6/3/2014, 28933).

[653] L'arrêt de la Cour Constitutionnelle rendu à la suite d'un recours individuel fait un bon résumé de cette situation : AYMK, Başvuru no. : 2014/912, JO, 11/3/2014, 28938.

nombre de problèmes structurels : la mentalité et la pratique des forces de sécurité, le système de leur formation initiale et continue, le cadre juridique de leurs activités et, surtout, les lacunes graves dans l'établissement au niveau national des responsabilités administratives, civiles et pénales pour les abus. En conséquence, le Comité en a appelé aux autorités turques pour adopter d'urgence des mesures globales afin de combler ces lacunes et de se conformer ainsi aux arrêts de la Cour.

4 – Liberté de voyage et d'établissement

Par le principe constitutionnel d'après lequel "chacun possède la liberté de s'établir et de voyager", les deux libertés sont règlementées dans le même article. Toutefois, les motifs des limitations sont différents en fonction de la nature de chaque liberté. Pour la première il s'agit de "prévenir des infractions, d'assurer le développement social et économique, de réaliser une urbanisation saine et ordonnée et de prévenir les biens publics" (liberté d'établissement), alors que la seconde peut être restreinte par "une enquête et des poursuites et en vue de prévenir des infractions" (liberté de voyager).

Entre l'article 23 et les articles 57 et 66, il existe une liaison du fait que l'article 23 contient les éléments concernant à la fois le droit au logement et la citoyenneté. D'une part, il s'agit d'un dénominateur commun entre la liberté d'établissement et le droit au logement qui implique "une planification tenant compte des particularités des villes et des conditions de l'environnement". D'autre part, l'article 23 opère une distinction en ce qui concerne la situation des citoyens en tant que titulaires du droit de voyager. "La liberté des citoyens de quitter le territoire du pays peut être limitée en raison du devoir patriotique ou d'une enquête ou de poursuite pénales. Aucun citoyen ne peut être expulsé ni privé du droit de rentrer dans le pays" (Art.23§3 et 4)[654].

5 – Le droit de propriété

"Chacun possède les droits de propriété et d'héritage. Ces droits peuvent être limités par la loi, mais uniquement dans un but d'intérêt

---

[654] D'après l'article 66 relatif à la citoyenneté, "Aucun Turc ne peut être déchu de sa nationalité tant qu'il n'a pas commis un acte incompatible avec l'attachement à la patrie".

public. Le droit de propriété ne peut être exercé d'une manière contraire à l'intérêt de la société" (Art.35).

Cet article est calqué littéralement sur l'article 36 de la Constitution de 1961 avec une différence de classification : l'article 36 figurait sous le chapitre 3 consacré aux droits sociaux et économiques alors que l'article 35 est énoncé sous le chapitre 2 consacré aux droits classiques.

Quelle est la différence entre les deux chapitres ? A titre principal, il convient de signaler l'effet indirect de l'article 91 relatif aux décrets-lois. D'après cette disposition, du fait que "les droits fondamentaux et les droits et devoirs de l'individu... ne peuvent pas faire l'objet de décrets-lois...", le droit de propriété pouvait faire l'objet de décrets-lois. Ainsi, la propriété est conçue comme un droit renforcé par rapport au statut accordé par la Constitution précédente[655].

Le régime juridique du droit de propriété ne peut être complété que sous l'optique de l'article 46 relatif à l'expropriation : « L'Etat et les personnes morales publiques sont autorisés, dans les cas où l'intérêt public le rend nécessaire et à condition d'en payer la contrepartie au comptant, à exproprier, en tout ou en partie, les biens immobiliers,.. ».

Le droit de propriété a été renforcé par la Cour constitutionnelle quand il s'agit d'une expropriation par la pratique des articles 35 et 46 ainsi que celle de l'article 13 de façon cumulative[656].

B – Libertés de pensée et de croyance

La liberté de religion et de conscience (Art.24), la liberté de pensée et d'opinion (Art.25), la liberté d'expression et de propagande de la pensée (Art.26), la liberté scientifique et artistique (Art.27) et la liberté de la presse (Art.28) vont faire l'objet de ce titre.

---

[655] En effet, la systématisation des droits et libertés par la Constitution reflète une hiérarchisation des droits de l'homme. Autrement dit, la Constitution exclut le principe d'égalité des droits de l'homme. Pour le détail, v. chapitre 4, Section 3 - Les garanties des droits et libertés fondamentaux.

[656] Cette pratique se concrétise au fur et à mesure dans les arrêts de la Cour constitutionnelle rendus à la suite des recours individuels. V. AYM, başvuru no. 2013/817; ka.ta. : 18.12.2013.

1 – La liberté de religion et la laïcité

Avant d'aborder la liberté de religion et la laïcité, il convient de donner tout d'abord quelques éléments de base concernant la population du point de vue des croyances du fait qu'il existe un pluralisme religieux en dehors des minorités. « Parmi les aspects les moins connus de la Turquie contemporaine figure la question alévie. On estime que ce groupe syncrétique et hétérodoxe forme entre 10 et 20 % de la population du pays, (...) »[657]. Le phénomène de l'alévisme révèle la diversité religieuse de la population de Turquie. A côté de l'Islam sunnite très largement majoritaire et des minorités non musulmanes (arméniennes, juives et grecques orthodoxes) reconnues par le Traité de Lausanne, se revendique de l'alévisme, une communauté hétérodoxe qui hésite entre religion, mouvement spirituel et courant philosophique[658].

L'alévisme recouvre un système de croyance et de pratique de plusieurs peuples anatoliens : les Turcs, mais aussi les Kurdes, les Bosniaques ou les Albanais. Il associe, à l'origine, un Islam proche du Chiisme (« Alévi » fait référence au Calife « Ali », encore que certains alévis ne se considèrent pas musulmans), des usages paléochrétiens anatoliens, un chamanisme à connotation turcique, des références zoroastriennes et mazdéennes. La spécificité alévie s'illustre de façon multiple : non-observation du jeûne du Ramadan et des prières quotidiennes, organisation de Cem (cérémonie fermée associant homme et femme), lieux de culte particuliers (les « Cemevleri »), usage rituel du vin, de la danse et de la musique[659].

a – La liberté de religion, de croyance et de conviction

L'article 24 qui concrétise l'étendue et les limites de cette liberté sous ses 5 alinéas introduit aussi d'une façon indirecte la définition de la laïcité.

---

[657] Elise Massicard, « La question alévie », in *La Turquie*, sous la direction de Semih Vaner, Fayard/ CERI, 2005, p. 331.

[658] « Alévisme », in *Les mots de la Turquie*, sous la direction de Jean-Paul Burdy, Presses Universitaires du Mirail, Toulouse, 2006, p.10. Pour le détail voir aussi, Elise Massicard, « La question alévie », in *La Turquie*, pp. 331-350.

[659] Pour le détail, voir "Alévisme" pp. 10-11 ; Jean Marcou, "Les Alévis manifestent à Ankara", *Observatoire de la Vie Politique Turque* (OVIPOT), Lundi 10 novembre 2008, pp. 7-9.

Après avoir rappelé le principe et l'étendue de cette liberté, l'article 24 prévoit une clause dérogatoire en ce qui concerne la pratique : « *Les prières et les rites ainsi que les cérémonies sont libres à condition de ne pas être contraires aux dispositions de l'article 14* ». La pratique religieuse est ainsi soumise à la disposition générale relative au non-abus des droits et libertés constitutionnels[660].

L'alinéa 3 qui exclut la contrainte pour la liberté de religion conserve un domaine intouchable : « *Nul ne peut être astreint... à divulguer ses croyances et ses convictions religieuses et nul ne peut être blâmé ni incriminé en raison de ses croyances ou convictions religieuses* ».

Néanmoins, « *L'enseignement de la culture religieuse et de la morale figure parmi les cours obligatoires dispensés dans les établissements scolaires du primaire et du secondaire* »[661].

Une telle obligation, très controversée, est tout d'abord contraire à l'alinéa précédent et ensuite à la liberté de religion. Enfin, il convient de signaler que la Cour EDH a constaté la violation de la Convention du fait de l'enseignement obligatoire d'un tel cours[662]. Selon la Cour européenne l'enseignement obligatoire du cours de culture religieuse et de connaissance morale reposant essentiellement sur l'Islam ne respecte pas l'article 2 du Protocole additionnel. La Cour estime que le programme suivi dans les écoles primaires et dans le premier cycle des établissements secondaires, ainsi que les manuels pertinents, donne la priorité à la connaissance de l'Islam par rapport à celle des autres religions et philosophies. Cependant, dans les écoles primaires et secondaires, les élèves ne bénéficient d'aucun enseignement sur les particularités confessionnelles ou rituelles des alévis. La Cour estime que l'enseignement dispensé dans le cours de culture religieuse et connaissance morale en Turquie ne peut être considéré comme répondant aux critères d'objectivité et de pluralisme dans une société démocratique et visant à ce que les élèves développent un esprit

---

[660] L'article 14, rédigé de nouveau en 2001 sous l'optique de l'article 17 de la CEDH, n'a pas été différencié du point de vue de la pratique religieuse.

[661] Contrairement à la Constitution de 1982, l'éducation et l'enseignement religieux étaient prévus comme cours à option dans la Constitution de 1961.

[662] Cour EDH, Arrêt de Chambre, Hasan et Eylem Zengin c. Turquie (requête no 1448/04), 9.10.2007. (Final : 09/01/2008). Cet arrêt n'a pas encore été exécuté. De ce fait, la Cour EDH a mis l'accent sur l'obligation des autorités nationales de se conformer « sans plus tarder » aux exigences de la CEDH dans son arrêt récent (Affaire Mansur Yalçın et autres, 16 septembre 2014) en condamnant la Turquie dans le même sens.

critique à l'égard de la religion[663]. Le Conseil d'Etat s'est prononcé également sur l'enseignement obligatoire des cours religieux et a estimé que son contenu était contraire à la Constitution[664].

Alors que le Gouvernement devrait exécuter les arrêts de la Cour EDH, il a, au contraire, en profitant de la réforme éducative définie par la formule « 4+4+4 », introduit les nouveaux cours basés sur le sunnisme dans les programmes scolaires[665].

Quant au dernier alinéa de l'article 24, il est relatif à l'interdiction de l'abus de la liberté de religion. Cette disposition est conçue également comme donnant une définition de la laïcité. *« Nul ne peut, ...exploiter la religion, (...), ni en abuser dans le but de faire reposer (...) l'ordre social, économique, politique ou juridique de l'Etat sur des préceptes religieux... ».*

Comme la définition négative de la laïcité sera abordée sous le sous-titre suivant, il convient de signaler ici le problème de la *« mention de la religion ».* L'article 43 de la loi numéro 1587 sur l'état civil (Nüfus Kanunu) était ainsi libellé : "*Les registres d'état civil comprennent les informations suivantes concernant les individus et les familles* (...) en indiquant la religion de la personne concernée.

La Cour constitutionnelle déclara cette mention conforme aux articles 2 (laïcité) et 24 (liberté de religion) de la Constitution dans son arrêt du 21 juin 1995, nonobstant l'énoncé même de cette disposition constitutionnelle selon laquelle "nul ne peut être contraint de divulguer ses croyances et ses convictions religieuses"[666].

Les juges constitutionnels considèrent notamment que "L'Etat doit connaître les caractéristiques de ses citoyens. Ce besoin d'information est fondé sur les nécessités de l'ordre public, de l'intérêt général, et sur les impératifs économiques, politiques et sociaux (...).

L'Etat laïc doit être neutre à l'égard des religions. Dans ce contexte, le fait de mentionner la religion sur les cartes d'identité ne peut entraîner une inégalité entre les citoyens (...). Toutes les religions ont la même place dans le cadre d'un Etat laïc (...).

---

[663] Quant au respect des confessions des parents, la Cour a constaté une violation de l'article 2 du Protocole 1 à cause de l'insuffisance des garanties du mécanisme de dispense.

[664] Danistay 8. Dairesi, E. 2006/4107, K. 2007/7481, 28.12.2007 et Danıştay 8. Dairesi, E. 2007/679, K. 2008/1461, 29.02.2008.

[665] AYM, E.2012/48, K.2012/75, 24.5.2012 ; RG : 06.10.2012-28433.

[666] AYM, E.1995/17, K.1995/16, ta. 21.6.1995, R.G. : 24 Ekim 1995, KD, numéro 31, vl. 2, pp. 538-555.

L'on ne peut interpréter la règle selon laquelle "nul ne peut être contraint (...) de divulguer ses croyances et ses convictions religieuses" comme une interdiction de mentionner la religion de la personne dans les registres officiels. La Constitution interdit la contrainte.

La contrainte concerne la divulgation des croyances et des convictions religieuses. Il n'est pas possible de limiter la notion de "croyances et convictions religieuses" par la mention d'une information concernant la religion de chacun dans les registres d'état civil pour des buts démographiques (...).

En conclusion, l'article 43 ne constitue pas une disposition qui peut être considérée comme une contrainte. Il s'agit d'une information concernant la religion de la personne qui est transmise au registre d'état civil pour des motifs d'ordre public, d'intérêt général, de besoins sociaux (...)".

En bref, pour la Cour constitutionnelle, une telle mention n'enfreint pas l'essence de la liberté de manifester la religion, puisque la mention de la religion sur la carte d'identité ne saurait être interprétée comme une mesure imposant de divulguer ses croyances et ses convictions religieuses et comme une restriction à la liberté de manifester sa religion par le culte, l'enseignement, les pratiques et l'accomplissement des rites[667].

Quant à la Cour européenne des droits de l'homme, contrairement à l'arrêt de la Cour constitutionnelle, elle a constaté la violation de l'article 9 de la CEDH[668]. Il convient de noter que cet arrêt est l'un des rares de la Cour européenne dans lequel on constate une divergence avec l'arrêt de la Cour constitutionnelle du point de vue de la laïcité.

En ce qui concerne les prières et les rites ainsi que les cérémonies religieuses, l'aspect collectif de la liberté de religion concerne surtout les comunautés religieuses non sunnites. Les temples ou lieux des cultes, soumis aux règles et formalités strictes, ne sont pas reconnus pour les Alévis qui ont mené un combat juridique au niveau national et européen[669]. La Cour européenne des droits de l'homme a jugé que

---

[667] Cinq juges constitutionnels sur onze se sont opposés à l'argumentation de la majorité, considérant que la mention de la religion sur les registres d'état civil et sur les cartes d'identité ne se conciliait pas avec l'article 24 de la Constitution.

[668] Cour EDH, affaire Sinan Işık c. Turquie, 2 février 2010, 21924/05. La Cour a constaté la violation de la CEDH en suivant l'avis des dissidents.

[669] La Cour EDH a constaté la violation de l'article 9 en reconnaissant les lieux de culte de Jehovah, le 2 juin 2017. Pour les arrêts de la Cour EDH, v.: Tolga Şirin/

la Turquie avait violé l'article 14 (interdiction de la discrimination) ainsi que l'article 9 (liberté religieuse) de la Convention européenne des droits de l'homme pour avoir fait preuve de discrimination envers les Alévis[670]. Dans une autre affaire, selon la Cour EDH, la différence de traitement dont la fondation requérante a fait l'objet n'avait pas de justification objective et raisonnable. Elle observe que le régime d'octroi de dispense du paiement des factures d'électricité pour les lieux de culte opérait une discrimination sur la base de la religion[671].

b – La laïcité

Le principe de laïcité a connu une évolution progressive à partir de 1922. Déjà, la loi organique du 10 janvier 1921 signifiait un changement radical du point de vue de la source et de l'utilisation de la souveraineté : "*La souveraineté appartient à la Nation sans réserves et sans conditions. Le régime d'administration repose sur le principe suivant : le peuple décide de son sort directement et de fait.*" (Art.1).

Cependant, la référence à l'islam était présente dans la Constitution de 1924 alors que le dualisme des pouvoirs a été supprimé par l'abolition du califat dans la même année. Avec la suppression de la référence à l'islam comme religion d'Etat dans la Constitution (1928), cette évolution suit son cours. La direction des Affaires religieuses en tant qu'instance administrative créée en 1924 n'avait pas d'autorité spirituelle, ni le droit d'interpréter les lois islamiques. La constitutionnalisation de la laïcité n'a été effectuée qu'en 1937.

La laïcité devient l'une des caractéristiques de la République dans la Constitution de 1961 : "La République de Turquie est un Etat de droit, national, démocratique, laïc et social qui s'appuie sur les droits de l'homme...." (Art.2). La Constitution avait introduit une disposition générale afin d'empêcher l'abus de la liberté de religion (Art.19, dernier alinéa). La conformité au principe de la laïcité figurait parmi les règles à observer par les partis politiques (Art.57).

Erkan Duymaz et Didem Yıldız, *Türkiye'de Din ve Vicdan Özgürlüğü*, Türkiye Barolar Birliği, Ankara, 2016, p.78 et s.

[670] Cour EDH, affaire Cumhuriyetçi Eğitim ve Kültür Merkezi Vakfı c.Turquie, le 2 décembre 2014, 32093/10.

[671] L'affaire est devenue definitive le 20 avril 2015 par l'arrêt de la Grande Chambre. Pour un deuxième arrêt de la Grande chambre, v. : İ. Doğan c. Turquie (Req. : 62649/10, 26.4.2016).

Par l'interprétation de la Cour constitutionnelle, la laïcité figure parmi les dispositions intangibles à partir de 1970[672] alors que l'intangibilité était limitée, à l'image de ce qui existe en France, à la forme républicaine du Gouvernement rappelée par l'article 1er en vertu duquel « L'État de Turquie est une République". Ainsi, la Cour constitutionnelle a intégré, par un arrêt prétorien, les caractéristiques de la République, déterminées par l'article 2, dans les limites matérielles de la révision de la Constitution[673].

Quant à la Constitution de 1982, le principe de laïcité est affirmé dans son Préambule qui précise que "les sentiments de religion, qui sont sacrés, ne peuvent en aucun cas être mêlés aux affaires de l'Etat et à la politique". Par ailleurs, l'article 2 de la même Constitution définit la République de Turquie comme "un Etat de droit démocratique laïque et social, respectueux des droits de l'homme dans un esprit de paix sociale, de solidarité nationale et de justice, attaché au nationalisme d'Atatürk et s'appuyant sur les principes fondamentaux définis par le préambule". Cet article 2 forme, avec les articles 1 et 3, un bloc de dispositions intangibles comme le précise l'article 4.

Par la suite, la Constitution fait référence à plusieurs reprises :
- "aux principes de la République démocratique et laïque" pour définir le droit de fonder des partis politiques (Art.68) ;
- à l'attachement "à la République démocratique et laïque" ou "aux principes de la République laïque", respectivement dans les prestations de serment des députés (Art.81) et du Président de la République (Art.103) ;
- "au principe de laïcité" pour définir les fonctions de la direction des affaires religieuses (Art.136) ;
- à la sauvegarde de la "République laïque de Turquie" dans l'article 174 qui énumère et constitutionnalise les grandes lois des réformes kémalistes.

Enfin, la Constitution de 1982 maintient les principes introduits par la Constitution précédente en ce qui concerne l'abus de la liberté de

---

672 AYM, E. 1970/1, K.1970/31, k.t. : 16.06.1970, AYMKD, n.8. V. aussi supra : Chapitre 2- Les principes constitutionnels intangibles.

673 Le deuxième arrêt de la Cour constitutionnelle relatif à la dissolution des partis politiques concerne un parti pro-islamiste pour actes anti-laïques. Pour la dissolution du Milli Nizam Partisi (Parti de l'Ordre national), v. AYM, E.1970/3, K.1971/1, 20 mai 1971, AYMKD, n 9, p. 3 et s.

religion (Art.24, dernier alinéa). Par ses formulations et restrictions détaillées que les partis politiques doivent observer, la Constitution met davantage l'accent sur la "démocratie qui se défend" ou la « démocratie militante » à l'instar de la loi fondamentale d'Allemagne (voir art.68-69)[674].

Au cours de la révision effectuée en 2001, les notions de " République laïque" (Art. 13) et de " République démocratique et laïque fondée sur les droits de l'homme" (Art.14), pour définir le cadre des droits et des libertés constitutionnels, ont été introduites dans la norme fondamentale.

Quant à la jurisprudence de la Cour constitutionnelle[675], celle-ci a élargi le champ d'application du bloc des dispositions constitutionnelles à partir du principe de la laïcité qui figure dans le même bloc. Les arrêts de la Cour constitutionnelle relatifs à la laïcité concernent les partis politiques, la mention de la religion sur les registres d'état civil et sur les cartes d'identité et le foulard islamique dans les universités[676]. La mention de la religion a été abordée dans le titre précédent et la dissolution des partis politiques sera étudiée dans celui consacré aux droits politiques.

L'arrêt de Cour constitutionnelle qui retiendra ici l'attention est relatif à la tentative de constitutionnalisation du port du voile dans les universités. L'amendement constitutionnel effectué en 2008 ne touche que deux articles de la Constitution[677] : l'article 10 sur l'égalité devant la loi et l'article 42 sur le droit à l'éducation. Il ne contient que deux ajouts : d'abord, à l'alinéa 4 de l'article 10 d'après lequel « les organes de l'État et les autorités administratives sont tenus d'agir

---

[674] "La démocratie de Weimar était une démocratie dite neutre. C'est-à-dire qu'elle accordait ses libertés aussi aux ennemis de la démocratie qui travaillaient à réduire et éteindre les droits fondamentaux. Puisqu'on a tendance à attribuer la faillite de Weimar à ce régime constitutionnel neutre, la loi fondamentale établit une démocratie militante qui s'oppose à toute tendance d'usurpation du pouvoir par les forces extrémistes. Cette protection du pouvoir démocratique se trouve dans les articles 8, 21 et 79 de la Constitution" (Albert Bleckmann, "L'Etat de droit dans la Constitution de la République fédérale d'Allemagne", Pouvoirs, 1982-22, p.13).

[675] Pour le détail v. Eric Sales, « La protection du principe constitutionnel de laïcité par la Cour constitutionnelle turque », *Revue de Droit public* (RDP), 2009, no.6, pp.1649-1682.

[676] La mention de religion a été abordée sous le titre précédent et la dissolution des partis politiques sera étudiée sous le titre consacré aux droits politiques.

[677] La modification constitutionnelle du 9 février 2008 a été adoptée par 411 voix sur 550 députés au total (loi no 5735, J.O. du 23.02.2008, 26796).

conformément au principe d'égalité dans tous leurs actes », la réserve suivante est ajoutée : « *et dans l'usage des services publics de toutes sortes* ». Ensuite, l'article 42 est complété par un alinéa 6 en vertu duquel « *personne ne peut être privé de son droit à l'éducation pour une raison non prévue par la loi quelle qu'elle soit. La loi détermine les limites qui peuvent être apportées à ce droit* »[678].

Ces modifications apportées aux articles 10 et 42 ont été contestées en raison de la méconnaissance du principe de laïcité énoncé dans l'article 2 de la Constitution. Toutefois, a priori, ces deux ajouts ne faisaient que renforcer l'égalité devant la loi et le droit d'accès à l'enseignement supérieur « en s'employant à bannir la discrimination dans l'accès aux services publics »[679].

La Cour Constitutionnelle (CC) s'est prononcée sur l'annulation des amendements et a décidé à l'unanimité le sursis à exécution de la loi constitutionnelle jusqu'à la publication de son arrêt motivé. La technique utilisée dans la motivation de l'arrêt fournit des indications sur « le choix de l'annulation pour un motif de fond » (atteinte aux principes fondamentaux de la République, en particulier au principe de laïcité) et sur « le choix de l'annulation pour un motif de forme » (Art. 4 de la Constitution).

Du point de vue de la procédure, la modification constitutionnelle doit être conforme au choix fondamental du pouvoir constituant concrétisé dans les trois premiers articles. Dans ce cadre, l'article 175, comme norme d'habilitation et de procédure de révision, et l'article 148, qui détermine la sanction juridique de la compétence reconnue par l'article 175, doivent être pris en considération dans leur ensemble. Compte tenu de ces précisions, d'après la C.C., le contrôle de forme tel qu'il est prévu dans l'article 148 consiste, d'abord, à vérifier l'existence de la condition d'une « proposition valable ». La C.C. définit ensuite « l'ordre constitutionnel », c'est-à-dire l'ensemble

[678] L'objectif du pouvoir constituant dérivé ne peut être compris que par la lecture de l'exposé des motifs de la loi constitutionnelle : « La privation du droit à l'éducation et à l'enseignement est devenue un problème chronique. Dans aucun autre pays membre du Conseil de l'Europe dont nous sommes l'un des fondateurs, il n'existe un tel problème. Malgré cela, chez nous, comme l'on sait depuis longtemps, certaines étudiantes ne peuvent pas bénéficier de leur droit à l'éducation et à l'enseignement dans les universités en raison de leur tenue vestimentaire pour couvrir leur tête ».

[679] Jean Marcou, "La Cour constitutionnelle turque et la réforme autorisant le voile", mardi 12 février 2008, *Observatoire de la vie politique turque* (OVIPOT), p.2.

des normes constitutionnelles et les trois premiers articles qui concrétisent cet ensemble. Quant à l'article 4, la Cour estime qu'il a naturellement un caractère inaltérable en tant que garant des trois premiers articles. Les modifications qui touchent les trois premiers articles ou celles qui affectent l'ordre constitutionnel de façon explicite ou implicite, formellement valides, ne sont pas pour autant proposables. Par conséquent, la C.C. se considère compétente pour examiner la constitutionnalité de la modification et la conformité des articles modifiés aux caractéristiques de la République déterminées dans l'article 2.

Du point de vue du volet substantiel, le principe de la République laïque constitue l'axe de l'argumentation de la Cour : les règles juridiques sont adoptées sous l'optique de la raison et de la science en envisageant les attentes démocratiques, mais non selon les exigences de la religion. Le processus démocratique participatif s'accompagne de la neutralité de l'État vis-à-vis des religions et des croyances et le caractère laïque de l'éducation. Par définition, la laïcité qui assure la paix sociale et politique est une valeur commune : les démocraties contemporaines refusent les allégations des vérités absolues afin de s'appuyer sur la raison contre les dogmes.

Au vu de l'exposé des motifs de la loi constitutionnelle, la Cour estime que la finalité de la modification portait sur la reconnaissance du voile comme signe religieux pour les bénéficiaires du droit à l'enseignement supérieur (service public).

Bien qu'il s'agisse d'un choix et d'une liberté individuelle, le signe religieux, porté dans les locaux de l'enseignement où se retrouvent tous les étudiants, constitue un danger potentiel pour les personnes ayant des choix différents concernant les modes de vie, les idées politiques ou les croyances. Un tel danger pourrait porter atteinte à l'égalité dans l'exercice du droit à l'éducation.

La C.C. n'exclut pas le respect de la hiérarchie des normes : du point de vue des relations entre la loi et la Constitution, la garantie des droits et des libertés des personnes qui n'appartiennent pas à la croyance de la majorité ne devrait pas être laissée à l'appréciation du législateur. La constitutionnalité des réserves et des mécanismes de garantie est une implication d'un État de droit fondé sur les droits de l'homme fruit de l'expérience du constitutionnalisme démocratique.

D'après la C.C., l'utilisation abusive de la religion n'est pas permise dans le cadre des dispositions explicites de la Constitution (Art. 24 dernier alinéa) laquelle privilégie la résolution des problèmes sociaux par les procédés du compromis démocratique. La C.C. en citant ses arrêts précédents rappelle que le foulard islamique était anticonstitutionnel du point de vue des libertés et droits d'autrui, de l'instrumentalisation de la religion ainsi que de l'ordre public. La C.C., en observation de sa jurisprudence et des arrêts de la Cour EDH (L.Şahin, L. Dahlab, Refah Partisi,...), constate que les ajouts faits aux articles 10 et 42 sont contraires aux principes de laïcité en raison de l'instrumentalisation de la religion à des fins politiques et en raison de l'atteinte aux droits d'autrui et à l'ordre public.

D'après la Cour constitutionnelle, un tel aménagement, du fait qu'il affecte d'une façon indirecte les caractéristiques de la République énoncées dans l'article 2 de la Constitution, est contraire à l'interdiction de modifications et de propositions de modification de la Constitution. Il ne remplit donc pas les conditions relatives aux propositions prévues dans l'article 148/2. Pour ces raisons, la loi constitutionnelle est contraire aux articles 2, 4 et 148 de la Constitution[680].

Dans la Constitution de 1982, comme dans la plupart des États européens, il y a une sorte de hiérarchie à l'intérieur des règles constitutionnelles :

- d'une part, les règles relatives aux dispositions non modifiables ou non révisables sont soustraites au pouvoir de révision ;
- d'autre part, les règles modifiables ou révisables peuvent être changées par le pouvoir constituant dérivé ;
- l'existence d'une troisième catégorie de règles semble confirmée par la C.C. avec les dispositions modifiables conférant leur sens aux dispositions inaltérables. De ce fait, leurs changements affectent les éléments essentiels des dispositions non révisables[681].

---

[680] Pour le détail, voir Ibrahim Ö. Kaboğlu, "Le contrôle juridictionnel des amendements constitutionnels en Turquie", *Les Cahiers du Conseil constitutionnel*, 27-2009, pp. 38-42.

[681] Dans l'arrêt n° 2008/116, la divergence entre la majorité et l'opinion dissidente apparaît sur les trois notions principales : liberté, laïcité et démocratie. La majorité met l'accent sur le droit à l'éducation, l'impartialité de l'enseignement, le danger potentiel pour les étudiantes non voilées, l'ordre public, les arrêts précédents de la C.C. et ceux de la CEDH : la liaison inséparable entre la laïcité et la liberté est concrétisée par la raison et la pensée libre. Dans ce contexte, les domaines naturellement non modifiables et les dispositions qui ont une liaison directe ou indirecte avec les premiers constituent les limites organiques du pouvoir constituant dérivé. « La compétence de la compétence » est présente comme pouvoir constituant

La Cour constitutionnelle a procédé à un revirement de jurisprudence concernant la laïcité dans les années 2010. Un tournant dans la jurisprudence de la Cour constitutionnelle a été effectivement observé à l'occasion de la promulgation de la loi numéro 6287. L'insistance en ce qui concerne la formation d'une génération croyante a été davantage concrétisée par le système éducatif basé sur la formule « 4+4+4 » et qui, au-delà de porter atteinte aux principes et aux normes constitutionnels concernant la laïcité, ajoute de nouveaux cours de religion dans le programme scolaire afin de vider l'essence des arrêts de la Cour constitutionnelle et de la Cour européenne des droits de l'homme. La loi numéro 6287 du 30.03.2012[682], très controversée, a remplacé le système d'après lequel les élèves du primaire et du secondaire passaient au minimum huit années dans les salles de classe, à partir de l'âge de six ans. Cette durée a été portée à 12 ans, segmentés en trois cycles de quatre années chacun. Pour cette raison, il s'agit d'une mesure résumée par la formule "4 + 4 + 4". Par la même loi, deux cours religieux à option ont été introduits : « le Coran » et « la vie de notre saint Prophète ». La Cour constitutionnelle, en validant la loi en cause, a changé la définition de la laïcité. D'après la Cour, « la laïcité est une caractéristique de l'État, mais pas de la société, ni de l'individu ». Elle opère une distinction entre la laïcité "rigide" et la laïcité "souple". À partir d'une interprétation systématique de la Constitution, la Cour constitutionnelle avance que l'enseignement des cours religieux constitue une obligation positive de l'État. Une obligation serait également valable pour les cours religieux à option. Ainsi, la Cour constitutionnelle a-t-elle vidé le contenu de la laïcité[683].

2 – La liberté de pensée et d'expression

La liberté d'expression en tant que « liberté majeure »[684] n'est pas abordée de façon séparée de la liberté de pensée[685].

---

originaire dans l'argumentation de la majorité. Ainsi, remarque-t-on l'interférence entre le contrôle de forme et l'examen au fond.

Au contraire, la minorité insiste plutôt sur la démocratie et la liberté, sur les limites du contrôle de constitutionnalité, sur les relations entre le pouvoir constituant originaire et le pouvoir constituant dérivé.

682 J.O. du 11.04.2012-28621.

683 AYM, E.2012/48, K.2012/75, 24.5.2012 ; RG : 06.10.2012-28433.

684 Jean Morange, La liberté d'expression, Bruylant, 2009, p.1.

Au niveau des textes, il convient de rappeler que dans la Constitution de 1961, cette liberté n'était énoncée que dans l'article unique intitulé la "liberté de pensée" : "*Chacun jouit de la liberté de pensée et d'opinion ; il peut exprimer et publier individuellement ou bien collectivement sa pensée et ses opinions par paroles, écrits, illustrations ou par tout autre moyen. Personne ne peut être astreinte à divulguer sa pensée et ses opinions.*" (Art. 19).

En revanche, la Constitution de 1982 a aménagé la liberté en cause dans deux articles séparés relatifs, pour l'un, à la "*liberté de pensée et d'opinion*" (Art.25) et, pour l'autre, à la "*liberté d'expression et de propagation de la pensée*" (Art.26). L'article 25 qui ne prévoit aucun motif de limitation, met l'accent sur l'aspect négatif de la liberté de pensée et sur ses garanties. Quant au deuxième, après avoir posé le principe de la liberté d'expression, l'article 26 prévoit que celle-ci comprend également la faculté de recevoir et de communiquer des idées ou des informations en dehors de toute intervention des autorités officielles.

En ce qui concerne l'exercice de ces libertés, plusieurs raisons spéciales de limitations ont été introduites dans son paragraphe 2, dépassant même la vaste liste dressée par le paragraphe 2 de l'article 10 de la Convention européenne des droits de l'Homme (CEDH)[686].

A partir de 2001, l'évolution jurisprudentielle peut être aussi expliquée par l'amélioration du droit positif et par les arrêts de la Cour EDH. La référence de plus en plus fréquente aux instruments internationaux relatifs aux droits de l'Homme s'ajoute à ce double effet à partir de 2004, à la suite de la modification constitutionnelle accordant la primauté aux instruments internationaux par rapport à la loi.

---

[685] En Turquie, l'utilisation de la "liberté de pensée" est plus fréquente que l'usage de la "liberté d'expression" en fait et en droit. Pour cette raison, " la liberté d'expression des idées" est préférée très souvent afin de refléter la liaison inséparable entre les deux libertés. La liberté d'expression elle-même sans faire référence à la première aurait exercé un effet diminutif sur le contenu de cette liberté qui s'appuie essentiellement sur les idées et les opinions.

[686] Pour le détail, voy. Ibrahim Özden Kaboğlu, "La liberté d'expression en Turquie", *Rev. Trim.dr.h.*, 38/1999, pp. 255-256 et "La liberté de pensée et d'expression en Turquie", *Cahiers de la Recherche sur les Droits fondamentaux* (CRDF), no 8, 2010, p. 33-44.

D'après la Cour européenne des Droits de l'Homme, l'espionnage et le terrorisme[687], l'incitation au terrorisme ou l'approbation du terrorisme[688], la subversion[689], les partis *politiques* indépendantistes ou séparatistes[690], l'incitation à la désertion des militaires ou des forces armées[691], peuvent constituer des menaces contre la sécurité nationale[692]. La Cour EDH opère une distinction entre les situations « urgente » et « normale » de la sécurité nationale. Pour la Cour européenne, les mesures prises au titre de l'article 15 pour la protection de la sécurité nationale étant nécessaires et proportionnées ne violaient pas la Convention, dans la mesure où l'Etat était en droit de protéger l'ordre public contre le danger menaçant la vie de la nation[693].

Quant aux affaires concernant la Turquie, il convient d'abord de préciser que l'intégrité territoriale de l'Etat et la menace du terrorisme constituent l'axe de la notion de sécurité nationale. Les cours de sûreté de l'Etat (CSE) ont été instaurées par la Constitution de 1982[694] pour juger les infractions considérées comme étant terroristes et celles mettant en danger l'intégrité indivisible de l'Etat, telles que les activités visant à provoquer la sécession d'une partie du territoire national, l'appartenance à une organisation illégale, l'aide ou l'assistance à une telle organisation et le trafic de drogue et d'armes, etc. D'après l'article 9 de la loi relative à la création des cours de sûreté de l'Etat[695], leur compétence était établie pour connaître des infractions à l'article 312 du code pénal interdisant l'incitation à la

---

[687] Cour EDH, arrêt Klass et autres c.Allemagne, 6 septembre 1978, no 5029/71, Série A-28.

[688] Cour EDH (GC), arrêt Zana c. Turquie, 29 septembre 2008, no. 332/57.

[689] Cour EDH, arrêt Leander c. Suède, 26 mars 1987, no 9248/81, Série A-16.

[690] Cour EDH (GC), arrêt Parti Communiste Unifié de Turquie et autres c. Turquie, 30 janvier 1998, no 19392/92. Cour EDH (GC), Parti Socialiste et autres c.Turquie, 25 mai 1998, no. 21237/93.

[691] Cour EDH (GC), arrêt Grigoriades c.Grèce, 25 novembre 1997, no 24348/94.

[692] Pour le détail voy. Ümit Kılınç, *La liberté d'expression en Turquie à l'épreuve de la Convention européenne des droits de l'homme*, Université de Strasbourg, Thèse de doctorat présentée et soutenue publiquement le 18 avril 2009, pp. 327 à 339. Voir également l'ouvrage de Ümit Kılınç, *La liberté d'expression en Turquie à l'épreuve de la Convention européenne des Droits de l'Homme*, L'Harmattan, 2010.

[693] Cour EDH, arrêt Lawless c.Irlande (no.3), 1er juillet 1961, no332/57, Série A, pp. 43-63.

[694] Elles ont été supprimées par la modification constitutionnelle de 2004.

[695] V. La loi no 2845 du 16 juin 1983 relative à la création des cours de sûreté de l'Etat et à la réglementation de la procédure devant elles.

haine et à l'hostilité et celles qui sont en rapport avec les évènements ayant nécessité la proclamation de l'état d'urgence, dans les régions où l'état d'urgence a été décrété en vertu de la Constitution ainsi que celles qui touchent directement la sécurité intérieure ou extérieure de l'Etat ou qui sont commises contre la République, l'unité indivisible de l'Etat avec son territoire et sa nation et contre l'ordre libre et démocratique.

En matière de liberté d'expression en Turquie, la majorité des condamnations pénales, dont les requérants ont fait l'objet du fait qu'ils avaient exprimé leurs idées et opinions sur la politique menée par le gouvernement, ont été prononcées par les Cours de sûreté de l'Etat[696].

D'après la Cour EDH, lorsqu'il s'agit d'appel à la haine ou à la violence, il n'est pas nécessaire de rechercher s'il y a un lien avec le terrorisme étant donné que la violence et la haine ne sont pas admissibles dans une démocratie. Selon la Cour toujours, lorsque les responsables d'un parti politique incitent à recourir à la violence ou proposent un projet politique qui ne respecte pas une ou plusieurs règles de la démocratie ou qui vise la destruction de celle-ci ainsi que la méconnaissance des droits et libertés consacrés dans la Convention, ils ne sauraient bénéficier de la protection de la Convention[697].

La question devient plus complexe lorsqu'il y a des liens entre l'expression des idées politiques et une organisation qualifiée de terroriste. La Cour EDH, dans les affaires relatives à la liberté d'expression c. Turquie, applique le critère de l'incitation à la violence lorsque les dirigeants d'une organisation considérée comme terroriste expriment leur point de vue sur les problèmes politiques dans le pays[698]. Pour déterminer si les propos dans leur ensemble peuvent être considérés comme une incitation à la violence, la Cour fait attention aux termes employés, au contexte dans lequel leur publication

---

[696] Cour EDH, arrêt Saday c. Turquie, 30 mars 2006, no 32458/96. Dans cette affaire, la Cour EDH a déclaré que la condamnation immédiate du requérant par la CSE lors de l'audience pour avoir exprimé ses opinions et ses critiques dans sa plaidoirie sur la légitimité de sûreté de l'Etat, n'était pas conforme à l'article 10 de la Convention.

[697] Cour EDH (GC), arrêt Refah Partisi (Parti de la Prospérité) et autres c. Turquie, 13 février 200, no.41340/98, 41342/98, et 41344/98, §.98.

[698] Cf. Kılınç, *La liberté d'expression en Turquie à l'épreuve de la Convention européenne des droits de l'homme,* pp. 356-357.

s'inscrit[699], et à la place qu'occupe la personne qui prononce les propos[700]. D'après la Cour européenne, le fait de publier dans un journal les entretiens faits avec un dirigeant d'une organisation armée ne saurait en soi justifier l'ingérence dans le droit des requérants à la liberté d'expression[701]. Compte tenu de l'absence de violence, la Cour a affirmé que le public a le droit d'être informé d'une autre manière sur la situation dans le Sud-Est de la Turquie pour comprendre la psychologie des personnes constituant les forces vives de l'opposition à la politique officielle appliquée dans la région et d'apprécier les enjeux du conflit. Selon la Cour EDH, la condamnation du requérant pouvait dissuader la presse de contribuer à un débat ouvert sur des questions d'intérêt public[702].

Toutefois, dans les affaires plus récentes, la Cour européenne a constaté que « la liberté d'expression ne permet pas à la presse de servir de tribune de transmission des idées de violence à travers, entre autres, les déclarations des membres des organisations interdites »[703]. Elle a aussi souligné que « le droit de communiquer des informations ne (peut) servir d'alibi ou de prétexte à la diffusion de déclarations de groupements terroristes »[704]. D'après la Cour européenne, même si les journalistes ne sont pas personnellement associés aux déclarations exprimées par les dirigeants de l'organisation, ils partagent « indirectement les 'devoirs et responsabilités' que les auteurs assument lors de la diffusion de leurs opinions auprès du public »[705].

En effet, la Cour européenne prend le plus souvent en compte plus particulièrement la personnalité des auteurs des propos que leur contenu et le contexte dans lequel ils ont été prononcés ainsi que le moyen utilisé[706]. Par contre, d'après une approche nuancée, « La Cour porte une attention particulière aux termes employés dans l'article en

---

[699] Cour EDH, arrêt Özgür Gündem c. Turquie, 16 mars 2000, §. 63.

[700] Cour EDH (GC), Zana c. Turquie, 25 Novembre 1997.

[701] Cour EDH (GC), Sürek et Özdemir c.Turquie, 8 juillet 1999.

[702] Cour EDH (GC), Sürek c. Turquie (no. 2), 8 juillet 1999, § 39-42.

[703] Cour EDH, Demirel c.Turquie, 3 mai 2007, no 12166/03 ; Karakoyun et Turan c.Turquie, 29 novembre 2007, § 30 ; Yıldız et Taş c.Turquie (no 1), 19 décembre 2006, § 33; Yıldız et Taş c.Turquie (no 2),......§ 35.

[704] Cour EDH, Falakoğlu et Saygılı c.Turquie, 23 janvier 2007, nos 22147/02 et 24972/03, § 34.

[705] Cour EDH, Erdal Taş c.Turquie (no.3), 20 septembre 2007, no.17445/02, § 23 ; Falakoğlu et Saygılı c. Turquie, § 34.

[706] Cour EDH, Erdal Taş c.Turquie (no 3), 20 septembre 2007, no.17443/02, § 21-22.

question… Pour la Cour, l'emploi d'une telle expression révèle une nette intention de légitimer le recours à la violence. A cet égard, elle rappelle que l'idéologie du PKK, telle que présentée par (le chef du PKK) implique le recours à la violence et, la lutte et la résistance armée sont présentés par celui-ci comme une 'défense légitime ' »[707]. Toutefois, dans ses arrêts plus récents, la Cour EDH reflète une tendance vers élargissement de la liberté d'expression, en affirmant que le discours ou l'article incriminé « n'était pas susceptible de favoriser la violence en insufflant une haine profonde et irrationnelle envers des personnes identifiées »[708].

Les actions comme une grève de la faim et la distribution de tracts, n'étant pas considérées comme un appel à la violence, bénéficient aussi, d'après l'appréciation de la Cour EDH, de la liberté d'expression[709].

D'après la Cour, « A l'époque des faits de la cause, des grèves de la faim menées par les détenus des prisons pour protester contre les conditions de détention imposées selon le nouveau régime carcéral de type F, prévoyant des unités de vie d'une à trois personnes au lieu de dortoirs….en utilisant ces deux types d'action, ne faisaient que sensibiliser l'opinion publique au sujet des grèves de la faim menées dans les prisons et les conditions de détentions, selon leurs dires, déplorables des prisons de types F… »[710].

Quant à l'évolution de la jurisprudence nationale, comme cela a déjà été signalé, ses dynamiques sont principalement les arrêts de la CourEDH et les lois d'harmonisation ainsi que l'article 90 de la Constitution.

Dans un premier temps, on assiste à l'application subsidiaire de l'article 10 de la Convention par rapport à la législation nationale. Dans un second temps, il s'agit de l'application avec effet de primauté de l'article 10 de la Convention par rapport à la législation nationale.

En ce qui concerne l'application de la CEDH en matière de liberté d'expression, la priorité est accordée aux articles de la Convention par rapport au droit national dans la jurisprudence du *Conseil d'Etat*. La

---

[707] Cour EDH, Erdal Taş c. Turquie (no.2), 20 septembre 2007, no.13021/02, § 20-21.

[708] Cour EDH, Kanat et Bozan c.Turquie, 21 octobre 2008, no.13799/04, § 19 ; İsak Tepe c. Turquie, 21 octobre 2008, no.17129/02, § 24.

[709] Cour EDH, Kara c. Turquie (Req. No 22766 / 04), 30 juin 2009 (définitif : 30 septembre 2009).

[710] Arrêt Kara, § 36.

pratique prioritaire de l'article 10 de la CEDH n'est pas une exception dans la jurisprudence du Conseil d'Etat : « (...) En l'espèce, les idées exprimées dans la carte postale, sur laquelle est fondé le licenciement du demandeur (...), sont ses souhaits et désirs sur différents sujets. Il est admis que le fait que toute personne puisse exprimer ses idées, sans incitation ouverte et concrète ou encouragement à commettre un délit, est un principe primordial et fondamental de la société démocratique »[711]. D'après le juge administratif, il était manifeste que les idées et opinions exprimées dans la carte postale n'avaient pas dépassé les limites au sens du second paragraphe de l'article 10 de la Convention et que le demandeur avait exercé le droit à la liberté d'expression que les Conventions internationales lui reconnaissaient.

L'incitation à la haine et à l'hostilité et l'incitation à la violence peuvent être conçues comme deux éléments principaux susceptibles de concrétiser l'évolution de la jurisprudence de la Cour de cassation en ce qui concerne la liberté d'expression. L'article du Code pénal qui interdisait l'incitation à la haine et à l'hostilité était l'une des sources principales de la condamnation de la Turquie sur la base de l'article 10 de la CEDH du fait qu'il a été l'objet d'une application stricte de la part de la Cour de cassation[712].

La Cour de cassation a appliqué les critères qui découlent de la jurisprudence de la Cour EDH après avoir estimé que les dispositions de la Constitution et celles de la Convention devraient être examinées ensemble[713]. D'après la Haute Cour, l'ingérence dans le droit à la liberté d'expression du requérant qui avait exprimé de vives critiques faites à l'égard du principe de laïcité n'était pas nécessaire dans une société démocratique au sens du second paragraphe de l'article 10 de la Convention européenne[714]. La Cour de cassation a infirmé le jugement de première instance au motif que celui-ci avait condamné l'accusé pour propagande séparatiste sans tenir compte du fait qu'il n'avait pas appelé à l'usage de la violence[715].

---

[711] Conseil d'Etat, 5ème Chambre, le 22 mai 1991, no.1986/1723 E et 1991/933 K (Danıştay Dergisi, 1992, no. 84-85), p. 326.

[712] Pour le détail, voy. Ü. Kılınç, *La liberté d'expression en Turquie....,préc.*, pp. 473-478.

[713] Cour de cassation, Ass. Plén. (crim.), 23 novembre 2004, no 2004/8-130 E et 2004/ 206 K (Yargıtay Kararlar Dergisi, Mart-2005, Cilt 31, no 7).

[714] " Car il s'agit d'un des rares arrêts rendus par la Haute juridiction judiciaire qui ait développé de manière détaillée l'ensemble des faits, de la procédure et des motifs basés sur la jurisprudence de la Cour de Strasbourg." (Kılınç, op.cit., p. 390).

[715] Cour de cassation, crim. 9ème, 22 juin 2005, no.2004/9121 E et 2005/4215K.

Par la suite, le renouvellement du Code pénal[716] a eu une incidence positive sur un certain nombre de domaines liés aux droits de l'homme et en particulier sur la liberté d'expression[717]. Quant au contenu du nouveau Code pénal, il a limité dans une certaine mesure le champ d'application de certains des articles qui ont été utilisés pour condamner ceux qui expriment des opinions non violentes. Le nouvel article 216, qui correspond largement à l'article 312 de l'ancien, prévoit que les individus ne peuvent être condamnés que si leur « incitation à l'hostilité et à la haine » constitue un « danger clair et proche ». La peine minimale pour l'infraction de diffamation a été réduite dans le nouveau code[718]. D'après l'Assemblée plénière pénale de la Cour de cassation, « le rapport, (…) n'implique pas la violence qui aurait comme conséquence l'incitation à la haine et à l'hostilité entre les groupes sociaux différents. Par conséquent il ne présente aucun danger clair et imminent pour la sécurité publique ou pour l'ordre public »[719].

Quant à la Cour constitutionnelle, sa jurisprudence devient davantage protectrice pour la liberté d'expression à partir de la reconnaissance du recours individuel. L'arrêt de la Cour qui a annulé l'interdiction de « Twitter » peut être signalé comme exemplaire dans la protection de la liberté d'expression. La Cour constitutionnelle a estimé que le fait pour la Direction des télécommunications (TİB) d'avoir bloqué l'accès à Twitter le 21 mars 2014 à la demande du Premier ministre qui voulait "éradiquer" ce réseau social[720], viole la

[716] La loi no 5237 du 26 septembre 2004 (J.O. du 12 octobre 2004, no 25611) est entrée en vigueur le 1er juin 2005.

[717] "Plusieurs personnes purgeant une peine d'emprisonnement suite à une condamnation fondée sur les articles 159 et 312 de l'ancien code pénal, ont été remises en liberté." (Ü. Kılınç, op.cit., p. 486).

[718] D'après l'article 216, est "passible d'une peine d'un an à trois ans d'emprisonnement quiconque incite publiquement à la haine et à l'hostilité une partie de la population appartenant à des classes sociales, races, religions, sectes ou régions contre une autre partie, de manière à créer un danger clair et présent pour la sécurité publique ;...."

[719] Cour de cassation, 29.04.2008 ta. Ve E.2007-244, K.2008/92.

[720] Le TİB est une unité administrative dépendante du Premier ministre.

liberté d'expression et les droits de l'homme…[721] La Cour constitutionnelle a donc décidé de lever le blocage de Twitter[722].

3 – Les autres moyens d'expression : l'art, la science et la presse

La Constitution aménage aussi d'autres libertés qui peuvent être conçues dans le cadre de la liberté de pensée et des moyens de la liberté d'expression. La liberté scientifique et artistique et, la liberté de la presse sont règlementées sous cette optique.

La Constitution reconnaît en matière de sciences et d'arts, le droit de s'instruire et d'enseigner, de s'exprimer, de diffuser et d'effectuer toutes espèces de recherches. Par ce principe, la liberté scientifique et artistique est soumise au régime général des droits et de libertés constitutionnels, mais avec une dérogation spécifique faisant référence aux dispositions non-altérables[723]. Quant à la pratique, il convient de distinguer les matières de sciences et d'arts. Alors que la liberté scientifique s'exerce dans le cadre institutionnel et dans les établissements publics en principe[724], la création artistique dépend en général d'initiatives privées.

La liberté de la presse et les moyens de communication sont règlementés de façon détaillée dans les articles 28 à 32 de la Constitution. Le principe a été formulé de la façon suivante : « *La presse est libre et ne peut être censurée. La création d'une imprimerie ne peut être subordonnée à une autorisation ni au versement d'une garantie financière.* » (Art.28/I).

Du point de vue de la limitation de la liberté de la presse, il existe deux séries de restrictions organisées par les articles 26 et 27 de la Constitution.

- En observation de l'article 26, il s'agit, outre les motifs de restrictions spécifiques relatifs à la liberté d'expression, de limitations

721 AYM, İkinci Bölüm, Başvuru no. : 14/3986; ka.ta.: 24 février 2014. Pour le détail, v. Jean Marcou, "Twitter bloqué en Turquie", *l'OVIPOT*, 22 mars 2014.

722 La décision de recevabilité de la Cour alors que les voies légales n'étaient pas encore épuisées, indépendamment du contenu de l'arrêt, a suscité également un vif débat dans les milieux proches du Gouvernement.

723 Cet article est accompagné d'une limite spécifique d'après laquelle le droit de diffusion ne peut être exercé dans le but d'obtenir la modification des dispositions des articles 1, 2 et 3 de la Constitution.

724 Pour le cadre institutionnel de la liberté scientifique et de la recherche, v. Plus loin : Section 3 - La garantie des droits et libertés fondamentaux, A.

destinées à prévenir la « modification des dispositions des articles 1, 2 et 3 de la Constitution ».

- La liberté de la presse sera aussi limitée pour les raisons énoncées dans l'article 28. Il s'agit d'abord de la responsabilité pénale engagée pour avoir menacé la sécurité intérieure ou extérieure de l'Etat ou son intégrité indivisible du point de vue de son territoire et de la nation, etc. (Al.5). Ensuite, la distribution peut être empêchée de manière préventive en vertu d'une décision judiciaire ou, dans les cas où un retard serait préjudiciable, en vertu d'un ordre de l'autorité expressément habilitée par la loi à cet effet (...) (Al.6). En troisième lieu, « Les publications, périodiques ou non, peuvent être saisies en vertu d'une décision judiciaire dans les cas où une enquête ou des poursuites ont été entamées en raison d'une des infractions indiquées par la loi (...) » (Al.7). Enfin, les périodiques publiés en Turquie peuvent être temporairement suspendus par une décision judiciaire en cas de condamnation en raison de publications portant atteinte à l'intégrité indivisible de l'Etat du point de vue de son territoire et de sa nation, aux principes fondamentaux de la République, à la sécurité nationale ou aux bonnes mœurs. » (Dernier alinéa).

Quant aux articles suivants, ceux-ci règlementent le droit de faire des publications périodiques ou non-périodiques (Art.29), la protection des équipements de presse (Art.30), le droit de bénéficier des moyens de communications de masse autre que la presse détenue par les personnes morales publiques (Art.31) et le droit de rectification et de réponse (Art.32).

La liberté de la presse se trouve parmi les libertés les plus souvent bafouées ainsi qu'en témoignent, notamment, trois arrêts importants du Conseil d'Etat, de la Cour EDH et de la Cour constitutionnelle.

L'Assemblée plénière du Conseil d'Etat a annulé l'acte ministériel du 23 octobre 2007 visant à interdire les émissions et diffusions de Yaşam TV. Elle a estimé qu'il était nécessaire d'examiner l'affaire à la lumière de l'article 10 de la Convention et des dispositions de la Constitution concernant la liberté d'expression. L'Assemblée plénière, après avoir énoncé les critères adoptés par la Cour de Strasbourg, a souligné que l'acte administratif en question ne répondait pas aux exigences de clarté inhérente à la notion de « loi » au sens de l'article 10, puisqu'il ne précisait pas quel type d'émission ou de diffusion pouvait faire l'objet de l'interdiction. Dès lors, le pouvoir qu'exerçait le ministère pour suspendre ou interdire des émissions de radio et télévision par le biais du décret en question méconnaissait la liberté de la presse[725].

Parmi les derniers arrêts de la Cour EDH, il convient de citer l'affaire Görkan afin de souligner la sensibilité de la Cour vis-à-vis de la liberté de presse[726]. « Selon le requérant, les policiers vérifièrent, par une communication avec le centre de police (merkez), qu'il n'était pas une personne recherchée, et que le numéro du journal qu'il était en train de vendre n'avait pas fait l'objet d'une décision de saisie… »[727]. Quant à la Cour, elle estime que le contrôle policier effectué en l'espèce, accompagné d'une « invitation au poste de police » qui peut être assimilée à une restriction de liberté de par l'élément coercitif qu'elle comporte, dépourvue de toute raison plausible ou motif raisonnable, constitue bien une ingérence dans la liberté de communiquer des informations du requérant. »[728]

La Cour constitutionnelle a été saisie pour l'annulation de la nouvelle loi sur Internet[729] qui accorde la possibilité à la Direction des télécommunications[730] de bloquer l'accès de sites jugés indésirables en l'espace de 4 heures et d'accéder aux données personnelles des internautes[731]. Il faut ajouter à tout cela que les médias sont en général soumis à des manœuvres d'intimidations explicites ou implicites des autorités gouvernementales sans précédent [732].

[725] Pour le détail de la décision du 1er novembre 2007, voy. Ü. Kılınç, *La Liberté d'expression en Turquie…*, pp. 386-387.

[726] Cour EDH, Görkan c.Turquie (Req. No.13002 / 05), 16 mars 2010.

[727] Affaire Görkan, § 6.

[728] Affaire Görkan, § 37.

[729] Loi n. 6518, 19 février 2014, J.O. du 20.02.2014.

[730] Telekomünikasyon İletişim Başkanlığı (*TİB*).

[731] Pour le détail, v. Jean Marcou, "Où va la Turquie?", *Observatoire de la Vie Politique Turque* (OVİPOT), 9 février 2014.

[732] Le rapport annuel de Reporter Sans Frontières le confirme en plaçant la Turquie au 154e rang (sur 180 au total) de son classement 2014 de la liberté de la presse. Si plusieurs dizaines de journalistes y sont en prison parfois depuis plusieurs années, plusieurs dizaines de journalistes ont été licenciés ou forcés à démissionner depuis les événements de Gezi. (Pour le détail, v. J. Marcou, "Twitter bloqué en Turquie"). A la fin d'avril 2014, le nombre de journalistes prisonniers est de 44 (Voir le discours du Président de l'Association des Journalistes de Turquie à l'occasion de la cérémonie du prix décerné aux journalistes du 25 avril 2014).

C – Droits et libertés collectifs

Après une présentation des développements constitutionnels en la matière (1), il sera intéressant d'étudier tout particulièrement la liberté de réunion et de manifestation dans la jurisprudence européenne (2) ainsi que la liberté d'association sur le plan de la pratique (3).

1 – Les développements constitutionnels

Sous le titre « Droits et libertés de réunion » deux catégories de libertés ont été reconnues : la liberté d'association (« liberté de fonder une association », art. 33) et la liberté de manifestation (« droit d'organiser des réunions et des manifestations », art. 34).

Les deux libertés collectives ont été reconnues pour la première fois en 1909 par le rétablissement de la Constitution de 1876. Ces libertés figurent parmi les droits qualifiés naturels dans la Constitution de 1924. La Constitution de 1961 organise la liberté d'association en précisant que chacun a le droit de fonder une association sans avoir à obtenir une autorisation préalable. La loi ne peut imposer des restrictions que dans le but de sauvegarder l'ordre public et la morale publique[733]. Le législateur réglemente de nouveau ces organisations sous l'empire de la Constitution et met en place, en principe, le système de la liberté de création.

La révision constitutionnelle intervenue en 1971 touche également à la liberté d'association. La norme fondamentale, tout en conservant le principe de création libre, augmente les causes de sa limitation et attribue aux autorités administratives des compétences sur les activités des associations. Quant à la Constitution de 1982, celle-ci a abouti à réduire de façon notoire les libertés collectives précédemment accordées (Articles 33 et 34).

L'article 33, après avoir rappelé le principe de la création libre, introduit les mécanismes allant de la déclaration préalable à l'autorisation préalable[734]. Pour former une association, il suffit de remettre à l'autorité compétente, désignée par la loi, les informations

---

[733] La Constitution de 1961 en réglementant les partis politiques sous un chapitre différent, distingue pour la première fois ceux-ci des associations.

[734] Pour le détail, v. Ibrahim Ö. Kaboğlu, "Le régime juridique des associations en droit turc", *Rev.fr.Droit adm.*7 (2), mars-avr.1991, p. 302-304. V. également Ibrahim Ö. Kaboğlu, *La liberté d'association en droit public turc*, (thèse de doctorat), Université de Limoges, Faculté de Droit et des Sciences Economiques, 1981.

et documents requis par la loi. La création des associations qui ont pour objet des activités internationales est soumise à l'autorisation du Conseil des ministres.

L'article 34, après avoir rappelé le principe d'après lequel chacun a le droit d'organiser des réunions et des manifestations pacifiques et non armées sans autorisation préalable, réglemente de façon minutieuse l'utilisation de ces libertés et les soumet à un régime restrictif en reconnaissant aux autorités publiques des compétences arbitraires.

L'interdiction qui englobait toutes les modalités des libertés collectives est la suivante : « *Les associations, les fondations, les syndicats et les organisations professionnelles ayant le caractère d'établissements publics ne peuvent organiser de réunions ni de manifestations se rapportant à des objets ou des buts autres que les leurs* » (Art.34/dernier alinéa)[735].

Il convient de citer aussi l'aménagement des libertés collectives. Dans le texte initial, outre la clause générale de limitation (Art. 13), les dispositions qui aménageaient les libertés collectives ne manquaient pas de raisons de restriction spécifique pour chacune. Comment peut être expliqué un tel statut qui est peu compatible avec l'esprit de la société démocratique ? Il s'agit d'une méfiance vis-à-vis des groupements volontaires, due aux événements de la période qui précède le coup d'Etat militaire[736].

Le statut restrictif, même prohibitif des libertés collectives, a été atténué au fur et à mesure à partir des modifications effectuées en 1995. Premièrement, « l'interdiction de la solidarité » (Art.34/der. al.) a été supprimée. En deuxième lieu, la liberté d'association a été renforcée en 2001. En troisième lieu, les libertés de réunion et de manifestation ont été consolidées en abolissant les compétences

[735] "Par ces interdictions la Constitution nie le Principe de solidarité qui doit exister entre les groupes sociaux et politiques. En effet, il n'est pas possible de séparer les problèmes sociaux des problèmes politiques du pays. Cependant, ce qui est évident, c'est que la Constitution de 1982 vise à réduire le rôle des groupes de pression dans un régime démocratique et pluraliste." (Kaboğlu, "Le régime juridique des associations en droit turc", p. 306).

[736] Pour le détail, v. Ibrahim Ö. Kaboğlu, "L'individualisme dans la Déclaration des Droits de 1789 et la conception individualiste dans la Turquie contemporaine", *Cahiers d'études sur la méditerranée orientale et le monde turco-iranien* (CEMOTI), No. 12, 1991, pp. 99-115.

arbitraires en ce qui concerne leur utilisation[737]. Enfin, le plus important réside dans l'amélioration indirecte assurée par la transformation de l'article 13 d'une disposition de restriction en disposition de garantie en 2001. De ce fait, la restriction des libertés collectives ne relève que des raisons énumérées dans les articles 33 et 34.

Quant à la mise en pratique des révisions constitutionnelles, trois remarques rapides peuvent être faites. En premier lieu, la loi sur les associations a été renouvelée sous l'optique des dispositions révisées de la Constitution[738]. En second lieu, les modifications effectuées dans la loi relatives aux réunions et manifestations restent limitées par rapport à l'article 34 et à l'article 13 de la Constitution. En troisième lieu, l'attitude et la pratique des autorités politico-administratives en ce qui concerne les libertés collectives et, surtout les réunions et manifestations, restent en dessous de la Constitution.

2 – La liberté de réunion et de manifestation dans la jurisprudence européenne

Les arrêts de la Cour européenne des droits de l'homme sont concentrés plutôt sur la liberté de réunion et de manifestation. L'affaire Oya Ataman se trouve parmi les premières en ce qui concerne la liberté de manifestation[739]. La Cour EDH, à partir de sa jurisprudence précédente[740], rappelle que les autorités nationales ont le devoir de prendre les mesures nécessaires pour toute manifestation légale afin de garantir le bon déroulement de celle-ci et la sécurité de tous les citoyens : "les Etats doivent non seulement protéger le droit de réunion pacifique mais également s'abstenir d'apporter des restrictions indirectes abusives à ce droit. Par ailleurs, si l'article 11 tend pour l'essentiel à prémunir l'individu contre des ingérences

[737] Citons en une comme exemple : "L'autorité administrative compétente peut fixer le lieu et l'itinéraire des manifestations dans le but d'éviter la perturbation de la vie urbaine." (Art.34/al.3).

[738] La loi sur les associations de 1983, no. 2098 a été remplacée par une nouvelle loi mise en vigueur en 2004. Toutefois, elle ne reflète pas tout à fait le nouveau contexte de la Constitution.

[739] Cour EDH, Oya Ataman c. Turquie (Requête no 74552/01), 5 décembre 2006, Arrêt définitif : 05/03/2007.

[740] Cour EDH, Djavit An c. Turquie, no 20652/92, 20 février 2003, §§ 56-57, CEDH 2003-III ; Piermont c. France, 27 avril 1995, §§ 76-77, série A no 314, et Plattform « Ärzte für das Leben » c. Autriche, 21 juin 1988, § 32, série A no 139.

arbitraires des pouvoirs publics dans l'exercice de ses droits protégés, il peut engendrer de surcroît des obligations positives afin d'assurer la jouissance effective de ces droits"[741]. D'après la Cour, une situation irrégulière ne justifie pas en soi une atteinte à la liberté de réunion[742]. "Pour la Cour, il est important que des mesures de sécurité préventives, telles que l'envoi de secours d'urgence sur les lieux des réunions ou manifestations, soient prises afin de garantir le bon déroulement des événements de ce type, qu'ils soient de nature politique, culturelle, ou autre"[743]. La Cour observe que le rassemblement a commencé aux alentours de midi et s'est terminé avec l'arrestation du groupe dans la demi-heure qui a suivi. Elle est frappée, en particulier, par l'impatience des autorités de mettre fin à cette manifestation, qui était organisée sous l'égide de l'Association des droits de l'homme[744]. "Pour la Cour, en l'absence d'actes de violence de la part des manifestants, il est important que les pouvoirs publics fassent preuve d'une certaine tolérance pour les rassemblements pacifiques, afin que la liberté de réunion telle qu'elle est garantie par l'article 11 de la Convention ne soit pas dépourvue de tout contenu"[745].

Ensuite, pour la Cour EDH, l'usage de la force policière pour mettre fin, respectivement, à une manifestation d'étudiants dans l'enceinte d'une université[746] et à une manifestation contre la guerre en Irak[747] couplée à l'arrestation de plusieurs participants constituent une violence de l'article 11. La Cour EDH parvient à cette conclusion en soulignant que les intéressés n'ont fait qu'user pacifiquement de la liberté de manifestation[748]. Par ces deux condamnations, la Cour EDH

---

[741] Djavit An, précité, § 57, Ataman, § 37.

[742] Cour EDH, Cisse c. France, no 51346/99, 9 avril 2002, § 50, CEDH 2002-III; Ataman, §.39.

[743] Ataman, §.39.

[744] Ataman, §.41.

[745] Ataman, §.42. "La Cour estime qu'en l'espèce l'intervention musclée de la police était disproportionnée et ne constituait pas une mesure nécessaire à la défense de l'ordre public, au sens du deuxième paragraphe de l'article 11 de la Convention" (§.43).

[746] Cour EDH, 2e Sect.17 mai 2011, Akgöl et Göl c.Turquie, Req. N0 28495/06 et 28516/06.

[747] Cour EDH, 2e Sect. 17 mai 2011, Gazioğlu et autres c.Turquie, no 29835/05.

[748] Au surplus, la CEDH a condamné la Turquie pour violation de l'article 3 (interdiction de la torture et des traitements inhumains et dégradants) au titre des blessures infligées à deux manifestants durant leur détention.

ont eu l'occasion de rappeler que "lorsque les manifestants ne se livrent à aucun acte de violence, ainsi que ce fut le cas dans (les présentes affaires), les autorités publiques doivent faire preuve d'un certain degré de tolérance envers les rassemblements pacifiques, ceci afin que la liberté de réunion garantie par l'article 11 de la Convention ne soit pas vidée de toute substance[749]. Une telle position demeure valable même si le rassemblement apparaît contraire à la législation interne. L'illégalité du rassemblement "ne peut pas justifier une violation de la liberté de manifestation et les réglementations de cette nature ne doivent pas non plus représenter un obstacle indirect à la liberté de se rassembler pacifiquement"[750]. En effet, "une manifestation pacifique ne doit pas, en principe, être exposée à la menace d'une sanction pénale"[751].

En troisième lieu, il convient de citer l'arrêt de Cour EDH qui concerne l'utilisation de la place de Taksim (à Istanbul) par les organisations des ouvriers pour les démonstrations du 1er mai et pour des raisons mémoriales[752]. La Cour rappelle que l'utilisation du gaz lacrymogène contre les individus peut produire de sérieux problèmes de santé. L'utilisation des bombes (y compris capsules) de gaz dans l'hôpital ne peut pas être considérée comme nécessaire et proportionnelle. D'après la Cour, dans la mesure où les manifestants ne recourent pas aux actes de violence, il est important, pour les autorités publiques de montrer un certain degré de tolérance vis-à-vis des manifestations pacifiques, garanties par l'article 11 de la Convention. La Cour considère que l'intervention par la force des agents de police était disproportionnée et n'était pas nécessaire pour la prévention du désordre[753].

Dans une autre affaire[754], « La Cour note qu'un groupe de deux cents personnes s'est réuni et que, après la lecture de la déclaration de presse, il s'est dispersé sans que la police ait eu besoin d'intervenir en utilisant la force. Il ressort des éléments du dossier et des dépositions

---

[749] Cour EDH, Gazioğlu et autres, 17 mai 2011, § 66; Akgöl et Göl c. Turquie, 17 mai 2011, § 43.

[750] Akgöl et Göl, § 41.

[751] Akgöl et Göl, § 43.

[752] Cour EDH, DISK et KESK c.Turkey (Application no.38676/08), 27 novembre 2012.

[753] DISK et KESK c.Turkey, §. 32-38.

[754] Cpur EDH, Gün et autres c. Turquie (Req. No 8029/07), 18 juin 2013, (Définitif : 18/09/2013).

des requérants que des pancartes ont été brandies et des slogans scandés sans que la police mît un terme de manière prématurée à la manifestation. A la lumière de ces considérations, la Cour estime que les intéressés ont donc pu exercer leur droit à la liberté de réunion pacifique, étant donné qu'ils ont pu assister à la manifestation litigieuse au cours de laquelle la déclaration à la presse a été lue. De plus, les autorités nationales compétentes ont fait preuve de la tolérance nécessaire qu'il convient d'adopter envers un tel rassemblement[755].

La Cour estime qu'il est légitime, pour des raisons d'ordre public et de sécurité nationale, qu'une Haute Partie contractante puisse soumettre à autorisation la tenue de réunions et réglementer la circulation des personnes lors de réunions pacifiques[756]. Toutefois, pour ce qui est du cas d'espèce, la Cour relève que le Gouvernement se contente de fournir des données statistiques, de caractère général, concernant des manifestations qui se sont déroulées sur tout le territoire national et faisant état d'incidents ou d'actes illégaux survenus notamment au mois de février des années 2004 à 2011. Ces statistiques ne fournissent aucune donnée précise et ne font pas état d'antécédents d'incidents survenus dans la région, en particulier, à Cizre à l'occasion du 15 février entre 2004 et 2011. C'est pourquoi, en l'absence d'explication pertinente de la part du Gouvernement, la Cour n'est pas en mesure de dire si la situation qui prévalait à l'époque des faits à Cizre se caractérisait par une atmosphère tendue pouvant engendrer une série d'émeutes ou de troubles, occasionnés par de telles manifestations. De plus, elle considère que les dommages causés aux personnes ou aux biens après la manifestation en question par un groupe indéterminé de personnes ne constituent pas un élément décisif justifiant l'ajournement par le préfet de tout événement ou manifestation pendant une semaine. La Cour rappelle que la nature et la lourdeur des peines infligées sont aussi des éléments à prendre en considération lorsqu'il s'agit d'apprécier la proportionnalité d'une ingérence. Pour la Cour, la peine infligée est excessive dans la mesure où elle est de nature à décourager toute personne membre d'une association ou d'un parti politique d'exercer, par peur de sanctions pénales, son droit de manifester garanti par l'article 11 de la

[755] Cour EDH, Gün et autres c.Turquie, § 77. Voir aussi : Éva Molnár c. Hongrie, no 10346/05, § 43, 7 octobre 2008 et, a contrario, Balçık et autres c. Turquie, no 25/02, § 51, 29 novembre 2007.

[756] Gün et autres c. Turquie, § 80.

Convention. C'est pourquoi elle souligne qu'une manifestation pacifique ne devrait pas, en principe, être soumise à la menace d'une sanction pénale[757] en particulier une privation de liberté[758]. D'après la Cour européenne la liberté d'organiser une réunion pacifique ou d'y participer revêt une telle importance qu'elle ne peut subir une quelconque limitation, même pour des dirigeants ou membres d'un parti politique légal, dans la mesure où les intéressés ne commettaient eux-mêmes, à cette occasion, aucun acte répréhensible[759].

Dans une autre affaire[760], la Cour EDH qui met l'accent sur l'obligation pour les autorités nationales d'ouvrir et de mener une enquête effective, rappelle que, étant donné le rôle clé que jouent les procureurs dans l'engagement des poursuites, il est légitime d'attendre de leur part qu'ils vérifient la conformité de l'intervention litigieuse avec les autres exigences légales en vigueur en la matière. En particulier, ni le procureur de la République ni le président de la cour d'assises n'ont cherché à donner une explication sur la manière dont les policiers ont frappé la requérante. Le procureur de la République s'est borné à se référer aux dispositions de la loi no 2559 sans examiner la proportionnalité de la force utilisée contre la requérante[761].

En ce qui concerne l'utilisation des grenades lacrymogènes, la Cour EDH constate qu'à l'époque des faits « le droit interne ne contenait

757 Gün et autres c. Turquie, § 82-83. Voir aussi : Akgöl et Göl c. Turquie, nos 28495/06 et 28516/06, § 43, 17 mai 2011.

758 Dans ce contexte, la Cour relève qu'à sa 1164e réunion (mars 2013), le Comité des Ministres était saisi de 33 affaires concernant le recours excessif à la force pour la dispersion de manifestations illégales mais pacifiques. Elle note que neuf affaires avaient été examinées par elle uniquement sous l'angle de l'article 3 de la Convention et une uniquement sous l'angle de l'article 10. Pour les vingt-trois affaires restantes, la Cour a examiné un grief des requérants sur le terrain de l'article 11; dans les vingt et une autres affaires sur les vingt-trois qu'elle avait examinées, une action pénale avait été engagée contre les requérants qui avaient participé à une manifestation illégale mais pacifique. Il est vrai que dans la plupart des cas l'action pénale engagée contre les requérants pour participation à une manifestation contraire à la loi no 2991 s'était terminée par l'acquittement des intéressés.

759 Cour EDH, Ezelin c. France, 26 avril 1991, § 53, et Urcan et autres c. Turquie, 17 juillet 2008, nos 23018/04, 23034/04, 23042/04, 23071/04, 23073/04, 23081/04, 23086/04, 23091/04, 23094/04, 23444/04 et 23676/04, § 34,.

760 Cour EDH, Özalp Ulusoy c. Turquie (Req. No.9049/06), 4 juin 2013, (Définitif : 04/09/2013).

761 Cour EDH, Serkan Yılmaz et autres c. Turquie, no 25499/04, § 25, 13 octobre 2009, et Klaas et autres c. Allemagne, 6 septembre 1978, §§ 26-30.

aucune disposition spécifique réglementant l'utilisation des grenades lacrymogènes pendant les manifestations et n'énonçait aucune directive concernant son mode d'emploi. Si depuis les cas litigieux une circulaire fixant les conditions d'utilisation du gaz lacrymogène a été adoptée, la Cour juge nécessaire un renforcement des garanties d'une bonne utilisation des grenades lacrymogènes afin de minimiser les risques de mort et de blessures liés à leur utilisation »[762].

3 – La liberté d'association dans la pratique

La loi sur les associations a été renouvelée[763] sous l'optique de la consolidation de la liberté d'association par la modification de 2001, alors que la loi relative aux manifestations et réunions n'a été que révisée. La nouvelle loi a mis fin au contrôle policier sur les associations et une unité administrative pour les associations auprès de chaque préfecture a été mise en place. Néanmoins, ces avancées, malgré les espérances[764], n'ont pas pu constituer des garanties suffisantes pour la liberté d'association dans la pratique. Trois séries de limitation peuvent être considérées comme dissuasives pour ladite liberté.

Tout d'abord, les actes et activités des associations se passent sous la grande surveillance de l'unité administrative pour les associations. Ensuite, les autorités politico-administratives exercent une pression explicite ou implicite sur les associations pendant la création ou au cours de leurs activités. C'est le cas des associations des juges et procureurs et des forces de l'ordre en tant qu'associations professionnelles[765]. A la pression politico-administrative s'ajoute

---

[762] Cour EDH, Abdullah Yaşa et autres c. Turquie, no.44827/08, 16 juillet 2013.

[763] Dernekler Kanunu, 5253, 4.11.2004, JO : 22.11.2004, 25649.

[764] Pour une évaluation optimiste, voyez Sevtap Yokuş, "Dernek Özgürlüğü Çerçevesinde Türkiye'de Değişen Hkukusal Düzenlemeler", *Erdoğan Teziç'e Armağan*, Galatasaray Üniv. ayınları, Beta, Istanbul, 2007, p. 267.

[765] YARSAV (Association des juges et procureurs) et YARGISEN (Syndicat des juges et procureurs) ainsi que EMNİYET-SEN (Syndicat des agents de police) peuvent être signalés comme exemple. La Cour de cassation (9ème chambre) a malheureusement approuvé en février 2012 la dissolution du syndicat des juges et des procureurs (E. 11/49782, K. 12/4945). Le syndicat a exercé un recours devant la Cour européenne des droits de l'homme, en septembre 2012.

l'interprétation discutable de la justice[766]. Enfin, dans la pratique, du fait que les manifestations et réunions sont les instruments privilégiés des associations pour réaliser leurs objectifs, la violation perpétuelle de la liberté de manifestation et de réunion affecte également la liberté d'association comme la plupart des arrêts de la Cour EDH en apporte la preuve.

§ 2 – Les droits sociaux, économiques et culturels

Ces droits et libertés, reconnus pour la première fois par la Constitution de 1961, ont été soumis à des aménagements diversifiés. Ils sont considérés comme étant distincts sur un plan juridique. Cette hiérarchisation, déjà envisagée par la révision constitutionnelle en 1971, est encore accentuée par la Constitution de 1982.

Alors que le chapitre III est intitulé « droits et devoirs sociaux et économiques », celui-ci n'exclut pas les droits culturels. Il convient donc d'aborder les droits et libertés en cause sous les trois titres suivants : droits sociaux (A), droits économiques (B) et droits culturels (C).

A – Les droits sociaux

La mise en pratique de la Constitution de 1961 a permis de socialiser certains services publics au cours de la première décennie. Néanmoins, on peut avancer que « l'âge de l'Etat social de droit » fut de courte durée. Les modifications constitutionnelles réalisées en 1971 et 1973 ont affecté également les garanties constitutionnelles des droits sociaux. Dix ans plus tard, la vague du néo-libéralisme exerça ses effets négatifs lors de l'élaboration de la Constitution de 1982. La décadence de l'Etat social a sans doute affecté le statut des droits sociaux. Les révisions constitutionnelles de 1995, 1999 et 2001 sont chacune relatives aux droits sociaux, mais d'une façon ambivalente. Alors que les révisions de 1995 et 2001 ont amélioré certains droits sociaux, celle de 1999 concerne la constitutionnalisation de la privatisation.

---

[766] La dissolution du syndicat des enseignants (EĞİTİM-SEN) peut être signalée comme exemple. V. Cour EDH, Eğitim ve Bilim Emekçileri Sendikası et autres c. Türkiye (5 juillet 2016, 20347/07).

Les obligations de l'Etat en matière de droits de l'homme[767] sont concrétisées par l'aménagement des droits sociaux. Bien que l'étendue des droits sociaux reconnus par la Constitution en vigueur soit relativement large, la formulation de la plupart des articles 48 à 62 est trop vaste et ambiguë pour les qualifier de droits subjectifs. La justiciabilité des droits reconnus n'est pas toujours claire. Les articles 56 et 57 (relatifs à la santé et au logement) sont assez significatifs. Ces deux articles ont été formulés comme norme d'orientation alors que le titre de l'article 57 donne une image trompeuse, à travers l'expression d'un « droit au logement »[768]. Nous nous contenterons ici de citer trois catégories des droits sociaux. Le droit à l'environnement sera signalé aussi d'une façon générale.

1 – Le droit au travail

D'après la Constitution de 1961, la vie économique et sociale serait « réglementée de manière à assurer, à chacun un niveau de vie conforme à la dignité humaine, ainsi que la justice et le plein emploi » (Article 41). L'Etat protégerait les travailleurs par des mesures appropriées « afin de leur assurer une existence dans les conditions humaines » (Article 42). L'Etat prendrait également des mesures nécessaires pour assurer aux travailleurs « un niveau de vie compatible avec la dignité humaine » (Article 45). Quant à la Constitution de 1982, celle-ci met l'accent sur les devoirs de l'Etat au lieu de se référer à la dignité humaine. Par exemple, « l'Etat prend les mesures nécessaires en vue d'assurer l'élévation du niveau de vie des travailleurs et l'expansion du monde du travail » (Article 49).

Le travail qui est considéré comme un droit et devoir de l'individu exige également que l'Etat prenne des mesures positives comme par exemple « la résorption du chômage ». Alors que la Cour constitutionnelle met l'accent sur l'obligation positive de l'Etat vis-à-

---

[767] « L'Etat supprime tous les obstacles politiques, économiques, et sociaux restreignant (...) ; il prépare les conditions nécessaires pour le développement de l'existence matérielle et morale de l'individu. » (Art.10, Constitution de 1961). "Supprimer les obstacles de nature politique, économique et social qui entravent les droits et libertés fondamentaux de l'individu, (...) ; et s'efforcer de mettre en œuvre les conditions nécessaires à l'épanouissement de l'existence matérielle et morale de la personne » figurent parmi les obligations de l'Etat (Art.5, Constitution de 1982).

[768] Pour le détail, v. Ibrahim Ö. Kaboğlu, "Les droits sociaux en Turquie : étendue et limites", *Revue internationale de droit comparé*, Avril-Juin 2011, no 2, pp. 235-252.

vis du droit au travail, du point de vue de la justiciabilité de ce droit la timidité de la Cour est assez visible[769]. « D'après l'article 49 de la Constitution, le travail est le droit et le devoir de chacun. Ce droit qui peut être avancé envers l'Etat ne reconnaît pas aux individus le pouvoir d'obtenir en justice la réalisation contrainte de ce droit. L'Etat n'est pas tenu d'embaucher tout le monde ».

En ce qui concerne la sécurité et les conditions du travail, garanties par l'article 50, la Cour constitutionnelle estime qu'elles impliquent des interventions systématiques des autorités publiques.

Le droit au repos est un droit qui n'est soumis à aucune condition. Cependant, l'exercice du droit à un repos hebdomadaire, aux jours fériés et au congé annuel payé est fixé par la loi (Article 50, § 3,4). En ce qui concerne la garantie d'un juste salaire, l'Etat prend des mesures nécessaires pour assurer aux travailleurs une rémunération équitable en rapport avec le travail qu'ils accomplissent et pour garantir d'autres assistances sociales (Article 55).

D'après la Cour constitutionnelle, « le droit au travail est un droit et une liberté fondamentale. L'Etat est tenu d'élever le niveau de vie des travailleurs et de les protéger afin d'améliorer les conditions de travail ainsi que de soutenir le travail... Un niveau trop élevé d'imposition a pour effet de priver les personnes du droit au travail, entendu comme étant un des droits et libertés fondamentaux »[770].

La protection des chômeurs est une obligation positive de l'Etat. Cependant, la formulation constitutionnelle est très vaste et ambigüe. Il s'agit pour l'État de « créer un climat économique propice à la résorption du chômage » (Article 49). La Constitution prévoit également une disposition destinée aux citoyens travaillant à l'étranger (Article 62).

2 – Les droits à la sécurité sociale

La Constitution qui reconnaît à « chacun » le droit à la sécurité sociale impose à l'Etat de prendre des mesures et de créer les institutions permettant d'assurer ce droit (Article 60). La Cour constitutionnelle affirme que, « la sécurité sociale, entendue comme un des supports de l'Etat social, impose à l'Etat d'assister les plus

---

[769] AYM, 19.12.1989, E.1989/14, K.1989/49, JO : 02.03.1990-20449. et AYMKD, n. 25, p.456.

[770] AYMK, 07.11.1989, E.1989/6, K.1989/42.

démunis afin de leur assurer un niveau de vie compatible avec la dignité humaine »[771].

« Le risque social » constitue la notion-clé dans la jurisprudence. L'article 60 vise à assurer aux individus, selon la Cour constitutionnelle, un niveau de vie minimal face aux risques sociaux tels que la vieillesse, la maladie, l'accident, la mort et le handicap. Les établissements d'assurance sociale en sont les piliers principaux[772].

La Constitution prévoit également une norme d'orientation pour les catégories sociales qui doivent bénéficier d'une protection spécifique. L'Etat protège les invalides de guerre, les veuves et les orphelins des martyrs de guerre ou d'une mission de service public et, leur assure un niveau de vie convenable (Article 61). L'Etat est tenu de créer (ou de faire créer) l'organisation et les établissements nécessaires afin de réaliser cet objectif.

La révision constitutionnelle effectuée en 2010 vise à renforcer le statut de certaines couches sociales par la reconnaissance d'une façon indirecte du principe de discrimination positive. D'après l'alinéa ajouté à l'article 10 (intitulé « égalité devant la loi »), « les mesures à prendre en faveur des enfants et des personnes âgées, des handicapés, des veuves des martyrs de guerre et d'une mission de service public ainsi que des invalides, ne sont pas considérées comme contraires au principe d'égalité ».

Quant au droit à la santé, la Constitution ne prévoit que l'organisation des services de santé dans le contexte de la protection de l'environnement par un article unique (Article 56). Cependant, la Constitution ne consacre pas le droit à la santé alors que le droit à l'environnement est reconnu d'une façon explicite. En revanche, elle consacre une norme d'orientation. « En vue d'assurer à chacun une vie saine du point de vue physique et mental, l'Etat planifie, sous le couvert d'un monopole, et organise les services des établissements de santé dans le but d'assurer que la coopération entre eux permette d'accroître les économies en matière de personnel et de matériel ainsi que la productivité » (Article 56, alinéa 3)[773].

---

[771] AYMK, 26.10.1988, E.1988/19, K.1988/33, R.G. : 11.12.1988, AYMKD, sy.24, p.452. Comme l'on remarque, "la dignité humaine" signifie une sorte de continuité jurisprudentielle alors que cette notion ne figure plus dans la Constitution de 1982.

[772] AYMK, 02.05.1991, E.1990/28, K.1991/11.

[773] Cette disposition a été interprétée par la Cour constitutionnelle dans le contexte de l'article 17 relatif au droit à la vie. (AYMK, 16.10.1996, E.1996, E.1996/17, K.1996/38, AYMKD, sy.33, c.1, p.158).

La création d'un système d'assurance générale en matière de santé est laissée à la compétence discrétionnaire du pouvoir législatif. « La loi peut instaurer une assurance-santé générale en vue de promouvoir la généralisation des services de santé » (Article 56, dernier alinéa).

« Le droit au logement », pour reprendre le titre de l'article 57, reflète une sorte d'hypocrisie des constituants. En effet, le texte se contente de fixer une norme d'orientation pour l'État. Il n'accorde pas de droit subjectif aux individus sans abris et se limite à préciser que « l'Etat prend les mesures propres à satisfaire aux besoins en logement dans le cadre d'une planification tenant compte des particularités des villes... ».

La protection des enfants comme obligation de l'Etat était prévue dans le cadre de la protection de la famille (Article 41). Cependant, la révision constitutionnelle mise en vigueur à la suite du référendum du 12 septembre 2010 a consacré les droits des enfants d'une façon explicite dans le même article

3 – Les droits sociaux collectifs

Les droits sociaux collectifs reconnus par la Constitution sont principalement la liberté syndicale, le droit à la convention collective et le droit de grève. Dans la reconnaissance de ces droits, une distinction est faite depuis le début entre les deux catégories de travailleurs que sont les ouvriers et les agents publics (ou fonctionnaires).

a – La liberté syndicale

Du point de vue des titulaires de la liberté syndicale, « les ouvriers et les employeurs » étaient prévus dans le texte initial de la Constitution de 1982 (Article 51), alors que la Constitution de 1961 avait utilisé le titre plus général « les travailleurs et les employeurs » (Article 46).

Les « travailleurs » ont été remplacés par les « ouvriers » lors de la révision constitutionnelle en 1971. L'objectif de ce changement était de limiter la liberté syndicale aux ouvriers et de priver les agents publics du droit de s'organiser en syndicats. Cette approche a été reprise par la Constitution de 1982. Il y est précisé que « les ouvriers et les employeurs ont le droit de fonder des syndicats et des unions syndicales sans autorisation préalable » (Article 51). La Constitution qui reconnaissait explicitement un droit syndical aux ouvriers, passait sous silence celui des fonctionnaires.

Vers la fin des années 1980 les agents publics ont commencé à s'organiser dans le cadre syndical. D'après eux, l'absence d'interdiction par la norme fondamentale, avait implicitement pour effet de leur accorder la liberté syndicale. Dans ce contexte, les syndicats créés par les agents publics ont été reconnus par le Conseil d'Etat[774] contrairement à la Cour de cassation qui les avait déclarés illégaux en se référant à la loi sur les fonctionnaires[775]. Le Conseil d'Etat a fondé son arrêt sur l'effet direct de l'article 11 de la Convention européenne des Droits de l'Homme (CEDH) sur le droit national y compris la Constitution. Cette création jurisprudentielle a joué un rôle positif sur la constitutionnalisation du droit de s'organiser dans la fonction publique. Si la révision constitutionnelle intervenue en 1995 n'a pas abouti à la reconnaissance d'un droit syndical aux fonctionnaires, c'est par la révision constitutionnelle effectuée en 2001 que les droits syndicaux ont été élargis d'une façon explicite aux « travailleurs » et « employeurs » (Article 51), revenant ainsi, quarante ans plus tard, à la formule de la Constitution de 1961.

b – Le droit à la convention collective

Du point de vue des titulaires de ce droit, la Constitution distingue les ouvriers des agents publics. Alors que le droit à la convention collective n'était consacré qu'aux ouvriers, les agents publics, constituant une autre catégorie socio-professionnelle en tant que travailleurs, ont dû mener un combat permanent afin d'acquérir leur droit à la convention collective. En vertu de la Constitution, « les ouvriers et les employeurs ont dans leurs rapports mutuels le droit de conclure des conventions collectives de travail en vue de réglementer leur situation économique et sociale et leurs conditions de travail » (Article 53/I).

Le droit à la convention collective a pour titulaires les ouvriers. Il ne peut pas être conclu ni appliqué plus d'une convention collective de travail dans un même lieu de travail au cours d'une même période.

---

[774] Danıştay (Conseil d'Etat), 10ème chambre, E.1991/1261, K.1992/3911.

[775] Yargıtay Hukuk Genel Kurulu (Assemblée plénière civile de la Cour de cassation), 24.05.1995, E.1995/4-367, K.1995/550.

Quant aux agents publics, c'est la modification de 1995 qui leur a accordé la faculté de « négociation collective » sans pour autant leur accorder un droit à la convention collective. « Les syndicats et les unions syndicales... peuvent engager des négociations collectives avec l'Administration conformément à leurs objectifs au nom de leurs membres » (Article 53, III)[776]. D'après la dernière phrase de cet alinéa, « La loi détermine les procédures relatives à l'exécution de cet alinéa ». Toutefois, la loi en cause n'a pas été élaborée et mise en vigueur dans un délai raisonnable. De ce fait, les agents publics ont commencé à mettre en pratique la disposition constitutionnelle.

D'autre part, « le droit de mener des conventions collectives » des agents publics a été refusé par le juge national et c'est grâce à l'intervention du juge européen que ce droit a été reconnu. Dans l'affaire Demir/Baykara[777] se trouvait en cause un syndicat de fonctionnaires. Celui-ci intenta une action devant les juridictions nationales afin qu'une Mairie respecte les termes d'une convention collective. Néanmoins, au cours de la procédure, la Cour de cassation a refusé l'existence même de ce syndicat en relevant qu'à l'époque de sa création, le droit national ne conférait pas aux fonctionnaires le droit de se syndiquer, ni celui de mener des négociations collectives. La Cour européenne des Droits de l'Homme, en Grande Chambre, a confirmé le 12 novembre 2008 l'arrêt de la Chambre rendu le 21 novembre 2006. La Cour de Strasbourg offre par cet arrêt un nouvel et remarquable exemple de son interprétation dynamique et évolutive de la Convention. Le principal apport de cet arrêt réside dans la reconnaissance par la Cour de ce que « le droit de mener des négociations collectives avec l'employeur est, en principe, devenu l'un des éléments essentiels » de la liberté syndicale sans lequel celle-ci serait vidée de sa substance[778].

En droit national, la disposition constitutionnelle qui reconnaissait aux agents publics la possibilité de la négociation collective, adoptée en 1995, a été remplacée par le droit à la convention collective des agents publics en 2010. Ce droit a été introduit lors de la révision constitutionnelle, mise en vigueur à la suite du référendum du 12 septembre 2010, laquelle prévoit que « Les fonctionnaires et autres agents publics ont le droit à la convention collective » (Article 53, III).

---

[776] Cet alinéa ajouté à l'article 53 en 1995, sans avoir consacré un droit subjectif, ne reconnaît aux agents publics que la possibilité de négocier avec l'Administration.

[777] Cour EDH, *Demir/Baykara c. Turquie*, req. no 34503/97, 12 novembre 2008.

[778] Demir/Baykara c. Turquie, § 154.

Il s'agit donc d'une évolution de la consécration de la possibilité des négociations à la reconnaissance du droit à la convention collective. Certes, l'affirmation de ce droit, par principe, devrait être considérée comme un pas positif. Toutefois, l'effet de ce droit risque d'être atténué par l'intervention du Conseil d'Arbitrage des Agents Publics lorsqu'un conflit survient au cours de la convention collective. La décision du Conseil d'Arbitrage qui est définitive aura valeur de convention collective.

c – Le droit de grève

Ce droit n'est consacré qu'au bénéfice des ouvriers lesquels disposent du « droit de grève dans le cas où un désaccord survient au cours des négociations d'une convention collective de travail » (Article 54). Ce droit est aménagé d'une façon détaillée et limitée par le même article. Lors de la modification de 2010, certaines interdictions concernant l'utilisation du droit de grève ont été éliminées de l'article 54. En ce qui concerne le droit de grève des fonctionnaires, il était possible, même avant la révision constitutionnelle, d'avancer que ce droit pouvait être utilisé par les agents publics au regard des engagements internationaux de la Turquie. A ce propos, il convient de signaler la progression du droit de grève devant la Cour européenne des droits de l'homme[779].

Dans la lignée de son important arrêt de Grande Chambre du 12 novembre 2008[780], la Cour européenne des droits de l'homme a fait un nouveau pas vers la reconnaissance du droit de grève comme droit protégé en tant que tel par la Convention. Elle condamne la Turquie pour violation du droit à la liberté syndicale (Art. 11) du fait de l'interdiction générale du droit de grève qui était opposée, à l'époque des faits, à tous les fonctionnaires turcs.

La Cour EDH relève différents éléments dans sa jurisprudence en précisant que « la grève, qui permet à un syndicat de faire entendre sa voix, constitue un aspect important pour les membres d'un syndicat dans la protection de leurs intérêts ». Mais surtout, elle souligne que « le droit de grève est reconnu par les organes de contrôle de l'Organisation internationale du travail (OIT) comme le corollaire

[779] Cour EDH, Enerji Yapi-Yol Sen c. Turquie, 21 avril 2009.

[780] Cour EDH, Demir et Baykara c. Turquie, req. no 34503/97, du 12 novembre 2008.

indissociable du droit d'association syndicale protégé par la Convention 187 de l'OIT sur la liberté syndicale et la protection du droit syndical » et « rappelle que la Charte sociale européenne reconnaît aussi le droit de grève comme un moyen d'assurer l'exercice effectif du droit de négociation collective » (§ 34). Les juges européens précisent que « le droit de grève n'a pas de caractère absolu » et qu'en particulier, « le principe de la liberté syndicale peut être compatible avec l'interdiction du droit de grève des fonctionnaires exerçant des fonctions d'autorité au nom de l'Etat ». Toutefois, cette interdiction « ne peut pas s'étendre aux fonctionnaires en général, comme en l'espèce, ou aux travailleurs publics des entreprises commerciales ou industrielles de l'Etat » et que « les restrictions légales au droit de grève devraient définir aussi clairement et étroitement que possible les catégories de fonctionnaires concernées ». En conséquence, la circulaire litigieuse, « rédigée en des termes généraux qui interdisaient de manière absolue à tous les fonctionnaires le droit de grève » constitue une violation de l'article 11[781]. La Cour formule dans cet arrêt l'exigence conventionnelle de respect du droit de grève[782]. Le chemin ouvert par l'arrêt Demir et Baykara est d'ailleurs ici expressément suivi par la formation de la Chambre, notamment par le recours à de sources textuelles extra-conventionnelles (une convention de l'Organisation Internationale du Travail et la Charte Sociale Européenne). Malgré cet effort, la Cour n'a pas qualifié clairement le droit de grève d'« élément essentiel de la liberté syndicale », comme l'avait fait la Grande Chambre au sujet du droit de mener des négociations collectives.

4 – Le droit à l'environnement

Le droit à l'environnement apparaît directement ou indirectement dans plusieurs dispositions constitutionnelles. La plupart des dispositions concernent les diverses composantes de l'environnement : l'utilisation des côtes (Article 43), le service de santé et de protection de l'environnement (Article 56), la protection des richesses historiques, culturelles et naturelles (Article 63), la prospection et l'exploitation des richesses et ressources naturelles (Article 168), la

---

[781] Cour EDH, Enerji Yapı Yol-İş sen c. Turquie, 21 avril 2009, § 32-34.

[782] Cour EDH, Karaçay c. Turquie, 27 mars 2007, req. n° 6615/03 et Cour EDH, Satilmis et autres c. Turquie, 17 juillet 2007, req. n° 74611/01.

préservation et le développement des forêts (Article 168). La Constitution précise que « chacun a le droit de vivre dans un environnement sain et équilibré. L'Etat et les citoyens ont le devoir d'améliorer l'environnement, de protéger l'environnement sanitaire et de prévenir la pollution de l'environnement. » (Art.56/1,2).

Les trois alinéas suivants sont consacrés à la santé sans pour autant l'ériger en droit de l'homme mais plutôt en l'organisant comme une norme d'orientation pour l'Etat lequel est chargé d'en assurer la planification et l'organisation[783].

L'article 63 de la Constitution est consacré, quant à lui à la protection des richesses historiques, culturelles et naturelles.

Du point de vue de l'urbanisme, il convient de citer également les articles 23 (la liberté d'établissement et de voyage) et 57 (le droit au logement) qui prévoient « une urbanisation saine et ordonnée » et « une planification tenant compte des particularités des villes et des conditions de l'environnement ».

Le droit à l'environnement est devenu un droit constitutionnel qui est revendiqué de plus en plus du fait des actions étatiques ou privées soutenues par les autorités publiques qui sont en train de dégrader les richesses historiques, naturelles et culturelles. De ce fait, les grands arrêts de la Cour EDH figurent aussi parmi les affaires relatives à l'environnement[784]. Il convient de citer d'abord l'arrêt Öneryıldız[785] dans ses différentes dimensions. Il est effectivement relatif au droit à la vie et au droit de propriété du point de vue matériel (Art. 2 de la CEDH et l'article 1 § 1, du Protocole n° 1).

L'exercice réel et efficace du droit que cette disposition garantit ne saurait en effet dépendre uniquement du devoir de l'État de s'abstenir de toute ingérence et peut exiger des mesures positives de protection, notamment là où il existe un lien direct entre les mesures qu'un requérant pourrait légitimement attendre des autorités et la jouissance effective par ce dernier de ses biens.

---

[783] Le droit à la santé a été évoqué sous le sous-titre consacré au droit à la sécurité sociale.

[784] Deux affaires peuvent être signalées : Cour EDH, Öneryıldız c. Turquie, 18 juin 2002 et Taşkın et autres c.Turquie, 10 novembre 2004. Pour le détail, v. Ibrahim Ö. Kaboğlu, « Le droit à l'environnement en Turquie et la Convention européenne des droits de l'homme », *Pour un droit commun de l'environnement, Mélanges en l'honneur de Prieur*, Dalloz, 2007, pp. 589-606.

[785] Cour EDH, Öneryıldız c. Turquie, (requête n° 36220/97), Chambre : 18 juin 2002 ; (Requête no 48939/99), Grande chambre : 30 novembre 2004.

Le lien de causalité constaté entre les négligences graves imputables à l'État et les pertes en vies humaines survenues en l'espèce se retrouve également en ce qui concerne l'ensevelissement de la maison du requérant.

La Cour considère que l'obligation positive au titre de l'article 1er du Protocole n° 1 imposait qu'en l'espèce les autorités nationales prissent les mêmes précautions pratiques déjà indiquées pour empêcher la destruction de l'habitation du requérant. Par conséquent, la Cour conclut à la violation de l'article 1er du Protocole n° 1.

Quant à l'arrêt Taşkın et autres, devant la Cour européenne des droits de l'homme les requérants alléguaient que tant l'octroi par les autorités nationales d'une autorisation de recourir à un procédé d'exploitation d'une mine d'or par cyanuration que le processus décisionnel qui y est relatif avaient emporté violation de leurs droits garantis par les articles 2 et 8 de la Convention. Par ailleurs, les requérants estimaient que le refus de l'administration de se conformer aux décisions des juridictions administratives avait méconnu leur droit à une protection juridictionnelle effective. Ils invoquaient donc à la fois les articles 6 § 1, et 13 de la Convention.

En ce qui concerne le grief tiré de la violation alléguée de l'article 6/1, de la Convention, la Cour, après avoir relevé que l'article 6 est applicable dans le cas d'espèce, constate qu'une décision de justice impliquant la cessation de l'exploitation minière n'a pas été exécutée dans les délais prévus à cet effet.

À propos de l'applicabilité, la Cour souligne « (qu'il) doit s'agir d'une "contestation" réelle et sérieuse ; elle peut concerner aussi bien l'existence même d'un droit que son étendue ou ses modalités d'exercice. » Toujours d'après la Cour, « Le droit invoqué en substance par les intéressés devant les juridictions administratives est celui d'obtenir une protection adéquate de leur intégrité physique contre les risques engendrés par l'exploitation de la mine d'or d'Ovacık »[786].

[786] Cour EDH, 10 novembre 2004, Taşkın et autres c/Turquie, req. No 46117/99. A l'origine de l'affaire se trouve une requête (no 46117/99) introduite le 25 avril 1998 par M. S. Taşkın et neuf autres ressortissants de Turquie.

B – Les droits économiques

« La liberté de travailler et de contracter » est aménagée dans un article unique (Art.48) comme un droit économique stricto sensu. Le principe de liberté a été formulé de la façon suivante : « *Chacun est libre de travailler et de contracter dans le domaine de son choix. La fondation d'entreprises privées est libre.* » (Premier al.).

L'alinéa 2, consacré aux obligations de l'Etat, souligne qu'il « *prend les mesures nécessaires propres à assurer que les entreprises privées fonctionnent d'une manière conforme aux nécessités de l'économie nationale et aux objectifs sociaux et exercent leurs activités dans la sécurité et la stabilité.* »

Ce principe de liberté et la norme d'orientatiion constituent le cadre des droits et dispositions économiques. En outre, deux dispositions méritent d'être signalées sous le même chapitre. L'une concerne l'expropriation et l'autre, la nationalisation et la privatisation. Il convient d'ajouter à cela, le droit de propriété qui est aménagé sous le chapitre précédent[787]. La Constitution précise en la matière que « *Chacun possède les droits de propriété et d'héritage. Ces droits peuvent être limités par la loi, mais uniquement dans un but d'intérêt public. Le droit de propriété ne peut être exercé d'une manière contraire à l'intérêt de la société.* » (Article 35).

Quant à l'expropriation, celle-ci est réglementée d'une façon assez détaillée (Article 46). Le critère principal dans l'expropriation est la nécessité pour l'intérêt public : « *L'Etat et les personnes morales publiques sont autorisées, dans les cas où l'intérêt public le rend nécessaire à exproprier les biens immobiliers appartenant à des particuliers, ou à établir sur ces biens des servitudes administratives, conformément aux règles et procédures fixées par la loi.* ».

Les constituants ont montré leur volonté d'introduire le lock-out dans la Constitution afin de contrebalancer le droit de grève[788]. « *Les travailleurs ont le droit de grève. La loi règlemente la procédure et les*

---

[787] Le droit de propriété figurait sous le chapitre consacré aux droits sociaux-économiques alors que la Constitution de 1982 le classe parmi "les droits et les devoirs de l'individu. Malgré le changement de classification la formulation de ce droit est la même. Toutefois, le régime général auquel le droit de propriété est soumis a été changé du fait qu'il y a une divergence entre le chapitre 2 et le chapitre 3 du point de vue des critères de garantie et des motifs de limitations.

[788] Une telle volonté peut être conçue comme le résultat du choix fait pour le néolibéralisme économique.

conditions d'exercice de ce droit et du recours par l'employeur au lock-out... » (Art.54/1).

La constitutionnalisation de la privatisation et de l'arbitrage fut l'axe de la modification de 1999. La marge d'appréciation laissée au législateur pour le processus de privatisation est assez large (Art. 47). Le principe constitutionnel selon lequel « tous les actes et décisions de l'Administration peuvent faire l'objet d'un recours judiciaire » (Art. 125/I) a été atténué par la dérogation suivante : « Les concessions relatives aux services publics peuvent prévoir que le règlement des litiges qui en résultent se fera par voie d'arbitrage national ou international ». Le pouvoir du Conseil d'Etat d'examiner « les cahiers des charges et contrats de concessions » a été remplacé par un avis consultatif. D'après la nouvelle formulation, l'intervention du Conseil d'Etat est limitée à la possibilité d'émettre, dans les deux mois, son avis sur les charges et contrats de concessions relatifs aux services publics (Art. 155/II). La modification effectuée en 1999 a accentué davantage le choix du néolibéralisme économique de la Constitution de 1982.

C – Les droits culturels

Dans le cadre du Chapitre III, la disposition détaillée et intitulée « droit et devoir d'éducation et d'instruction » semble être l'article unique relatif à un droit culturel (Art.42). Les éléments de base de ce droit et devoir peuvent être précisés de la façon suivante. Tout d'abord, l'éducation et l'enseignement sont assurés sous la surveillance de l'Etat dans le respect des principes d'Atatürk et selon les règles de la science et de la pédagogie contemporaines. Ces exigences correspondent à la laïcité reconnue comme caractéristique de la République inaltérable[789]. Ensuite, la langue exclusive de l'enseignement est la langue turque[790]. Toutefois, « les dispositions des conventions internationales sont réservées »[791].

---

[789] Néanmoins, "l'enseignement de la religion comme cour obligatoire dans les écoles secondaires" peut être considéré comme une dérogation non négligeable aux principes énoncés par l'article 42.

[790] "Aucune langue autre que le turc ne peut être enseignée aux citoyens turcs en tant que langue maternelle...". Cette formulation est conçue comme un obstacle à l'enseignement de langues maternelles autre que le turc.

[791] Une telle réserve a été faite pour le traité de Lausanne qui accorde aux communautés non-musulmanes le statut des minorités.

En dehors de l'enseignement les libertés des communications audio-visuelles sont assurées. En effet, « la création et l'exploitation de stations de radio et de télévision sont libres dans le cadre des conditions fixées par la loi » (Art.133/1)[792]. Le Conseil supérieur de la radio et de la télévision, prévu dans le même article, est chargé de surveiller les diffusions effectuées par les moyens des communications de masse[793].

Le régime juridique des émissions de radio, de télévision, du cinéma ou d'autres moyens similaires peut toutefois constituer un système dérogatoire par rapport aux garanties prévues pour la liberté d'expression et de propagation de la pensée car il existe, dans ce domaine, la possibilité de mettre en place un régime d'autorisation. En effet, selon la deuxième phrase du premier alinéa de l'article 26 « la disposition de cet alinéa ne fait pas obstacle à l'instauration d'un régime d'autorisation en ce qui concerne les émissions par radio, télévision ou autres moyens similaires »[794].

La liberté scientifique et artistique, aménagée sous le chapitre consacré aux droits de l'individu (Art.27), est en fait une liberté culturelle.

§ 3 – Les droits politiques

Le paragraphe consacré aux « droits et devoirs politiques »[795] contient principalement, outre les droits procéduraux, trois catégories de droits recoupant la citoyenneté (A), les droits (purement) politiques (B) et le droit d'entrer dans la fonction publique (C).

---

[792] Modifié par la loi no 3913 du 08.07.1993, JO du 10.07.1993, 21633. Avant la modification, il existait un monopole d'Etat sur les stations de radio et de télévision.

[793] Pour le détail, v. chapitre 4 – Section 3, C Les autorités administratives indépendantes.

[794] Au contraire, la CEDH soumet au régime d'autorisation des entreprises, mais pas des émissions : "Le présente article n'empêche pas les Etats de soumettre les entreprises de radiodiffusion, de cinéma ou de télévision à un régime d'autorisation" (Art.10/1).

[795] Sous le chapitre consacré aux « droits et devoirs politiques », il y a les obligations et devoirs qui pèsent sur les droits. Le service patriotique et le devoir fiscal peuvent être cités comme exemple : le service patriotique (Art.72) est un droit et un devoir pour chaque Turc. Chacun est tenu de contribuer aux dépenses publiques en payant ses impôts selon sa capacité financière (Art.73).

A – La citoyenneté

La définition de la Constitution de 1924 était basée sur « le peuple (ou les habitants) de Turquie ». Il était prévu que « la qualité de citoyens donne aux habitants de la Turquie, sans distinction de religion ou de race, le nom de Turcs »[796]. La deuxième Constitution du régime républicain reflète une définition restrictive par rapport à la première en précisant que « Tous ceux qui sont rattachés à l'Etat Turc par le lien de la nationalité, sont des Turcs » (Art.54). Dans la Constitution de 1982 « est Turc quiconque est rattaché à l'Etat turc par le lien de la nationalité » (Art.66/I). La norme fondamentale manque de cohérence interne, du fait que les dispositions inaltérables de la Constitution assimilent l'Etat avec « la République de Turquie » ou « l'Etat de Turquie » (cf. les trois premiers articles de la Constitution).

Cette définition ne peut être abordée d'une façon isolée de la forme de l'Etat et de la notion « d'Etat-nation ». La forme de l'Etat et l'Etat-nation trouvent leur source d'une façon indirecte dans le premier alinéa de l'article 3 lequel prévoit que « L'Etat de Turquie forme une entité indivisible avec son territoire et sa nation ». Il est donc important de pouvoir déterminer si l'intégrité de l'Etat implique simplement une égale citoyenneté ou si elle peut se combiner avec une pluralité de peuples (1). Par ailleurs, le droit des minorités (2) et la question de la langue maternelle (3) doivent être envisagés en liaison avec les questions de citoyenneté.

1 – L'intégrité de l'État : égale citoyenneté ou pluralité des peuples ?

L'État unitaire centralisé, accompagné d'une certaine conception de la citoyenneté constitue l'obstacle principal de la reconnaissance de la pluralité des peuples.

L'État-nation et la souveraineté nationale, qui allaient tracer à partir de la fondation de la République les grandes lignes du développement politico-constitutionnel au cours du XXème siècle, ont eu une double interprétation, à la fois souple et rigide. Souple, puisque le Traité de Lausanne du 24 juillet 1923 avait déjà consacré le statut des minorités

[796] "Est Turc quiconque est né en Turquie ou en dehors de la Turquie d'un père turc et quiconque, étant né en Turquie d'un père étranger, a habité dans le pays, et arrivé à sa majorité a opté pour la sujétion turque, ou tout individu admis à la sujétion turque en vertu de la loi sur l'état des citoyens" (Art.88).

aux citoyens non-musulmans. Rigide, parce que l'intégrité de l'État est la plupart du temps conçue comme un principe absolu.

Nous sommes donc devant un dilemme difficile : la protection des minorités et l'intégrité de l'Etat. La protection juridique des minorités n'est envisagée que dans le respect du principe de l'intégrité territoriale de l'État. Il faut donc concilier les revendications minoritaires avec l'exigence de l'unité et de la cohésion de l'État[797]. D'une part, l'affirmation de l'identité minoritaire doit être modelée de telle sorte qu'elle ne puisse se relier au droit à l'autodétermination. D'autre part, il faut aussi tenir compte du modèle politique de l'État-nation et de « l'exacte coïncidence d'un seul État avec une seule nation par la promotion de l'unicité de la nation étatique »[798]. Certains États unitaires aménagent le pluralisme national dans le cadre d'une décentralisation territoriale administrative. Dans le Traité de Lausanne, la conception exclusivement religieuse de la minorité a perduré jusqu'à nos jours. Pourtant, l'article 38 du même Traité stipule que « le gouvernement turc s'engage à accorder à tous les habitants de la Turquie pleine et entière protection de leur vie et de leurs libertés, sans distinction de naissance, de nationalité, de langue, de race ou de religion ». Cependant, cette disposition de Lausanne a été longtemps négligée dans la pratique[799].

La Constitution de 1924 reflétait une conception assez globalisante du point de vue de la citoyenneté basée sur le « peuple de Turquie ». Quant à la Constitution de 1961, celle-ci peut être qualifiée de constitution la plus libérale et la plus démocratique de Turquie malgré le fait qu'elle donne de la citoyenneté une définition réduite. En effet, en vertu de son article 54 « est Turc quiconque est rattaché à l'État turc par le lien de nationalité ». Il est évident que la Constitution ouvre les voies d'expression sans pour autant reconnaître de quelconques droits spécifiques aux groupes ethniques. Dans la pratique, la décennie 1960 est caractérisée par le débat concernant la « question de l'Est » sans parler de question kurde. La fin des années 60 est marquée par

[797] F. Sudre, *Droit international et européen des droits de l'homme*, 7e éd. mise à jour, PUF, Paris 2003, p. 177.

[798] Rouland, Pierré-Caps, Poumarède, *Droit des minorités et des peuples autochtones*, PUF, coll. Droit fondamental, 1996, p. 277.

[799] Pour le débat doctrinal, voir Baskin Oran, « Bir İnsan Haklari ve Çokkültürlülük Belgesi Olarak 1923 Lausanne Baris Antlasmasi », in *Kopenhag Kriterleri* / Critères de Copenhague / Criteria of Copenhagen, Yayına haz./ed. İbrahim Ö. Kaboğlu, Istanbul Barosu Insan Hakları Merkezi, 2001, pp.210-219.

l'organisation de rassemblements de masse dans les villes kurdes, au cours desquels sont nettement exprimées des revendications culturelles et économiques à l'adresse de l'État. Alors que dans les années 60, le combat de la gauche de la Turquie intégrait la « question de l'Est », à partir des années 1970 des organisations kurdes – pour la plupart illégales – commencent à s'autonomiser[800]. La pratique des dispositions de la Constitution de 1982 qui prévoyait aussi l'interdiction des langues autres que le turc a réactivé des débats sur l'intégrité de l'Etat surtout à la suite de la dissolution des partis politiques qui revendiquaient la pluralité des peuples[801].

La Cour Constitutionnelle, par son arrêt du 16 juillet 1991 a dissous le Parti Communiste Unifié de Turquie (TBKP)[802] au motif que le statut et le programme de ce parti contenait des propos de nature à porter atteinte à l'intégrité territoriale de l'État et à l'unité de la nation. La Cour Constitutionnelle releva notamment que lesdits textes distinguaient deux nations : les Kurdes et les Turcs. Or l'on ne pourrait admettre d'existence de deux nations au sein de la République de Turquie dont tous les ressortissants, quelle que soit leur origine ethnique, seraient de nationalité turque. En réalité, les propositions concernant le soutien aux langues et cultures autres que turques viseraient à créer des minorités, au détriment de l'unité de la nation turque.

En se fondant sur l'article 3§1 de la Constitution selon lequel « l'État de Turquie est, avec son territoire et sa nation, une entité indivisible », la Cour Constitutionnelle précise que l'État est unitaire, le pays intégral et la nation unique. Elle rappelle aussi que la Constitution interdit toute autodétermination et autonomie régionale. D'après la Cour, comme tous les ressortissants nationaux d'origine différente, ceux d'origine kurde, pourraient exprimer leur identité, mais la Constitution et la loi s'opposeraient à ce qu'ils forment une nation ou une minorité située en dehors de la nation turque.

D'après la Cour EDH, contrairement aux considérations de la Cour constitutionnelle, « l'une des principales caractéristiques de la

---

[800] Pour le détail, v. Jean-François Pérouse, Reposer la « question kurde », in *La Turquie*, Semih Vaner (dir.), Paris, 2005, pp. 359-362.

[801] Pour le détail, v. A. Nalbant, O. Erözden, « L'Etat-nation et l'indivisibilité de la République en tant que principe restrictif des droits culturels et politiques », *TYHR,* t.14, 1992, pp. 137-150.

[802] Cour Constitutionnelle, *Anayasa Mahkemesi Karari*, E1990/1 K1991/1, publié au JO du 28 janvier 1992.

démocratie réside dans la possibilité qu'elle offre de résoudre par le dialogue et sans recours à la violence les problèmes que rencontre un pays, et cela même quand il dérange. La démocratie se nourrit en effet de la liberté d'expression. Sous ce rapport, une formation politique ne peut se voir inquiétée pour le seul fait de vouloir débattre publiquement du sort d'une partie de la population d'un État et de se mêler à la vie politique de celui-ci afin de trouver, dans le respect des règles démocratiques, des solutions qui puissent satisfaire tous les acteurs concernés[803].

Le deuxième arrêt est relatif à la dissolution du Parti socialiste (PS). Sa dissolution fut décidée en raison des activités politiques de ce parti, des publications et déclarations orales de son président. Selon la Cour Constitutionnelle, le discours de ce dernier incitait les citoyens d'origine kurde au séparatisme et à l'insurrection dans le but de supprimer l'État unitaire actuel et de lui substituer un État fédéral[804]. Dans l'affaire Parti socialiste, la Cour européenne en faisant référence à l'arrêt du TBKP, souligne qu'une formation politique ne doit pas se voir inquiétée pour le seul fait de vouloir débattre publiquement du sort d'une partie de la population d'un État et de se mêler de la vie politique de celui-ci afin de trouver, dans le respect des règles démocratiques, des solutions qui puissent satisfaire tous les acteurs concernés[805]. Dans ce contexte, la citoyenneté devrait être conçue dans la quête d'une conciliation entre l'intégration territoriale de l'État et le pluralisme culturel.

Quelle sorte de relation peut être conçue entre la société et la Constitution dans l'Etat unitaire, face aux « minorités ethniques, religieuses et linguistiques » (Art. 27 du PIDCP)[806] ?

Il convient d'abord de signaler la réalité sociologique de la Turquie. La population de Turquie est marquée par la diversité ethnique : les Turcs, les Kurdes, les peuples caucasiens, les peuples balkaniques... Il existe donc une multiplicité de groupes ethniques. Les Kurdes, citoyens de la République de Turquie, constituent une composante indéniable et non homogène de la Turquie. Si les Kurdes

---

[803] Cour EDH, Parti communiste unifié de Turquie et autres c. Turquie, 30 janvier 1998.

[804] Cour Constitutionnelle, 10 juillet 1992, Anayasa Mahkemesi Karari, E.1991/2, K.1992/1. Journal Officiel du 25 octobre 1992, 21386.

[805] Cour EDH, Parti socialiste et autres c. Turquie, 25 mai 1998.

[806] Le Pacte relatif aux droits civils et politiques a été ratifié par la Turquie en 2003 (JO du 11.08.2003, 25196).

en Turquie constituent la minorité la plus nombreuse, ils ne sont pas les seuls à se distinguer (par de multiples critères comme l'identité linguistique, l'appartenance religieuse, l'organisation sociologique, les modes de vie ou l'implantation géographique) de l'identité type sur laquelle s'est fondé l'État-nation républicain.

Les divers groupes de religion musulmane, mais qui parlent d'autres langues que le turc (et le kurde), témoignent de l'ancienne extension de l'Empire ottoman vers le nord-est (Caucase), le nord-ouest (Balkans) ou le sud-est (Proche-Orient arabe)[807].

Les groupes de minorité religieuse musulmane comptent également diverses populations parlant des langues du groupe caucasien. Parmi elles, les Lazes sont les habitants les plus anciens de l'extrémité orientale de la région de la mer Noire, qui auraient partiellement résisté à l'hellénisation dans l'ancien Royaume de Trébizonde, puis à la turquisation dans l'Empire ottoman[808].

En dernier lieu, il faut également signaler la présence de populations musulmanes rapatriées des Balkans. Ces dernières comprennent des Bosniaques, des Albanais, des Pomaks (bulgares musulmans), ainsi que la plupart des Turcs de Grèce (Macédoine, Thrace occidentale, Crète) rapatriés dans le cadre de l'échange de population organisé en 1923 en conséquence du Traité de Lausanne, puis plus tard les Turcs de Bulgarie refugiés en 1951–1952 après la mise en place du régime communiste[809].

Ceci dit, pour ce qui concerne la Turquie, la citoyenneté constitutionnelle devrait donc être conçue comme une citoyenneté élargie et unifiée qualifiée de citoyenneté de la République de

---

[807] Parmi la population arabophone, le noyau le plus important est celui de l'ex-sandjak d'Alexandrette (Hatay), intégré par le Traité de Sèvres (non révisé sur ce point par le Traité de Lausanne) à la Syrie sous mandat français, avec une population mixte arabe et turque, est finalement rattaché en 1939 à la Turquie.

[808] Comme les Lazes, les Géorgiens sont des habitants de cette même région pontique, avec une aire principale en position frontalière, en continuité avec la République ex-soviétique de Géorgie. Les Tcherkesses sont extrêmement dispersés dans dix-sept départements différents. Les Abkhazes sont concentrés dans la région de la mer Noire occidentale. Les tcherkesses et les abkhazes font partie des » muhacir « (migrants ou rapatriés) de territoires perdus par l'Empire ottoman au cours de son reflux territorial du 19e siècle. Pour le détail, voir : Marcel Bazin, « Diversité ethnique et disparité régionale », in *la Turquie*, sous la direction de Semih Vaner, Fayard / Ceri, 2005, pp. 400 – 401.

[809] Toutes ces populations ont été préférentiellement installées dans la partie occidentale du pays, en particulier au nord-ouest au tour de la Mer de Marmara.

Turquie. Une telle conception de la nationalité ne se limite pas à l'abstention de toute référence ethnique, mais introduit plutôt une supra-identité[810]. Une telle définition élargie et approfondie pourrait être justifiée par l'interprétation systématique et téléologique de l'article 3 : « l'Etat de Turquie forme une entité indivisible avec son territoire et sa nation ». Le nom de l'Etat : « l'Etat de Turquie » ; le nom du pays : « La Turquie » (Art.126) et le nom de la population : « le peuple de Turquie ».

2 – Du système de « millet » au droit des minorités sur le critère de la religion

Sous l'Empire ottoman, les groupes religieux minoritaires non musulmans étaient identifiés comme entités spécifiques, les « millet ». Le Traité de Sèvres, signé le 10 août 1920, consacre le démembrement de l'Empire ottoman. Par le Traité en question, l'Empire est partagé en mandats exercés par la Grande-Bretagne, la France, l'Italie, la Grèce, et démantelé territorialement. La Turquie se trouve réduite à un petit État anatolien. Signé par le gouvernement ottoman d'Istanbul, mais jamais ratifié, le Traité de Sèvres est rejeté par la résistance nationaliste et la guerre d'Indépendance dirigée par Mustafa Kemal (Atatürk). Le Traité de Sèvres est annulé par le Traité de Lausanne du 24 juillet 1923, conclu avec la nouvelle Turquie[811]. A la conférence de la paix de Lausanne (novembre 1922 – juillet 1923), qui marque la fin de la guerre d'indépendance est d'abord signée une convention entre la Turquie et la Grèce sur un échange de population[812]. Le Traité de Lausanne accorde un statut de minorités aux citoyens non-musulmans

---

[810] De ce point de vue, un élément linguistique pourrait également faciliter la reconnaissance d'une citoyenneté élargie : en turc, yurt (pays) et vatan (patrie) constituent les préfixes de citoyen : yurt/taş ou vatan/daş, c'est-à-dire, celui qui appartient au pays ou à la patrie. Autrement dit, en turc, il existe une liaison stricte entre la nationalité et la territorialité.

[811] Le Traité de Lausanne a été conclu par le Royaume-Uni, la France, l'Italie, le Japon, la Grèce, la Roumanie et le Royaume Serbo-croate et Slovène d'une part, et la Turquie d'autre part.

[812] 500.000 turcs et musulmans sont expulsés de Grèce (sauf de Thrace occidentale) et d'autres pays balkaniques ; 1,5 millions de grecs et chrétiens quittent le Pont et l'Asie mineure (sauf Istanbul).

à savoir les Grecs, les juifs et les arméniens[813]. D'après le même Traité, la Grèce reconnaît pareillement un même statut aux musulmans turcs avec les citoyens grecs[814]. Par la reconnaissance des droits minoritaires les non-musulmans citoyens de la République de Turquie bénéficient d'une pleine et entière protection[815]. Ils peuvent utiliser leur langue, aussi bien dans leurs relations privées que dans leurs vies publiques. Ils ont le droit de créer et de contrôler toutes les institutions nécessaires au bon fonctionnement de la vie communautaire. La troisième partie du Traité de Lausanne intitulée « la protection des minorités » consacre deux catégories de droits aux minorités religieuses. Premièrement, les droits dont tous les citoyens bénéficient en vertu du principe d'égalité. Deuxièmement, les droits spécifiques en tant que groupe et en tant que membre de la communauté (les articles 37 – 45)[816]. Parmi les minorités, les trois principales communautés non musulmanes, arméniennes, grecques et juives, sont toujours présentes et très concentrées géographiquement dans l'Ouest du pays et surtout dans la métropole istanbuliote[817].

---

[813] En fait, on peut avancer que sous l'optique des développements constitutionnels en Turquie, le Traité de Lausanne a un caractère supra-constitutionnel du point de vue de la hiérarchie des normes.

[814] Pour la situation en Grèce v. Achille Skordas, « Protection of the Minorities in Greece and necessity of the liberal reform» (en turc), in Droits des Minorités en droit national, supra-national (…), (éd. İbrahim Ö. Kaboğlu), İst. Barosu İHM, 2002, pp. 311-320.

[815] « Le document signé à Lausanne le 24 juillet 1923 efface l'humiliation du Traité de Sèvres… Il reconnaît à la Turquie des frontières stables englobant la Thrace Orientale et les territoires en litige d'Anatolie… Il apporte au problème des minorités une solution... », P. Dumont et François Georgeon, « La mort d'un Empire » (1908 – 1923), in *Histoire de l'Empire Ottoman*, p. 646.

[816] Il s'agit de la protection de la vie et des libertés ; de la liberté de croyance et de religion ; des libertés de circulation et de l'immigration, (...) (Art.38). Il y a également tous les droits civils et politiques reconnus aux citoyens sans aucune distinction ; l'égalité devant la loi ; la liberté linguistique, (...) (Art.39) (.....)Pour le détail, voir Baskın Oran, "The Minority Concept and Rights in Turkey : The Lausanne Peace Treaty and Current Issues", in *Human Rights in Turkey*, Edited by Zehra F. Kabasakal Arat, University of Pennsylvania Press, Philadelphia, 2007, pp. 35-56.

[817] Ces communautés religieuses constituent les minorités par excellence, les seules indiscutablement reconnues en tant que telles par le Traité de Lausanne. Elles ont conservé leur ancien statut de «millet» acquis sous l'Empire ottoman, leur organisation religieuse autonome, avec les Patriarcats orthodoxes grecs de Fener et arméniens de Kumkapi, ou les synagogues et le rabbinat implantés à Galata, et des

Les arrêts de la Cour EDH ont consolidé les droits reconnus aux minorités religieuses. Dans l'affaire Fener Rum Erkek Lisesi[818], la requérante est une fondation de droit turc créée sous l'empire ottoman et a pour tâche de poursuivre l'éducation dans le lycée grec de Fener d'Istanbul. Son statut est conforme aux dispositions du Traité de Lausanne de 1923 concernant la protection des anciennes fondations assurant des services publics pour les minorités religieuses. En 1952, la requérante a reçu en donation une partie d'un immeuble situé à Istanbul et acheta une autre partie de cet immeuble en 1958. En 1992, le Trésor Public saisit les juridictions d'un recours visant à faire annuler le titre de propriété de la requérante sur cet immeuble et à faire rayer son nom du livre foncier. Le tribunal de grande instance d'Istanbul qui se référait à la jurisprudence de la Cour de cassation établie le 8 mai 1974, estima que les fondations qui appartenaient aux minorités religieuses telle que définies par le Traité de Lausanne et qui n'avaient pas indiqué dans leur statut leur capacité d'acquérir des biens immobiliers, ne pouvaient ni acheter des immeubles ni en accepter en tant que donataire. Dans ce cas, leurs biens immobiliers étaient limités à ceux figurant dans leur statut, devenu définitif par leur déclaration des biens faite en 1936 et ne pouvaient dès lors pas acquérir de biens immobiliers.
La Cour relève que les juridictions ont fondé leur décision sur un rapport selon lequel, en vertu de la jurisprudence de 1974, les fondations des minorités religieuses n'ayant pas indiqué dans leur statut leur capacité d'acquérir des biens immobiliers ne pouvaient acquérir des biens immobiliers de quelque manière que ce soit. Aucune disposition de la loi n° 2762 n'interdisait aux fondations concernées l'acquisition de biens autres que ceux figurant dans la déclaration de 1936. Selon La Cour, l'annulation de ses titres de propriété, en application d'une jurisprudence adoptée 16 ans et 22 ans après leur acquisition, n'était pas prévisible pour la requérante. De plus, l'administration a reconnu sa capacité à acquérir des biens, en lui délivrant des attestations validant ses acquisitions. Pendant 38 et 44 ans, la requérante a pu jouir de ses biens en tant que propriétaire

---

écoles communautaires. Pour le détail, v. Marcel Bazin, "Diversité ethnique et disparité régionale", La Turquie, Semih Vaner (dir.), Paris, 2005, pp. 397-398.

[818] Cour EDH, req. No. 34478/97, 9 janvier 2007. Dans l'affaire *Fener Rum Patrikliği* (Patriarcat œcuménique) c. Turquie, la Cour a traité un problème similaire (req. No. 14340/05, 8 juillet 2008).

légitime, en s'acquittant des taxes et des impôts immobiliers relatifs à ses biens. L'ingérence dans le droit de l'intéressée au respect de ses biens était donc incompatible avec le principe de légalité. La Cour a donc constaté la violation du droit de propriété.
Quant à *l'affaire Bozcaada*, « ... la Cour observe que le refus des juridictions internes d'inscrire les biens en question au registre foncier au nom de la requérante ne pouvait passer pour suffisamment prévisible aux yeux de la requérante, qui avait possédé lesdits biens, de manière ininterrompue, pendant plus de vingt ans, au sens de l'article 14 de la loi sur le cadastre. La Cour en conclut que l'ingérence litigieuse est incompatible avec le principe de légalité et que, par conséquent, elle ne respecte pas l'exigence de l'article 1 du Protocole no 1. »[819]

3 – La langue maternelle : l'apprentissage ou l'enseignement ?

La situation de la Turquie soit vis-à-vis des instruments internationaux relatifs aux droits de l'homme, soit vis-à-vis du droit constitutionnel comparé doit être analysée dans ce contexte spécifique. En effet, il faut signaler l'hésitation de la Turquie pour la ratification des instruments relatifs aux droits des minorités alors qu'elle a signé et ratifié la majorité des instruments des droits de l'Homme des Nations Unies (NU) et du Conseil de l'Europe. Par exemple, la Turquie a ratifié le Pacte des NU relatifs aux Droits civils et politiques, mais avec une réserve en ce qui concerne l'article 27 : « *Dans les Etats où il existe des minorités ethniques, religieuses ou linguistiques, les personnes appartenant à ces minorités ne peuvent être privées du droit d'avoir, en commun avec les autres membres de leur groupe, leur propre vie culturelle, de professer et de pratiquer leur propre religion, ou d'employer leur propre langue* ». Quant aux textes européens, elle n'a, à ce jour, ratifié ni la Convention-cadre pour la protection des minorités nationales ni la Charte européenne des langues régionales ou minoritaires.

Les droits culturels ont été reconnus au fur et à mesure d'une façon incomplète au cours du processus de restauration de l'État de droit en

[819] Cour EDH, 3 mars 2009, §54, requêtes nos 37639/03, 37655/03, 26736/04 et 42670/04.

Turquie[820]. La législation nationale ne prévoit que l'apprentissage de la langue maternelle[821]. L'article 42 de la Constitution est conçu comme un obstacle à l'enseignement en langue maternelle dans la mesure où « aucune langue autre que le turc ne peut être enseignée aux citoyens turcs en tant que langue maternelle... » (dernier alinéa).

La Cour EDH a constaté, pour la première fois, la violation de l'article 10 en raison de l'interdiction de l'emploi dans la sphère publique d'une langue autre que la langue officielle, et cela non dans des rapports avec des autorités publiques ou devant des institutions officielles, mais dans des relations avec d'autres personnes privées[822].

B – Les droits politiques stricto sensu

Les droits politiques stricto sensu recoupent le droit d'élire et d'être élu (1) et la réglementation relative aux partis politiques (2).

1 – Le droit d'élire et d'être élu

Les citoyens ont le droit d'élire, d'être élu, de se livrer à des activités politiques indépendamment ou au sein d'un parti politique ou de participer au référendum. Tous les citoyens âgés de 18 ans accomplis ont le droit d'élire et de participer aux référendums[823]. Les principes fondamentaux du suffrage sont reconnus : libre, égal, secret, à un seul degré, universel et moyennant recensement et dépouillement publics du scrutin (Art.67). Les élections sont, à l'exception du scrutin présidentiel[824], à un seul tour. Elles se déroulent sur l'ensemble du territoire national, le même jour, à la représentation proportionnelle. Le dépouillement du scrutin ainsi que l'établissement consécutif de

[820] L'interdiction selon laquelle "Aucune langue ayant été interdite par la loi ne peut être utilisée pour exprimer et propager des pensées. (...) (Article 26/III) a été supprimée en 2001.

[821] V. le "Troisième paquet de la loi d'harmonisation" du 3 août 2003.

[822] Cour EDH, Şükran Aydın et autres c. Turquie, n. 49197/06, 23196/07, 50242/08 et 14871/09, 22 janvier 2013. L'affaire concerne des condamnations de candidats à des élections législatives et municipales pour avoir parlé kurde lors des campagnes électorales.

[823] Pour être élu, par la modification constitutionnelle approuvée par le référendum du 16 avril 2017, l'accomplissement de l'âge de 25 ans a été réduit à 18 ans.

[824] D'après la modification de la Constitution en 2007 et appliquée pour la première fois le 10 et 24 août 2014 (Article 102).

procès-verbaux sont publics. Chaque département constitue une circonscription électorale.

Le système électoral est l'un des sujets qui a été le plus débattu en Turquie. A la suite de la pratique du scrutin majoritaire de 1946 à 1960, la représentation proportionnelle, appliquée avec le calcul d'Hondt, a été adoptée en 1961[825] afin de renforcer le pluralisme et le système politique. A la suite du régime militaire (1980-1983), la nouvelle loi relative à l'élection des députés[826], du 13 juin 1983, rétablit la représentation proportionnelle, assortie de deux seuils électoraux constituant un barrage départemental et un barrage national de 10 %. Le seuil départemental a été annulé par la Cour constitutionnelle, alors qu'elle a validé le seuil national.

D'après l'article 33 de la loi électorale[827], « Lors de l'élection générale, les partis ne peuvent obtenir de siège que s'ils dépassent le seuil de 10% des suffrages valablement exprimés au niveau national (…) »

Au niveau de la Constitution, il convient de noter tout d'abord que l'article 67 qui constitue le cadre général du droit des élections se trouve parmi les articles les plus souvent modifiés. Cela signifie certainement l'instabilité du droit des élections. D'après l'alinéa ajouté en 1995, « les lois électorales doivent concilier la juste représentation et la stabilité gouvernementale ». L'objectif d'une telle formule fut de donner une base constitutionnelle à la disposition dérogatoire de la loi sur les élections concernant un barrage de 10 % pour les élections législatives.

En effet, la Cour constitutionnelle a annulé le seuil électoral de 10% dans la répartition des sièges de députés élus dans la « circonscription départementale » alors que d'après la Cour, le seuil national de 10% pouvait passer pour compatible avec l'article 67 de la Constitution[828] : « Le principe de juste représentation… se concrétise par un nombre de représentants proportionnel au nombre de voix obtenues. Quant au principe de 'stabilité gouvernementale', il est perçu comme renvoyant aux méthodes devant refléter les voix (au sein de) l'organe législatif de manière à garantir la force de l'exécutif. 'La stabilité gouvernementale', que l'on entend assurer grâce au seuil de suffisance qualifié de « barrage », tout comme la juste représentation

[825] Milletvekili Seçimi Kanunu (306, 25 mai 1961, JO du 30 mai 1961, 10815).
[826] Loi n. 2839 du 10 juin 1983, JO du 13 juin 1983, 18076.
[827] Loi no 2839 modifiée le 23 mai 1987.
[828] AYMK, E.1995/54, K.1995/59, du 18 novembre 1995.

(…)[829], figurent dans la Constitution. Lors des élections (…), il faut accorder de l'importance à la combinaison de ces deux principes, qui semblent antinomiques dans certaines situations, de façon (à ce qu'ils) s'équilibrent et se complètent (…). Le (seuil) de 10 % est conforme aux principes de stabilité gouvernementale et de juste représentation (…).

Dans le même arrêt, la Cour constitutionnelle a toutefois annulé un seuil électoral de 25 % fixé pour la répartition des sièges attribués aux départements (seuil départemental) considérant qu'un tel seuil ne cadrait pas avec le principe de juste représentation. La Cour a notamment souligné que : « si un seuil national est imposé dans les élections législatives en application du principe de « stabilité gouvernementale », le fait d'instaurer de surcroit un seuil pour chaque circonscription électorale est incompatible avec le principe de 'juste représentation' ».

Avant d'aborder l'arrêt de la Cour EDH, il convient de signaler le nouveau contexte constitutionnel concernant le régime juridique des droits de l'homme fixé par l'article 13 de la Constitution en 2001. La proportionnalité et l'essence de la liberté, comme critères de garantie des droits et libertés constitutionnels, sont également valables pour « les droits d'élire et d'être élu ».

La Cour européenne des Droits de l'Homme a constaté que le barrage de 10% était très élevé[830]. " La Cour doit admettre qu'en l'espèce les autorités turques – tant judiciaire que législatives – mais aussi les acteurs de la scène politique sont les mieux placés pour apprécier le choix d'un système électoral approprié, et elle ne peut proposer de solution idéale qui corrigerait les défaillances du système électoral turc. Il demeure toutefois que le seuil national de 10 % appliqué en Turquie apparaît comme le plus élevé au regard des seuils adoptés dans les autres systèmes européens… tout en notant qu'il est souhaitable que le seuil litigieux soit abaissé et/ou que des correctifs soient mis en place pour assurer une représentation optimale des diverses tendances politiques en conciliant l'objectif recherché – à savoir la constitution de majorités parlementaires stables –, la Cour estime qu'il importe de laisser en la matière suffisamment de latitude

---

[829] AYMK, E.1995/54, parag. 30. Trois juges constitutionnels se sont opposés à l'argumentation de la majorité, considérant que le seuil national de 10 % ne se concilie pas avec l'article 67 de la Constitution.

[830] Cour EDH, Affaire Yumak et Sadak c. Turquie (Requête no 102226/03), 30 janvier 2007.

au décideur national…"[831]. Malgré les considérations de la Cour EDH, la Turquie maintient le seuil national de 10 % appliqué depuis 30 ans.

2 – Le droit des partis politiques

Le droit des partis s'est formé lentement en Turquie à l'instar des pays d'Europe occidentale. Alors que l'histoire des partis politiques remonte à la dernière période de l'Empire ottoman, leur constitutionnalisation n'a été réalisée qu'en 1961 (a). La Cour constitutionnelle a développé une jurisprudence non négligeable depuis le début des années 1970 en ce qui concerne le droit des partis politiques. Quant à la Cour EDH, celle-ci a aussi développé sa jurisprudence. Entre les deux, la divergence est évidente (b). Enfin, il est important de prendre en compte la typologie des différents partis politiques (c).

a – La constitutionnalisation des partis politiques

La liberté des partis politiques a été reconnue pour la première fois par la Constitution de 1961 laquelle en énumère les principes dans ses articles 56 et 57 :
- Les citoyens ont le droit de fonder des partis politiques et d'y adhérer ou d'en sortir selon les règles.
- Les partis politiques sont fondés sans autorisation préalable et agissent librement.
- Les partis politiques sont les éléments indispensables de la vie politique démocratique.
- Les statuts, programmes et l'activité des partis politiques doivent être conformes aux principes de la République, démocratique et laïque, reposant sur les libertés et droits de l'homme ainsi qu'au principe fondamental de l'indivisibilité de l'Etat avec son territoire et sa nation.
- Le fonctionnement des partis politiques se déroule conformément aux principes démocratiques.

De son côté, la Constitution de 1982 a davantage détaillé les dispositions relatives aux partis politiques. D'après l'article 68, al.4. « *Les statuts, les programmes et les activités des partis politiques ne*

[831] Yumak et Sadak, § 76-77.

peuvent aller à l'encontre ni de l'indépendance de l'Etat, ni de son intégrité indivisible du point de vue du territoire et de la nation, ni des droits de l'homme, ni des principes de l'égalité et de l'Etat de droit, ni de la souveraineté de la nation, ni des principes de la République démocratique et laïque ;... ».

« La dissolution à titre définitif d'un parti politique en raison de la non conformité de ses activités à l'alinéa quatre de l'article 68 ne peut être prononcée que dans le cas où la Cour constitutionnelle détermine que le parti est devenu le centre de gravité des actes qui présentent ce caractère. (...)

Au lieu de prononcer sa dissolution à titre définitif conformément aux alinéas précédents, la Cour constitutionnelle peut prononcer, à charge du parti politique considéré, la privation totale ou partielle de l'aide d'Etat, en fonction de la gravité des faits litigieux. » (Article 69, alinéas 6,7).

Les révisions constitutionnelles effectuées surtout en 1995 et 2001 ont introduit le principe de proportionnalité par un système échelonné de sanctions et l'exigence d'une majorité qualifiée pour la dissolution. C'est ainsi que d'après la nouvelle rédaction de l'article 69 de la Constitution, la Cour constitutionnelle pourrait priver un parti politique de la subvention de la trésorerie générale avant de se prononcer sur sa dissolution et pour cette dernière, la majorité qualifiée est requise.

b – La jurisprudence nationale et européenne relative aux partis politiques

La liberté des partis politiques est mise à la fois sous la garantie et sous le contrôle de la Cour constitutionnelle. Une vingtaine de partis politiques ont été dissous par la Cour constitutionnelle de 1971 à 2009 pour deux raisons principales : l'intégrité indivisible de l'Etat et la laïcité.

L'instauration de l'Etat de droit par la Constitution de 1961 a permis l'épanouissement des organisations telles que les associations, les syndicats et les partis politiques. Ces derniers ont été mis sous la protection de la Cour constitutionnelle qui leur a accordé un statut constitutionnel solide. Cependant, il est peut-être paradoxal de constater que la Cour constitutionnelle devait dissoudre deux partis, nés de l'ouverture politique des années soixante : le Parti de l'ordre national, pro-islamique (Milli Nizam Partisi)[832] et le Parti ouvrier de Turquie (Türkiye İşçi Partisi)[833].

Sous le régime de la Constitution de 1982, la Cour constitutionnelle est intervenue le plus souvent dans la liberté des partis politiques dont la plupart ont été dissous. La nouveauté de cette période est le contrôle de la Cour EDH. Le Parti de la tranquillité (Huzur Partisi) fut le premier parti dissous sous le régime de la Constitution de 1982[834]. Toutefois, il faut signaler que l'arrêt de la Cour constitutionnelle se fonde sur les dispositions de la loi sur les partis politiques (LPP), mais pas sur la Constitution. Les partis politiques dissous par la Cour constitutionnelle peuvent être distingués en deux groupes :

- Les partis politiques dissous en raison de leurs activités anti-laïques sont les suivants : le Parti de l'ordre national, le Parti de la tranquillité, le Parti de la liberté et de la Démocratie[835], le Parti de la Prospérité[836] et le Parti de la vertu[837].
- Les partis politiques dissous en raison d'une atteinte portée à l'intégrité indivisible de l'Etat avec son pays et sa nation et pour avoir créé des minorités : le Parti ouvrier de Turquie, le Parti des Travailleurs de Turquie[838], le Parti communiste unifié de Turquie[839], le Parti de la liberté et de la démocratie[840], le Parti socialiste de Turquie[841], le Parti de la démocratie et de l'évolution[842].

---

832 "Les statuts, programmes et l'activité des Partis politiques doivent être conformes aux principes de la République, démocratique et laïque, reposant sur les libertés et droits de l'homme ainsi qu'au principe de l'indivisibilité de l'Etat avec son territoire et sa nation." (AYM, E.1971/1, K.1971/1, K.T. 20.05.1971, R.G. : 14.01.1972-14072, s.1-18 ; AYMKD, sy.9, s.3-71).

833 Türkiye İşçi Partisi (AYM, Esas : 1971/3, Karar : 1971/3, Ka.ta. : 20.07.1971, AYMKD-9, s.328).

834 Huzur Partisi (AYM, K.T.25.10.1983, E.1983/2, K.1983/2 ; R.G. : 15.10.1984-18546 ; AYMKD, sy.20, ss.345-374).

835 Özgürlük ve Demokrasi Partisi (AYM, 23.11.1993, E.1993/1, K.1993/2 ; AYMKD, sy.30, C.II, s.841-930 ; JO du 14.02.1994-21849.

836 Refah Partisi (AYM., K.T. 16.01.1998 ; E.1997/1, K.1998/1 ; JO du 22.02.1998-23266 ; AYMKD, sy.34, C.II, s.762-1145.

837 Fazilet Partisi (AYM, K.T.22.06.2001 ; E.1999/2, K.2001/2 ; AYMKD, sy.37, C.II, s.922-1552; R.G. : 05.01.2002-24631.

838 Türkiye Emekçi Partisi (AYM, 08.05.1980, E.1979/1, K.1980/1; R.G.26.07.1980-17059, AYMKD, sy.18, s.3-45.

839 Türkiye Birleşik Komünist Partisi (AYM, 16.07.1991, E.1991/1, K.1991/3 ; JO du 28.01.1992-21125, AYMKD, sy.27, C.II, s.885-969.

840 Özgürlük ve Demokrasi Partisi, AYM Karari, 18.12.1999.

841 Türkiye Sosyalist Partisi.

842 Demokrasi ve Evrim Partisi.

Quant au Parti de la Justice et du développement[843], il n'a pas été dissous faute de majorité qualifiée alors que la majorité absolue des juges avait voté pour la dissolution.

Aux yeux de la Cour EDH, il est de l'essence de la démocratie de permettre la proposition et la discussion de projets politiques divers, même ceux qui remettent en cause le mode d'organisation actuel d'un État, pourvu qu'il ne vise pas à porter atteinte à la démocratie elle-même. Comme le TBKP, le SP serait en fait sanctionné pour un comportement relevant uniquement de l'exercice de la liberté d'expression[844].

L'arrêt relatif au Parti de la Prospérité est le seul qui permet d'établir une convergence de vues entre la Cour constitutionnelle et la Cour européenne des droits de l'Homme. La Cour constitutionnelle prononça la dissolution du Parti de la Prospérité (Refah Partisi) le 16 janvier 1998 au motif que celui-ci était devenu un "centre d'activités contraires au principe de laïcité". Quand au fond, la Cour fit valoir que la laïcité était l'une des conditions indispensables de la démocratie. Elle fit observer l'incompatibilité du régime démocratique avec les règles de la charia. Selon la Cour constitutionnelle, "l'intervention de l'Etat en vue de sauvegarder la nature laïque du régime politique devait être considérée comme nécessaire dans une société démocratique."

D'après la Cour européenne, les raisons retenues par la Cour constitutionnelle afin de conclure que le Parti de la Prospérité enfreignait le principe de la laïcité, peuvent être notamment classées en trois groupes :

- ceux d'après lesquels le Parti de la Prospérité entendait instaurer un système multijuridique instituant une discrimination fondée sur les croyances,
- ceux selon lesquels le Parti de prospérité aurait voulu appliquer la charia pour la communauté musulmane,
- ceux qui se fondent sur les références faites par les membres du RP au djihad, la guerre sainte, comme méthode politique.

Selon la Cour européenne, "un parti politique dont l'action semble viser pour partie l'instauration de la charia dans un Etat peut

[843] Adalet ve Kalkınma Partisi (AYM kararı, E.S. : 2008/1 (siyasi parti kapatma), K.S : 2008/, K. Günü : 30.7.2008, JO du 24.102008-27034.

[844] Pour une analyse dans le cadre de la liberté d'expression, v. Ibrahim Ö. Kaboğlu, "La liberté d'expression en Turquie", *Rev. Trim. Dr. P.* (1999), pp. 268-275.

difficilement passer pour une association conforme à l'idéal démocratique sous-jacent à l'ensemble de la Convention."[845]

Les arrêts de la Cour constitutionnelle sur lesquels la Cour Européenne des Droits de l'Homme a exercé son contrôle sont les suivants : affaire Parti Communiste Unifié de Turquie et Autres c. Turquie[846], affaire Parti Socialiste et autres c. Turquie[847], affaire Yazar et autres (HEP) c. Turquie[848], affaire Dicle pour le Parti de la Démocratie (DEP) c. Turquie[849], affaire Parti Socialiste de Turquie (STP) et autres c. Turquie[850], affaire Parti de la Démocratie et de l'Evolution (DDP) et autres c. Turquie[851].

Dans l'ensemble, les arrêts relatifs aux partis politiques signifiaient plutôt des divergences entre la CC et la Cour EDH du point de vue des critères utilisés.

Ces affaires portent sur la dissolution des partis politiques précités par la Cour constitutionnelle respectivement en 1991, 1992 et 1993. Le Parti communiste unifié de Turquie (TBKP) et le parti de la liberté et de la démocratie (ÖZDEP) ont été dissous peu après leur création, sur le seul fondement de leurs programmes. Le Parti socialiste a été dissous à cause de certaines déclarations faites par son président. Les motifs avancés par la Cour constitutionnelle sont la menace pour l'intégrité territoriale et l'unité de la nation en raison de références au peuple kurde ou à l'autodétermination kurde (violation de la Constitution et de divers articles de la loi sur les partis politiques).

Les arguments développés dans l'arrêt TBKP constituent le dénominateur commun de ces six arrêts de la Cour EDH.
HEP, DEP, STP et DDP ont été dissous dans des circonstances similaires. Dans l'affaire Parti communiste unifié, un motif supplémentaire a été invoqué, à savoir l'utilisation du terme « communiste », interdite par l'article 96(3) de la LPP. Enfin, dans l'affaire ÖZDEP, l'un des motifs avancés était que le but apparent de ce parti était d'abolir la laïcité de l'Etat, contrairement à l'article 89 de la LPP. Les dirigeants de ces partis politiques se sont ensuite vus

---

845 CourEDH, Refah Partisi c. Turquie, 13 février 2003, § 71.
846 CourEDH, 30/01/1998, 19392/92 (Grande Chambre).
847 CourEDH, 25/05/1998, 21237/93 (Grande Chambre).
848 CourEDH, 09/04/2002, 22723/93 ; 22724/93 ; 22725/93 (Quatrième section) (HEP).
849 Cour EDH, 10.12.2002, 25141/94, (Quatrième section).
850 CourEDH, 12.11.2003, 26482/95, (deuxième section).
851 CourEDH, 26/04/2005, 39210/98 ; 39974/98 (Quatrième Section).

interdire l'exercice de fonctions similaires dans tout autre parti politique.

La Cour européenne a conclu, pour toutes les affaires, à des violations de la liberté d'association (Article 11). Pour la Cour EDH, l'article 11 est aussi applicable aux partis politiques du fait que la liberté d'association vaut pour les partis politiques. La Cour européenne a appliqué l'article 11 pour la première fois dans l'affaire Parti communiste unifié de Turquie (TBKP)[852].

L'affaire relative au Refah Partisi[853] est tout à fait significative du point de vue de l'interaction entre le juge national et le juge européen du fait que l'arrêt de la Cour EDH a été calqué sur l'arrêt de la Cour constitutionnelle. Cette affaire a également contribué à affermir le rôle politique de la Cour européenne dans le contexte du préambule de la CEDH : « un régime politique véritablement démocratique ».

Le parti politique Fazilet[854], héritier du Refah, avait été dissous par la Cour constitutionnelle au motif que celui-ci était devenu un "centre d'activités contraires au principe de laïcité". Cet arrêt de la Cour constitutionnelle peut être conçu comme un prolongement de son arrêt relatif au Parti de la prospérité.

Selon l'article 149 de la Constitution, la dissolution d'un parti politique ne peut être prononcée qu'à la majorité des trois cinquièmes. L'arrêt de la Cour Constitutionnelle du 30 juillet 2008 concerne l'AKP[855] (Parti de la Justice et du développement), le parti politique au pouvoir. Ce parti politique n'a pas été dissous grâce aux dispositions constitutionnelles révisées en 2001[856], alors que la majorité absolue des juges (6 membres) avaient voté pour sa dissolution. La privation partielle de la subvention publique constitue

[852] L'affaire Parti socialiste concerne également la condamnation pénale de M. Perinçek, après l'arrêt de la Cour européenne, sur la base des mêmes déclarations qui avaient causé la dissolution du Parti.

[853] L'affaire Refah Partisi et autres c. Turquie, 13 février 2003, requêtes nos 41340/98, 41342/98, 41343/98, 41344/98, arrêt de la Grande Chambre.

[854] AYM, K.t. : 22.06.2001, E.199/2, K.2001/2 ; AYMKD, sy.37-2, s.922-1552, JO du 05.01.2002-24631.

[855] AYM, E.S. : 2008/1 (Siyasi Parti Kapatma), K.S. : 2008/2, K. Günü : 30.7.2008, JO du 24 octobre 2008-Sy. : 27034, s.51-843.

[856] La sanction unique comme dissolution pour des raisons énoncées dans la Constitution a été également échelonnée : «Au lieu de prononcer sa dissolution à titre définitif conformément aux alinéas précédents, la Cour constitutionnelle peut prononcer à charge du parti politique considéré la privation totale ou partielle de l'aide d'Etat, en fonction de la gravité des faits litigieux » (Art. 69/VII).

la sanction principale pour ce parti politique tout en étant déclaré comme étant devenu le centre des activités anti-laïques[857].

Quant au parti pro-kurde, le Parti pour la société démocratique (DTP)[858] la Cour Constitutionnelle, l'a dissous[859] car il avait porté atteinte à l'intégrité indivisible de l'Etat et avait mené ses activités sous l'orientation du PKK, l'organisation illégale et armée qui utilise les moyens de la violence et du terrorisme.

c – Les partis politiques du point de vue de la typologie

L'AKP (le parti de justice et de développement), parti au pouvoir depuis novembre 2002, du point de vue idéologique est un parti conservateur et moraliste (spiritualiste), alors que son organisation ressemble à celle des partis politiques de masses du fait que le nombre de ses adhérents se compte entre 9 et 10 millions. Toutefois, l'AKP est un parti politique du leader. Le retour à sa tête de M. Erdoğan à la suite de la modification constitutionnelle de 2017 a accentué le culte du chef étant donné qu'il règne sur les rouages politico-constitutionnels[860].

Le CHP (le parti républicain du peuple), parti principal de l'opposition, du point de vue idéologique se présente comme un parti social démocrate, mais il s'approprie également les six flèches kémalistes : nationalisme, étatisme, révolutionnisme, populisme, républicanisme et laïcisme. Le CHP qui accorde beaucoup d'importance à la démocratie interne, sur le plan de l'organisation, se rapproche plutôt des partis politiques de masses.

Le HDP (le parti démocratique des peuples), troisième force politique à l'Assemblée nationale, basé sur la cause kurde, représente

---

[857] L'objectif principal de la révision constitutionnelle réalisée en 2010 fut la restructuration de la Cour constitutionnelle et du Conseil supérieur des Juges et des Procureurs. L'arrêt cité de la Cour constitutionnelle a été utilisé comme motif pour la restructuration de la Cour constitutionnelle. Cela signifie la revanche du politique (majorité parlementaire) vis-à-vis du droit (jurisprudence de la Cour constitutionnelle).

[858] Demokratik Toplum Partisi (DTP).

[859] AYMK, E.2007/1, K.2009/4, K.ta. : 11.12.2009 ; JO du 14/12/2009-27432.

[860] La démission forcée des maires d'Istanbul, de Düzce, de Niğde, de Bursa, d'Ankara et de Balıkesir en octobre 2017 ne peut pas être uniquement expliquée par le culte de M. Erdoğan en tant que chef de l'AKP. Elle résulte aussi de sa qualité de chef de l'Etat qui se considère au-dessus de la Constitution.

une diversité assez étendue du point de vue du clientélisme politique du camp laïc aux milieux conservateurs, même religieux[861].

Le MHP (le parti du mouvement natioanaliste), dernier parti représenté à la GANT, ultra-nationaliste et conservateur, affaibli davantage à la suite de conflits internes, apparaît comme une force politique qui fait partie d'un gouvernement de coalition en soutenant les politiques du Gouvernement les plus contestées par les partis de l'opposition[862].

C – Le droit d'accès dans la fonction publique[863]

Le principe général concernant le droit d'entrer dans la fonction publique est que « lors de l'entrée en service, on ne fait aucune distinction autre qu'en fonction des qualifications requises par le service. » (Art.70/II). Il faut également signaler l'obligation de la déclaration de fortune faite par ceux qui entrent dans la fonction publique et la périodicité de son renouvellement (Art.71).

Pour l'égal accès dans la fonction publique et l'avancement dans la profession sur le critère de la compétence il faut revenir à la trilogie suivante : citoyenneté, égalité et laïcité. Une telle trilogie peut être conçue d'abord dans le contexte de la Constitution en vigueur et, ensuite dans la perspective d'une nouvelle constitution.

Une citoyenneté constitutionnelle qui correspond à la supra-identité peut être conçue comme instrument de la coexistence pacifique des ethnies différentes. L'aménagement des droits de l'homme sur le principe de l'égalité et de la non-discrimination pourrait satisfaire jusqu'à un certain degré les attentes en ce qui concerne les droits culturels. Toutefois, une nouvelle approche des droits de l'homme ne doit pas exclure la reconnaissance des droits spécifiques.

---

[861] Lors du référendum constitutionnel du 16 avril 2017 une dizaine de députés était détenue. Le Gouvernement essaie de justifier leur détention par la liaison avec le terrorisme alors que le motif politique est devenu assez visible à partir de la suppression de l'immunité parlementaire par la modification constitutionnelle effectuée le 20 mai 2016.

[862] « İyi Parti » (Le bon parti), créé le 25 octobre 2017 par le leadership de Mme Akşener, ancienne ministre de l'intérieur, essaie de donner l'apparence d'un parti politique qui attrape tout alors qu'il est issu des conflits internes du parti nationaliste MHP.

[863] Le droit de pétition et le droit à l'information qui figurent parmi les droits politiques seront abordés dans la Section 3/B.

Quant à la laïcité, garante de la liberté de religion, elle est une condition préalable de la démocratie. La laïcité et la démocratie trouvent leur fondement commun dans les droits de l'homme[864]. Du point de vue de la citoyenneté, on peut se contenter de faire une simple référence aux éléments signalés sous le titre consacré à ce thème : citoyenneté élargie et citoyenneté constitutionnelle[865].

Dans le cadre d'une nouvelle constitution, il convient d'évoquer également le patriotisme constitutionnel[866]. On sait que ce concept refuse d'introduire dans la notion de constitution des références faites à la religion, à l'appartenance ethnique ou encore au nationalisme. Car à l'inverse, le patriotisme constitutionnel a pour l'objectif de tisser des normes basées sur des valeurs communes comme les droits de l'Homme, la démocratie et l'État de droit, voire la République et la laïcité.

En outre, il est intéressant de souligner que la citoyenneté constitutionnelle et le patriotisme constitutionnel vont de pair puisque le patriotisme constitutionnel est aussi un facteur d'applicabilité de la Constitution. En effet, plus les citoyens participent à son élaboration, plus ils s'approprient la norme fondamentale qui sera mise en vigueur par la suite. Celle-ci devient alors une sorte d'identité commune pour tous. Pour les citoyens, le sentiment d'être soumis à des principes neutres et universels peut devenir ainsi un élément unificateur.

Le patriotisme constitutionnel concerne donc à la fois le procédé d'élaboration de la Constitution et son contenu. Une citoyenneté élargie et unifiée exige évidemment la participation des individus aux débats, lors de la confection du texte constitutionnel. Le droit à l'information et à l'expression sont des conditions impératives pour un débat transparent.

Il faut ajouter à tout cela qu'une nouvelle constitution qui pourrait s'appuyer sur les trois piliers susvisés devrait également introduire de nouvelles institutions afin d'assurer leur bonne application dans la pratique. L'assouplissement de l'État unitaire centralisé vers un État unitaire décentralisé pourrait introduire un contexte favorable à la réalisation des valeurs signalées. Dans le contexte actuel, la décentralisation est limitée aux mairies, aux conseils départementaux

---

864 La pratique de l'arrêt Sinan Işık pourrait neutraliser les actes et actions des agents publics vis-à-vis des citoyens. V. CourEDH, Sinan Işık c. Turquie, 2 février 2010.

865 Cf. Supra : C) Droits politiques, 1.- Citoyenneté.

866 Cher à Habermas (v. Alain Minc, Ce monde qui vient, essai, Grasset, Paris 2004, pp. 95 et s.).

et aux villages[867]. Les unités de décentralisation à trois échelles devraient être complétées par les régions[868].

Section 3 – La garantie des droits et libertés fondamentaux

La garantie des droits et libertés constitutionnels sera systématisée à partir des institutions (§1), des voies de recours (§2) et des critères de garantie (§3).

§ 1 – Les institutions

La séparation des pouvoirs au niveau constitutionnel peut être conçue en elle-même comme le cadre général des garanties des droits de l'homme sur le plan des institutions. Certes, parmi les trois organes, la justice tient une place à part. Toutefois, le parlement en raison de son rôle historique remplit certainement une fonction non négligeable. Quant au pouvoir exécutif, ses actes et actions pourraient être mis au service des droits de l'homme dans la mesure où il serait encadré par les règles juridiques et par le contrôle juridictionnel.
La séparation des pouvoirs dans la Constitution de 1961 était accompagnée par la transformation politico-administrative de l'Etat de droit à l'Etat social. Une telle transformation se trouve au cœur de la problématique des droits de l'homme[869].

---

[867] Les administrations locales sont des personnes morales publiques constituées en vue de répondre aux besoins collectifs locaux de la population des départements, des municipalités et des villages, dont les organes de décision sont élus au suffrage direct (Article 127 de la Constitution).

[868] L'UE est une Europe des régions : « La Turquie est donc confrontée à un enjeu majeur, celui de la régionalisation, qui doit aller de pair avec une certaine dose de décentralisation. Certains peuvent y voir une menace pour l'intégrité nationale, surtout si l'on s'achemine vers un découpage régional appuyé sur des critères ethniques. Mais la diversité des modes de répartition spéciale des minorités rend inapplicable ce critère dans d'autres cas que celui des kurdes, eux-mêmes très présents dans de nombreuses villes et régions hors du Kurdistan à la suite de plus d'un demi-siècle de migration. Le critère de la population urbaine, dont nous avons constaté combien elle est puissante en Turquie, parait plus opérationnel et plus susceptible de produire des régions économiquement viables. » Marcel Bazin, « Diversité ethnique et disparités régionales », p. 427.

[869] Cela a été concrétisé par l'article 10 : « L'Etat supprime tous les obstacles politiques, économiques et sociaux restreignant les libertés et droits fondamentaux, (...) ; il prépare les conditions nécessaires pour le développement de l'existence matérielle et spirituelle de l'individu » (Al.2).

Quant à la Constitution de 1982, tout en maintenant les obligations positives de l'Etat en matière de droits de l'homme, celles-ci ont été atténuées par rapport à la formulation de la Constitution précédente[870]. En 1961 encore, une garantie institutionnelle était apportée par la loi et l'Assemblée nationale bicamérale puisque « les libertés et droits fondamentaux ne peuvent être restreints qu'en vertu d'une loi ». Cette réserve de la loi a été atténuée par l'introduction de décrets-lois lors de la modification effectuée en 1971[871]. La Constitution de 1982 a élargi le champ de l'exception en ajoutant aux décrets-lois une nouvelle catégorie de décrets-lois relatifs aux circonstances exceptionnelles sur lesquels la Cour constitutionnelle ne peut pas exercer de contrôle de constitutionnalité (Art.121). Rappelons que le renforcement du pouvoir exécutif, la rationalisation du pouvoir législatif et l'atténuation de l'indépendance de la justice sont les caractéristiques de la Constitution de 1982. En ce qui concerne l'aspect institutionnel de la protection des droits de l'homme, on va se contenter d'aborder la justice en général (A) et la cour constitutionnelle en particulier (B) ainsi que brièvement les instances non-juridictionnelles (C).

A – La justice

Parmi les institutions protectrices des droits de l'homme, les organes juridictionnels tiennent une place à part, puisque les institutions non-juridictionnelles pour la protection et la promotion des droits de l'homme ne sont pas autonomes. En fait, les instances des droits de l'homme furent marquées par une instabilité constante (et même par une manipulation politique) alors qu'elles n'ont, en principe, que d'attributions purement consultatives. S'agissant de la justice, si le principe de l'indépendance est primordial (1), le système dualiste présente des limites (2) et l'administration de la justice a tendance à basculer de l'autonomie vers la tutelle (3).

---

[870] Voir l'article 5 de la Constitution.

[871] "Les libertés et droits fondamentaux situés aux premiers et deuxième chapitres…ne peuvent pas aménagés par des décrets-lois" (Art.64/dernier alinéa). Puisque les droits "sociaux et économiques ne figurent pas dans la clause d'une telle limitation, il s'agit donc d'une dérogation dans la "réserve de loi".

1 – Le principe de l'indépendance

« Le pouvoir judiciaire est exercé par des tribunaux indépendants et impartiaux[872] au nom de la nation turque » (Constit., art.9).

D'après le principe de la séparation des pouvoirs, le pouvoir judiciaire est aménagé dans la Constitution à partir de l'indépendance des tribunaux. Après avoir signalé le principe d'après lequel « les juges sont indépendants dans l'exercice de leur fonctions - ils statuent selon leur conviction intime conformément à la Constitution, à la loi et au droit »[873]- l'article 138 introduit tout d'abord une interdiction catégorique vis-à-vis d'autres pouvoirs. Il précise effectivement que « nul organe, autorité, instance ou individu ne peut donner d'ordres ou de directives aux tribunaux ou aux juges, leur envoyer des circulaires, ou leur faire des recommandations ou suggestions, concernant l'exercice de leur pouvoir juridictionnel » (Al. 2).

Ensuite, pour ce qui concerne le procès en cours, l'interdiction faite au pouvoir législatif paraît sans exception. On ne peut ni poser de questions ni organiser de discussions ni faire de déclarations d'aucune sorte à l'Assemblée législative en rapport avec l'exercice du pouvoir juridictionnel (Al.3).

Enfin, l'exécution des arrêts est prévue comme une obligation sans exception puisque les organes du législatif et de l'exécutif de même que l'administration sont tenus de se conformer aux arrêts des tribunaux ; ils ne peuvent en aucune manière modifier les arrêts des tribunaux ou en retarder l'exécution (Al.4).

En ce qui concerne la pratique de cette disposition, on peut faire deux remarques rapides. La première est relative à la prise de position des autorités gouvernementales vis-à-vis des arrêts qui ne leur conviennent pas. En effet, les critiques des arrêts des cours et tribunaux d'ordres différents ne sont pas exceptionnelles[874]. La deuxième concerne l'inexécution des arrêts[875].

---

[872] L'impartialité des tribunaux a été ajoutée lors de la modification approuvée par le référendum du 16 avril 2017.

[873] Dans la Constitution de 1961 "la conviction" était mentionnée comme élément à part : "...ils statuent d'après la Constitution, la loi, le droit et leur conscience". Cette règlementation accordait au juge davantage d'autonomie dans ses décisions.

[874] Mr le Premier ministre Erdoğan, gêné par l'arrêt de la Cour constitutionnelle (2 avril 2014, 2014/3986) qui avait annulé l'interdiction concernant Twitter, a

2 – Le système dualiste et ses limites

La distinction entre la juridiction judiciaire et la juridiction administrative correspond au dualisme des ordres juridictionnels. En qualité de juridiction supérieure, la Cour de cassation est l'instance d'examen en dernier ressort des décisions et jugements rendus par les tribunaux judiciaires et pour lesquels la loi n'a pas indiqué d'autre instance judiciaire de recours. Elle statue aussi en premier et en dernier ressort sur certains procès indiqués par la loi (Art. 154/I). Les tribunaux judiciaires comprennent à la fois les tribunaux civils et pénaux[876].

Le Conseil d'Etat est l'instance d'examen en dernier ressort des décisions et jugements rendus par les tribunaux administratifs et pour lesquels la loi n'a pas indiqué d'autre instance juridictionnelle administrative de recours. Il statue également en premier et en dernier ressort sur certains procès indiqués par la loi (Art. 155/I).

A cette distinction classique basée sur deux voies de juridiction, s'ajoute une autre distinction faite entre la structure de la justice de droit commun comme l'on vient de le signaler et la justice militaire. La juridiction militaire est assurée par les tribunaux militaires et les tribunaux de discipline militaire (…) (Art.145). La Cour de cassation militaire est l'instance d'examen en dernier ressort des décisions et jugements rendus par les tribunaux militaires (…) (Art.156). Le Tribunal Administratif Militaire Supérieur est la juridiction chargée du contrôle juridictionnel en premier et dernier ressort des litiges résultant des décisions et actes administratifs se rapportant à la fois à des militaires et à la fonction militaire (…) (Art.157)[877].

---

clairement déclaré qu'un tel arrêt n'était pas respectable alors que son exécution serait une obligation pour les autorités étatiques.

875 La Cour EDH a condamné la Turquie à maintes reprises pour la non-exécution des arrêts des cours nationales. L'arrêt Taşkın et a. parmi d'autres peut être signalé comme exemple significatif (v. CourEDH, 3e Sect., Taşkın et a. c. Turquie, 10 novembre 2004).

876 Pour ce qui concerne le pouvoir judiciaire, la composition des Cours de sûreté de l'Etat a été remaniée en 1999 en vertu de l'arrêt de la Cour EDH et, elles ont été supprimées en 2004 (Art. 143). Elles ont été remplacées en 2005 par les cours d'assises de compétences spéciales sans avoir un fondement constitutionnel. Celles-ci qui ont fait l'objet de contestations permanentes ont été supprimées d'une façon graduelle en 2012 et 2014.

877 Les rapports et propositions relatifs à la nouvelle constitution proposaient de mettre fin à cette dualité entre la justice de droit commun et la justice militaire.

3 – L'Administration de la justice : de l'autonomie à la tutelle

L'Administration de la justice en Turquie est assurée par la haute instance de la magistrature. Du Conseil supérieur de la Magistrature au Conseil supérieur des juges et des procureurs, quatre étapes constitutionnelles ont marqué les développements en ce qui concerne l'organisation de la justice : 1961, 1971, 1982 et 2010.

Le Conseil supérieur de la Magistrature, établi par la Constitution de 1961, était composé des membres élus par l'assemblée générale de la Cour de cassation et par eux-mêmes ainsi que par l'Assemblée nationale et le Sénat. Il était chargé de résoudre définitivement toutes les questions de qualification des juges des tribunaux judiciaires (Art.143, 144). Le ministre de la Justice pouvait être présent dans les réunions du Conseil, mais il ne pouvait par participer au vote.

En 1971, l'autonomie du Conseil a été réduite en faveur du Ministère de la Justice. Ses membres, diminués de 18 à 11, n'étaient élus que par l'Assemblée générale de la Cour de cassation. Le ministre de la Justice pouvait présider les réunions du Conseil supérieur de la Magistrature lorsqu'il le jugeait nécessaire[878].

Le choix des rédacteurs de la Constitution de 1982 fut pour l'union de deux conseils. « *Le Conseil supérieur des Juges et des Procureurs est créé et exerce ses fonctions dans le respect du principe de l'indépendance des tribunaux et de la garantie dont jouissent les juges* » (Art.159). La compétence de désignation des membres, dont le nombre est encore diminué, est partagée entre le Président de la République et les cours suprêmes[879]. Le ministre de la Justice est le président du Conseil et le secrétaire d'Etat du Ministère de la Justice est membre d'office.

Le Conseil supérieur des Juges et des Procureurs a été restructuré lors de la modification de 2010. En effet, l'objectif principal de la révision constitutionnelle fut la restructuration à la fois

[878] Le Conseil supérieur des Procureurs a été également établi, toujours par la modification de 1971 (Art.137/III). Ce Conseil est présidé par le Ministre de la Justice.

[879] 4 membres sont nommés directement par le Président de la République, 12 membres (dont 6 suppléants) sont élus par la Cour de cassation (6) et par le Conseil d'Etat (4) ainsi que par l'Académie de la Justice (2), 12 membres (dont 5 suppléants) par les juges et procureurs eux-mêmes et 5 membres (dont 2 suppléants) par les juges et procureurs administratifs (Art.159/2)

de la Cour constitutionnelle et du Conseil supérieur des Juges et des Procureurs.
L'adjectif supérieur a été supprimé pour le remplacer par le Conseil des juges et des procureurs. Alors que le Président de la République procédait à la désignation de quatre membres sur les vingt-deux qui composaient le Haut Conseil des juges et des procureurs, le changement constitutionnel ramène le nombre de membres à treize en augmentant nettement l'emprise présidentielle sur l'institution en lui permettant d'en nommer six. Plus précisément, il choisira quatre membres directement et le ministre de la Justice et son sous-secrétaire assureront respectivement la présidence et l'intérim de la présidence du Haut Conseil. Par ailleurs, contrairement à ce que prévoyait l'ancien système, aucun membre ne sera élu par les juridictions et les sept autres feront l'objet d'une désignation parlementaire[880].

B – La Cour constitutionnelle

La justice constitutionnelle de Turquie s'appuie sur le modèle européen de contrôle « concentré ». La création de la Cour constitutionnelle a été réalisée par la Constitution de 1961, issue du coup d'Etat militaire de 1960. Durant la période précédente, les juges avaient essayé d'effectuer un contrôle dans l'esprit du système diffus, en s'inspirant de la pratique américaine[881], mais une telle pratique, alors que le principe de la conformité des lois à la Constitution était prévu dans la Constitution de 1924, ne put finalement être mise en place[882].

Il est indéniable que la création de la Cour constitutionnelle par la Constitution de 1961 est une réaction aux pratiques anticonstitutionnelles des décennies précédentes, et notamment de la dernière décennie, tout comme la création des cours constitutionnelles en Autriche par la Constitution de 1945, en Italie par la Constitution

[880] A la suite d'une crise politique qui a éclaté entre le Gouvernement et la confrérie de Fetullah Gülen à partir de 17 décembre 2013, le Gouvernement et sa majorité à l'Assemblée nationale a essayé de remanier le statut du Conseil afin de le soumettre de nouveau à la tutelle du Ministre de la Justice, cette fois par la modification de la loi relative au CSJP. Une telle opération a été invalidée par la Cour constitutionnelle. (AYM, E.2014/57, K.2014/81, ka.t. : 11.04. 2014).
[881] CS, 1803 : arrêt Marbury vs Madison.
[882] Erdal Onar, *Kanunların Anayasaya Uygunluğunun Siyasal ve Yargısal Denetim Alanında Ülkemizde Öncüler*, Ankara 2003, p.19.

de 1947, et en Allemagne par la Constitution de 1949 fut une réaction à la pratique antidémocratique et autoritaire du pouvoir précédent[883].

Grâce à la création de la Cour constitutionnelle, les constitutions obtiennent leur valeur normative en tant que norme suprême. La suprématie des normes constitutionnelles est ainsi assurée par le contrôle de la constitutionnalité des lois.

En Turquie, la Cour constitutionnelle, qui a été créée par la Constitution de 1961, a été maintenue par la Constitution de 1982. Ces deux Constitutions, issues de contextes politiques opposés, ont adopté le modèle européen de justice constitutionnelle, mais selon des principes d'organisation et de fonctionnement sensiblement différents. La révision constitutionnelle effectuée en 2010 a restructuré la Cour du point de vue de la composition et de l'organisation ainsi que de ses compétences.

Il faut rappeler que, du point de vue de la séparation des pouvoirs, la création de la Cour constitutionnelle a été effectuée en tant que gardienne de la Constitution laquelle avait également mentionné pour la première fois les notions d'Etat de droit et d'Etat social. Autrement dit, la Cour constitutionnelle est à la fois garante de l'Etat de droit et de l'Etat social.

En ce qui concerne le contrôle constitutionnel, quatre séries de modification peuvent être signalées. Du point de vue du contrôle de constitutionnalité, deux modifications principales ont été effectuées en 2001. La première concerne l'abrogation de l'article transitoire 15 et permet d'invoquer l'exception d'inconstitutionnalité pour saisir la Cour constitutionnelle des lois promulguées pendant la période extraordinaire de 1980 à 1983. En second lieu, le mode de travail de la Cour et la procédure devant elle dans les procès concernant les partis politiques ont été également différenciés (Art. 149/I). La Cour constitutionnelle rend ses arrêts à la majorité absolue sauf pour l'annulation d'amendements constitutionnels vis-à-vis desquels la majorité des trois cinquièmes est exigée. La révision constitutionnelle de 2001 affecte directement la Cour constitutionnelle du point de vue de la procédure à suivre pendant son contrôle exercé sur les partis politiques : « L'annulation des amendements constitutionnels et la dissolution d'un parti politique par voie juridictionnelle ne peuvent

---

[883] Eric Sales, « La Cour constitutionnelle turque », RDP, 2007, no.5, pp. 1263-1280.

être décidées qu'à la majorité des trois cinquièmes » (Art 149/I). Troisièmement, le recours individuel devant la Cour constitutionnelle introduit lors de la révision constitutionnelle de 2010 a été reconnu. Enfin, le passage de la section unique à deux chambres, toujours en 2010, doit être signalé.

La justice constitutionnelle en Turquie sera présentée en résumé sur le plan de l'organisation et des compétences (1) de la Cour constitutionnelle (CC) ainsi qu'au niveau des voies de recours (2) et des effets de ses arrêts (3).

1 – L'organisation et les compétences de la Cour

Les règles concernant la Cour constitutionnelle sont déterminées d'une façon assez détaillée par la Constitution et concrétisées par une loi spéciale. Ce sont les articles 146 à 153 de la Constitution qui aménagent le fonctionnement et les compétences de la Cour constitutionnelle.

L'article 146 est relatif à l'organisation de la Cour constitutionnelle et à la désignation des juges qui la composent. L'article 148 aménage ses pouvoirs et ses attributions. L'article 149 prévoit son mode de travail ainsi que la procédure. L'article 150 prévoit le recours en annulation. L'article 152 est relatif à l'exception d'inconstitutionnalité devant d'autres tribunaux et l'article 153 concerne les effets des arrêts de la Cour constitutionnelle.

a – De la Chambre unique à deux sections

La Cour était organisée comme chambre unique depuis sa création. Lors de la révision constitutionnelle de 2010, elle a été restructurée pour créer un système de deux chambres. L'Assemblée plénière peut être considérée comme une troisième chambre[884].

Quant au mode de désignation des juges constitutionnels dans le modèle européen, le choix des juges est opéré soit par un système d'élections par les assemblées législatives (Allemagne par exemple), soit par un système mixte (une partie seulement des juges est élue par l'Assemblée législative et l'autre partie est désignée par les instances

[884] Le fonctionnement de la CC et le processus des arrêts sont assurés par la présence de nombreux rapporteurs. Le nombre des rapporteurs a été augmenté à la suite de la restructuration de la CC en 2010.

intéressées via les hautes juridictions, comme la Cour de cassation ou le Conseil d'Etat). La pratique autrichienne et italienne constitue l'exemple du système mixte. Pour ce qui concerne la Turquie, on peut aborder le thème en trois périodes.

La Constitution de 1961 prévoyait le système mixte. En effet, sur 20 juges constitutionnels (dont 5 suppléants), 5 étaient élus par les assemblées législatives, 8 par les membres des hautes juridictions et les 2 autres étaient nommés par le Président de la République.

La Constitution de 1982 diminue d'abord le nombre des juges de 20 à 15 (11 titulaires et 4 suppléants) et instaure un système d'élection et de désignation qui exclut tout à fait l'Assemblée nationale. Ceux-ci sont élus :

- par l'Assemblée générale de la Cour de cassation en ce qui concerne deux membres et deux membres suppléants,
- par l'Assemblée générale du Conseil d'Etat en ce qui concerne deux membres titulaires et un membre suppléant,
- par les Assemblées générales de la Cour de cassation militaire, du Tribunal administratif militaire supérieur[885] et de la Cour des comptes chacun en ce qui concerne un membre titulaire,
- par le Conseil de l'enseignement supérieur entre des enseignants (...) en ce qui concerne un membre titulaire.

Il est important de souligner que les candidats sont élus par les institutions concernées, entre leurs présidents et membres, à la majorité absolue du nombre total de leurs membres, en nombre triple de celui des postes à pourvoir. Ils sont ensuite nommés par le Président de la République lequel choisit pour chaque poste l'un des 3 candidats élus par les cours suprêmes susmentionnées ou le Conseil de l'enseignement supérieur.

En principe, le Président de la République devrait nommer le candidat qui se trouve à la tête de la liste, mais il arrive qu'il préfère le candidat se trouvant en deuxième ou en troisième position dans la liste. Les trois membres titulaires et le membre suppléant restants sont désignés et nommés directement par le Président de la République parmi les hauts fonctionnaires ou les avocats.

---

[885] La Cour de cassation militaire et le Tribunal administratif militaire supérieur ayant été supprimés par la modification constitutionnelle approuvée le 16 avril 2017, la Cour constitutionnelle a perdu deux membres. La suppression de 2 membres auparavant désignés par la Cour de cassation et le Conseil d'Etat a affermi la position du Président de la République sur la désignation des juges constitutionnels.

La Cour constitutionnelle élit parmi ses membres titulaires, au scrutin secret et à la majorité absolue du nombre de ses membres, un président et un vice-président pour une durée de quatre ans.

Une fois les membres nommés, personne ne peut intervenir sur le fonctionnement de la Cour constitutionnelle ni sur le contenu de ses arrêts. L'indépendance externe est assurée par la Constitution et l'indépendance interne peut être discutée en fonction de la condition du juge en place[886].

Quant à la troisième période, celle-ci a débuté par la révision constitutionnelle effectuée en 2010. Les nouveautés principales introduites par la révision constitutionnelle sont les suivantes. En premier lieu, le nombre de membres a été augmenté – passant de 11 à 17 – et la catégorie des membres suppléants a été supprimée. En deuxième lieu, trois membres sont élus par l'Assemblée nationale. En troisième lieu, les quatorze membres qui restent sont nommés par le Président de la République directement ou sur la proposition des instances constitutionnelles :

- Quatre membres sont nommés directement par le Président de la République parmi les avocats, les juges et les procureurs de la première classe et les rapporteurs de la Cour constitutionnelle.
- Dix membres sont nommés par le Président de la République à partir d'une liste de trois noms proposés par les Cours suprêmes et par le conseil de l'enseignement supérieur.

Conformément au nouveau dispositif, l'assemblée plénière est chargée de traiter les affaires relatives aux partis politiques, les recours en annulation, les recours en exception d'inconstitutionnalité et les affaires relevant de sa qualité de Haute Cour. Les sections, quant à elles, statuent sur les demandes individuelles concernant les droits fondamentaux[887].

Enfin, la révision constitutionnelle de 2017 maintient l'influence du Président sur la justice constitutionnelle en lui permettant de

---

[886] E. Sales, "La Cour constitutionnelle turque", préc.

[887] Pour la structuration de la Cour constitutionnelle, v. Mehmet Hanifi Bayram, "La révision constitutionnelle turque : une réforme de la cour constitutionnelle sous influence conventionnelle", *RDP,* 2010, no.6, pp.1792-1805 ; İbrahim Kaboğlu, « *Le contrôle de constitutionnalité en Turquie et son articulation avec le contrôle par la Cour européenne des Droits de l'Homme* », Mélanges en l'honneur du Doyen Jean-Pierre Machelon, *LexisNexis,* 2015, pp. 491-508. V. aussi Musa Sağlam, "*Le recours individuel devant la Cour constitutionnelle de Turquie*", Cahiers du Conseil constitutionnel, no 31 (dossier : Turquie), Mars 2011.

nommer douze des quinze membres de la Cour constitutionnelle. Quatre le seront directement par ses soins. Huit indirectement, puisque le chef de l'Etat est constitutionnellement habilité à choisir trois juges parmi les neuf proposés par la Cour de cassation, deux parmi les six proposés par le Conseil d'État et trois parmi les neuf proposés par le Conseil supérieur de l'enseignement dont l'ensemble des membres est nommé directement par le Président. Les trois autres membres de la Cour constitutionnelle seront élus par la Grande Assemblée Nationale à la suite des propositions faites par la Cour des comptes et par le Conseil national des barreaux.

b – Les compétences de la Cour constitutionnelle

La Cour constitutionnelle détient principalement quatre chefs de compétences : le contrôle de constitutionnalité des normes, le contrôle des partis politiques, le jugement des hommes d'Etat pour les actes accomplis pendant leur mission, en tant que « Haute cour de justice »[888], le jugement à la suite d'un recours individuel.

Quelles sont les normes contrôlées par la Cour et quelles modalités ont été prévues ?

Quatre types de normes peuvent être contrôlées par la Cour constitutionnelle : les lois, les décrets-lois, le règlement intérieur de l'Assemblée nationale ainsi que les lois de révision constitutionnelle. D'autres sont exclues de tout contrôle. Il en va ainsi pour deux catégories principales de normes. Tout d'abord, en vertu de l'article 90 de la Constitution « *les conventions internationales ne peuvent pas faire l'objet d'un recours en inconstitutionnalité devant la Cour constitutionnelle* ». Ensuite, les décrets-lois édictés, en période d'état d'urgence, d'état de siège ou de guerre ne peuvent pas faire l'objet d'un recours en inconstitutionnalité devant la Cour constitutionnelle, ni quant à la forme, ni quant au fond (Article 148)[889].

---

[888] En qualité de Haute Cour, la Cour constitutionnelle juge le Président de la République, les membres du Conseil des ministres, les présidents et les membres des cours suprêmes (...) pour les infractions relatives à leurs fonctions (Article 148/ 3).

[889] La "Constitution d'exception" serait un texte caché dans la Constitution de 1982 du fait que celle-ci avait prévu une catégorie de normes exclues du contrôle juridictionnel : outre l'article transitoire 15 d'après lequel "on ne peut pas invoquer l'inconstitutionnalité ni des lois et décrets-lois édictés durant cette période {du 12 septembre 1980 au 6 décembre 1983-la date de la création du Bureau présidentiel de la Grande Assemblée Nationale-}, ni des décisions et mesures d'exécution adoptées conformément à la Loi no.2324 relative à l'ordre constitutionnel", les actes propres

Quand à l'étendue du contrôle, sur les trois normes principales (lois, décrets-lois et règlement de l'Assemblée nationale), la Cour constitutionnelle exerce un double contrôle : un contrôle procédural (la forme), et un contrôle au fond (le contenu). Le contrôle exercé sur les révisions constitutionnelles, en revanche, est limité à un contrôle de forme[890].

Le contrôle sur les partis politiques est exercé par la Cour constitutionnelle dans les conditions déterminées par les articles 68 et 69 de la Constitution. Tout d'abord, « les statuts, les programmes et les activités des partis politiques ne peuvent aller à l'encontre de l'indépendance de l'Etat, de son intégrité indivisible du point de vue du territoire et de la nation, des droits de l'homme, des principes de l'égalité et de l'Etat de droit, de la souveraineté de la nation, ni des principes de la République démocratique et laïque ; (...) » (Article *68/al.4).* Ensuite, *« la dissolution à titre définitif d'un parti politique en raison de la non conformité de ses activités à l'alinéa quatre de l'article 68 ne peut être prononcée que dans le cas où la Cour constitutionnelle détermine que le parti est devenu le centre de gravité des actes qui présentent ce caractère (...) » (Article 69/ al. 6). Au lieu de prononcer sa dissolution à titre définitif conformément aux alinéas précédents, la Cour constitutionnelle peut prononcer à charge du parti politique considéré la privation totale ou partielle de l'aide d'Etat, en fonction de la gravité des faits litigieux (Al. 7).* Cette sanction qui permet à la Cour constitutionnelle de recourir au principe de proportionnalité a été introduite dans la Constitution lors de la révision en 2001.

Enfin, il faut noter que, sous l'effet des condamnations de la Turquie par la Cour européenne des Droits de l'Homme du fait de sa

---

du Président de la Républiques et les décisions du Conseil supérieur de l'Armée ainsi que les décisions du Conseil supérieur des juges et procureurs. L'article transitoire 15/3 ayant été supprimé en 2001 et un contrôle minimum ayant été prévu sur les décisions de ces deux instances, le champ de la "Constitution d'exception" a été relativement limité.

[890] Toutefois, la Cour constitutionnelle a réalisé, en 2008, un contrôle au fond qui a donné lieu à la censure de l'intégralité d'un amendement constitutionnel pour méconnaissance du principe de laïcité (AYM, 2008/116, du 5 juin 2008, Requête 2008/16, JO : 22 octobre 2008-27032). Le contrôle au fond a été répété par la Cour constitutionnelle, en 2010, et a donné lieu à une "micro censure du paquet constitutionnel" (AYM, 2010/87, 7 juillet 2010, Requête 2010/49, J.O. : 1er août 2010-27659). Pour le détail, v. plus haut : Chapitre 2 - Les principes constitutionnels intangibles.

justice constitutionnelle (sur les partis politiques notamment), les arrêts de la Cour constitutionnelle ont été « européanisés » jusqu'à un certain degré, même si la compétence de contrôle de la Cour européenne sur les décisions de la cour constitutionnelle a été contestée de temps à autre[891].

2 – Les voies de recours et les caractères du contrôle

Le recours individuel s'est ajouté en 2010 aux deux voies de recours qui existent depuis la Constitution de 1961 : le recours en annulation et le recours par voie d'exception d'inconstitutionnalité.

a – Le recours en annulation

Le contrôle de constitutionnalité en Turquie est en principe un contrôle a posteriori, c'est à dire sur les normes déjà en vigueur. Le délai du recours commence à partir de la publication de la norme contrôlée au journal officiel. « *Le droit d'intenter directement un recours en annulation devant la Cour constitutionnelle s'éteint à l'expiration d'un délai de soixante jours à partir de la publication au journal officiel de la loi, du décret-loi ou du Règlement intérieur dont l'annulation est demandée* » (Art.151). L'action en annulation d'une loi pour vice de forme ne peut être intentée plus de dix jours après la date de sa publication. Le délai du recours en annulation d'une loi constitutionnelle est donc aussi fixé à dix jours du fait que le contrôle est limité à la forme. A partir de ce critère de la publication au journal officiel, la Cour exerce un contrôle a posteriori du point de vue du moment du contrôle.

Toutefois, exceptionnellement, il s'exerce a priori s'agissant des révisions constitutionnelles. Lorsque le texte de révision adopté par le parlement a été soumis par le Président de la République à la procédure du référendum, la Cour peut être saisie afin d'effectuer un contrôle formel sur la révision (avant l'organisation du référendum).

891 La réouverture du procès en est la preuve. La Cour constitutionnelle a refusé le réexamen des dossiers à la suite de la condamnation de la Turquie par la Cour EDH pour violation de l'article 11 de la Convention du fait que l'arrêt de la Cour EDH ne serait pas conçu comme un nouvel argument. L'arrêt de TBKP peut être cité comme exemple (AYM, 2003/16, K.2008/4, K.ta. : 08.01.2008 ; JO du 22.03.2008-26824).

Le référendum a lieu après que la Cour a rendu son arrêt[892]. Le contrôle exercé sur les lois dont la mise en vigueur a été reportée par le pouvoir législatif – malgré leur publication au journal officiel – peut être aussi considéré comme un contrôle a priori du fait qu'il y un décalage entre la date de publication au journal officiel et la date de leur entrée en application.

La Cour constitutionnelle rend ses arrêts à la majorité absolue. Toutefois, l'annulation des amendements constitutionnels et la dissolution des partis politiques ne peuvent être prononcées qu'à la majorité des 3/5ème.

Sous l'empire de la Constitution de 1961, il existait deux catégories de recours. Le recours « politique » (qui pouvait être exercé par n'importe quel parti du moment qu'il possédait un député) et, le recours « institutionnel », regroupant les recours « universitaire » ou des « cours suprêmes », qui permettait à ces institutions de déférer les lois se rapportant à leur activité. A l'heure actuelle, le recours en annulation est limité au recours politique du fait que la Constitution de 1982 a supprimé le recours « institutionnel ».

D'après l'article 150 de la Constitution, ont le droit d'intenter devant la Cour constitutionnelle un recours en annulation pour une inconstitutionnalité, sur le fond ou sur la forme, le Président de la République, les groupes parlementaires des partis au pouvoir, du principal parti de l'opposition ou un cinquième des membres de l'Assemblée nationale (soit 110, ce qui est très élevé).

Dans ce cadre, le contrôle exercé est abstrait. Il peut s'exercer sur les lois, les décrets-lois et le Règlement intérieur d'Assemblée nationale ainsi que sur les révisions constitutionnelles. Ce recours en annulation doit être effectué dans un délai de 60 jours à partir de la publication dans le journal officiel du texte en cause.

Comme l'on vient de le signaler, l'action d'annulation d'une loi pour vice de forme (y compris pour les amendements constitutionnels) ne peut être intentée plus de dix jours après la date de sa publication.

---

[892] Ce fut le cas de la révision constitutionnelle réalisée en 2010. La loi relative à la modification de la Constitution du 7 mai 2010 no.5982 a été publiée au Journal officiel le 13 mai 2010. La Cour constitutionnelle s'est prononcée le 7 juillet. La loi constitutionnelle est entrée en vigueur à la suite du référendum constitutionnel du 12 septembre 2010.

La limite matérielle du point de vue du contrôle exercé a été franchie par la Cour constitutionnelle par voie d'interprétation[893].

b – L'exception d'inconstitutionnalité devant d'autres tribunaux

Dans ce mode de contrôle, la question préjudicielle se pose d'abord et la procédure de renvoi s'exerce ensuite. Ce mécanisme permet que s'exerce un contrôle concret des normes. Quand un procès est en cours devant un tribunal, et qu'il y a lieu de « soulever » un moyen « sérieux » d'inconstitutionnalité d'une loi ou d'un décret-loi (la question préjudicielle), le juge peut saisir la Cour constitutionnelle (procédure de renvoi), et surseoir à statuer jusqu'à ce que la Cour constitutionnelle se soit prononcée sur la constitutionnalité de la disposition mise en cause. L'argumentation doit être rédigée et précisée par la partie qui avance l'inconstitutionnalité et le juge doit l'estimer « sérieuse ». Le procès est alors suspendu[894]. Si dans les 5 mois, la Cour constitutionnelle se prononce sur la constitutionnalité de la loi en cause, le juge prend sa décision d'après l'arrêt de la Cour constitutionnelle. Si au bout des 5 mois, la Cour constitutionnelle n'a pas répondu, le juge doit se prononcer en vertu de la loi en vigueur, c'est-à-dire de celle contre laquelle on a soulevé l'inconstitutionnalité. Toutefois, dans le système de la Constitution de 1961, le juge devait attendre 6 mois, et si pendant ce délai aucune réponse n'était donnée par la Cour constitutionnelle, le juge pouvait décider d'écarter la loi en cause, sans l'annuler (effet inter partes), s'il la jugeait inconstitutionnelle. Ce système qui est une caractéristique du modèle diffus a été supprimé par la Constitution de 1982.

L'utilisation de la voie de l'exception d'inconstitutionnalité est limitée du point de vue du temps. « *Lorsque la Cour constitutionnelle a rejeté l'exception d'inconstitutionnalité quant au fond d'une disposition légale, on ne peut invoquer à nouveau cette exception à l'égard de la même disposition avant l'écoulement d'un délai de dix ans à partir de la publication de la décision de rejet au Journal Officiel* » (Art.152/dern. alinéa). Une telle limitation a été beaucoup

---

[893] L'arrêt rendu le 6 juin 2008 et l'arrêt motivé a été publié dans le journal officiel le 22 octobre 2008. Pour le détail, voyez : AYMK, E.2008/16, K.2008/116, K.t. : 5.6.2008, JO du 22.10.2009-27032.

[894] "Si le tribunal ne juge pas l'exception d'inconstitutionnalité sérieuse, l'instance d'appel statue sur sa recevabilité en même temps que sur le fond" (Art. 152/2).

critiquée du fait qu'elle ne prend pas en compte l'évolution des idées et la mutation juridique.

Le contrôle concret concernant le fond, « l'invalidité » pour vice de forme ne peut pas être invoquée par voie d'exception d'inconstitutionnalité.

Il faut signaler – encore une fois – l'abolition d'une disposition d'après laquelle les lois et décrets-lois édictés pendant le régime exceptionnel (c'est-à-dire sous le régime militaire) ne pouvaient être invoqués devant la Cour constitutionnelle par voie d'exception d'inconstitutionnalité (Art. transitoire 15/ III)[895].

c – Le recours individuel[896]

La révision constitutionnelle de 2010 a reconnu le droit de recours individuel devant la Cour constitutionnelle. Cependant, l'objet de ce recours est loin d'englober tous les droits et libertés garantis par la Constitution, mais concerne ceux qui figurent dans le champ de la Convention européenne des Droits de l'Homme. D'après l'alinéa ajouté à l'article 148 de la Constitution, « *chaque personne qui réclame que l'un de ses droits et libertés garantis par la Constitution, figurant dans la Convention Européenne des Droits de l'Homme a été violé par la puissance publique peut saisir la Cour constitutionnelle. Pour pouvoir faire (ce) recours, toutes les voies légales ordinaires doivent être épuisées* ». On peut donc se demander si cela recouvre aussi la jurisprudence de la Cour EDH, c'est-à-dire la jurisprudence développée par voie d'interprétation qui a élargi le champ d'application de la CEDH vers les droits sociaux[897]. Certainement, l'objectif du pouvoir constituant dérivé est de contourner le champ d'application du droit de recours individuel devant la Cour de Strasbourg en se référant à la CEDH. Toutefois, la justification de l'exclusion de la jurisprudence de la Cour EDH paraît très difficile.

---

[895] Cette interdiction a été supprimée lors de la révision constitutionnelle en 2001.

[896] Pour le détail, v., İbrahim Kaboğlu, « *Le contrôle de constitutionnalité en Turquie et son articulation avec le contrôle par la Cour européenne des Droits de l'Homme* », pp. 504-506 ; Musa Sağlam, "*Le recours individuel devant la Cour constitutionnelle de Turquie*", Cahiers du Conseil constitutionnel, no 31 (dossier : Turquie), Mars 2011.

[897] A ce propos, l'arrêt de la Cour EDH Demir/ Baykara c. Turquie est assez significatif.

Le choix de la Cour constitutionnelle fut pour une interprétation étroite quand il s'agit de divergence entre la Constitution et la Convention européenne des droits de l'homme alors que le résultat du dénominateur commun de la Constitution et de la Convention devrait aboutir à appliquer la disposition la plus protectrice. Au contraire, la Cour constitutionnelle, à propos du droit à un procès équitable, a appliqué l'article 6 de la Convention alors que l'article 36 de la Constitution est plus protecteur.

D'autre part, en ce qui concerne les contestations individuelles des victimes des décrets-lois de l'état d'urgence, la Cour constitutionnelle engorgée par des dizaines de milliers de recours (le nombre de requêtes est estimé à 70 770), s'est abstenue de se prononcer sur ces requêtes alors que la Cour EDH avait « responsabilisé » les juges constitutionnels au nom du principe de subsidiarité[898].

3 – Les effets des arrêts de la Cour constitutionnelle

Les arrêts de la Cour constitutionnelles sont définitifs et exercent leur effet erga omnes. Du point de vue du temps, l'effet ex nunc (abrogatif) est la caractéristique des arrêts de la haute Cour. L'article 153 concrétise d'une façon assez détaillée les effets des arrêts de la justice constitutionnelle. Quant au sursis à l'exécution, celui-ci qui n'a pas été prévu par la Constitution est une voie inventée par la Cour constitutionnelle elle-même.

a – L'effet erga omnes

Les arrêts de la Cour constitutionnelle sont définitifs. Ils ont un effet erga omnes. Les arrêts emportent effet à partir de leur publication au journal officiel et lient les organes du législatif, de l'exécutif et du judiciaire ainsi que les autorités administratives et les personnes physiques et morales[899].

---

[898] V. trois arrêts de la Cour européenne : CourEDH, décision Mercan c. Turquie ; Cour EDH, décision Zihni c. Turquie, 29 novembre 2016 ; Cour EDH, décision Köksal c. Turquie, 6 juin 2017.

[899] L'effet inter partes était prévu d'une façon exceptionnelle dans la Constitution de 1961 : "*La Cour constitutionnelle rend son arrêt et le proclame dans les six mois de la date à laquelle elle est saisie de l'affaire.*

La loi, le décret-loi ou le Règlement Intérieur de la Grande Assemblée Nationale de Turquie ou celles de leurs dispositions qui ont été abrogées cessent d'être en vigueur à la date de la publication de l'arrêt au journal officiel. En cas de nécessité, la Cour constitutionnelle peut aussi fixer la date d'entrée en vigueur de la décision d'abrogation sans toutefois dépasser le délai d'un an à compter de la date de la publication de l'arrêt au journal officiel. Dans ce cas, l'Assemblée délibère et se prononce en priorité sur les projets ou propositions de lois visant à combler le vide juridique entrainé par l'arrêt d'annulation (Art.153/4).

Du point de vue de l'étendue du contrôle exercé, le rôle de co-législateur de la cour constitutionnelle a été bien contourné. En effet, « *lorsqu'elle abroge une loi ou un décret-loi ou une de leurs dispositions, la Cour constitutionnelle ne peut se substituer au législateur en établissant une disposition susceptible d'entraîner une application nouvelle.* » (Art.153/2).

b – L'effet ex nunc

Les effets des arrêts de la Cour constitutionnelle ne sont pas rétroactifs ainsi que le mentionne clairement l'article 153/5 de la Constitution. L'effet ex nunc des arrêts doit être interprété au moment de la publication de l'arrêt du fait que « *les arrêts d'abrogation ne peuvent être rendus publics avant que leur motifs n'aient été rédigés* » (Art.153/1). Une telle simultanéité entre la prise de la décision et la rédaction de ses motifs n'est pas toujours respectée. De ce fait, la Cour constitutionnelle a développé une pratique d'après laquelle elle publie le dispositif de l'arrêt qui s'appelle « l'arrêt court » et, plus tard, une fois que l'arrêt motivé est rédigé, l'intégralité de l'arrêt est publiée de nouveau dans le Journal Officiel[900]. A cette négligence de la Cour constitutionnelle s'ajoute parfois l'inertie parlementaire. L'Assemblée nationale ne respecte pas toujours le délai fixé par la Cour pour légiférer dans le cas où l'entrée en vigueur de l'arrêt d'abrogation est différée. Il peut donc s'agir d'un double retard : le retard de la rédaction de l'arrêt motivé par la Cour constitutionnelle et celui du

---

Si aucun arrêt n'est rendu dans ledit délai, le tribunal statue sur l'allégation d'inconstitutionnalité d'après sa conviction et continue à examiner le procès." (Art. 151/3,4).

[900] Pour la critique d'une telle pratique, v. Ibrahim Ö. Kaboğlu, *Anayasa Yargısı* (Le contentieux constitutionnel), İmge kitabevi, 4. Bası, Ankara 2007, pp. 157-160.

Parlement lorsqu'il doit combler le vide juridique entraîné par l'arrêt de la Cour.

Dans la doctrine de droit public turc, il n'y a pas d'unanimité sur le principe de la non-rétroactivité[901]. D'autre part, le cas des actes épuisés par l'application unique doit être conçu en dehors de cette règle.

c – Le sursis à l'exécution

Avant la publication de l'arrêt d'abrogation au journal officiel, l'acte contrôlé reste en vigueur et exerce ses effets dans la pratique. Autrement dit, la saisine de la Cour constitutionnelle n'affecte pas la valeur normative de l'acte contrôlé, ni son applicabilité. Toutefois, la Cour constitutionnelle par voie jurisprudentielle a introduit la pratique du sursis à l'exécution par son arrêt prétorien développé en 1993[902]. La pratique de deux décennies est limitée en principe à l'existence de deux conditions relevant de l'inconstitutionnalité explicite et de l'existence d'un préjudice irréparable[903].

Quelle remarque rapide peut être faite sur la justice constitutionnelle en Turquie ? La Cour constitutionnelle joue un rôle irremplaçable dans le système politico-constitutionnel de la Turquie. Toutefois, les pouvoirs politiques multiplient les tentatives afin d'atténuer davantage le poids de la Cour, alors que la Constitution de 1982 a bien limité la possibilité d'intervention de celle-ci par rapport à la Constitution précédente et aux Cours constitutionnelles européennes. Il est sans doute trop tôt, pour dresser un bilan de la pratique du recours individuel. Quoi qu'il en soit, la jurisprudence de la Cour constitutionnelle à venir à la suite du recours individuel pourrait accélérer l'interaction entre la Cour européenne des Droits de l'Homme et la Cour constitutionnelle dans le domaine des droits de l'homme. La Cour constitutionnelle d'Ankara est donc à l'épreuve de

---

[901] V. comme exemple Yıldırım Uler, "Anayasa Mahkemesi Kararları Geçmişe Yürür", *Bahri Savcı'ya Armağan*, Mülkiye Birliği Vakfı yay., Ankara 1988, s.515-534.

[902] AYM, 1993/33, K.1993/40-1, Ka. Günü : 21/10/1993. Pour le détail, v. D. Turpin, A. Menevşe, « La Cour constitutionnelle turque et l'arrêt du 21 octobre 1993 relatif à l'ordonnance provisoire », AIDC, VIII, 1992, pp. 1-31.

[903] Pour le détail sur le débat doctrinal et la pratique du sursis à l'exécution, v. Kaboğlu, *Anayasa Yargısı*, pp. 61-68.

l' « européanisation » de sa jurisprudence et de sa transformation en véritable gardienne des droits de l'homme.

C – Les instances non-juridictionnelles

L'instance des droits de l'homme établie sous l'optique des « principes de Paris » en tant qu'institution nationale pour la protection et promotion des droits de l'homme[904] n'a pas été reconnue au niveau de la Constitution. En pratique, les instances des droits de l'homme telle que l'Institution nationale des droits de l'homme ont été manipulées la plupart du temps par les autorités politico-administratives. L'expérience du Conseil consultatif des Droits de l'Homme en est la preuve[905]. Au niveau constitutionnel, deux instances principales sont établies. Il s'agit du Conseil pour le contrôle

[904] Les "principes de Paris" peuvent être conçus comme une "constitution" des institutions nationales pour la protection et promotion des droits de l'homme (INDH). Les principes de Paris ont été adoptés lors des premières rencontres internationales des Institutions nationales des droits de l'homme à Paris en 1991. Ils ont été officiellement consacrés par l'Assemblée générale des Nations Unies en 1991. Ces principes qui déterminent le Statut des INDH consistent en quatre titres : compétences et attributions ; compositions et garanties d'indépendance et de pluralisme; modalité de fonctionnement; principes complémentaires concernant le statut des institutions ayant des compétences à caractère quasi-juridictionnel. Pour le détail, voyez Gauthier de Beco, "La contribution des Institutions Nationales des Droits de l'Homme au renforcement de l'efficacité de la Cour européenne des Droits de l'Homme", *Rev.trim.dr.h.*, 2009-77, pp. 167. V. aussi : *Les moyens non judiciaires pour la protection des droits de l'homme sur le plan national*, Conseil de l'Europe, Direction des droits de l'homme, Mai 1998.

[905] Le Conseil consultatif des Droits de l'homme (CCDH) avait été créé par une loi en 2001 en tant qu'institution nationale des droits de l'homme. Toutefois, ses activités ont été suspendues par le Gouvernement. Pour le détail, v. İbrahim Ö. Kaboğlu, « Quelques remarques préliminaires à propos d'une institution nationale des droits de l'homme (Cas de la Turquie) », *Rev.trim.dr.h.,* no 68, 1er octobre 2006, pp. 1057-1069 ; « Le Conseil des Droits de l'Homme devant le Tribunal Pénal », *Revue de Science criminelle*, juillet-septembre 2006, pp. 521-535. En 2012, le CCDH a été remplacé par l'Institut National des Droits de l'homme (INDH), établit aussi par une loi. Du point de vue de la conformité aux "critères de Paris", la composition du CCDH reflétait le principe du pluralisme alors que la quasi totalité des membres de l'INDH peut être conçue comme "un bloc pro-gouvernemental". Quant à l'INDH, celui-ci a été également remplacé par une nouvelle instance dénommée « L'Institution de Turquie pour les Droits de l'Homme et d'Egalité » (Loi no.6701 du 06.04.2016 ; J.O. du 20.04.2016-29690). Toutefois, celle-ci n'est pas encore entrée en fonction. Par conséquence, il n'existe pas actuellement d'instance des DH sous l'optique des principes de Paris.

public (ombudsman) (1) et du Conseil social et économique (2). Toutefois, leur efficacité est discutable, non parce qu'elles ne sont pas des instances consacrées directement à la protection des droits de l'homme, mais plutôt en raison de leur statut qui manque d'autonomie. Une deuxième catégorie d'institutions peut être signalée sous le titre des autorités administratives indépendantes (3).

1 – L'Ombudsman

Au niveau constitutionnel, contrairement à de nombreuses constitutions européennes[906] aucune instance spécifique consacrée à la protection des droits de l'homme n'est prévue en Turquie. A partir de la révision constitutionnelle de 2010, une instance plus générale, dénommée « Ombudsman » ou « Institution pour le contrôle public » (médiateur), est introduite dans le texte fondamental.

L'Ombudsman institué auprès de la Grande Assemblée Nationale de Turquie examine les plaintes sur le fonctionnement de l'Administration (Article 74). Chacun a le droit d'obtenir des informations et de faire appel à l'Ombudsman.

Ce dernier est élu par la GANT au scrutin secret pour un mandat de quatre ans. Dans les deux premiers tours de scrutin, la majorité des deux tiers des membres qui la composent et dans le troisième tour de scrutin, la majorité absolue des membres qui la composent est nécessaire[907].

Le mode d'exercice des droits visés au présent article, la mise en place, les missions, le fonctionnement de l'institution de l'Ombudsman et les mesures à prendre après l'examen, ainsi que les procédures et les principes concernant les qualifications, les élections et les droits personnels de l'Ombudsman et ceux de ses fonctionnaires sont fixés par la loi[908]. Après deux ans d'existence, la pratique n'a pas

[906] Les Constitutions de l'Espagne (Avocat du peuple), de la Roumanie (avocatuli popluris) et de la France (défenseur des droits de l'homme) peuvent être signalées comme exemple. "Le défenseur des droits veille au respect des droits et libertés par les administrations de l'Etat, les collectivités territoriales, les établissements publics, ainsi que tout organisme investi d'une mission de service public, ou à l'égard duquel la loi organique lui attribue des compétences" (Article 71/-1/alinéa 1).

[907] Si une majorité absolue n'est pas obtenue au troisième tour, un quatrième tour de scrutin est organisé entre les deux candidats ayant recueilli le plus grand nombre au troisième tour de scrutin.

[908] D'après la loi spéciale (no. 6328, du 29 juin 2012), l'Ombudsman est entré en fonctionnement le 23 septembre 2012.

encore prouvé l'efficacité de cette instance du fait qu'elle manque d'indépendance vis-à-vis des autorités gouvernementales[909].

2 – Le Conseil social et économique

La création du Conseil social et économique (CSE) a été prévue lors de la révision constitutionnelle en 2010. Le Conseil est consulté par le Gouvernement dans le processus de détermination des politiques sociales et économiques. La création et le fonctionnement du Conseil social et économique sont déterminés par une loi spéciale (Article 166). Néanmoins, le CSE n'a pas été convoqué par le Gouvernement jusqu'en novembre 2014.

3 – Les autorités administratives indépendantes

Le Conseil de Contrôle d'Etat (Art.108) et le Conseil supérieur de la Télévision et de la Radio (Art.133) sont les deux instances principales réglementées directement au niveau constitutionnel.

« L'unique institut de radio et de télévision créé par l'Etat et doté de la personnalité morale publique ainsi que les agences d'information qui sont subventionnées par des personnes morales sont autonomes et se conforment au principe d'impartialité de l'information. » (Art.133/2).

Le Conseil supérieur de la Télévision et de la Radio (C.S.R.T.) est « une autorité impartiale et autonome dotée d'une personnalité morale de droit public »[910]. Les neuf membres du C.S.R.T. sont désignés par le Parlement.

Le C.S.R.T. exerce une mission générale de surveillance des principes fondamentaux posés par les conventions internationales et par la loi. Le C.S.R.T. dispose d'un pouvoir d'autorisation. A ce titre, il lui appartient exclusivement de délivrer toutes les autorisations

---

[909] Pour le 1er mai 2014, la proposition aux syndicats d'utiliser leur liberté de manifestation dans les limites tracées par la préfecture d'Istanbul en est la preuve. L'Ombudsman, au lieu de demander à la préfecture de se conformer à l'arrêt de la Cour européenne des Droits de l'Homme (V. Case of DİSK and KESK v. Turkey) a invité les syndicats à rester dans les limites déterminées par les autorités administratives (v. T.C. Kamu Denetçiliği Kurumu 30/4/2014, 1 Mayıs Emek ve Dayanışma Günü Kutlamaları Konusunda Kamu Başdenetçisi (Baş Ombudsman) Tarafından Önerilen Uzlaşma Esasları).

[910] Loi n. 3984 du 13 mars 1994, article 5.

d'émettre aux services de radiodiffusion sonore ou de télévision et de planifier les fréquences.

Le C.S.R.T. exerce, en outre, un pouvoir réglementaire. Il dispose également d'un pouvoir de sanction vis-à-vis des exploitants du secteur public et privé. L'application des sanctions par le C.S.R.T. suscite de vives discussions dans l'opinion publique. En effet, la pratique des sanctions constitue souvent une sorte de censure[911]. Il faut rappeler aussi que la réserve constitutionnelle relative à l'instauration d'un système d'autorisation concerne « l'émission » dans la Constitution (Art.26/1), mais pas l'entreprise à l'instar de la CEDH (Art.10).

Le Conseil de Contrôle d'Etat est une institution consacrée par la Constitution de 1982. *« Créé dans le but d'assurer le respect de la légalité par l'administration et le fonctionnement ainsi que l'amélioration des services administratifs d'une manière ordonnée, efficace et rattachée à la Présidence de la République, le Conseil de Contrôle d'Etat effectue, à la demande du Président de la République, toutes sortes d'études, enquêtes et vérifications auprès de tous les établissements et organismes publics… »* (Art.108).

Dans la pratique, le CCE ne fut pas opérationnel du fait qu'il ne peut prendre d'initiatives que sous l'ordre du Président de la République[912].

Le Conseil du Marché des Capitaux et *l'Institution de la concurrence ainsi que le Conseil du Contrôle et de Régulation des Banques* trouvent leurs sources dans la Constitution, mais cela d'une façon indirecte[913]. En effet, le texte fondamental précise que *« l'Etat prend les mesures susceptibles de garantir et de promouvoir le bon*

---

[911] Pour le détail, v. Atilla Nalbant, "Radyo ve Televizyon Üst Kurulu ve Görsel-İşitsel İletişim Özgürlüğü", in *Les Autorités Administratives Indépendantes /Bağımsız İdari Otoriteler*, sous la direction de Ibrahim Kaboğlu, Alkım, pp. 109-129.

[912] Il convient aussi de signaler le chevauchement éventuel entre la mission du CEE et celle de l'Ombudsman.

[913] Chaque instance est règlementée par une loi spéciale : Sermaye Piyasası Kurulu (Kanun no : 6362, ta. : 6/12/2012, JO du 30 décembre 2012, 28513) ; Rekabetin Korunması Hakkında Kanun (no : 4054,ta. : 7/12/1994, JO du 13 décembre 1994, 22140) ; Bankacılık Kanunu (no. : 5411 sy., 19.10.2005, md.82, JO du 1er novembre 2005, 25983).

fonctionnement et la régularité des marchés monétaire, de crédit, des capitaux, de biens et de services ;... » (Art.167)[914].

Les libertés scientifiques et de recherches qui s'exercent dans le cadre institutionnel, principalement étatique, exigent *l'autonomie universitaire*. La Constitution de 1961 accordait aux universités un statut autonome du point de vue scientifique et administratif (Art.120) alors que la Constitution de 1982 se contente de l'autonomie scientifique (Art.130). Dans ce contexte, le Conseil de l'Enseignement supérieur est institué dans le but de planifier, organiser, diriger et contrôler l'enseignement dispensé par les établissements d'enseignement supérieur (Art.131).

La liberté artistique, qui s'exerce en principe dans le contexte de l'initiative privée, bénéficie aussi du cadre institutionnel, surtout en ce qui concerne les spectacles. L'Etat protège les activités artistiques et les artistes. Il prend les mesures nécessaires en vue de la protection, de la valorisation et de la promotion des œuvres d'art et des artistes ainsi que de la propagation de l'amour des arts (Art.64)[915].

§ 2 – Les voies de recours

Les voies de recours constituent l'aspect procédural des droits de l'homme, une sorte de contentieux des droits de l'homme. En ce qui concerne les garanties procédurales, il existe une multiplicité de dispositions soit spécifiques soit générales. A partir des dispositions constitutionnelles, les voies de recours seront en premier lieu abordées d'une façon générale (A). Ensuite, le recours individuel devant la Cour constitutionnelle sera signalé (B). Enfin, le recours individuel devant la Cour européenne des droits de l'homme sera étudié (C).

A – En général : trois voies de recours

Les recours reconnus, en principe, peuvent être distingués en trois catégories : les recours administratifs, les recours politiques et les recours juridictionnels. Le cadre des recours politico-administratifs est précisé par l'article 74 de la Constitution lequel prévoit que *« les*

[914] "L'organisation de Planification de l'Etat", établie par la Constitution de 1961 (Art.129), n'a pas été prévue par la Constitution de 1982.

[915] Le projet de loi relative à la création d'une institution autonome pour les arts sous l'optique de l'article 64 de la Constitution se trouve au cœur d'une tension entre le Gouvernement et les organisations des artistes.

citoyens ont le droit d'adresser par écrit aux autorités compétentes et à la Grande Assemblée Nationale de Turquie leurs requêtes et plaintes se rapportant à leur personne ou à la chose publique (Art.74). Le résultat des pétitions qui les concernent est communiqué par écrit à leurs auteurs ». En 2010, le droit à l'information a été ajouté dans le cadre de l'Ombudsman : *« Chacun a le droit d'être informé et de recours à l'Ombudsman » (Art.74/al.3)*[916]. Ceci dit, nous allons nous contenter de signaler les voies de recours devant les organes juridictionnels en général autour de la liberté de faire valoir ses droits (1) et les limites concernant la justice administrative (2) ainsi que la justiciabilité des droits sociaux (3).

1 – « La liberté de faire valoir ses droits »

Il convient de signaler tout d'abord deux dispositions générales qui constituent le cadre de la voie procédurale : la liberté de faire valoir ses droits (Art.36) et la protection des droits et libertés fondamentaux (Art.40).

« Chacun a le droit, en se servant de tous les moyens et voies légitimes, de faire valoir ses droits devant les instances judiciaires en tant que demandeur ou défendeur et a droit à un procès équitable ». L'article 40 consacré à la protection des droits de l'homme prévoit aussi le droit du recours. *« Toute personne a le droit, en cas de violation des droits et libertés reconnus par la Constitution, de demander que la possibilité de s'adresser sans délai à l'autorité compétente lui soit accordée. L'Etat est tenu de préciser, à l'occasion de ses actes, quels sont les voies et les délais de recours.*

Le dommage subi par une personne à la suite des actes accomplis de manière injustifiée par des agents publics est indemnisé par l'Etat conformément à la loi. Le droit de l'Etat de se retourner contre l'agent intéressé est réservé ».

Il faut ajouter que « le droit à un procès équitable » a été d'abord inclus dans l'article 36 en 2001. « La protection des droits et libertés fondamentaux » (Art. 40) a été ensuite renforcée en prévoyant une obligation positive pour l'Etat. Le droit de l'Etat de se retourner contre

[916] Le droit d'être informé a été déjà reconnu par une loi spécifique en 2003: Bilgi Edinme Hakkı Kanunu (Kanun no.4982, K.ta. : 09.10.2003 ; yayın ta. : 24.10.2003, JO, 2569).

l'auteur de l'acte qui a violé des droits de l'homme a été également reconnu.

Un parallélisme peut être créé entre ces dispositions et l'article 13 de la CEDH du point de vue du recours effectif.

L'article 40 étant la dernière disposition du chapitre consacré aux droits de l'individu concerne la « protection des droits et libertés fondamentaux ». On peut se demander si l'article 40 est applicable aux chapitres III et IV ? Malgré sa place spécifique, la formulation de l'article 40 nous permet d'avancer que les deux chapitres précités ne sont pas exclus de cette garantie. Il précise en effet que « toute personne a le droit, en cas de violation des droits et libertés reconnus par la Constitution, de demander à s'adresser sans délai à une autorité compétente ». Toutefois, il faut signaler que l'application de cet article reste assez exceptionnelle même pour les droits énoncés sous le chapitre dans lequel l'article 40 figure.

La Constitution reconnaît aussi le principe d'habeas corpus dans son article *19/8 : « Toute personne privée de sa liberté a le droit d'introduire une requête devant une autorité juridictionnelle compétente afin d'obtenir une décision à bref délai sur son état et sa libération immédiate dans le cas où cette privation est illégale »*[917].

En ce qui concerne les arrêts concernant le droit à un procès équitable (Article 6 de la CEDH), la Cour EDH met l'accent sur l'obligation pour les autorités nationales d'ouvrir et de mener une enquête effective et, rappelle que, lorsqu'un individu affirme de manière défendable avoir subi, aux mains de la police ou d'autres services comparables de l'Etat, de graves sévices illicites et contraires à l'article 3, cette disposition, combinée avec le devoir général imposé à l'Etat par l'article 1 de la Convention de « reconnaître à toute personne relevant de [sa] juridiction, les droits et libertés définis (...) [dans la] Convention », requiert, par implication, qu'il y ait une enquête officielle effective[918]. Cette enquête, à l'instar de celle résultant de l'article 2, doit pouvoir mener à l'identification et à la punition des responsables. S'il n'en allait pas ainsi, nonobstant son

[917] La Cour constitutionnelle a cassé l'arrêt de la Cour d'assises d'Istanbul (Cour d'assises de compétence spéciale) parce qu'elle n'avait pas respecté l'article 19/8. V. AYM, İkinci Bölüm, Karar, Başvuru no. : 2014/912, Ka. Tarihi : 6/3/2014, JO du 11 mars 2014, 28938.

[918] CourEDH, Assenov et autres c. Bulgarie, 28 octobre 1998, §§ 102-103, Recueil des arrêts et décisions 1998VIII, Ay c. Turquie, no 30951/96, § 59-60, 22 mars 2005, et Şafak c. Turquie, no 38879/03, § 66, 25 janvier 2011.

importance fondamentale, l'interdiction légale générale de la torture et des peines ou traitements inhumains ou dégradants serait inefficace en pratique, et il serait possible dans certains cas à des agents de l'Etat de fouler aux pieds, en jouissant d'une quasi-impunité, les droits de ceux soumis à leur contrôle[919].

Le problème concernant le procès équitable en Turquie devant la Cour EDH, portait notamment sur l'indépendance des juges militaires au sein des Cours de Sûreté de l'Etat[920]. D'après la Cour, il y a d'abord le fait que les intéressés sont des militaires continuant d'appartenir à l'armée, laquelle dépend à son tour du pouvoir exécutif. Ensuite, ils restent soumis à la discipline militaire et font l'objet de notations par l'armée à cet égard. Quant à leur désignation et nomination, elles requièrent pour une large part l'intervention de l'administration et de l'armée. Enfin, leur mandat comme juge à la cour de sûreté de l'Etat n'est que de quatre ans et peut se voir renouvelé.

Enfin, la Cour a noté que la Constitution a institué les cours de sûreté de l'Etat pour connaître des infractions touchant à l'intégrité territoriale et l'unité nationale de la Turquie, son régime démocratique ainsi que sa sécurité étatique. Lesdites cours se caractérisent notamment par le fait que, juridictions non militaires, leur siège comprend néanmoins toujours un membre de la magistrature militaire. En matière de procès équitable, même les apparences peuvent revêtir de l'importance. Il y va de la confiance que les tribunaux d'une société démocratique se doivent d'inspirer aux justiciables, à commencer, au pénal, par les prévenus. Pour se prononcer sur l'existence d'une raison légitime de redouter dans le chef d'une juridiction un défaut d'indépendance ou d'impartialité, le point de vue de l'accusé entre en ligne de compte mais sans pour autant jouer un rôle décisif. L'élément déterminant consiste à savoir si les appréhensions de l'intéressé peuvent passer pour objectivement justifiées.

La Cour attache de l'importance à la circonstance qu'un civil ait dû comparaître devant une juridiction composée, même en partie seulement, de militaires. L'arrêt Taşkın est important sous un double aspect. Premièrement, c'est un exemple de protection par ricochet

---

[919] CourEDH, Labita c. Italie, 6 avril 2000, § 131, et les références qui y sont citées, et Çelik c. Turquie, 15 novembre 2011 (no 3), précité, § 73). CourEDH, Özalp Ulusoy c. Turquie (Req. No.9049/06), 4 juin 3-2013, (Définitif : 04/09/2013).

[920] CourEDH, Incal c. Turquie, 9 juin 1998, (Requête n° 41/1997/825/1031).

pour le droit à l'environnement. Deuxièmement, la non-exécution de l'arrêt (Conseil d'Etat) se trouve à la base de la violation[921].

2 – Les restrictions au contrôle du juge administratif

Tout d'abord, rappelons que la Constitution interdit elle-même le recours juridictionnel contre certains actes à caractère administratif.
- « Les actes que le Président de la République peut accomplir seul ainsi que les décisions du Conseil militaire suprême sont soustraits au contrôle judiciaire » (Art. 125/II)[922].
- Les décisions du Conseil supérieur des juges et des procureurs ne peuvent faire l'objet d'aucun recours devant des instances judiciaires (Art. 159)[923].

Ces trois catégories de limitations qui portent atteinte à l'Etat de droit furent l'objet de contestations permanentes. En effet, il nous paraît très difficile de les justifier par rapport à l'article 6 et à l'article 13 de la CEDH et même à l'article 36 de la Constitution.

En ce qui concerne le contrôle exercé par le juge administratif, alors que les constituants avaient introduit plusieurs réserves restrictives afin de contourner le contrôle du juge administratif sur les actes et les activités des autorités publiques, le pouvoir constituant dérivé a limité davantage le champ du contrôle exercé par le juge sur les actes administratifs. Les modifications constitutionnelles réalisées en 1999 et 2010 ont visé explicitement à réduire l'influence de la justice administrative.

La modification par laquelle la privatisation et l'arbitrage international ont été intégrés, comme cela a été signalé plus haut, dans la norme fondamentale en 1999 a limité le contrôle du Conseil d'Etat. Ce dernier qui était auparavant chargé d'examiner les cahiers des charges et contrats de concession voit sa compétence restreinte à la formulation d'un simple avis consultatif.

Dans le texte initial, la compétence du juge administratif était limitée au contrôle de légalité des actes et décisions à caractère administratif (Article 125, III). Cette réserve a été renforcée par la

---

921 Cour EDH, Taşkın et autres c. Turquie, 10 novembre 2004.

922 La révision constitutionnelle effectuée en 2010 a atténué une telle interdiction prévue pour les décisions du Conseil relatives à l'exclusion des officiers de l'armée.

923 Cette interdiction a été atténuée lors de la révision de 2010 en ouvrant la voie du recours aux actes d'exclusion de la profession des juges et procureurs.

révision constitutionnelle de 2010 d'après laquelle « le contrôle d'opportunité » ne pourrait s'exercer en aucun cas. Il est évident que le critère du contrôle de légalité est un principe de droit du contentieux administratif. Néanmoins, il est tout à fait paradoxal que l'interdiction du contrôle d'opportunité soit « constitutionnalisée ».

3 – La justiciabilité des droits sociaux

Plusieurs voies de recours classiques ne concernent les droits sociaux que d'une façon indirecte ou implicite. Quant à la pratique constitutionnelle et du point de vue de la justiciabilité, deux remarques peuvent être faites.

- En ce qui concerne l'approche de la Cour constitutionnelle, on constate une certaine continuité jurisprudentielle alors même qu'il existe une rupture évidente entre les deux constitutions.
- Une certaine justiciabilité apparaît encore devant les tribunaux de première instance. La plupart des arrêts cités de la Cour constitutionnelle relatifs aux droits sociaux ont été rendues sur le fondement de l'exception d'inconstitutionnalité alléguée devant les tribunaux de première instance, ce qui signifie que les tribunaux judiciaires et administratifs sont très souvent saisis par les personnes dont les droits sociaux sont bafoués[924].

La justiciabilité des droits sociaux en Turquie a été implicitement consolidée par la modification constitutionnelle de 2004 d'après laquelle la priorité a été accordée aux instruments internationaux par rapport à la loi dans le domaine des droits de l'homme. Depuis 2004, les justiciables évoquent souvent le Pacte international relatif aux droits économiques, sociaux et culturels et la Charte sociale européenne ainsi que les textes élaborés par l'Organisation International du Travail. L'utilisation des instruments internationaux relatifs aux droits sociaux comme norme de référence pourrait contribuer à la justiciabilité des droits sociaux dans un pays comme la Turquie où la privatisation est conçue comme l'une des principales ressources financières[925].

---

[924] Pour le détail, v. Ibrahim Ö. Kaboğlu, "Les droits sociaux en Turquie : étendue et limites", pp. 335-352.

[925] Pour une approche critique sur la législation en cause, v. Mesut Gülmez, "Les droits sociaux en Turquie : l'Etat social dans les Constitutions de 1961 et de 1982 et la situation de la Turquie au regard de l'application de la Charte", in *Les Droits*

Du point de vue de la justiciabilité, la Constitution de 1961 ayant accordé un statut à part aux droits sociaux, avait, comme l'on a déjà signalé, introduit une disposition assez spécifique[926] : « *L'Etat ne remplit ses obligations de réaliser les objectifs économiques et sociaux prévus au présent chapitre que, dans la mesure où l'expansion économique et les ressources financières le lui permettent* » (Article 53).

Cet article montre que la générosité des constituants sur le plan des principes n'a pas été retenue du point de vue du statut accordé aux droits sociaux : contrairement à la conception dynamique et sociale (Article 10, II) des droits et libertés constitutionnels, la justiciabilité des droits sociaux avait été atténuée par l'article 53. En effet, cet article avait pour objectif d'empêcher les justiciables de revendiquer leurs droits par voie juridictionnelle auprès des autorités étatiques lorsqu'il s'agissait de grandes dépenses publiques[927].

Appréciant l'effet de cette disposition, la doctrine de droit constitutionnel avait opéré une distinction entre les droits sociaux qui impliquaient un droit de créance vis-à-vis des autorités étatiques et ceux qui n'étaient pas susceptibles d'affecter immédiatement les ressources financières. L'article 53 n'avait donc pas de caractère applicable aux droits constitutionnels tels que la liberté syndicale ou le droit de grève parce qu'ils n'étaient pas directement rattachés à « l'expansion économique et [aux] ressources financières »[928].

Quant à la pratique jurisprudentielle, la Cour constitutionnelle n'a pas pu développer une jurisprudence générale en faveur des droits sociaux en interrogeant également les priorités des pouvoirs politiques dans les domaines socio-économiques alors qu'elle a intégré – par une interprétation prétorienne – les caractéristiques de la République y compris l'Etat social dans le bloc des dispositions inaltérables[929].

---

sociaux constitutionnels et la Charte sociale européenne, Jean Mouly (dir.), Les chroniques de l'OMIJ, UNILIM, 2014, Limoges.

[926] D'après le motif de l'article 53, "la disposition de cet article signifie que la réalisation en fait des droits sociaux et économiques reconnus comme principe dépend des réalités". Rappelons que Prof. B.N. Esen a avancé que l'article 53 avait été rédigé sous l'inspiration de la Déclaration Universelle des Droits de l'Homme.

[927] D'après l'exposé des motifs, l'article 53 a été intégré dans la Constitution par le souci du "réalisme" des constituants : "Par exemple, la réalisation de l'assurance du chômage ne peut pas sans doute être réalisée à court terme pour notre pays".

[928] Pour le détail, v. Bülent Tanör, *Anayasa Hukukunda Sosyal Haklar*, May yay., 1978, pp.372-380.

[929] AYMK, 16.06.1970, E.1970/1, K.1970/3, AYMKD, sayı : 8, pp.313-340.

Dans la Constitution en vigueur, marquée par l'esprit de l'ère néo-libérale, le choix du constituant, comme cela a déjà été signalé, fut de favoriser les libertés économiques face aux droits sociaux. La rédaction de l'article 65, remplaçant l'article 53 en est aussi une preuve significative : « *L'Etat remplit ses devoirs [...] en veillant à la préservation de la stabilité économique et dans la mesure où ses ressources financières* le lui permettent »[930]. La réserve relative à la « préservation de la stabilité économique » a été supprimée au cours de la révision intervenue en 2001. Toutefois, la Cour constitutionnelle n'a pas encore nuancé sa jurisprudence en faveur des droits sociaux dans l'interprétation de l'article 65[931].

A tout cela il faut ajouter que l'article 91 de la Constitution met en place une dérogation au principe de légalité en matière de droits sociaux et économiques alors que l'article 13 de la Constitution souligne le principe de légalité pour limiter les droits et libertés fondamentaux. Le Conseil des Ministres édicte des décrets-lois sous l'habilitation du Parlement. Cependant, *« [...] les droits fondamentaux et les droits et devoirs de l'individu figurant aux premier et deuxième chapitres de la deuxième partie de la Constitution, ainsi que les droits et devoirs politiques énoncés au quatrième chapitre de cette partie ne peuvent pas faire l'objet de décrets-lois ».*

Comme il est possible de le constater, les droits et devoirs sociaux et économiques mentionnés au chapitre III restent la seule catégorie non exclue du champ d'intervention du pouvoir exécutif. Les droits sociaux peuvent donc être réglementés par les décrets-lois.

Cette distinction traduit une hiérarchisation des droits de l'homme puisqu'elle aboutit à la différenciation du statut des droits et libertés constitutionnels.

---

[930] L'exposé des motifs de l'article 65 qui met l'accent sur la stabilité économique souligne que cette disposition n'accorde à personne le droit de demander à l'Etat de réaliser des droits sociaux et économiques et que ces droits n'attribuent seulement que des devoirs à l'Etat.

[931] La Cour constitutionnelle, en interprétant l'article 60 (droit à la sécurité sociale) sous l'optique de l'article 17 (droit à la vie) avait déjà déclaré que la restriction en cause ne serait pas justifiée par la réserve de l'article (AYM, 16.10.1996, E.1996/17, K.1996/38, AYMKD, sy.33, vol. I, p.157). Dans un arrêt rendu en 2007, c'est-à-dire après la révision de 2001, la haute Cour a considéré que l'obligation accordée à l'Etat par le dernier alinéa de l'article 56 (services de santé) "est sans doute limitée par la mesure (de la capacité) des ressources financières indiquées dans l'article 65", (AYM, 3.04.2007, E.2005/52, K.2007/35; JO du 18.03.2008-26820.

B – « Le recours individuel » devant la Cour constitutionnelle

Le recours individuel devant la Cour constitutionnelle à l'instar de plusieurs Etats européens comme l'Allemagne et l'Espagne, faisait l'objet de débats au niveau de la doctrine depuis quelques décennies en Turquie. La majorité des constitutionnalistes et les juges constitutionnels étaient favorables à la reconnaissance du recours individuel devant la Cour constitutionnelle alors que les juges de la Cour de cassation et ceux du Conseil d'Etat attiraient l'attention sur le risque de créer une hiérarchie entre les cours suprêmes[932]. La révision constitutionnelle de 2010 a reconnu le droit de recours individuel devant la Cour constitutionnelle. Cependant, comme l'on a déjà signalé, l'objet de ce recours est loin d'englober tous les droits et libertés garantis par la Constitution, car il est limité aux droits et libertés qui figurent dans le champ de la Convention européenne des Droits de l'Homme. A partir de l'article 148 de la Constitution qui contient la réserve d'après laquelle « *chaque personne qui réclame que l'un des ses droits et libertés garantis par la Constitution, figurant dans la Convention Européenne des Droits de l'Homme* » on peut donc se demander si cela recouvre aussi la jurisprudence de la Cour EDH, c'est-à-dire la jurisprudence développée par voie d'interprétation qui a élargi le champ d'application de la CEDH vers les droits sociaux[933] y compris le droit à l'environnement[934]. Certainement, l'objectif du pouvoir constituant dérivé est de contourner le champ d'application du droit de recours individuel devant la Cour de Strasbourg en se référant à la CEDH[935]. Toutefois, la justification de l'exclusion de la jurisprudence de la Cour EDH parait très difficile. Pour cette raison, l'interprétation du juge constitutionnel aura une grande importance.

Cette possibilité de recours individuel devant la Cour constitutionnelle s'inscrit dans la dynamique de réception du droit européen des droits de l'homme par les juridictions nationales et notamment par la Cour constitutionnelle. Par l'ouverture de ce recours individuel, la Cour constitutionnelle se positionne en véritable

---

932 Pour le détail, v. Ibrahim Ö. Kaboğlu, *Anayasa Yargısı*, pp. 99-101.

933 V. Cour EDH Demir/ Baykara c. Turquie, le 12 novembre 2008.

934 V. Cour EDH Öneryıldız c. Turquie, Grande Chambre, le 30 juin 2004.

935 La loi spécifique concernant la Cour constitutionnelle a limité davantage l'accessibilité à la Cour constitutionnelle du point de vue des titulaires et des actes qui pourraient faire l'objet du recours.

gardienne du respect des droits et libertés. « Ce recours renforce ainsi clairement la position du juge constitutionnel en tant que gardien direct de la mise en application effective des droits issus de la Convention EDH »[936].

Cet optimisme doit être modéré du fait que cette ouverture du point de vue des voies de recours n'a pas été accompagnée d'autres réformes structurelles et procédurales relatives aux « organes fondamentaux de la République »[937]. La pratique de la Cour constitutionnelle, malgré son effort déployé pour rendre sa jurisprudence conforme à celle de la Cour EDH, nous invite à être prudents[938].

C – Le recours individuel devant la Cour EDH[939]

Le recours individuel devant la Cour européenne des droits de l'homme a été reconnu en 1987[940]. Deux ans plus tard la compétence obligatoire de la CEDH a été reconnue[941]. On assiste donc au processus de « juridictionnalisation » de la voie européenne depuis plus d'un quart de siècle.

---

[936] M. H. Bayram, "La révision constitutionnelle turque : une réforme de la Cour constitutionnelle sous influence conventionnelle", *RDP,* no.6, 2010, p. 804.

[937] Pour le détail, v. Ibrahim Ö. Kaboğlu, *Değişiklikler Işığında 1982 Anayasası/ Halk neyi oylayacak ?*, İmge kitabevi, Ankara, Ağustos 2010; J. Marcou, "Turquie : la constitutionnalisation inachevée".

[938] Pour le bilan de la première année de la pratique du recours individuel, v. les articles de S. Inceoğlu, O. Boyar, T. Şirin et G. Atasayan, « Birinci Yılında Anayasa Mahkemesine Bireysel Başvuru Kararlarının Analizi », Revue de Droit constitutionnel, 2014, n.5.

[939] En ce qui concerne le recours individuel devant le Comité des droits de l'homme des Nations Unies, le Protocole facultatif se rapportant au Pacte international relatif aux droits civils et politiques, la Turquie (J.O. du 5 août 2005-26250) a émis une réserve à l'article 5/2(a) d'après laquelle "Le Comité n'examinera aucune communication d'un particulier sans s'être assuré que la même question n'est pas déjà en cours d'examen devant une autre instance internationale d'enquête et de règlement". D'après l'article 1 du Protocole, "Tout Etat au Pacte qui devient partie au présent Protocole accepte que le Comité a compétence pour recevoir et examiner des communications émanant de particuliers relevant de sa juridiction qui prétendent être victime d'une violation, par cet Etat partie, de l'un quelconque des droits énoncés dans le Pacte".

[940] Le 25 janvier 1987.

[941] V. Journal officiel du 27 septembre 1989, no.20295. Néanmoins, la mise en vigueur de la reconnaissance n'a pu être effectuée qu'en janvier 1990.

Quel bilan peut être fait sur la situation de la Turquie devant la Cour européenne des Droits de l'Homme ? « En 2012, il est intéressant de mentionner le délai excessif accusé par les procédures judiciaires en Turquie, et également en Grèce ; (...) »[942].

En 2013, d'après les informations statistiques publiées dans le Rapport annuel, le nombre de requêtes attribuées à la Turquie est de 10931 sur un total de 99 900 requêtes pendantes devant une formation judiciaire[943]. Quels sont les remèdes acceptés afin de diminuer la violation des droits de l'homme en Turquie ? Trois remèdes pour assurer l'efficacité de la Convention peuvent être signalés allant de la révision du procès (1) au recours individuel devant la CC (2) ou à la création de la Commission fondée sur l'arrêt pilote de la Cour EDH (3).

1 – La révision du procès[944]

Tout d'abord, par une loi en date du 3 août 2002[945], entrée en vigueur le 4 février 2003 qui figure dans la série des lois d'harmonisation, ce sont les affaires civiles et pénales qui se sont vues offrir la possibilité d'une réouverture. Cette possibilité concerne les procédures mises en cause par la Cour européenne à la suite des arrêts devenus définitifs avant l'entrée en vigueur de ladite loi ainsi que les affaires pour lesquelles la Cour avait rendu un arrêt définitif au sujet d'une requête introduite après l'entrée en vigueur de la loi.

Toutefois, par une loi en date du 23 janvier 2003[946], cette possibilité de réouverture a été étendue aux affaires relevant du domaine administratif lorsqu'il est établi par un arrêt définitif de la

---

[942] Discours de Dean Spielmann, Cour européenne des Droits de l'homme, *Rapport Annuel 2013*, p. 29. Le bilan fait par la Cour vis-à-vis des Etats contractants et surtout sur la Turquie ne doit pas ignorer le fait que la Cour EDH dépasse souvent le délai raionnable dans les affaires concernant la Turquie.

[943] "Requêtes pendantes devant une formation judiciaire au 31 décembre 2013 (Etats défendeurs)", CourEDH, Rapport annuel 2013, p.198. Pour la place de la Turquie à partir des "Requêtes attribuées par Etat et par population (2009-2013) et des "Violations par article et par Etat défendeur (2013) et "Violations par article et par Etat défendeur (1959-2013)", Rapport Annuel 2013, pp.202-209.

[944] La traduction mot-à-mot de "yargılanmanın yenilenmesi" est "le renouvellement du jugement". Toutefois, "la révision du procès" reflète bien la pratique.

[945] Loi 4771, JO du 9 août 2002, 24841.

[946] Loi 4793, JO du 4 février 2003, 25014.

Cour EDH que la décision en question a été prononcée en violation de la Convention ou de ses Protocoles additionnels.

Nous nous contentons ici de donner un exemple de révision. Sur la base de la loi susmentionnée, la demande d'un nouveau procès formée par Sadak, Zana, Dicle et Doğan a été accueillie le 28 février 2003 par la Cour de sûreté de l'Etat d'Ankara. La Cour a confirmé le 21 avril 2004 la condamnation initiale des requérants. Ceux-ci ont interjeté appel devant la Cour de cassation, qui a suspendu l'exécution de leur peine le 9 juin 2004 et a ordonné leur mise en liberté. Par la suite, la Cour de cassation a cassé l'arrêt susmentionné rendu par la Cour de sûreté de l'Etat et a renvoyé l'affaire devant un tribunal de droit commun, suite à l'abolition entre temps des cours de sûreté de l'Etat. Ce faisant, la Cour de cassation a souligné plusieurs irrégularités ayant entaché le nouveau procès, telles que l'omission d'entendre certains témoins à décharge et le fait que les défauts identifiés par la Cour européenne dans son arrêt du 17 juillet 2001 n'avaient pas été correctement rectifiés. L'arrêt de la Cour de cassation témoigne d'un développement en droit turc dans la mesure où il est fondé également sur le nouvel article 90 de la Constitution, selon lequel les traités internationaux dans le domaine des droits de l'homme priment sur les dispositions contraires du droit interne.

La reconnaissance de la révision du procès en droit interne était une réforme importante non seulement pour l'exécution des arrêts de la Cour EDH mais aussi du point de vue de la culture juridique des juges et des procureurs.

En effet, dans la pratique jurisprudentielle, la loi était conçue comme norme unique (ou au moins principale) alors que la Constitution ne privilégie pas la loi parmi d'autres sources : « *les juges statuent conformément à la Constitution, à la loi et selon leur conviction intime* » (Art. 138/I).

Quant à la justice constitutionnelle, celle-ci ne figure ni dans la première ni dans la deuxième loi concernant la révision du procès. Cependant, la Cour Constitutionnelle a décidé le 2 mars 2007 la réouverture du procès concernant la dissolution des partis politiques : TBKP (Türkiye Birleşik Komünist Partisi), HEP (Halkın Emek Partisi), ÖZDEP (Özgürlük ve Demokrasi Partisi). Une telle initiative a été prise à la suite des requêtes introduites par les anciens dirigeants de ces trois partis politiques. Néanmoins, l'arrêt de la Cour européenne des Droits de l'Homme n'a pas été pris en compte par la Cour constitutionnelle comme nouvel argument et celle-ci a rejeté au fond la requête des représentants des partis politiques[947]. La Cour n'a pas changé sa jurisprudence alors que la réouverture du procès devant la Cour constitutionnelle a été légalisée[948].

2 – Le recours individuel devant la Cour constitutionnelle

Le recours individuel est à l'épreuve de la jurisprudence européenne du fait que « la pratique de la Cour constitutionnelle en matière de recours individuel devrait donner un gage constitutionnel au respect des droits protégés par la Convention EDH en Turquie »[949]. La Cour européenne des Droits de l'Homme a eu déjà l'occasion de se prononcer sur le caractère effectif d'une nouvelle voie de recours ouverte devant la Cour constitutionnelle d'Ankara[950]. La Cour constitutionnelle, qui ne peut être saisie qu'après l'épuisement des autres voies de recours internes, est dotée de réels pouvoirs en matière de réparation. Elle peut en particulier, selon le cas, octroyer une indemnisation, ordonner un nouveau procès ou adopter des mesures provisoires. De plus, ses décisions sont contraignantes.
Pour l'instant, on peut avancer que le nombre très élevé de recours individuels devant la Cour constitutionnelle[951] explique bien la modération des chiffres des affaires pendantes relatives à la Turquie devant la Cour européenne des droits de l'homme.

3 – La mise en place d'une commission et la pratique de l'arrêt pilote

La loi no. 6384 relative au règlement, par l'octroi d'une indemnité, de certaines requêtes introduites devant la Cour européenne des Droits de l'Homme, a été adoptée par l'Assemblée nationale le 9 janvier 2013 et est entrée en vigueur le 19 janvier 2013[952]. Cette loi

[947] Ibrahim Ö. Kaboğlu, *Özgürlükler Hukuku*, pp.212-213.
[948] Loi no.4743, du 23.01.2003, JO du 31 janvier 2002, 24657.
[949] M. H. Bayram, "La révision constitutionnelle turque…", p. 1804.
[950] CEDH, Uzun c. Turquie, (déc.), no 10755/13, 30 avril 2013.
[951] Quant à la pratique, le nombre de recours est de 26 641 au total. Le droit à un procès équitable (20.336 recours), le droit de propriété (6950 recours) ainsi que l'égalité devant la loi (5859 recours) tiennent une place dominante devant la Cour constitutionnelle (Ces chiffres couvrent la période du 23 septembre 2012 au 23 septembre 2014.)
[952] Avrupa Insan Hakları Mahkemesi'ne Yapılmış Bazı Başvuruların Tazminat Ödenmek Suretiyle Çözümümüne Dair Kanun, Kanun no.6384, k.t. : 09/01/2013. (J.O. : 19/01/2013-28533).

s'applique aux affaires de droit pénal, de droit privé et de droit administratif non terminées dans un délai raisonnable ainsi qu'à celles relatives à l'exécution tardive ou partielle ou bien à la non-exécution des décisions de justice. L'article 4 prévoit une commission d'indemnisation composée de quatre magistrats et d'un fonctionnaire du ministère des finances. Les décisions de la Commission sont susceptibles de recours devant le tribunal administratif régional d'Ankara dans un délai de quinze jours après notification. Le tribunal administratif régional doit statuer sur le bien-fondé de ce recours dans un délai de trois mois[953].

A l'origine de cette loi se trouve deux arrêts principaux de la Cour EDH, rédigés comme arrêts pilotes. Il s'agit de l'affaire Daneshpayeh c. Turquie[954] et de l'affaire Ümmühan Kaplan c. Turquie[955]. Dans le premier arrêt, « *la Cour rappelle que le constat de violation du droit du requérant résulte de l'inexistence d'une juridiction nationale compétente à laquelle s'adresser pour se plaindre de la durée des procédures judiciaires, au sens de l'article 13 de la Convention (...). En conséquence, la Cour estime que le redressement le plus approprié pour mettre un terme à la violation constatée serait la mise en conformité du droit national avec l'article 13 de la Convention* »[956].

Quant à son deuxième arrêt, « La Cour souligne qu'elle a déjà constaté dans de nombreuses requêtes dirigées contre la Turquie que la durée des procédures devant les différentes juridictions nationales était excessive et ne répondait pas à l'exigence du « délai raisonnable » posée par l'article 6/1 de la Convention… »[957]. Dans ce contexte et compte tenu des manquements qui ont été relevés dans l'affaire Daneshpayeh, « la Cour considère que la répétition de telles violations perdure depuis plusieurs années et constitue un problème tant structurel que systémique de l'ordre juridique interne »[958]. « La Cour estime qu'il y a eu en l'espèce violation de l'article 13 de la Convention à raison de l'absence en droit interne d'un recours qui eut

---

[953] Cette loi s'applique à toutes les requêtes introduites devant la Cour EDH avant le 23 septembre 2012, date d'entrée en vigueur du recours individuel devant la Cour constitutionnelle.
[954] CourEDH, Daneshpayeh c. Turquie, (Requête no 21086/04), 16 juillet 2009, (Définitif : 16/10/2009).
[955] CourEDH, Ümmühan Kaplan c.Turquie, requête no 24240/07 du 20 mars 2012.
[956] Daneshpayeh, §51.
[957] Ü. Kaplan, §46.
[958] Ü. Kaplan, §48.

permis à la requérante d'obtenir la sanction de son droit à voir sa cause entendue dans un délai raisonnable au sens de l'article 6/1 de la Convention »[959].

A propos de l'application de l'article 46 de la Convention, la Cour rappelle que « *Les Hautes Parties contractantes s'engagent à se conformer aux arrêts définitifs de la Cour dans les litiges auxquels elles sont parties* ». Le Gouvernement s'est déclaré favorable à l'application de la procédure de l'arrêt pilote prévue par l'article 46 de la Convention[960]. La Cour renvoie aux principes fondamentaux qui se dégagent de sa jurisprudence relative à l'application de l'article 46 de la Convention ainsi qu'à l'article 61 de son règlement, disposition relative à la procédure de l'arrêt pilote.

La Cour a décidé d'appliquer la procédure de l'arrêt pilote en l'espèce. La Cour « note qu'au 31 décembre 2011, 2 373 requêtes introduites devant elle découlant de la même problématique n'avaient pas encore été communiquées au gouvernement défendeur et que 330 autres requêtes avaient fait l'objet d'une telle communication »[961]. La Cour européenne, en attirant l'attention de l'Etat défendeur sur le fait qu'il a déjà adopté des mesures visant à mettre un terme à un problème structurel et systémique concernant les personnes déplacées et les biens immobiliers des Chypriotes grecs situés dans la partie nord de l'île de Chypre, souligne l'obligation de l'Etat défendeur de mettre en place dans son ordre juridique interne un recours effectif permettant d'offrir un redressement adéquat et suffisant en cas de dépassement du délai raisonnable afin d'éviter que des affaires répétitives de durée de procédure similaires au cas d'espèce ne soient portées devant la Cour[962]. « La Cour décide d'ajourner l'examen des requêtes similaires non encore communiquées et celles qui seront introduites devant elle avant le 23 septembre 2012 en attendant que l'Etat défendeur prenne les mesures adéquates propres à résoudre le problème structurel en question »[963]. Si une telle solution peut alléger la charge de travail de la Cour, son efficacité reste néanmoins discutable.

---

[959] Ü. Kaplan, §58.
[960] Ü. Kaplan, §60.
[961] Ü. Kaplan, §64.
[962] Ü. Kaplan, §73, 75.
[963] Ü. Kaplan, §77.

Pourtant, la CourEDH s'est abstenue de formuler un arrêt pilote pour guider la Commission établie dans le cadre de l'état d'urgence.

Par un décret-loi (n°685) du 2 janvier 2017, publié au Journal officiel le 23 janvier 2017, la mise en place d'une commission administrative nationale, la « Commission d'étude des actes de l'état d'urgence », a été décidée. Cette commission d'étude est destinée à examiner les requêtes introduites contre les actes administratifs découlant de la situation d'état d'urgence. Le décret-loi prévoyait la désignation des membres de la commission sous un mois. Ils n'ont toutefois été désignés qu'au bout de quatre mois, le 16 mai 2017, et la Commission n'est finalement entrée en fonction que le 17 juillet 2017, alors même qu'un grand nombre de requêtes avaient d'ores et déjà été orientées vers cette commission.

Enfin, au vu du contexte de limitation et de suspension des droits et libertés, se pose nécessairement la question de l'indépendance et de l'impartialité de la commission, ainsi que celle de son efficacité face à un flot de requêtes estimé à 130 000. L'action de la commission risque de s'avérer d'autant plus délicate qu'à l'heure actuelle elle ne dispose d'aucune décision de la Cour constitutionnelle ou de la Cour européenne des droits de l'homme pour l'orienter. En effet, malgré le déficit de recours effectif au niveau national, la juridiction européenne a pour le moment affirmé son incompétence pour examiner les requêtes qui lui ont été adressées dans ce contexte particulier d'état d'urgence.

La Cour EDH s'est contentée de radier ou de renvoyer en attirant l'attention sur le recours individuel devant la CC. Dans une affaire concernant une magistrate arrêtée le 17 juillet 2016[964], et placée en détention provisoire le 18 juillet 2016, la Cour de Strasbourg a estimé qu'aucun élément ne permettait de dire que le recours individuel qui s'ouvre devant la Cour constitutionnelle n'est pas susceptible d'apporter un redressement approprié au grief de la requérante relatif à l'article 5§1 de la Convention. La Cour européenne se réfère particulièrement à un arrêt rendu par la Cour constitutionnelle de Turquie le 25 février 2016 qui a permis la libération de deux journalistes[965]. Forte de cet argument, la Cour européenne ne tient pas compte du fait que la situation s'est considérablement dégradée depuis

[964] Cour EDH, décision Mercan c. Turquie, 8 novembre 2016.
[965] AYM, Dündar/Gül kararı (Başvuru no : 2015/18567 ; Ka.ta. : 25/2/2016 ; JO du 10.3.2016-29649).

la tentative de coup d'État et l'instauration de l'état d'urgence, et conclut qu'elle « n'aperçoit pas de circonstance particulière qui aurait pu dispenser la requérante de l'obligation de saisir la Cour constitutionnelle ». Si la solution est discutable au vu des circonstances particulières que représente l'état d'urgence, on peut toutefois avancer au bénéfice de la Cour européenne que sa décision étant prononcée en novembre 2016, soit seulement quatre mois après l'instauration de l'état d'urgence. Le doute pouvait encore être permis sur la possibilité de trouver un redressement en interne et ce, d'autant plus que le placement en détention provisoire de la requérante n'était pas une mesure adoptée par décret-loi.

Deuxièmement, se pose la question de la possibilité de contester tous les actes découlant de la situation d'état d'urgence, et en particulier les très nombreux décrets-lois. Ces actes ne peuvent faire l'objet d'un recours en inconstitutionnalité devant la Cour constitutionnelle, l'article 148 de la Constitution prévoyant que « les décrets-lois édictés, en période d'état d'urgence, d'état de siège ou de guerre ne peuvent pas faire l'objet d'un recours en inconstitutionnalité devant la Cour constitutionnelle, ni quant à la forme, ni quant au fond ». Alors que la Cour constitutionnelle, se considérant maîtresse de la qualification juridique des faits, avait contrôlé la constitutionnalité de tels décrets-lois par le passé[966], elle a procédé à un revirement de jurisprudence en se déclarant récemment incompétente. Par quatre arrêts de principe rendus les 12 octobre et 2 novembre 2016[967] à l'occasion de l'introduction de recours en annulation par le parti républicain du peuple en tant que principal parti d'opposition, la Cour constitutionnelle a abandonné sa jurisprudence antérieure, en refusant d'exercer son contrôle sur les décrets-lois. En rejetant l'exercice de ce contrôle, la Cour constitutionnelle a souligné l'importance du contrôle réalisé par le pouvoir législatif sur les décrets-lois. Toutefois, début novembre 2017, la GANT n'avait approuvé que cinq décrets-lois sur les 28 adoptés au total.

---

[966] AYM, 10 janvier 1991, E.1990/25, K.1991/11; AYM, 3 juillet 1991, E.1991/6, K.1991/20 ; AYM, 22 mai, E.2003/28, K.2003/42.

[967] Arrêts du 12 octobre (concernant les décrets-lois n° 668 et 669) et du 2 novembre 2016 (décrets-lois n° 670 et 671) : AYM, 12 octobre 2016, E.2016/166, K.2016/159, JO du 4 novembre 2016-29879; AYM, 12 octobre 2016, E.2016/167, K.2016/160, JO du 4 novembre 2016-29879; AYM, 2 novembre 2016, E.2016/171, K.2016/174, JO du 8 novembre 2016-29882 et AYM, 2 novembre 2016, E.2016/172, K.2016/165, JO du 8 novembre 2016-29882.

Troisièmement, en ce qui concerne les contestations individuelles, la Cour constitutionnelle s'est abstenue de se prononcer sur ces requêtes[968] introduites par les victimes des décrets-lois de l'état d'urgence.

§ 3 – Les critères de garantie

Les critères de garantie des droits de l'homme et leur concrétisation se trouvent au cœur des débats du droit des libertés depuis la Constitution de 1961 du fait que les critères de garanties et les motifs de restrictions, agissant les uns sur les autres, constituent en quelque sorte les deux revers d'une même médaille, mais qui se complètent aussi. En la matière, après une présentation générale du droit commun et de ses dérogations (A), les trois critères principaux prévus à l'article 13 seront étudiés (B) ainsi que les suspensions des droits et libertés (C).

A – Le droit commun et ses dérogations

La Constitution de 1961 représentait le point culminant des garanties constitutionnelles des droits et libertés. Elle est d'abord marquée par une approche sociale et dynamique des droits de l'homme là où la loi fondamentale de 1924 s'était limitée à la définition du droit naturel. Ensuite, la Constitution de 1961, après avoir prévu le principe de la légalité dans le respect de la Constitution, interdisait au législateur de porter atteinte à l'essence des droits, celle-ci étant considérée comme le noyau intangible des droits et des libertés. En outre, un système de « limitation différenciée » d'après le caractère de la liberté en cause ne pouvait être mis en pratique que conformément à l'esprit et à la lettre de la Constitution. Enfin, l'étendue des droits et des libertés était systématisée suivant une triple classification : les droits individuels, les droits sociaux et économiques ainsi que les droits politiques. Sa normativité a d'ailleurs été assurée par la Cour constitutionnelle, qui constitue également une protection jurisprudentielle des droits de l'homme. Elle a utilisé divers procédés de matérialisation des normes comme la méthode évolutive de la Constitution, celle de « la détermination exacte du sens propre de la Constitution » ou de « l'enrichissement de la Constitution ».

---

968 Le nombre de requêtes est estimé à 70 770.

Quant à la Constitution de 1982, le régime général des droits de l'homme est déterminé par deux articles de la Constitution. L'article 13 intitulé « la limitation des libertés et droits fondamentaux » et l'article 14 intitulé « le non-abus des libertés et des droits fondamentaux ».

L'article 13 était conçu plutôt comme une clause de restrictions des libertés alors qu'il contenait également les critères de garantie empruntés à la CEDH à savoir les « exigences d'une société démocratique » et le principe de « proportionnalité ».

La Constitution de 1982, tout en maintenant l'aspect systématique des droits et des libertés tel qu'il a été reconnu dans la norme fondamentale précédente, renversa le système de garantie et de restriction en établissant une protection différenciée et affaiblie et une limitation généralisée. « L'essence de la liberté » comme critère de garantie a ainsi été remplacé par les « nécessités d'une société démocratique », dans l'optique de la Convention européenne des droits de l'Homme (CEDH). Ensuite, une clause générale de restrictions avait été introduite alors que les raisons spécifiques de limitations étaient prévues pour la plupart des libertés constitutionnelles (Article 13). La Constitution était conçue comme un instrument de stabilité et de l'autorité, mais pas comme un outil de protection des libertés. L'article 13 en est la preuve : « *Les droits et libertés fondamentaux peuvent être limités par la loi,... en vue de préserver l'intégrité indivisible de l'Etat du point de vue de son territoire et de sa nation, la souveraineté nationale...la santé publique ainsi que pour des motifs particuliers prévus par des dispositions spéciales de la Constitution* ».

D'après le nouveau texte de l'article 13 de la Constitution, rédigé en 2001, « *Les droits et libertés fondamentaux ne peuvent être limités que pour des motifs prévus par des dispositions particulières de la Constitution et en vertu de la loi, et pour autant que ces limitations ne portent pas atteinte à l'essence même des droits et libertés. Les limitations dont les droits et libertés fondamentaux font l'objet ne peuvent être en contradiction ni avec la lettre et l'esprit de la Constitution, ni avec les exigences d'un ordre social démocratique et laïque, et elles doivent respecter le principe de proportionnalité* ».

Au cours du processus de restauration de l'Etat de droit[969], la nouvelle rédaction de l'article 13 de la Constitution en 2001, qui a

---

[969] Voyez I. Ö. Kaboglu, « La Turquie à l'épreuve de l'Etat de Droit », pp. 117-128.

supprimé la clause générale de restriction et augmenté les critères de garanties, constitua l'axe majeur des réformes du droit constitutionnel des libertés. Ainsi, les trois réserves à la fois de garantie et de limitation ont été maintenues : la légalité, la conformité à la Constitution et l'interprétation conforme à l'esprit et à la lettre de la Constitution[970]. Les quatre autres critères peuvent d'ailleurs être aussi bien conçus autant comme des garanties que comme des restrictions : la société démocratique, l'essence du droit, la proportionnalité et la République laïque. Les réformes constitutionnelles, entamées en 1987, élargies en 1995 et approfondies en 2001, ont été concrétisées par huit lois d'harmonisation et de nombreuses lois nouvelles[971].

Ceci dit, du point de vue de l'étendue des droits de l'homme deux catégories de critères s'opposent les uns aux autres. D'une part, les garanties, valables pour tous les droits et libertés constitutionnels, sont réunies dans l'article 13. D'autre part, celles spécifiques aux droits sociaux, sont prévues par les articles 65 et 91 et rédigées dans une perspective restrictive. Certaines limitations, relatives au contrôle du juge administratif, affectent également les droits sociaux.

La nouvelle rédaction de l'article 14, intitulée « non-abus des droits et libertés fondamentaux » a supprimé les énoncés vagues étant susceptibles de restreindre la liberté d'expression. En effet, l'abus de droit est interdit pour l'individu sous la forme d'activités alors que l'interprétation des dispositions de la Constitution dans un sens déterminé est interdite à l'Etat. « *Aucun des droits et libertés fondamentaux inscrits dans la Constitution ne peut être exercé sous la forme d'activités ayant pour but de porter atteinte à l'intégrité indivisible de l'Etat du point de vue de son territoire et de sa nation ou de supprimer la République démocratique et laïque fondée sur les droits de l'homme.* » Toujours d'après le même article, aucune disposition de la Constitution ne peut être interprétée en ce sens qu'elle accorderait à l'Etat ou à des individus le droit de mener des activités destinées à anéantir les droits et libertés fondamentaux

[970] Ces réserves qui assurent les éléments de base de l'interprétation justifient l'importance de l'interprétation.

[971] Plusieurs programmes de formation aux droits de l'homme destinés aux fonctionnaires, y compris la quasi-totalité des juges et des procureurs, ont également été réalisés. Cependant, la restauration de l'Etat de droit reste inachevé, autant sur le niveau normatif que sur le plan institutionnel.

inscrits dans la Constitution ou à limiter ces droits et libertés dans une mesure dépassant celle qui est précisée par la Constitution.

Le parallélisme est clair entre cette nouvelle version de l'article 14 et l'article 17 de la CEDH, intitulé « interdiction de l'abus de droit ». En effet, l'article 14 de la Constitution justifie à la fois les limites et les garanties des droits de l'homme. Le texte initial était plutôt penché vers la restriction, voire l'interdiction. Dès lors que l'article 14 ne sera plus interprété dans le sens de la restriction de la liberté d'expression, le nouveau texte pourra plutôt jouer une fonction de garantie.

Du point de vue de la « dérogation en cas d'état d'urgence », l'article 15 de la Constitution de 1982, intitulé « la suspension de l'exercice des droits et libertés fondamentaux », est calqué sur l'article 15 de la Convention. « En cas de guerre, de mobilisation générale, d'état de siège ou d'état d'urgence, l'exercice des droits et libertés fondamentaux peut être partiellement ou totalement suspendu ou des mesures contraires aux garanties dont la Constitution les assortit peuvent être arrêtées, dans la mesure requise par la situation et à condition de ne pas violer les obligations découlant du droit international »[972].

Le noyau dur des droits de l'homme a été maintenu en tout cas, pour tout le monde et partout car « … on ne peut porter atteinte au droit de l'individu à la vie, ni au droit à l'intégrité physique et spirituelle, ni à la liberté de religion, de conscience et de pensée… ».

B – Les trois critères principaux prévus par l'article 13

Outre le principe de légalité dans le respect de la constitutionnalité du point de vue de la lettre et de l'esprit, l'article 13 contient les quatre critères suivants : la société démocratique, la République laïque, la proportionnalité et l'esprit des droits et libertés. Cependant, seules les notions de société démocratique (1) de proportionnalité (2) et l'essence des droits de l'homme (3) seront abordées ici, non parce que la République laïque est négligeable, mais plutôt parce que cette dernière a été explorée dans le titre consacré à la laïcité.

---

[972] L'aspect institutionnel et procédural de cette disposition est aménagé dans les articles 119-122 de la Constitution.

1 – La société démocratique

Le nouvel article 13 de la Constitution de 1982, issue de la révision constitutionnelle de 2001, précise que « les limitations dont les droits et libertés fondamentaux font l'objet ne peuvent être en contradiction ni avec la lettre et l'esprit de la Constitution, ni avec les exigences d'un ordre social démocratique et laïque, et elles doivent respecter le principe de proportionnalité »[973].

La société démocratique étant une notion énoncée dans la Convention européenne des Droits de l'Homme[974], il convient de signaler, tout d'abord, le sens accordé à ce critère par la Cour EDH. La Cour EDH a affirmé que « le pluralisme, la tolérance et l'esprit d'ouverture » sont les « éléments constitutifs » d'une société démocratique[975]. Selon la Cour, la notion de pluralisme (entendue comme englobant la tolérance et l'esprit d'ouverture) commande ainsi l'interprétation tant des droits proprement individuels énoncés par la Convention – c'est l'affirmation du pluralisme des comportements et du pluralisme des idées – que des libertés de l'action collective – et c'est l'affirmation du pluralisme institutionnel[976].
« La société démocratique en jetant un pont entre l'Etat de droit au sens matériel et la démocratie, entre la liberté des modernes et la liberté des anciens, contribue ainsi à asseoir un ordre public européen et un ordre politique européen basé sur une vision continentale de l'Etat de droit et de la démocratie. C'est la notion intégrative par excellence d'une jurisprudence européenne qui prend parfois des accents constitutionnels »[977].

Quant à la jurisprudence de la Cour constitutionnelle, la société démocratique est utilisée en liaison avec l'essence des droits et des libertés. « *Les restrictions qui portent atteinte à l'essence des droits et libertés ne sont pas non plus compatibles avec les exigences de*

---

[973] Au cours de la rédaction de cet article on a assisté à de vifs débats du fait que l'essence de la liberté était remplacée par la société démocratique au lieu de s'y rajouter.

[974] D'après le motif de l'article 13, le critère de la société démocratique est beaucoup plus précis par rapport à "l'essence de liberté" reconnu dans la Constitution de 1961. En effet, les conventions ou les déclarations internationales ont adopté ce critère.

[975] CourEDH, Handyside c. RU, 7 décembre 1976 ; Sunday Times c. RU, 26 avril 1979.

[976] F. Sudre, *La Convention européenne des droits de l'homme*, puf, 2002, p.101.

[977] Y. Lecuyer, "Société démocratique", *Dictionnaire des Droits de l'Homme*, PUF, 2008, p. 907.

l'ordre d'une société démocratique »[978]. Une telle liaison confirmée dans les arrêts ultérieurs de la Cour a été maintenue aussi après la rédaction de l'article 13 en 2001. « *Les restrictions qui portent atteinte à l'essence des droits et des libertés, et qui de ce fait rendent leur exercice impossible, ne sont pas compatibles avec les exigences de l'ordre d'une société démocratique* »[979].

Quant à la pratique, il convient de souligner le rôle de la jurisprudence de la Cour européenne tendant à promouvoir un « régime véritablement démocratique ». Cette promotion passe, d'une part, par des arrêts concernant les partis politiques dans lesquels la violation de l'article 11 a été constatée et, d'autre part, par des arrêts s'appuyant sur les arrêts de la Cour constitutionnelle d'Ankara. Ceci précisé, une interaction entre la Cour européenne et les cours nationales, peut être constatée. La prise en compte de la jurisprudence européenne n'est pas limitée par les cours suprêmes. Au fur et à mesure, les juges de première instance se réfèrent de plus en plus aux dispositions de la Convention et aux arrêts de la Cour européenne des Droits de l'Homme. Une telle tendance serait accentuée par le processus d'internationalisation.

2 – Proportionnalité et « mesure requise par la situation »

« L'interdiction d'utilisation hors du but », « la mesure requise par la situation » et « la proportionnalité » sont trois critères de la Constitution de 1982. La « mesure requise par la situation » est un principe prévu pour les circonstances exceptionnelles (Art.15) alors que « l'interdiction d'utilisation hors du but » et la « proportionnalité » sont les principes de droit commun. Néanmoins, « l'interdiction d'utilisation hors du but » qui était prévue dans le texte initial a été remplacée par la « proportionnalité » lors de la révision effectuée en 2001.

a – Le principe de proportionnalité

La proportionnalité met en jeu une relation entre des valeurs non mesurables, car elles sont issues d'une catégorie différente et la norme

978 AYM, E.1985/8, K.1986/27, Ka.ta. 26.11.1986, AYMKD-22, pp. 365-366.
979 AYM, E.2009/59; K.2011/69, AYMKD, 2011-48/3, p. 1372.

de résolution du problème n'est pas déterminée a priori. Dans l'application de cette hypothèse aux droits de l'homme, il s'agit de la recherche d'une juste conciliation entre des libertés opposées. La résolution d'un litige impliquant des droits de l'homme au moyen de la proportionnalité n'équivaut pas à la recherche d'une égalité formelle pour mesurer le caractère proportionnel du comportement litigieux[980]. Les éléments constitutifs de la proportionnalité sont au nombre de trois : la nécessité dans l'ingérence et le rapport d'adéquation ainsi que le juste équilibre entre le moyen utilisé et le but visé.

Selon la jurisprudence de la Cour EDH, les mesures dérogatoires doivent revêtir un caractère de nécessité absolue et être strictement indispensables pour faire face au danger public : elles doivent être prises « dans la stricte mesure où la situation l'exige »[981].

b – La jurisprudence de la Cour constitutionnelle

La jurisprudence de la Cour constitutionnelle d'Ankara a été développée à propos des limitations à partir de *« l'interdiction de l'utilisation hors du but » et de « la suspension de l'exercice des droits... dans la mesure requise par la situation »*.

D'après le texte initial, *« Les limitations relatives aux droits et libertés fondamentaux ne peuvent être en contradiction avec les exigences d'un ordre social démocratique et on ne peut y avoir recours dans un but autre que celui dans lequel elles ont été prévues » (Art.13/2).*

A l'instar de la Cour EDH, la Cour constitutionnelle précise que la proportionnalité contient trois éléments essentiels : la nécessité de l'intervention, le moyen pertinent et le juste équilibre[982]. « *Le moyen utilisé pour la limitation ou la suspension de l'utilisation des droits et libertés doit être nécessaire et adéquat au but poursuivi et, il doit avoir un juste équilibre entre le moyen et le but »*[983]. La Cour constitutionnelle n'a pas changé sa jurisprudence après la nouvelle

---

[980] P. Muzny, "Principe de proportionnalité et contrôle de proportionnalité", *Dictionnaire des Droits de l'Homme*, PUF, 2008, p.810.

[981] F. Sudre, Droit européen et international des droits de l'homme, 11e éd. mise à jour, p.245.

[982] AYM, E.1988/50, Ka. 1989/27, Ka. Günü : 23.06.1989, *AYMKD*-25, p.312.

[983] E.1990/25, K.1991/1, Ka.günü : 10.1.1991, *AYMKD*-27, vol.1, p.97.

rédaction de l'article 13 qui a directement introduit le principe de proportionnalité.

La haute Cour continue donc à exiger la coexistence des trois éléments qui sont devenus classiques : la nécessité de l'ingérence, le moyen adéquat pour arriver au but légitime et le juste équilibre entre le moyen et le but[984].

3 – L'essence de la liberté

Le critère de « l'essence de la liberté » a été appliqué sous le régime de la Constitution de 1961 laquelle prévoyait que *« la loi ne peut pas porter atteinte à l'essence des libertés et droits fondamentaux » (constitution de 1961, art.11/2).* Il a été réintroduit dans la Constitution en 2001 laquelle mentionne que *« les droits et libertés fondamentaux ne peuvent être limités que pour des motifs prévus par des dispositions particulières de la Constitution et en vertu de la loi, et pour autant que ces limitations ne portent pas atteinte à l'essence même des droits et libertés. »*[985]

La notion « d'essence de la liberté » fut l'objet de longs débats dans la doctrine de droit constitutionnel en Turquie dans les années 1960 et 1970[986]. Le débat a été réactivé lors de la rédaction de la Constitution de 1982. Il n'a jamais perdu de son actualité du fait que la Cour constitutionnelle a développé sa jurisprudence à partir de la société démocratique en liaison avec l'essence de la liberté. Toutefois, celle-ci n'a pas encore retrouvé la place qui était la sienne dans les années 1970 ni au niveau doctrinal ni dans la pratique. Cela ne veut pas dire toutefois que la Cour constitutionnelle n'utilise pas « l'essence de la liberté ». Par exemple, elle estime que l'expropriation d'un bien immobilier sans payer la contrepartie comptant, porte atteinte à l'essence du droit[987]. En outre, les arrêts rendus par la Cour constitutionnelle à la suite des recours individuels concrétisent au fur et à mesure le critère de l'essence de la liberté. Il peut donc être soutenu qu'il y a eu de la continuité jurisprudentielle autour du contenu de cette notion.

---

[984] AYM, 13 mars 2006, E.2006/21, K.2006/38, AYMKD, 2007-44, p. 204 ; AYM, 9 juin 2011, E.2009/11, K.2011/93, AYMKD, 2011-48/3, p.1714.

[985] Constitution de 1982, article 13, modifié par la loi no 4709 du 3.10.2001.

[986] Fazıl Sağlam, *Temel Hakların Özü ve Sınırlanması*, AÜ SBF yayınları, 1982 Ankara.

[987] AYM, 10 avril 2003, E.2002/112, K.2003/33, JO du 4 novembre 2003, 25279.

C – « La suspension » des droits et libertés

En cas de circonstances exceptionnelles, « l'exercice des droits et libertés fondamentaux peut être partiellement ou totalement suspendu ou des mesures contraires aux garanties dont la constitution les assortit peuvent être arrêtées, dans la mesure requise par la situation et à condition de ne pas violer les obligations découlant de droit international » (Art.15/1).

Les procédures exceptionnelles de l'Administration constituent le cadre général et institutionnel du régime des libertés dans les circonstances extraordinaires. La dérogation la plus importante est celle qui concerne l'absence de contrôle juridictionnel sur les décrets-lois édictés en période extraordinaire devant la Cour constitutionnelle. En observation de l'article 148/1 de la Constitution, ils ne peuvent effectivement faire l'objet d'un recours en inconstitutionnalité.

Or, le principe de proportionnalité est valable aussi pour la suspension des droits et libertés du fait que cela est conditionné par « la mesure requise par la situation ». Cette réserve signifie la proportionnalité entre les mesures à prendre et l'objectif à atteindre.

Quant aux obligations découlant du droit international, il faut tout d'abord se référer au droit européen des droits de l'homme. Ensuite, il faut prendre en compte aussi les standards internationaux en ce qui concerne les périodes extraordinaires.

« La suspension de l'exercice des droits et libertés fondamentaux » (Art.15) n'est possible que dans des circonstances exceptionnelles. En cas de guerre, de mobilisation générale, d'état de siège ou d'état d'urgence, l'exercice des droits et libertés peut être partiellement ou totalement suspendu. Trois séries de réserves devraient être observées lors de la suspension : le choix d'une mesure requise par la situation, le respect des obligations découlant du droit international ainsi que le respect du « noyau dur » des droits de l'homme et notamment du droit à la vie, du droit à l'intégrité physique et spirituelle, de la liberté de religion, de conscience et de pensée, de la non-rétroactivité des peines et de la présomption d'innocence. Il s'agit donc de les reconnaître de façon permanente pour tout le monde et partout.

Selon l'article 121, toute limitation ou suspension des droits et libertés devra être conforme aux principes énoncés à l'article 15 de la Constitution. Si bien que toute mesure adoptée dans ce cadre dérogatoire devra l'être uniquement dans la mesure où la situation l'exige. Ainsi le principe de proportionnalité trouve-t-il à s'appliquer dans le contexte d'un régime d'exception. L'article 15 de la Constitution comporte une liste de droits et libertés précités insusceptibles de dérogation. Il s'agit d'un « noyau-dur » des droits de l'homme auquel il est exclu de porter atteinte, quelles que soient les circonstances, et donc même sous couvert de lutte contre le terrorisme. Les mesures adoptées dans le cadre de l'état d'urgence devront aussi respecter les obligations découlant du droit international. Cela implique l'obligation d'informer les organes compétents du Conseil de l'Europe et des Nations unies des dérogations à la Convention européenne des droits de l'homme et au Pacte international relatif aux droits civils et politiques[988].

Toutefois, la mise en pratique des dispositions en cause ne respecte pas les standards minimums du droit international des droits de l'homme ni ceux du droit européen des droits, ni ceux de la Constitution. En outre, l'ineffectivité du contrôle juridictionnel est évidente.

Dans une affaire concernant une magistrate arrêtée le 17 juillet 2016, et placée en détention provisoire le 18 juillet 2016, la Cour de Strasbourg a estimé qu'aucun élément ne permettait de dire que le recours individuel qui s'ouvre devant la Cour constitutionnelle n'est pas susceptible d'apporter un redressement approprié au grief de la requérante relatif à l'article 5§1 de la Convention. La Cour européenne se réfère particulièrement à un arrêt rendu par la Cour constitutionnelle de Turquie le 25 février 2016 qui a permis la libération de deux journalistes. Forte de cet argument, la Cour européenne ne tient pas compte du fait que la situation s'est considérablement dégradée sous l'état d'urgence, et conclut qu'elle « n'aperçoit pas de circonstance particulière qui aurait pu dispenser la requérante de l'obligation de saisir la Cour constitutionnelle »[989].

Quant à l'affaire Zihni, qui concernait cette fois un fonctionnaire révoqué par le décret-loi n° 672 promulgué le 1er septembre 2016, dans un premier temps, la Cour européenne note qu'« [à] la suite des événements du 15 juillet 2016, plus de 45 000 requêtes individuelles

---

[988] Suite au coup d'État avorté, l'état d'urgence a été décrété le 20 juillet 2016, conformément à l'article 120 de la Constitution et à l'article 3.1.b de la loi sur l'état d'urgence (n°2935). En parallèle de l'instauration de l'état d'urgence, le gouvernement, le 24 juillet 2016, a informé le Secrétaire général du Conseil de l'Europe de sa volonté de recourir à l'article 15 de la Convention européenne des droits de l'homme. Notification - JJ8190C Tr./005-192 du 25 juillet 2016.

[989] Cour EDH, décision Mercan c. Turquie, 8 novembre 2016.

ont été introduites devant la Cour constitutionnelle. À ce jour, cette dernière ne s'est pas encore prononcée sur la question de savoir si elle est compétente pour examiner les mesures prises par les décrets-lois affectant des justiciables ». Cet élément à lui seul aurait pu amener la Cour européenne à s'interroger sur l'effectivité de ce recours. Dans un deuxième temps, le juge strasbourgeois relève que le Conseil d'État s'est déclaré incompétent pour connaître d'un recours en annulation introduit par un magistrat révoqué en vertu du décret-loi n° 667 et a renvoyé ce recours devant le tribunal administratif. Au vu de ces différents éléments, la Cour européenne conclut néanmoins à l'irrecevabilité de la requête estimant « qu'il n'est pas établi que les recours examinés ci-dessus n'étaient pas accessibles au requérant et susceptibles de lui offrir une perspective raisonnable de succès quant à ses griefs »[990].

La Cour a réitéré sa position en déclarant irrecevable l'affaire Çatal relative à une magistrate révoquée par une décision du 24 août 2016 prononcée sur le fondement de ce décret-loi n° 667. La requérante se plaignait de l'absence d'accès à un tribunal et à une voie de recours effective devant une instance nationale. La Cour de Strasbourg estime qu'il a été « mis fin à la controverse relative à la compétence des juridictions nationales sur le contrôle juridictionnel des mesures prises en application du décret-loi n° 667 » puisque le décret n° 685 adopté le 2 janvier 2017 prévoit que les personnes exclues de la magistrature « peuvent saisir directement le Conseil d'État en tant que tribunal de première instance ». Toutefois, au moment où la requérante a introduit sa requête, cette possibilité n'était pas encore ouverte. La Cour de Strasbourg estime néanmoins « qu'il est justifié de faire une exception au principe général selon lequel la condition de l'épuisement des voies de recours internes doit être appréciée au moment de l'introduction de la requête » et déclare la requête irrecevable[991].

Face au contexte de l'état d'urgence en Turquie, la Cour semble plutôt multiplier les arguments pour ne pas se voir submergée par un flux de requêtes en provenance de cet État. Ainsi, a-t-elle déclaré irrecevables des requêtes pour non-épuisement des voies de recours internes en se référant à la possibilité non encore avérée d'introduire un recours devant une commission d'étude ad hoc.

---

[990] Cour EDH, décision Zihni c. Turquie, 29 novembre 2016.
[991] Cour EDH, décision Çatal c. Turquie, 7 mars 2017.

Le 6 juin 2017, la Cour européenne a rendu une nouvelle décision d'irrecevabilité d'autant plus décevante que la situation d'état d'urgence, avec son lot de violations des droits de l'homme dénoncées par de nombreuses institutions, s'est prolongée. Cette dernière affaire concernait la révocation d'un instituteur, monsieur Köksal, par décret-loi. A nouveau, la Cour de Strasbourg déclare la requête irrecevable pour non-épuisement des voies de recours internes[992]. La Cour européenne fait état de l'avis n° 865/2016 de la Commission de Venise qui, à l'instar du Secrétaire Général du Conseil de l'Europe, appelait les autorités turques à mettre en place un organe spécial ad hoc chargé d'examiner les cas individuels de révocation de fonctionnaires et autres mesures connexes. Se référant au décret-loi n° 685 du 2 janvier 2017 portant création de la commission d'étude ad hoc, la Cour constate que l'instauration d'une telle commission est désormais prévue et estime que cela constitue « a priori un recours accessible », alors même que ladite commission n'était toujours pas mise en place. Le juge strasbourgeois décide à nouveau de faire une exception au principe général selon lequel la condition de l'épuisement des voies de recours internes doit être appréciée au moment de l'introduction de la requête et conclut que le requérant a désormais à sa disposition une nouvelle voie de recours permettant de donner aux instances nationales la possibilité de remédier à la prétendue violation des dispositions de la Convention.

Si l'argument s'entend eu égard au caractère subsidiaire du mécanisme européen, il n'en demeure pas moins qu'au moment où la Cour a rendu sa décision d'irrecevabilité, la Commission d'étude n'avait toujours pas été mise en place et, qu'au-delà de cet élément, la situation générale connue de violations massives des droits de l'homme en Turquie aurait pu amener la Cour à choisir de se prononcer.

En déclarant la requête irrecevable, le juge strasbourgeois semble donc particulièrement optimiste, trop optimiste pourrait-on dire au vu des développements ultérieurs. En effet, si la commission d'étude ad hoc a depuis été mise en place, il apparaît, au-delà des questions d'impartialité et d'indépendance qui ne peuvent que se poser au vu du contexte, que cette instance n'est pas en mesure de traiter efficacement les quelques 130 000 requêtes déjà pendantes devant son office.

---

[992] Cour EDH, décision Köksal c. Turquie, 6 juin 2017.

Cette paralysie des voies de recours internes n'a toutefois pas amené la Cour européenne à revoir sa position. Dernièrement, se référant aux affaires Çatal et Köksal, la Cour européenne, statuant à juge unique sur le fondement des articles 24§2 et 27 de la Convention européenne, a ainsi déclaré irrecevables, le 7 septembre 2017, les 54 requêtes déposées par les signataires de la pétition pour la paix.[993].

A ce stade de la réflexion, il paraît important de s'interroger sur l'avenir du droit constitutionnel en Turquie et de se poser la question de savoir si une démocratie constitutionnelle est possible.

Pour répondre à la première interrogation, il convient d'abord d'essayer de faire un bilan des acquis constitutionnels en Turquie. Un tel bilan qui nous invite à remonter à l'empire ottoman sera établi à partir des changements constitutionnels auxquels on a assisté au cours d'un quart de siècle de 1987 à 2010 en ce qui concerne les droits de l'homme. Ensuite, il convient de signaler la caractéristique de la période de transition introduite par le référendum constitutionnel qui a eu lieu le 16 avril 2017. Enfin, une interrogation sur le « nouvel ordre constitutionnel » pourrait être utile.

- Les changements constitutionnels relatifs aux droits de l'homme

Malgré les avancées au niveau de la norme fondamentale, quels sont les éléments qui peuvent expliquer le décalage entre le droit positif et la pratique ? D'une part, les problèmes concernant les droits de l'homme peuvent être expliqués par l'échec du processus des réformes institutionnelles. Les problèmes systémiques se trouvent au cœur de ce mécanisme qui reflète les déficits fonctionnel et structurel des institutions. D'autre part, le non-respect et la violation des droits de l'homme dépendent, dans une large mesure, de la volonté des acteurs politiques et de la mentalité des fonctionnaires, juges et procureurs compris. Certes, comme le professeur Jean Marcou le souligne, la constitutionnalisation reste « inachevée » en Turquie[994].

---

[993] Les signataires de la pétition pour la paix sont 1128 au total.

[994] Jean Marcou, "Turquie : la constitutionnalisation inachevée" (1), l'OVIPOT, le lundi 28 juin 2010 ; "Turquie : la constitutionnalisation inachevée" (2), le lundi 5 juillet 2010 ; "Turquie : la constitutionnalisation inachevée"(3), le lundi 12 juillet 2010; "Turquie : la constitutionnalisation inachevée" (4), le lundi 19 juillet 2010.

Toutefois, il est possible de dire que la Constitution a été bouleversée, dans la partie consacrée aux droits de l'homme, par les modifications et les révisions effectuées entre 1987 et 2010. Il est possible de le mesurer en comparant le texte initial au texte modifié et en faisant ainsi apparaître une véritable métamorphose constitutionnelle.

Rappelons que le souci de la sûreté avait marqué le contexte général de la Constitution de 1982 et impliqué un statut très limité pour les droits de l'homme et un statut privilégié pour le pouvoir exécutif. Autrement dit, l'objectif d'une constitution de l'Etat de droit est d'introduire autant que possible les mécanismes de pouvoirs et contre-pouvoirs (checks and balances) afin de garantir les droits de l'homme et de limiter les pouvoirs constitués. Cet équilibre a été différencié par la Constitution de 1982. Dans les relations entre l'Etat et les droits de l'homme, la possibilité pour l'Etat de les restreindre était assez présente par rapport aux obligations de l'Etat vis-à-vis des droits de l'homme.

Les modifications effectuées étalées sur trois décennies ont affecté au fur et à mesure les mécanismes de freins et d'équilibre en faveur des droits de l'homme. Les obligations pour l'Etat de respecter, de protéger et de développer les droits de l'homme sont plus présentes par rapport à la possibilité de restreindre davantage les droits et libertés constitutionnels sans évoquer l'amélioration du statut des différentes catégories des droits de l'homme[995]. Dans ce processus, le nombre des articles renouvelés n'est pas négligeable et les nouveaux contenus tels que ceux des articles 13 et 14 s'avèrent intéressants. En bref, le texte constitutionnel de 2010 n'a rien à voir avec celui de 1982.

La métamorphose de la Constitution doit être soulignée à partir de la transformation du régime des droits de l'homme[996]. La lecture de la Constitution modifiée, remaniée et révisée doit être faite dans son ensemble. En effet, le droit constitutionnel des libertés ne peut être compréhensible que dans le contexte du droit constitutionnel

---

[995] I. Ö. Kaboğlu, "De la réforme constitutionnelle en Turquie" (Art. précité), "Vers le droit constitutionnel des droits de l'homme en Turquie" (Art. précité) ; J. Marcou, "Le constitutionnalisme et le mouvement constitutionnel en Turquie", *Anayasa Hukuku Dergisi /Journal of Constitutional Law /Revue de Droit constitutionnel*, 2012-1, pp. 25-50.

[996] Certes, les modifications en matière des droits de l'homme ne doit pas nous faire oublier les résidus sécuritaire/nationaliste/ethnique/religieux de la Constitution de 1982.

institutionnel. L'article 13 de la Constitution, pierre angulaire de la métamorphose, constitue une obligation positive pour toutes les autorités publiques de l'Assemblée nationale aux forces de l'ordre. Le pouvoir législatif d'abord doit prendre en considération les implications de chaque critère énoncé dans l'article 13 : la société démocratique, la république laïque, la proportionnalité et l'essence de la liberté. Ces critères doivent aussi être appliqués par le juge d'une façon directe. Ils sont également valables pour l'exécutif et l'Administration : les forces de l'ordre sont tenues de respecter surtout le principe de proportionnalité et l'essence de la liberté[997]. De plus, il faut prendre en compte l'effet cumulatif des critères énoncés dans l'article 13.

L'article 14 doit aussi être signalé. Comme cela a déjà été étudié, sa réécriture a bien contourné la marge de manœuvre des organes étatiques du point de vue de l'ingérence dans les droits de l'homme. En principe, l'interdiction de l'abus d'une liberté ne permet pas au pouvoir législatif d'introduire le délit d'opinion.

D'autre part, il faut se demander si la dérogation faite dans l'article 83 relatif à l'immunité parlementaire est toujours valable après la rédaction du nouvel article 14. En vertu de l'article 83, aucun député accusé d'avoir commis un délit avant ou après les élections ne peut être arrêté, interrogé, détenu ou jugé sans décision de l'Assemblée. « Les cas de flagrants délits passibles d'une peine lourde et les cas prévus par l'article 14 de la Constitution, à condition que les poursuites y afférentes aient été entamées avant les élections, font exception à cette disposition » (Al.2). Comment les juges peuvent-ils maintenir leur jurisprudence dès lors que l'article en question n'est plus le même que celui retenu pendant la rédaction simultanée en 1982 ?[998]

La réflexion sur les métamorphoses de la Constitution est d'abord destinée à assurer l'efficacité de la Constitution. C'est-à-dire que sa valeur normative doit être effective. « Les dispositions de la Constitution sont des principes juridiques fondamentaux qui lient les organes du législatif, de l'exécutif et du judiciaire, les autorités administratives et toutes les autres institutions et personnes » (Art.11).

---

[997] L'interdiction faite par la Constitution aux forces de l'ordre pour ce qui concerne "l'ordre illégal" est tout à fait significatif à ce propos (Art. 137).

[998] Pour le détail, v. Ibrahim Ö. Kaboğlu, "*1982 Anayasasının metamorfozu (başkalaşımı)*", 15 Temmuz Anayasası, Güncellenmiş 3. Bası, Tekin yayınevi, Ekim 2017, p. 209-223.

En deuxième lieu, une telle réflexion semble utile au nom du *principe de non-régression*. Ce principe ne permet pas de régresser par rapport aux droits acquis. Il nous paraît donc utile de découvrir les acquis de la Constitution à la suite des révisions constitutionnelles pour la perspective constitutionnelle. Puisque le renouvellement est envisagé dans la continuité de l'ordre constitutionnel, c'est dans la logique de l'élaboration d'une nouvelle Constitution que le nouveau régime des droits de l'homme ne doit pas toucher les acquis en matière de droits de l'Homme et des libertés garanties dans la Constitution renouvelée[999].

S'agissant des acquis constitutionnels, la réponse doit être recherchée au niveau du droit positif et sur le plan des compromis politiques ainsi que du point de vue de l'œuvre de la société civile.

Dans un premier temps, depuis l'Empire ottoman, l'évolution du constitutionnalisme en Turquie a été marquée par cinq textes : la loi fondamentale de 1876, la loi sur l'organisation fondamentale de 1921, la loi sur l'organisation fondamentale de 1924, la Constitution de 1961 et celle de 1982. Deux caractères majeurs se dégagent de tous ces textes : la continuité et la rupture. La continuité signifie une avancée linéaire du constitutionnalisme. Nous voulons signifier par là que chaque étape constitutionnelle, depuis la fin du 19ème siècle, a accru le nombre de mesures destinées à aménager et à limiter les pouvoirs étatiques, alors que le statut des droits et des libertés a été au fur et à mesure élargi et renforcé. La Charte constitutionnelle de 1876 a été transformée en Pacte constitutionnel par la révision de 1909. Le texte de 1924 a réglementé à la fois les pouvoirs étatiques et les droits du citoyen alors que la loi fondamentale de 1921 ne s'occupait que de l'organisation étatique. L'avancée de la Constitution de 1961 par rapport à celle de 1924 a été considérable car elle a instauré pour la première fois les mécanismes de l'État de droit. Une telle avancée linéaire vers l'établissement d'équilibres constitutionnels entre le pouvoir politique et les droits de l'homme montre bien l'existence d'une continuité constitutionnelle. Les règles, institutions et les traditions d'un Etat moderne ont marqué l'évolution de la période du Tanzimat à la restauration de l'Etat de droit à partir de 1987 : une

[999] D'après la nouvelle Constitution de la Tunisie (26 janvier 2014), "il n'est pas possible qu'un amendement touche les acquis en matière de droits de l'Homme et des libertés garantis dans cette Constitution." (Article 49/2, dernier article du chapitre consacré aux Droits de l'homme).

organisation étatique institutionnalisée afin de limiter davantage le pouvoir politique et la consolidation des droits de l'homme. Les acquis principaux sont : la séparation souple des pouvoirs avec l'indépendance de la justice, la hiérarchie des normes avec la supprématie de la Constitution, le gouvernement comme organe collégial, le principe de la responsabilité politique, la neutralité du président de la République, le pouvoir exclusif de l'Assemblée nationale dans la production des normes législatives[1000].

En matière des droits de l'homme, il suffit d'attirer l'attention sur les acquis de la Turquie depuis la proclamation de la Déclaration universelle des droits de l'homme (DUDH) du 10 décembre 1948[1001]. A partir de la DUDH, par l'intégration de la Turquie au droit international des droits de l'homme et au droit européen des droits de l'homme, les standards minimums du droit des droits de l'homme font donc partie du droit national.

Sur le plan des compromis politique. La commission du compromis pour une nouvelle constitution dans l'Assemblée nationale s'est mise d'accord sur une cinquantine d'articles dont la plupart sont relatifs aux droits de l'homme.

Enfin, au cours des deux dernières décennies plusieurs rapports et avant-projets de propositions constitutionnelles ont été élaborés par les acteurs de la société civile : associations, fondations et syndicats ainsi que les chambres, etc. Les dénominateurs communs de ces travaux sont la consolidation des garanties des droits de l'homme et l'indépendance de la justice ainsi que la démocratisation de l'Assemblée nationale dans le cadre du régime parlementaire.

- La mise en vigueur graduelle et la période de transition

L'intégralité de la loi constitutionnelle n° 6771 sera en vigueur en principe à la suite des élections qui auront lieu le 3 novembre 2019. Toutefois, les dérogations introduites nous permettent d'utiliser l'expression de « transition échelonnée » car le président de la République en fonction peut adhérer à son « ancien parti » à partir de la publication des résultats du référendum constitutionnel dans le

[1000] Le décret-loi en tant qu'acte gouvernemental ne peut être édicté que dans le cadre de la loi d'habilitation.

[1001] La DUDH a été proclamée par le Journal Officiel du 27 mai 1949 annexé à la décision du Conseil des Ministres.

Journal officiel[1002]. Ensuite, la dissolution du Conseil supérieur des juges et des procureurs et sa restructuration ont été effectuées un mois après la publication des résultats du référendum constitutionnel dans le Journal officiel. Enfin, la Cour de cassation militaire et le Tribunal administratif militaire ont été supprimés à partir de la publication des résultats du référendum dans le Journal officiel.

Il est donc possible de parler de trois ordres constitutionnels dans cette nouvelle configuration. Il y a effectivement la Constitution en vigueur, la mise en vigueur partielle de la loi constitutionnelle n° 6771 et un troisième ordre ou désordre constitutionnel induit à partir des divergences des deux ordres constitutionnels. Quant à ce dernier cas de figure, on peut notamment souligner que la cohabitation du Premier ministre avec un chef de l'Etat qui est devenu à la fois le président de la République et le chef d'un parti politique risquerait d'aboutir à un chaos constitutionnel[1003].

- « Le nouvel ordre constitutionnel » est-il soutenable ?

Sous l'optique de la proclamation de l'état d'urgence en attendant le rétablissement de l'ordre public dans le respect de la Constitution, le chef du Parti du mouvement national (MHP) a souligné que la divergence entre de facto et de jure de « la position du chef d'Etat » vis-à-vis de la Constitution a suffi de changer "l'ordre du jour constitutionnel" du pays (octobre 2016). Les milieux proches du gouvernement et du Parti de la justice et du développement (AKP) se sont livrés sans tarder à la rédaction d'une proposition constitutionnelle qui ciblait le statut du président de la République. Une telle initiative a été contestée par les constitutionnalistes en raison des circonstances exceptionnelles. En effet, la Turquie se trouvait déjà devant une trilogie à surmonter entre la désinformation constitutionnelle et la déconstitutionnalisation ainsi que le fétichisme constitutionnel. De plus, cette trilogie avait été accentuée par les circonstances de l'état d'urgence. Il faudrait donc éviter la modification de la Constitution dans cette période spécifique car la liberté de la communication audiovisuelle et la liberté de la presse ainsi que les libertés collectives ont été excessivement surveillées,

[1002] Le Président en fonction a rapidement adhéré à son « ancien parti » et en est devenu le président.

[1003] Ce qui a été approuvé par la pratique politico-constitutionnelle à partir du retour de M. Erdoğan dans son parti politique.

même supprimées. Il n'y a donc pas eu de débat libre sur la Constitution.

De surcroît, il s'agissait d'une modification non ordinaire, mais "extraordinaire" puisqu'elle visait le changement du régime (ou système) politico-constitutionnel. Malgré tout, dans les circonstances de l'état d'urgence, le président de la République et le gouvernement ont "mobilisé" pour le "oui" tous les appareils étatiques alors que ceux qui étaient contre l'introduction d'un gouvernement personnalisé n'ont pas bénéficié d'un droit d'accès libre aux médias. Finalement, à la suite d'une campagne inéquitable et d'un référendum plutôt « plébiscitaire », les électeurs ont dit "oui" à 51,4% des voix, le 16 avril 2017 à la révision constitutionnelle.
Le Conseil supérieur électoral (CSE) a été saisi à cause des irrégularités observées lors de la votation. Toutefois, le Conseil n'a pas annulé le référendum du fait que les irrégularités avancées n'en affectaient pas les résultats[1004]. Les partis politiques de l'opposition et certains électeurs ainsi que des groupes de personnes ont introduit leur recours devant la Cour constitutionnelle[1005] ou devant la Cour européenne des Droits de l'Homme[1006]. Les partisans du « non » continuent de mettre en cause la légitimité des résultats du référendum par des contestations et manifestations diverses[1007] .

Il s'agit d'une réforme qui, selon le président de la République, était nécessaire pour doter la Turquie d'un exécutif fort et stable et pour lui permettre de faire face à d'importants défis économiques et sécuritaires. Mais l'opposition démocratique dénonçait un texte écrit sur mesure pour satisfaire les ambitions du président en fonction,

---

[1004] YSK, 2017/760 du 16 avril 2017.

[1005] La Cour constitutionnelle a déjà déclaré irrecevable le recours introduit par un parti politique du point de vue de sa compétence ratione materiae (V. AYM, Nurullah Efe ve Kurtuluş Partisi Başvurusu, no: 2017/20127, du 7 juin 2017).

[1006] Le parti républicain du peuple (CHP), en tant que parti principal de l'opposition, a fait son recours devant la Cour européenne des droits de l'homme le 5 juillet 2016 pour demander la constatation de la violation des droits et le renouvellement du référendum.

[1007] Il est tout à fait légitime de s'intérroger sur l'existence même d'un ordre constitutionnel à la suite de la modification abusive de la Constitution et du constitutionnalisme abusif. Pour le débat détaillé dans ce sens, voyez : Kemal Gözler, Elveda Anayasa /16 Nisan 2017'de Oylayacağımız Anayasa Değişikliği Hakkında Eleştiriler) (Adieu à la Constitution/critiques sur la modification constitutionnelle du 16 avril 2016), 3ème éd., Ekin, mars 2017.

accusé de dérive autoritaire, notamment à partir du putsch avorté de juillet 2016.

La démocratisation des structures politico-étatiques pouvait être conçue comme un besoin du pays et une révision constitutionnelle, de toute façon, devrait viser prioritairement à renforcer l'indépendance de la justice et le Parlement ainsi que la décentralisation. Mais au contraire, au-delà de la centralisation des pouvoirs en atténuant le rôle de l'Assemblée nationale et l'indépendance de la justice, il s'agit d'une personnalisation excessive du pouvoir politique. De ce fait, "le nouvel ordre constitutionnel", difficile à classer parmi les régimes politiques pluralistes, n'est pas compatible non plus avec l'article 2 de la Constitution d'après lequel « la République de Turquie est un Etat de droit démocratique » et ce, pour trois raisons principales reposant sur l'irresponsabilité politique de l'exécutif, le défaut de mécanismes de freins et de contrôle et l'atténuation (pour ne pas dire la suppression) de la séparation des pouvoirs et de la hiérarchie des normes.

S'agissant de la question de savoir si une démocratie constitutionnelle est possible en Turquie, l'espoir peut être entretenu dans la mesure où la dialectique entre la démocratie et la Constitution est assurée.

Le décalage étroit entre le « oui » et le « non » lors du dernier référendum peut être conçu comme une source d'espérance. Malgré la mobilisation politico-étatique et la pression exercée sur les partisans du non, - à supposer que les résultats proclamés par le Conseil supérieur électoral reflètent la réalité - le score du « oui » est très faible. De ce fait, le « oui » a gagné en droit selon la décision du Conseil supérieur électoral, mais on pourrait avancer que le « non » a remporté une victoire démocratique.

En fait, la seule issue, pour éviter le chaos politico-constitutionnel et pour ouvrir la voie de la démocratie constitutionnelle, passe par « l'organisation de l'espérance démocratique ». Tout d'abord, la suppression de l'état d'urgence et le retour à l'ordre constitutionnel ainsi que le respect des droits de l'homme sont les obligations prioritaires pour les organes étatiques.

Ensuite, l'élaboration d'une constitution démocratique paraît nécessaire. Un « projet personnalisé » imposé à la société et une campagne "officialisée" en faveur du "oui" ont favorisé la "socialisation de la Constitution » pour le camp du « non » par la prise de conscience du danger dû à l'instrumentalisation de la Constitution

pour des objectifs personnels d'une part, et, d'autre part, en raison du souci de préserver le destin des générations futures. La naissance d'un esprit de société civile à travers l'ordre du jour constitutionnel signifie aussi la transformation profonde de la société, capable de reprendre et de réunir les projets et rapports relatifs au renouvellement de la Constitution, élaborés au cours des deux dernières décennies par les initiatives des organisations de la société civile. Un tel travail doit toutefois être entamé en prenant en compte les acquis constitutionnels de la Turquie depuis l'Empire ottoman, les compromis politiques ainsi que les données assurées par le trans-constitutionnalisme.
Enfin, les alliances politiques destinées à assurer l'alternance politique doivent être prises en considération. Un projet constitutionnel peut jouer un rôle de levier pour le soutien des alliances politiques dans l'optique des élections législatives et présidentielles.

Pour répondre aux besoins de la société en Turquie, pour maintenir son originalité et ses acquis qui ont réussi grosso modo à instaurer la démocratie, grâce à la laïcité, dans une société majoritairement musulmane et pour que la Turquie restaure l'Etat de droit démocratique et social fondé sur les droits de l'homme, il faut insister d'une façon constante sur la trilogie « égalité, laïcité et citoyenneté ».
La tentative de coup d'Etat militaire du 15 juillet 2016 par ses "anciens alliés" a donné au gouvernement du Parti de la justice et du développement (AKP) et au président de la République « l'opportunité de construire l'infrastructure d'un régime personnalisé », mais le référendum du 16 avril 2017 fut également l'occasion de créer une « sensibilité constitutionnelle » dans la société civile. La société démocratique en Turquie est donc à l'épreuve de la démocratie d'ici à 2019 pour éviter la transformation du pouvoir personnalisé en un totalitarisme[1008].

[1008] İbrahim Ö. Kaboğlu, « Suppression du régime parlementaire sous l'état d'urgence : Remarques sur la modification constitutionnelle "approuvée" par le référendum du 16 avril 2017 », La Revue des droits de l'homme [En ligne], Actualités Droits-Libertés, mis en ligne le 3 juillet 2017, pp. 1-16.

BIBLIOGRAPHIE

1 – Thèses, ouvrages, articles :

- **M. Akad**, "L'évolution du concept des 'libertés publiques' dans les constitutions turques et Française, étude comparative", in *ANNALES de la Faculté de droit d'Istanbul*, no.42, 1979, p.366 ; Kubalı, "Les traits dominants de la Constitution de la Seconde République Turque", pp.858-59.
- **R. Alexy**, *A Theory of Constitutional Rights*, (translated by Julian Rivers), Oxford University Press, 2001, p.163-177.
- **R. Arnold**, "Méthodologie et mécanismes institutionnels des états d'urgence et d'exception", *Annuaire International de Justice Constitutionnelle*, XXIV-2008, Economica, pp. 417-428.
- **A. Ü. Azrak**, "Tanzimat'tan Sonra Resepsiyon", Tanzimat'tan Cumhuriyet'e Türkiye Ansiklopedisi, 3, p. 603
- **A. F. Başgil**, *La Constitution et le régime politique*, La Turquie coll., *La vie juridique des peuples*, Delagrave, Paris, 1939, p.10 et s.
- **A. F. Başgil**, *La révolution militaire de 1960 en Turquie (Ses origines), Perret*-Gentil, Genève 1963*, p. 96 et s.*
- **M. H. Bayram**, "La révision constitutionnelle turque : une réforme de la cour constitutionnelle sous influence conventionnelle", *RDP,* no.6-2010, pp.1792-1805.
- **M. Bazin**, « Diversité ethnique et disparité régionale », in *la Turquie*, sous la direction de Semih Vaner, Fayard / Ceri, 2005, pp.400 – 401.
- **G. de Beco**, "La contribution des Institutions Nationales des Droits de l'Homme au renforcement de l'efficacité de la Cour européenne des Droits de l'Homme", *Rev.trim.dr.h.*, 2009-77, pp. 167. Voyez aussi : *Les moyens non judiciaires pour la protection des droits de l'homme sur le plan national*, Conseil de l'Europe, Direction des droits de l'homme, Mai 1998.
- **A. Bleckmann**, "L'Etat de droit dans la Constitution de la République fédérale d'Allemagne", Pouvoirs, 1982-22, p.13.
- **J-P. Burdy** (sous la direction de), *Les mots de la Turquie*, Presses Universitaires du Mirail, p.10.
- **A. Bockel, H. Roussillon, E. Teziç** (sous la direction de), " *Un Président élu par le peuple, une bonne solution ?*", Presses de l'Université Galatasaray et de l'Université des sciences sociales de Toulouse, 2000, 293 p.

- **P. Bouretz**, « *Prendre le droit au sérieux : de Rawls à Dworkin* », in « *La force du droit* », 1991, Esprit, p. 59 et s., part., p. 84.
- **O. Can**, "*Yeni Anayasa Çalışmaları Yöntemine İlişkin Birkaç Not*" et **A. Sezer**, " *Yeni Anayasa, Yeni Meclis, Yeni Yöntem*", in Anayasa Kurultayı, Ankara Barosu, p. 127-134 et p. 170-185.
- **R. Devereux**, The Fist Ottoman Constitutional Period (A Study of Midhat Constitution and Parliement), Baltimore, The Johns Hopkins Press, 1963.
- **P. Dumont et F. Georgeon**, "La mort d'un empire" (1908-1923), in *Histoire de l'Empire Ottoman*, pp.577-642.
- **R. Dworkin**, « *L'empire du droit* », PUF, coll. Recherches politiques, 1994, part., p. 250.
- **R. Dworkin**, « *La chaîne du droit* », in Dossier R. Dworkin, in Droit et société, n° 1, août 1985 (1ère partie), p. 51 et s.
- **R. Dworkin**, « *Prendre les droits au sérieux* », 1995, PUF, coll. Léviathan ; R. Dworkin, « *A matter of principle* », 1985, Cambridge, Havard University Press.
- **A. Eren**, « *Yeni Anayasa Önerilerinde Genel Esaslar ve Temel Hak ve Özgürlükler* » et Sultan Tahmazoglu Uzelturk, « *Anayasa Önerilerinde »,* in Anayasa Kurultayı, Ankara Barosu, p. 24-49 et p. 49-90.
- **B. Nuri Esen**, *La Turquie*, "Comment ils sont gouvernés ?" (Coll. Sous la direction de Georges Burdeau), L.G.D.J., Paris 1969, pp. 24-25.
- **P. Ferreira da Cunha**, « *Les limites du pouvoir de révision constitutionnelle entre le pouvoir constituant et la Constitution matérielle, une illustration dans le contexte lusophone* », » VIIth Constitutional Law World Congress - Athens published in CD and Internet (2007).Available at: http://works.bepress.com/pfc/6/.
- **F. Fikry**, *Le mouvement constitutionnel en Turquie et la loi sur l'organisation fondamentale d'Angora*, (Thèse pour le doctorat), PUF, Paris 1923.
- **G. Franco**, *Développements constitutionnels en Turquie*, Thèse pour le doctorat, Université de Paris, 1925.
- **M. Gönül, E. Cansel, Y.Aliefendioğlu**, "Turkish Report", in *The Hieracchy of Constitutional Norms and its Function in the Protection of Human Rights*, VIII. European Constitutional Courts Conference (7-10 May, 1990, Ankara), Anayasa Mahkemesi yay., pp.141-182.
- **K. Gözler**, "*Le pouvoir de révision constitutionnelle*", Presses universitaires du Septentrion, 1997, p. 167.

- **A. Şeref Gözübüyük**, *İnsan Hakları Sözleşmesi ve Bireysel Başvuru*, İnsan Hakları Derneği yay., 35. Yıl, c.9, ank.1987, s.3.
- **R. Guastini**, « *Théorie et ontologie du droit chez Dworkin* », in Droit et société, n° 2, 1986, p. 15 et s.
- **M. Gülmez**, "Les droits sociaux en Turquie : l'Etat social dans les Constitutions de 1961 et de 1982 et la situation de la Turquie au regard de l'application de la Charte", in *Les Droits sociaux constitutionnels et la Charte sociale européenne*, (à paraitre), l'OMIJ, UNILIM, 2014, Limoges.
- **L. Hennebel**, "Classement et hiérarchisation des droits de l'homme", *Annuaire international de justice constitutionnelle*, XXVI-2010, p. 425.
- **S. İnceoğlu, O. Boyar, T. Şirin et G. Atasayan**, « Birinci Yılında Anayasa Mahkemesine Bireysel Başvuru Kararlarının Analizi », Revue de Droit constitutionnel, 2014, nu.5, pp.148-234.
- **Ö. İzgi et Z. Gören**, « *Türkiye cumhuriyeti anayasasının yorumu* », Ankara 2002, p. 67.
- **I. Ö. Kaboğlu**, *La liberté d'association en droit public turc*, (thèse de doctorat), Université de Limoges, Faculté de Droit et des Sciences Economiques, 1981.
- **I. Ö. Kaboğlu and Stylianos-Ioannis G. Koutnatzis**, "The Reception Process in Greece and Turkey", in *A Europe of Rights*, Oxford, 1988, pp. 451-522.
- **I. Ö. Kaboğlu**, *Kolektif Özgürlükler*, DÜHF yay., 1989 Diyarbakır, s.
- **I. Ö. Kaboğlu**, "Le régime juridique des associations en droit turc", *Rev.fr.Droit adm.*7 (2), mars-avr.1991, p. 302-304.
- **I. Ö. Kaboğlu**, "L'individualisme dans la Déclaration des Droits de 1789 et la conception individualiste dans la Turquie contemporaine", *Cahiers d'études sur la méditerranée orientale et le monde turco-iranien* (CEMOTI), No. 12, 1991, pp. 99-115.
- **I. Ö. Kaboğlu**, "La liberté d'expression en Turquie", *Rev.Trim.dr.h.*, 38/1999, pp. 255-256
- **I. Ö. Kaboğlu**, *Özgürlükler Hukuku,* İmge yay., 6. Bası, Ankara 2002, pp. 228-229.
- **I. Ö. Kaboğlu**, "De la réforme constitutionnelle en Turquie", Mai 2002, *Chroniques de l'OMIJ*, PULIM, mars 2004, pp. 9-30.
- **I. Ö. Kaboğlu**, « Vers le droit constitutionnel des libertés en Turquie », *Mélanges G. Kassimatis*, Ant. N. Sakkoulas, Berliner Wissenschafts-Verlag, Bruylant, Athènes, 2004, pp. 939-955.

- **I. Ö. Kaboğlu**, « Le Conseil des Droits de l'Homme devant le Tribunal Pénal », *Revue de Science criminelle*, juillet-septembre 2006, pp. 521-535.
- **I. Ö. Kaboğlu**, « Quelques remarques préliminaires à propos d'une institution nationale des droits de l'homme (Cas de la Turquie) », *Rev.trim.dr.h.*, no 68, 1er octobre 2006, pp. 1057-1069.
- **I. Ö. Kaboğlu**, « La Turquie à l'épreuve de l'Etat de Droit », *Démocratie et Liberté : Tension, Dialogue, Confrontation*, Mélanges en l'Honneur de Slobadan Milacic, Bruyland/Bruxelles, 2008, pp. 117-128.
- **I. Ö. Kaboğlu**, *Anayasa Yargısı* (Le contentieux constitutionnel), İmge kitabevi, 4. Bası, Ankara 2007, pp. 157-160.
- **I. Ö. Kaboğlu**, « Le droit à l'environnement en Turquie et la Convention européenne des droits de l'homme », *Pour un droit commun de l'environnement, Mélanges en l'honneur de Prieur*, Dalloz, 2007, pp. 589-606.
- **I. Ö. Kaboğlu**, "Le contrôle juridictionnel des amendements constitutionnels en Turquie", *Les Cahiers du Conseil constitutionnel*, 27-2009, pp. 38-42.
- **I. Ö. Kaboğlu**, "La liberté de pensée et d'expression en Turquie", *Cahiers de la Recherche sur les Droits fondamentaux* (CRDF), no 8, 2010, p. 33-44.
- **I. Ö. Kaboğlu**, *Değişiklikler Işığında 1982 Anayasası/ Halk neyi oylayacak ?*, İmge kitabevi, Ankara, Ağustos 2010.
- **I. Ö. Kaboğlu**, "Les droits sociaux en Turquie : étendue et limites", *Revue international de droit comparé*, 2011/2, pp. 346-347.
- **I. Ö. Kaboğlu**, « *Anayasa Kurultayı : Anlamı ve Amacı* », in Anayasa Kurultayı, Ankara Barosu, p. 12-21.
- **I. Ö. Kaboğlu**, "*Renouvellement de la Constitution en Turquie : enjeux et défis*", Revue de droit constitutionnel, Istanbul, volume 1, 2012, p. 67 et s., part., p. 72 à 76.
- **I. Ö. Kaboğlu**, *Özgürlükler hukuku* 1, İnsan Hakları Genel Kuramına Giriş, 7. Baskı, İmge Kitabevi, 2013, pp. 61-66.
- **I. Ö. Kaboğlu**, "1982 Anayasasının metamorfozu (başkalaşımı)", in *Hukuku Oluşturmada ve Hukukun Uygulanmasında İnsan Hakları Sorunları/ Hukuk Kurallarının, Değişiklik ve Dönüşümlerine Uygun Yorumu*, Maltepe Üniversitesi İnsan Hakları Merkezi (à paraître).
- **M. Kapani**, *Kamu Hürriyetleri*, AÜHF yay., Ankara 1976, p. 83 et s.

- **E. Z. Karal**, "Les principes du Kémalisme", in *ATATÜRK fondateur de la Turquie moderne*, p. 21.
- **A. Kazancıgil et E. Özbudun**, "Introduction", in ATATÜRK fondateur de la Turquie moderne, MASSON, Paris 1984, p .9.
- **Ü. Kılınç**, *La liberté d'expression en Turquie à l'épreuve de la Convention européenne des Droits de l'Homme*, L'Harmattan, 2010.
- **C. Kırca**, « *Pour un nouveau statut du Président de la République turque* », in « *Un président élu par le peuple, une bonne solution ?* », sous la direction d'A. Bockel, d'H. Roussillon et d'E. Teziç, Presses de l'Université Galatasaray et de l'Université de Sciences sociales de Toulouse, 2000, p. 231 et s., part., p. 235.
- **H. N. Kubali**, "*Les traits dominants de la Constitution de la seconde République Turque*", RIDC, vol. 17, n° 4, oct-déc. 1965, pp. 855-872, part., p. 869.
- **G. Kucsko-Stadlmayer**, « *La mise en œuvre des décisions de la Cour constitutionnelleautrichienne* »,http://www.tribunalconstitucional.ad/docs/coloqui_justicia/07GABRIELLE%20KUCSKO.pdf, p. 6.
- **Y. Lecuyer**, "Société démocratique", *Dictionnaire des Droits de l'Homme*, PUF, 2008, p. 907.
- **B. Levis**, "La démocratie en Turquie", in *Vie et mort des démocraties*, Sous la direction de T.K. Rabb, E.N.Suleiman, Dalloz, 2005, p. 252.
- **F. Luchaire et G. Conac** (sous la direction de), « *La Constitution de la République française* », Economica, 1987, p. 334.
- **A-L. Mahé**, « *Les métamorphoses de la Constitution de 1982 : retour sur les révisions constitutionnelles des trois dernières décennies* », OVIPOT, billet du 25 juin 2010.
- **R. Mantran** (sous la direction), *Histoire de l'Empire ottoman*, Fayard, 1989.
- **J. Marcou**, "L'expérience constitutionnelle turque", *R.D.P*, 2-1996, p. 430.
- **J. Marcou**, "La Cour constitutionnelle turque et la réforme autorisant le voile", mardi 12 février 2008, *Observatoire de la vie politique turque* (OVIPOT), p. 2.
- **J. Marcou**, "Les Alévis manifestent à Ankara", *Observatoire de la Vie Politique Turque* (OVIPOT), Lundi 10 Novembre 2008, pp. 7 – 9.

- **J. Marcou**, "*Recep Tayyip Erdoğan relance l'idée d'un passage au régime présidentiel en Turquie*", http://ovipot.hypotheses.org/1363, billet du 22 avril 2010.
- **J. Marcou**, "La Turquie : la constitutionnalisation inachevée", *l'OVIPOT*, 1 : 20 juin 2010 ; 2 : 5 juillet 2010 ; 3 : 12 juillet 2010 ; 4 : 19 juillet 2010.
- **J. Marcou**, "Le constitutionnalisme et le mouvement constitutionnel en Turquie", *Anayasa Hukuku Dergisi /Journal of Constitutional Law /Revue de Droit constitutionnel*, 2012-1, pp. 25-50.
- **J. Marcou**, « *Abdullah Gül fera bien son septennat* », http://ovipot.hypotheses.org/6949, billet du 23 janvier 2012.
- **J. Marcou**, "Où va la Turquie?", *Observatoire de la Vie Politique Turque* (OVİPOT), 9 février 2014.
- **J. Marcou**, "Twitter bloqué en Turquie", *l'OVIPOT*, 22 mars 2014.
- **E. Massicard**, « La question alévie », in *La Turquie*, sous la direction de Semih Vaner, Fayard/ CERI, 2005, p. 331.
- **A. Mary-Rousselière**, *La Turquie constitutionnelle (Contribution à l'étude de la politique intérieure turque)*, Thèse pour le doctorat (Sciences politiques et économiques), Rennes 1925, p. 252.
- **A. Minc**, Ce monde qui vient, essai, Grasset, Paris 2004, pp. 95 et s.
- **T. Miras**, "Le Tanzimat et son système législatif", Annales de la Faculté de Droit d'Istanbul, T. XVII, 1967, p. 26.
- **Montesquieu**, L'Esprit des Lois, II, 2.
- **J. Morange**, La liberté d'expression, Bruylant, 2009.
- **P. Muzny**, "Principe de proportionnalité et contrôle de proportionnalité", *Dictionnaire des Droits de l'Homme*, p. 810.
- **A. Nalbant**, "Radyo ve Televizyon Üst Kurulu ve Görsel-İşitsel İletişim Özgürlüğü", in *Les Autorités Administratives Indépendantes /Bağımsız İdari Otoriteler*, sous la direction de İbrahim Kaboğlu, Alkım, pp. 109-129.
- **A. Nalbant, O. Erözden**, « L'Etat-nation et l'indivisibilité de la République en tant que principe restrictif des droits culturels et politiques », *TYHR,* t.14, 1992, pp. 137-150.
- Numéro spécial de la Revue de Droit constitutionnel/*Anayasa Hukuku Dergisi /Journal of Constitutional Law /* consacré au "renouvellement de la Constitution", V.1, nu.1, 2012.
- **R. G. Okandan**, "La Révolution nationale et la Proclamation de la République en Turquie", *Annales de la Faculté de Droit d'Istanbul*, t. XIX, 1969, p. 85.

- **R. G. Okandan**, *Amme Hukukmuzun Anahatları*, Fakülteler Matbaası, İstanbul 1971, pp. 111-115.
- **E. Öktem**, « *La Cour constitutionnelle turque définit le nationalisme, principe de la République* », RDP, 1999, n° 4, pp. 1159-1200.
- **E. Onar**, "*1982 Anayasinda Anayasayi Değistirme sorunu*" (Question de révision constitutionnelle sous la Constitution de 1982), Ankara, 1993, p. 16.
- **E. Onar**, *Kanunların Anayasaya Uygunluğunun Siyasal ve Yargısal Denetim Alanında Ülkemizde Öncüler*, Ankara 2003, p. 19.
- **E. Onar**, « *Le rôle du Parlement dans les démocraties contemporaines : le cas de la GANT* », in « *Le Parlement, aujourd'hui* », Presses de l'Université des sciences sociales de Toulouse, 2005, p. 33 et s., part., p. 30 et 31.
- **B. Oran**, « Bir İnsan Haklari ve Çokkültürlülük Belgesi Olarak 1923 Lausanne Baris Antlasmasi » (Le Traité de Lausanne pour la paix comme un document des droits de l'Homme et du multiculturalisme), in *Kopenhag Kriterleri* / Critères de Copenhague / Criteria of Copenhagen, Yayına haz./ed. : İbrahim Ö. Kaboğlu, Istanbul Barosu Insan Hakları Merkezi, 2001, pp. 210-219.
- **B. Oran**, "The Minority Concept and Rights in Turkey : The Lausanne Peace Treaty and Current Issues", in *Human Rights in Turkey*, Edited by Zehra F. Kabasakal Arat, University of Pennsylvania Press, Philadelphia, 2007, pp. 35 – 56.
- **Y. Özdek and E. Karacaoğlu**, "Turkey", in *The European Convention on Human Rights and its Member States*, 1950-2000, ed.by R. Blackburn and J. Polakiewicz, Oxford, pp. 879-915.
- **K. Öztürk**, « *La Constitution de la République turque, Débats de l'Assemblée constituante* », Ankara, 1966, p. 604.
- **JJ. Pardini**, "*Réalisme et contrôle des lois en Italie*", Cahiers du Conseil constitutionnel, n° 22, juin 2007.
- **J-F Pérouse**, Reposer la « question kurde », in *La Turquie*, pp. 359 – 362.
- **O. Redjai**, *L'évolution constitutionnelle en Turquie et l'organisation politique actuelle,* Thèse de doctorat, Librairie Universitaire d'Alsace.
- **M-F. Rigaux**, « *La théorie des limites matérielles à l'exercice de la fonction constituante* », Lancier, Bruxelles, 1985, p. 45.
- **Rouland, Pierré-Caps, Poumarède**, *Droit des minorités et des peuples autochtones*, PUF, coll. Droit fondamental, 1996, p. 277.

- **D. Rousseau** (sous la direction de), « *La démocratie continue* », LGDJ, 1995. Sur le sujet, v. la traduction turque réalisée par **Nesrin Yilmaz Sales**, Sürdürülebilir Demokrasi, ANAYASA HUKUKU DERGİSİ, vol. 2, 2013, p. 219 et s.
- **H. Roussillon**, "*Contre le référendum*", in Pouvoirs, n° 77, 1996, p. 181 et s.
- **F. Rouvière**, *Essai sur l'évolution des idées constitutionnelles en Turquie*, Thèse pour le doctorat es sciences politiques, Montpellier, Imprimerie générale du midi, 1910, p. 13 et s.
- **F. Sağlam**, *Temel Hakların Özü ve Sınırlanması*, AÜ SBF yayınları, 1982 Ankara.
- **M. Sağlam**, "Le recours individuel devant la Cour constitutionnelle de Turquie", *Cahiers du Conseil constitutionnel*, no 31 (dossier : Turquie), Mars 2011.
- **F. Sağlam**, "Türkiye'de Anayasalar", *Cumhuriyet Dönemi Türkiye Ansiklopedisi*, cilt 1, p. 21.
- **E. Sales**, « La Cour constitutionnelle turque », *Revue de Droit Public* (RDP), 2007, no.5, pp. 1263-1280.
- **E. Sales**, « *La protection du principe constitutionnel de laïcité par la Cour constitutionnelle turque* », RDP, 2009, n° 6, p. 1649-1682, part., p. 1664 à 1666.
- **Eric Sales et Didem Yılmaz**, « *L'élection du Président de la République au suffrage universel direct en Turquie* », RDP, 2012, n° 5, p. 1437-1458.
- **M. Sencer**, "From the constitution of 1961 to the Constitution of 1982", *Turkish Yearbook of Human Rights*, Vol.7-8, 1985-1986, pp. 15-71.
- **A. Skordas**, « Protection of the Minorities in Greece and necessity of the liberal reform» (en turc), in Droits des Minorités en droit national, supra-national (…), (éd. İbrahim Ö. Kaboğlu), İst. Barosu İHM, 2002, pp. 311-320.
- **A. Soydan**, La Constitution Turque de 1299 (1876) et les modifications apportées par celle de *1325 (1909), (*Thèse de doctorat, Université de Paris*, 1955), pp. 59 à 85.*
- **F. Sudre**, La Convention européenne des droits de l'homme, puf, 2002, p. 101.
- **F. Sudre**, Droit international et européen des droits de l'homme, 7e éd. mise à jour, PUF, Paris 2003, p. 177.
- **F. Sudre**, Droit européen et international des droits de l'homme, 11e éd. mise à jour, p. 245.

- **F. Sudre**, La Convention Européenne des Droits de l'homme, PUF, 9e éd. mise à jour, 2012, p. 5.
- **B. Tanör**, *Osmanlı-Türk Anayasal Gelişmeleri,* YKY, İstanbul, 10. Baskı, p. 41-64.
- **B. Tanör**, *Anayasa Hukukunda Sosyal Haklar*, May yay., İstanbul, 1978, pp. 378-381.
- **B. Tanör**, "12 Mart Rejimi Anayasa Değişiklikleri", *Kanun-u Esasi'nin 100.Yılı Armağanı*, Ankara Üniversitesi Siyasal Bilgiler Fakültesi Dergisi, Ankara 1978, s. 419-438.
- **B. Tanör**, *Osmanlı İmparatorluğunda Anayasal Gelişmeler*, (Ders Notları), Istanbul 1982, pp. 73-74.
- **B. Tanör**, "L'émergence de la laïcité en Turquie", in *ERT* (Equipe de Recherche sur la Turquie), *Bulletin de Liaison*, n°2, mai 1985, p. 46 à 56.
- **E. Teziç**, La *Seconde République Turque*, Thèse pour le doctorat de l'Université, Université de Paris (le 28 juin 1965).
- **M. Troper**, « *Les juges pris au sérieux ou la théorie du droit selon Dworkin* », in Droit et société, n° 2, 1986, p. 41 et s.
- **F. Türkmen**, "Turkey's Participation in Global and Regional Human Rights Regims", in Human Rights in Turkey, Edited by Zehra F. Kabasakal Arat, PENN (University of Pennsylvania Press Philadelphia), 2007, pp. 249-261.
- **D. Turpin, A. Menevşe**, « La Cour constitutionnelle turque et l'arrêt du 21 octobre 1993 relatif à l'ordonnance provisoire », AIDC, VIII, 1992, pp. 1-31.
- **C. Üçok**, "1876 Anayasasının Kaynakları", *Türk Parlamentoculuğunun İlk Yüzyılı,* 1876-1976, Ankara, p.1-25.
- **Y. Uler**, "Anayasa Mahkemesi Kararları Geçmişe Yürür", *Bahri Savcı'ya Armağan,* Mülkiye Birliği Vakfı yay., Ankara 1988, s.515-534.
- **M. Z. Üskül**, « *Le régime turc institué par la Constitution de 1961* », Thèse de doctorat (dactylographiée) de la Faculté de droit de l'Université des sciences sociales de Grenoble, 1971, p. 32 et 33.
- **S. T. Üzeltürk**, « *L'exécutif* », in Revue de droit constitutionnel, 2012, p. 363 et s., part, p. 377.
- **G. Veinstein**, "L'Empire dans sa grandeur (XVIe siècle)", in *Histoire de l'Empire ottoman*, p. 169.
- **B. Vincent**, "*Abraham Lincoln, Le Pouvoir des mots, Lettres et discours*", L'Archipel, Paris, 2009.

- **S. Yargıç**, "L'influence du droit conventionnel européen des droits de l'homme sur l'ordre juridique interne Turc", *Maltepe Üniversitesi Hukuk Fakültesi Dergisi*, 2010/1, p.47.
- **D. Yılmaz**, « *Etude comparée des jurisprudences des commissions électorales responsables de l'administration et du contrôle des élections* », Thèse de doctorat, Faculté de droit de l'Université Galatasaray, 2010, 378 p.
- **S. Yokuş**, "Dernek Özgürlüğü Çerçevesinde Türkiye'de Değişen Hkukusal Düzenlemeler", *Erdoğan Teziç'e Armağan*, Galatasaray Üniv. Yay., p. 267.

2 – Rapports :

- La hiérarchie des normes constitutionnelles et sa fonction dans la protection des droits fondamentaux-2, Rapport de la Cour constitutionnelle turque, VIII. Conférence des Cours constitutionnelles européennes, Ankara, 7-10 May 1990, Anayasa Mahkemesi yay., s.107).
- Turkish Bar Association, Proposal for Constitution of Republic of Turkey 2001, second edition, 2003, article 156, p. 128.
- Commission de Venise, "*Rapport sur le droit électoral et l'administration des élections en Europe*", Etude 352/2006, du 12 juin 2006.
- Commission de Venise, rapport sur la composition des cours constitutionnelles, Science et technique de la démocratie, n° 20.
- Commission de Venise, Rapport sur « *L'amendement constitutionnel* », étude 469/2008, CDL-AD(2010)001.
- *Les droits de l'homme des minorités*, Conseil de l'Europe, Commissaire aux Droits de l'Homme, Rapport de M. Th. Hammarberg, Commissaire aux droits de l'homme du Conseil de l'Europe, sur sa visite en Grèce du 8 au 10 décembre 2008, Strasbourg, 19 février 2009 CommDH(2009)9.
- Cour européenne des Droits de l'homme, *Rapport Annuel 2013*, p. 29.

3 – Décisions de justice :

- Du Conseil d'Etat :

Conseil d'Etat, 12 ème Chambre, le 24 avril 1978, no.1977/1349 et 1978/955 K., Danıştay Dergisi, 1978, no.30-31, s.50-53.

Conseil d'Etat 1983/2788, 20 décembre 1983, Requête 1983/142.
Conseil d'Etat du 16 octobre 1989 rendu dans l'affaire Karaduman.
Conseil d'Etat, 5ème Chambre, le 22 mai 1991, no.1986/1723 E et 1991 / 933 K (Danıştay Dergisi, 1992, no. 84-85), p.326.
Conseil d'Etat, 10. Daire, E.1991/1261, K.1992/3911.
Conseil d'Etat, 5ème Chambre, registre no : 1998/1001, décision no : 1998/2032.
Conseil d'Etat, 5ème Chambre, registre no : 2000/2688, décision no : 2001/3608).
Conseil d'Etat, 1ère Chambre, registre no : 1992/136, décision no : 2004/4148, daté du 20.12.2004.
Conseil d'Etat, 8. Dairesi, E. 2006/4107, K. 2007/7481, 28.12.2007.
Conseil d'Etat, 8. Dairesi, E. 2007/679, K. 2008/1461, 29.02.2008.
Conseil d'Etat, 8ème chambre, 10 mars 2008, Requête 2008/1501.

- De la Cour constitutionnelle :

Cour constitutionnelle, arrêts du 26 décembre 1962, du 25 octobre 1963 et du 2 juin 1964.(AYMKD, sy.2 (1991), s.155-164).
Cour constitutionnelle, E. 1963/173, K. 1965/40, JO du 25 juillet 1967/12656.
Cour constitutionnelle, arrêt du 11 octobre 1963 ; 63-124-243. (AYMKD, sy.1 (1992), sf. 422-439)
Cour constitutionnelle, arrêt du 1er décembre 1964 ; 63-138,64-71. (AYMKD, sy.2 (1991), s. 256-277).
Cour constitutionnelle, arrêt du 11 décembre 1964, 63-138, 64-71. (AYMKD, sy.2 (1991), sf. 256-277)
Cour constitutionnelle, arrêt du 5 mars 1965 ; 65-13.(AYMKD, sy.3 (1992), s. 83-104).
Cour constitutionnelle, E. 1970/1, K. 1970/31, arrêt du 16 juin 1970, AYMKD, n° 8, p. 313-340.
Cour constitutionnelle, E. 1970/41, K. 1971/37, JO du 17 mars 1972/14131.
Cour constitutionnelle, E.1971/1, K.1971/1, K.T. 20.05.1971, R.G.:14.01.1972-14072, s.1-18 ; AYMKD, sy.9, s.3-71.
Cour constitutionnelle, Esas : 1971/3, Karar : 1971/3, Ka.ta. : 20.07.1971, AYMKD-9, s.328.
Cour constitutionnelle, E. 1973/19, K. 1975/87, JO du 26 février 1976/15511.
Cour constitutionnelle, E. 1976/43, K. 1977/4, JO du 21 avril 1977/15916.

Cour constitutionnelle, E. 1977/82, K. 1977/117, JO du 14 janvier 1978/16169.
Cour constitutionnelle, 08.05.1980, E.1979/1, K.1980/1 ; R.G.26.07.1980-17059, AYMKD, sy.18, s.3-45.
Cour constitutionnelle, K.T.25.10.1983, E.1983/2, K.1983/2 ; R.G. 15.10.1984-18546 ; AYMKD, sy.20, ss.345-374.
Cour constitutionnelle, Arrêt du 13 juin 1985, no 1984/14 et 1985/7 K, AYMKD, 1986, no.21.
Cour constitutionnelle, E. 1985/1, K. 1986/1, 14 février 1986.
Cour constitutionnelle, E.1985/8, K.1986/27, Ka.ta. 26.11.1986, AYMKD-22, s.365-366.
Cour constitutionnelle, 26.10.1988, E.1988/19, K.1988/33, R.G. 11.12.1988, AYMKD, sy.24, p.452.
Cour constitutionnelle, E. 1989/1, K. 1989/12, 7 mars 1989, AYMKD (Revue des arrêts de la Cour constitutionnelle), n° 25, p. 133-165.
Cour constitutionnelle, E.1988/50, Ka. 1989/27, Ka. Günü 23.06.1989, *AYMKD*-25, s.312.
Cour constitutionnelle, 07.11.1989, E.1989/6, K.1989/42.
Cour constitutionnelle, 19.12.1989, E.1989/14, K.1989/49, R.G. 02.03.1990-20449. V. AYMKD, sy.25, p.456.
Cour constitutionnelle, Arrêt, E.1990/15, K.1991/5, le 28.02.1991 (AYMKD, sy.27, c.1, s.48 vd., 61).
Cour constitutionnelle, E. 1990/36, K. 1991/8, 9 avril 1991, AYMKD, n° 27/1, p. 285-323.
Cour constitutionnelle, Arrêt, E.1990/30, K.1990/31, 29.11.1990.
Cour constitutionnelle, 10 janvier 1991, no.1990/25 E et 1991/1 K (AYMKD, 1993, no.27/1), p.96.
Cour constitutionnelle, 02.05.1991, E.1990/28, K.1991/11.
Cour constitutionnelle, K.T. : 16.07.1991, E.1991/1, K.1991/3; R.G. 28.01.1992-21125, AYMKD, sy.27, C.II, s.885-969.
Cour constitutionnelle 1991/8, 31 juillet 1991, Requête 1990/36.
Cour Constitutionnelle, *Anayasa Mahkemesi Karari*, E1990/1 K1991/1, publié au Journal Officiel du 28 janvier 1992.
Cour constitutionnelle, 1992/12, 1992/7, du 18 février 1992, JO du 13 mai 1992, 21227.
Cour Constitutionnelle, Anayasa Mahkemesi Karari, E.1991/2 K1991/2, 10 juillet 1992, Journal Officiel le 25 octobre 1992.
Cour constitutionnelle, K.T. ; 23.11.1993, E.1993/1, K.1993/2 ; AYMKD, sy.30, C.II, s.841-930 ; R.G. T. 14.02.1994-21849.

Cour constitutionnelle, E.1995/17, K.1995/16, ta. 21.06.1995, R.G. 24 Ekim 1995.

Cour constitutionnelle, 1995/59, du 18 novembre 1995, requête 1995/54, JO du 21 novembre 1995/22470 (dans le supplément).

Cour constitutionnelle, 16.10.1996, E.1996, E.1996/17, K.1996/38, AYMKD, sy.33, c.1, p.158).

Cour constitutionnelle, K.T. 16.01.1998 ; E.1997/1, K.1998/1 ; R.G. 22.02.1998-23266 ; AYMKD, sy.34, C.II, s.762-1145.

Cour constitutionnelle, K.T.22.06.2001 ; E.1999/2, K.2001/2 ; AYMKD, sy.37, C.II, s.922-1552 ; R.G. 05.01.2002-24631.

Cour constitutionnelle, 1993/33, K.1993/40-1, Ka. Günü : 21/10/1993.

Cour constitutionnelle, E, 2001/129, K 2002/24, 31 janvier 2002.

Cour constitutionnelle, E.2002/112, K.2003/33,10/04/2003.

Cour constitutionnelle, E. 2004/5, K. 2006/2 (Yüce Divan), 26 mai 2006.

Cour constitutionnelle, 03.04.2007, E.2005/52, K.2007/35 ; R.G. 18.03.2008-26820.

Cour constitutionnelle 2007/54, du 1er mai 2007, Requête 2007/45, JO du 27 juin 2007, n° 26566.

Cour constitutionnelle 2007/68, du 5 juillet 2007, Requête 2007/72, JO du 7 août 2007, n° 26606.

Cour constitutionnelle, 2003/16, K.2008/4, K.ta. : 08.01.2008 ; R.G.22.03.2008-26824.

Cour constitutionnelle, 2008/113, du 29 mai 2008, requête 2008/33, JO du 5 juillet 2008, 26927.

Cour constitutionnelle, 2008/116, du 5 juin 2008, Requête 2008/16, JO : 22 octobre 2008-27032.

Cour constitutionnelle, Adalet ve Kalkınma Partisi, Esas Sayısı : le 30 juillet 2008, 2008/2, Karar Sayısı : 2008/2, RG : 24 Ekim 2008.

Cour constitutionnelle 2008/116, du 5 juin 2008, Requête 2008/16, JO du 22 octobre 2008, n° 27032.

Cour constitutionnelle 2008/2 (Dissolution des partis politiques), 30 juillet 2008, Requête 2008/1, JO du 24 octobre 2008, n° 27034.

Cour constitutionnelle, E.2007/1, K.2009/4, K.ta. : 11.12.2009 ; R.G. 14/12/2009-27432.

Cour constitutionnelle, 2010/87, 7 juillet 2010, Requête 2010/49, JO du 1er août 2010, 27659.

Cour constitutionnelle, E.2009/59 ; K.2011/69, AYMKD, 2011-48/3, p.1372.

Cour constitutionnelle, başvuru no. 2013/817 ; ka.ta. : 18.12.2013.
Cour constitutionnelle, İkinci Bölüm, Karar, Başvuru no. : 2014/912, Ka. Tarihi : 6/3/2014.
Cour constitutionnelle, İkinci Bölüm, Başvuru no. : 2014/3986 ; ka.ta. : 2/4/2014.
Cour constitutionnelle, E.2014/57, K.2014/81, ka.t. : 11.04. 2014.

- De la Cour de cassation :
Yargıtay Hukuk Genel Kurulu (Assemblée plénière civile de la Cour de cassation), 24.05.1995, E.1995/4-367, K.1995/550.
Cour de cassation, Ass. Plén. (crim.), 23 novembre 2004, no 2004/8-130 E et 2004/ 206 K (Yargıtay Kararlar Dergisi, Mart-2005, Cilt 31, no 7).
Cour de cassation, crim. 9eme, le 22 juin 2005, no.2004/9121 E et 2005/4215K.

- De la Cour EDH :
Cour EDH, arrêt Lawless c.Irlande (no.3), 1er juillet 1961, no332/57, Série A, pp.43-63.
Cour EDH, arrêt Klass et autres c.Allemagne, 6 septembre 1978, no 5029/71, Série A-28.
Cour EDH, arrêt Leander c. Suède, 26 mars 1987, no 9248/81, Série A-16.
Cour EDH, Plattform « Ärzte für das Leben » c. Autriche, 21 juin 1988, § 32, série A no 139.
Cour EDH, Arrêt Loizidou c. Turquie du 25 mars 1995.
CourEDH, Piermont c. France, 27 avril 1995, §§ 76-77, série A no 314.
CourEDH, Aydın c.Turquie, 25 septembre 1997.
Cour EDH (GC), arrêt Grigoriades c.Grèce, 25 novembre 1997, no 24348/94.
Cour EDH (GC), arrêt Parti Communiste Unifié de Turquie et autres c. Turquie, 30 janvier 1998, no 19392/92.
CEDH, Kaya c. Turquie, (appl. No.22729/93) arrêt, le 19 février 1998.
Cour EDH (GC), Parti Socialiste et autres c.Turquie, 25 mai 1998, no. 21237/93.
CourEDH, Tekin c.Turquie, 9 juin 1998.
Cour EDH, Affaire Incal c. Turquie, 9.06.1998, (Requête n° 41/1997/825/1031).

Cour EDH, Assenov et autres c. Bulgarie, 28 octobre 1998, §§ 102-103, Recueil des arrêts et décisions 1998-VIII.
Cour EDH, Oğur c. Turquie (appl. No. 21594/93), Arrêt, Grande Chambre, le 20 mai 1999.
Cour EDH (GC), arrêt Sürek c. Turquie (no. 2), 8 juillet 1999, §.39-42.
Cour EDH, arrêt Özgür Gündem c. Turquie, 16 mars 2000, §. 63.
Cour EDH, Kılıç c. Turquie (appl.no.22492/93), arrêt, Première Section, le 20 mars 2000.
Cour EDH, İlhan c. Turquie, Gr. Chambre, 27 juin 2000.
Cour EDH, Dikme c.Turquie, 11 juillet 2000.
Cour EDH, Selçuk et Asker c. Turquie, Bilgin c.Turquie, 16 novembre 2000.
Cour EDH, Gül c.Turquie, 14 décembre 2000.
Cour EDH, Dahlab c. Suisse, Requête n° 42393/98, 15 février 2001.
Cour EDH, Orak c.Turquie, 14 février 2002.
Cour EDH, 09/04/2002 Arrêt 22723/93 ; 22724/93 ; 22725/93 Cour (Quatrième section) (HEP)
Cour EDH, Affaire Öneryıldız c. Turquie, (requête n° 36220/97), Chambre : 18.06.2002 ; (Requête no 48939/99), Grande chambre : 30.11.2004.
Cour EDH, Algür c. Turquie, 22 octobre 2002.
Cour EDH, 10.12.2002 ; Arrêt 25141/94 Turquie Cour (Quatrième section)
Cour EDH, affaire Refah Partisi et autres c. Turquie, 13 février 2003, requêtes nos 41340/98, 41342/98, 41343/98, 41344/98, arrêt de la Grande Chambre.
Cour EDH, 12.11.2003 Arrêt 26482/95 Cour (deuxième section)
Cour EDH, İpek c. Turquie, 17 février 2004.
Cour EDH, Bati and others v. Tukey (appl. No.33097/96 and 57834/00), arrêt, (Première Section), le 3 juin 2004.
Cour EDH, 3e Sect., 10 nov.2004, Taşkın et autres c/Turquie, req. No 46117/99.
Cour EDH, Ay c. Turquie, no 30951/96, § 59-60, 22 mars 2005.
Cour EDH, Alkum et al. c. Turquie, 24 mars 2005.
Cour EDH, 26/04/2005 Arrêt 39210/98 ; 39974/98 Cour (Quatrième Section).
Cour EDH, Leyla Şahin c. Turquie, Requête n° 44774/98, 10 novembre 2005.

Cour EDH, Affaire Mehmet Tarhan c.Turquie (no 6), no 47533/99, §§ 15-25, CEDH 2006-VI.
Cour EDH, arrêt Saday c. Turquie, 30 mars 2006, no 32458 / 96.
Cour EDH, Okkalı c.Turquie, 17 octobre 2006.
Cour EDH, Affaire Oya Ataman c. Turquie (Requête no 74552/01), 5 décembre 2006 , Arrêt définitif : 05/03/2007.
Cour EDH, Affaire Fener Rum Erkek Lisesi Vakfı c. Turquie, req. No. 34478/97, 9.01.2007.
Cour EDH, arrêt Falakoğlu et Saygılı c.Turquie, 23 janvier 2007, nos 22147/ 02 et 24972/03, §.34.
Cour EDH, Affaire Yumak et Sadak c. Turquie (Requête no 102226/03), Arrêt, Strasbourg, 30 janvier 2007.
Cour EDH, 2e sect. 27 mars 2007, Karaçay c. Turquie, req. n° 6615/03.
Cour EDH, déc. Demirel c.Turquie, 3 mai 2007, no 12166 / 03.
Cour EDH, 2e sect. 17 juillet 2007, Satilmis et autres c. Turquie, req. n° 74611/01.
Cour EDH, Arrêt Erdal Taş (no.3), 20 septembre 2007, no.17445 / 02, §.23.
Cour EDH, Arrêt de Chambre, Hasan et Eylem Zengin c. Turquie (requête no 1448/04), 9.10.2007. (Final : 09/01/2008).
Cour EDH, Balçık et autres c. Turquie, no 25/02, § 51, 29 novembre 2007.
Cour EDH, Ali et Ayşe Duran c.Turquie, 8 avril 2008.
Cour EDH, Affaire Fener Rum Patrikliği (Patriarcat Œcuménique) c. Turquie, req. No. 14340/05, 8.07.2008.
Cour EDH, Urcan et autres c. Turquie, nos 23018/04, 23034/04, 23042/04, 23071/04, 23073/04, 23081/04, 23086/04, 23091/04, 23094/04, 23444/04 et 23676/04, § 34, 17 juillet 2008.
Cour EDH (GC), arrêt Zana c. Turquie, 29 septembre 2008, no. 332/57.
Cour EDH, Éva Molnár c. Hongrie, no 10346/05, § 43, 7 octobre 2008
Cour EDH, arrêt Kanat et Bozan c.Turquie, 21 octobre 2008, no.13799 / 04, §.19
Cour EDH, arrêt İsak Tepe c. Turquie, 21 octobre 2008, no.17129 / 02, §.24.
Cour EDH, aff. *Demir/Baykara c. Turquie*, req. no 34503/97, 12 novembre 2008.

Cour EDH, Affaire Bozcaada Kimisis Teodoku Rum Ortodoks Kilisesi Vakfi c. Turquie (No 2) (Requêtes nos 37639/03, 37655/03, 26736/04 et 42670/04), 3 Mars 2009.
Cour EDH, 21 avril 2009, Enerji Yapi-Yol Sen c. Turquie.
Cour EDH, arrêt Kara c. Turquie (Req. No 22766 / 04), 30 juin 2009 (définitif : 30 septembre 2009).
CEDH, Affaire Daneshpayeh c. Turquie, (Requête no 21086/04), 16 juillet 2009, (Définitif : 16/10/2009).
Cour EDH, Serkan Yılmaz et autres c. Turquie, no 25499/04, § 25, 13 octobre 2009, et Klaas, précité, §§ 26-30.
Cour EDH GC, 3 décembre 2009, Kart c. Turquie, Req. n° 8917/05, § 66.
Cour EDH, l'Affaire Sinan Işık c. Turquie, 2 février 2010.
Cour EDH, arrêt Görkan c.Turquie (Req. No.13002 / 05), 16 mars 2010.
Cour EDH, Şafak c. Turquie, no 38879/03, § 66, 25 janvier 2011.
Cour EDH, 2e Sect.17 mai 2011, Akgöl et Göl c.Turquie, Req. N0 28495/06 et 28516/06.
Cour EDH, 2e Sect. 17 mai 2011, Gazioğlu et autres c.Turquie, no 29835/05.
Cour EDH, Ümmühan Kaplan c.Turquie, requête no 24240/07 du 20 mars 2012.
Cour EDH, l'arrêt Şükran Aydın et autres c. Turquie, nu. 49197/06, 23196/07, 50242/08 et 14871/09, 22 janvier 2013.
Cour EDH, nu. 44084/10, 5 mars 2013.
Cour EDH, Aydan c.Turquie, no.16281/10, 12 mars 2013 ; Mehmet Şentürk et Bekir Şentürk c. Turquie, no.134423/09, CEDH 2013.
Cour EDH, Uzun c. Turquie, (déc.), no 10755/13, 30 avril 2013.
Cour EDH Affaire Özalp Ulusoy c. Turquie (Req. No.9049/06), Arrêt, Strasbourg, 4 juin 3-2013, (Définitif : 04/09/2013).
Cour EDH, Affaire Gün et autres c. Turquie (Req. No 8029/07), Arrêt, Strasbourg, 18 juin 2013, (Définitif : 18/09/2013).
Cour EDH, Abdullah Yaşa et autres c. Turquie, no.44827/08, 16 juillet 2013.

- Du Haut conseil électoral :

Haut conseil électoral, décision n° 331 du 20 mai 2010, JO du 22 mai 2010, 27588.
Haut conseil électoral, décision n° 120 du 26 février 2011, JO du 27 février 2011, 27859 (dans le supplément de ce numéro).

TABLE DES MATIERES

Questions juridiques aux éditions L'Harmattan

Dernières parutions

EXISTE-T-IL ENCORE UN SEUL « NON BIS IN IDEM » AUJOURD'HUI ?
Sous la direction de Delphine Brach-Thiel
«Nul ne doit pouvoir être jugé et condamné deux fois à raison des mêmes faits.» Si le principe est simple, c'est précisément son interprétation par de très nombreuses juridictions - pas toujours à l'unisson - qui pose question et explique le retour de ces interrogations sur le devant de la scène aujourd'hui. L'analyse ici présentée se veut riche et féconde de la rencontre entre universitaires belges et français, entre praticiens et chercheurs, entre européanistes, internationalistes ou pénalistes.
(Coll. Comité international des pénalistes francophones, 23.50 euros, 230 p.)
ISBN : 978-2-343-11828-4, ISBN EBOOK : 978-2-14-004143-3

ESSAI SUR LA NOTION D'EXÉCUTION CONTRACTUELLE
Alvarez Isabelle
L'exécution contractuelle constitue la cause impulsive de l'établissement du contrat qui, paradoxalement, est un mécanisme trop familier pour être bien connu. Adopter une méthode d'analyse alternative permet d'esquisser une définition de cette notion juridique. Est ici proposée une approche dynamique des échanges contractualisés, orientés vers la réalisation satisfactoire de l'opération économique, démontrant que cette phase exécutoire recèle un panel étendu de perspectives. (Étude à jour de l'ordonnance n° 2016-131 du 10 février 2016 portant réforme du droit des contrats, du régime général et de la preuve des obligations).
(Coll. Logiques Juridiques, 45.00 euros, 486 p.)
ISBN : 978-2-343-12604-3, ISBN EBOOK : 978-2-14-004271-3

LES ACCORDS COLLECTIFS DE GROUPE
Théodoropoulos Alexandra - Préface de Gérard Vachet
De simple expérimentation issue de la pratique, la négociation collective de groupe est devenue un véritable niveau de négociation collective reconnue par le législateur. L'accord de groupe est désormais consacré comme une norme créatrice de droits et d'obligations entre employeurs et salariés du groupe, mais sa place dans la hiérarchie des normes n'a pas été précisée. Cette situation génère de nombreuses interrogations quant à sa portée et à ses limites.
(Coll. Logiques Juridiques, 44.00 euros, 440 p.)
ISBN : 978-2-343-12269-4, ISBN EBOOK : 978-2-14-004330-7

LA SIMPLIFICATION DU DROIT DES SOCIÉTÉS À L'AUNE DU CAS HONGKONGAIS
L'exemple des SARL et SAS
Tortellier Nathalie - Préface de Mme le professeur Catherine Barreau
Cette étude comparative puise dans les règles et mécanismes de la société fermée à risque limité hongkongaise des techniques pouvant fortement contribuer à l'assouplissement et à

la simplification du droit des sociétés. L'analyse décortique la vie des SARL et SAS et propose l'application de la méthodologie pragmatique du droit hongkongais par thèmes dans un souci d'adaptabilité du droit français. Il ressort de cette analyse comparative 80 recommandations inspirées de la société hongkongaise pour développer une société outil au service de l'entreprise, une société adaptée et adaptable aux acteurs économiques contemporains.
(Coll. Logiques Juridiques, 49.00 euros, 638 p.)
ISBN : 978-2-343-11885-7, ISBN EBOOK : 978-2-14-004220-1

LE DROIT DE L'INFORMATIQUE
4e édition (2017)
Bismuth Yves
À travers l'étude des grands thèmes du droit de l'informatique (protection des logiciels et des données, contrats informatiques, protection des libertés, gestion du risque informatique), cet ouvrage permet au lecteur d'établir lui-même un diagnostic juridique des problèmes rencontrés à l'occasion de la mise en place d'un système informatique. Il est complété par des extraits de code, une bibliographie, un index et un lexique, et est à jour des dernières lois et décrets intervenus en la matière.
(38.00 euros, 436 p.)
ISBN : 978-2-343-11527-6, ISBN EBOOK : 978-2-14-004177-8

MÉTHODE ET ASPECTS FORMELS DE LA RECHERCHE
Petit manuel à l'usage des juristes (2e édition)
Marain Gaëtan
L'ouvrage propose un apprentissage de la recherche et de son formalisme qui doit permettre aux étudiants confrontés à la rédaction d'une thèse ou d'un mémoire en droit d'aborder ce travail avec sérénité. L'auteur donne ainsi une méthode pour définir le sujet, échafauder un plan et trouver la documentation utile. Est également abordée, entre autres, la question du référencement des sources et de la citation d'auteur. Des recommandations propres à l'organisation de la soutenance et à son bon déroulement sont prodiguées. Voici un guide à même d'éclairer les premiers pas du jeune chercheur en droit.
(15.50 euros, 138 p.)
ISBN : 978-2-343-12682-1, ISBN EBOOK : 978-2-14-004300-0

LA PROCÉDURE DE LIBÉRATION CONDITIONNELLE COMME OUTIL DE GESTION DU RISQUE
Ben Gadi Amélie - Préface de Joana Falxa
La procédure d'octroi de la libération conditionnelle des longues peines témoigne d'une sévérité accrue à leur égard. En imposant une évaluation de dangerosité, le législateur a souhaité «verrouiller» la procédure. Cependant, la notion de dangerosité est très complexe à définir et ne fait l'objet d'aucune définition légale. Elle introduit la notion de gestion du risque, ouvrant le chemin vers une justice de précaution. La présente étude éclaire la problématique de la réinsertion des longues peines.
(Coll. Bibliothèques de droit, 15.00 euros, 132 p.)
ISBN : 978-2-343-11550-4, ISBN EBOOK : 978-2-14-004296-6

LETTRE À TOUS CEUX QUI PERSISTENT À VOULOIR FAIRE LEUR DROIT
Charles Thierry
Le droit court derrière la «révolution numérique». Les algorithmes nous espionnent et restreignent les libertés publiques, ils calculent les indemnités au service des compagnies d'assurances. La diminution lente et continue des services chargés de veiller à l'application du droit affaiblit et parfois anéantit l'efficacité de ces lois. L'échec de la loi Hadopi est significatif à cet égard. Le mal est en fait bien plus profond et ne date pas d'hier. Nous vivons une époque de démolition des codes établis. Si le droit est partout, en définitive il n'est nulle part...
(20.50 euros, 204 p.)
ISBN : 978-2-343-12343-1, ISBN EBOOK : 978-2-14-004306-2

FÊTE ET DROIT PUBLIC
Sous la direction d'Adrien Azarete, Elie Guerrero et Thomas Moretto
S'inscrivant dans une approche globale et élargi à tout le droit public, le présent ouvrage, issu du colloque « Fête du Droit Public », a pour objet l'étude de l'application du droit public dans la fête par les différents acteurs de cette branche du droit. De l'autorisation de la fête à sa responsabilité, en passant par son organisation, son coût et sa sécurité, le droit public est présent partout, de par l'évidente présence et implication de la puissance publique et des collectivités territoriales.
(Coll. Bibliothèques de droit, 20.00 euros, 192 p.)
ISBN : 978-2-343-11018-9, ISBN EBOOK : 978-2-14-003946-1

LA DÉMOCRATIE EN DROIT INTERNATIONAL
Étude critique sur le statut juridique de la démocratie en droit international et la légitimité de l'imposer par la force
Alshiabani Abuhamoud
En droit international, la démocratie était jusqu'à très récemment absente. Malgré les appels lancés au début du 20e siècle, celui-ci a toujours considéré la démocratie comme une idéologie dans laquelle il ne doit pas s'impliquer. Après la fin de la Guerre froide et la victoire de la démocratie libérale, la démocratie s'est renforcée au plan international. Elle a exercé une pression considérable sur le droit international pour qu'il s'adapte aux nouvelles exigences des réalités politiques. Cet ouvrage traite de ce sujet et montre le contexte dans lequel se sont développés la démocratie et le concept d'ingérence démocratique.
(Coll. Logiques Juridiques, 39.00 euros, 408 p.)
ISBN : 978-2-343-10818-6, ISBN EBOOK : 978-2-14-003833-4

LES PRINCIPES GÉNÉRAUX DANS LA JURISPRUDENCE DE L'ORGANE DE RÈGLEMENT DES DIFFÉRENDS DE L'OMC
Aydi Ghozzi Mariem - Préface de Slim Laghmani
Représentant la justice marchande, le Système de règlement des différends de l'organisation Mondiale du Commerce (OMC) est censé rendre une meilleure justice. Bien qu'il ne constitue pas une véritable juridiction, il chemine sur les traces du juge international dans la détermination et la régulation du sens du droit de cette organisation, les principes généraux devraient en constituer des instruments de moralisation et de développement. Cependant, la méthode par laquelle l'organe de règlement des différends appréhende lesdits principes mérite une attention particulière.
(Coll. Droit aujourd'hui, 37.50 euros, 368 p.)
ISBN : 978-2-343-12079-9, ISBN EBOOK : 978-2-14-004047-4

LA RESPONSABILITÉ DES ENTREPRISES MULTINATIONALES POUR LES VIOLATIONS DES DROITS DE L'HOMME EN AFRIQUE
Opportunités et défis
Belporo Christelle
La question de la responsabilité des entreprises multinationales pour les violations des droits de l'homme est d'une actualité brûlante. Alors qu'à travers le monde les scandales se multiplient, sur le continent africain, des voix s'élèvent pour dénoncer les nombreuses violations des droits internationalement protégés. Cet ouvrage évalue les réponses offertes par le droit pour l'encadrement de la responsabilité juridique des entreprises multinationales à l'aune des instruments internationaux et africains.
(Coll. Études africaines, 20.50 euros, 200 p.)
ISBN : 978-2-343-11365-4, ISBN EBOOK : 978-2-14-004005-4

CONCEPTS ET PRATIQUES PROFESSIONNELLES EN DOUANES
Origines, procédures, régimes et valeur
Bouga Boukari Dan
Ce livre explique d'abord les concepts, c'est-à-dire le vocabulaire douanier de façon à ne saisir que l'essentiel. Il expose ensuite les exigences des pratiques douanières pour tous les scénarios du

commerce international. II procède enfin à des illustrations pour une meilleure compréhension des droits et obligations des opérateurs en douane.
(Harmattan Côte-d'Ivoire, 20.00 euros, 184 p.)
ISBN : 978-2-343-11805-5, ISBN EBOOK : 978-2-14-004075-7

LE DROIT POSTMODERNE
Une introduction
Barraud Boris
Au XIXe siècle le droit a changé d'ère passant du droit moderne au droit postmoderne. Sa principale caractéristique résiderait dans le développement d'une forme de concurrence juridique entre puissances publiques et puissances privées. La révolution copernicienne de la pensée juridique serait ainsi la rupture du lien consubstantiel entre droit et État que la modernité avait noué. La société civile serait désormais au cœur du jeu juridique. Ce livre propose quelques pistes et une grille de lecture afin de comprendre le nouveau droit que la globalisation modèle.
(Coll. Droit aujourd'hui, 32.00 euros, 320 p.)
ISBN : 978-2-343-12077-5, ISBN EBOOK : 978-2-14-003633-0

LE CONSEIL DE L'EUROPE ET LES COLLECTIVITÉS TERRITORIALES
Contribution à l'étude de l'autonomie locale
Kalimeri Vasiliki
Le Conseil de l'Europe est la première organisation internationale à avoir intégré l'acteur infra-étatique dans son action. La Charte européenne de l'autonomie locale et le Cadre de référence pour la démocratie régionale ont cristallisé la conception de la notion d'autonomie locale en Europe, élargie désormais à deux niveaux : le local et le régional. Au niveau extérieur, le traité de Maastricht intègre également les collectivités locales dans la reformulation du fonctionnement de l'Europe.
(Coll. Logiques Juridiques, 49.00 euros, 664 p.)
ISBN : 978-2-343-12019-5, ISBN EBOOK : 978-2-14-003697-2

GUIDE PRATIQUE DU CAPITAL INVESTISSEMENT ET DES AIDES PUBLIQUES
Créer, développer, transmettre son entreprise
Battini Pierre - Préface d'Olivier Millet
Cet ouvrage entend démystifier le capital investissement et répondre concrètement aux questions que se posent les entrepreneurs, leur donner les clés pour être efficaces, gagner du temps et avoir plus de chances de réussir leur projet. Beaucoup d'exemples et de cas concrets sont exposés. Ce livre traite la question des fonds d'investissements et des aides publiques sous différents angles : finance et outils financiers, juridique et montage des opérations, valorisations et accompagnement.
(30.00 euros, 292 p.)
ISBN : 978-2-343-12074-4, ISBN EBOOK : 978-2-14-003636-1

ET COMMENT VONT LES ENFANTS ?
Réflexions d'un notaire sur l'évolution de la parentalité des années 60 à nos jours
Dauptain Pierre
PMA, GPA, adoption, statut du beau-parent, familles homoparentales, ces sujets sont au cœur des débats contemporains et témoignent de l'évolution de la parentalité sur les cinquante dernières années. Avec un regard impartial, l'auteur inscrit sa réflexion dans les mouvements de la société tout entière. Fidèle à la méthode qui a fait le succès de son premier essai, il nous parle de droit en termes simples pour exposer les changements que la famille a connus en cinq décennies.
(Éditions Pepper/Harmattan, 22.50 euros, 218 p.)
ISBN : 978-2-343-12076-8, ISBN EBOOK : 978-2-14-003757-3

Structures éditoriales du groupe L'Harmattan

L'Harmattan Italie
Via degli Artisti, 15
10124 Torino
harmattan.italia@gmail.com

L'Harmattan Hongrie
Kossuth l. u. 14-16.
1053 Budapest
harmattan@harmattan.hu

L'Harmattan Sénégal
10 VDN en face Mermoz
BP 45034 Dakar-Fann
senharmattan@gmail.com

L'Harmattan Cameroun
TSINGA/FECAFOOT
BP 11486 Yaoundé
inkoukam@gmail.com

L'Harmattan Burkina Faso
Achille Somé – tengnule@hotmail.fr

L'Harmattan Guinée
Almamya, rue KA 028 OKB Agency
BP 3470 Conakry
harmattanguinee@yahoo.fr

L'Harmattan RDC
185, avenue Nyangwe
Commune de Lingwala – Kinshasa
matangilamusadila@yahoo.fr

L'Harmattan Congo
67, boulevard Denis-Sassou-N'Guesso
BP 2874 Brazzaville
harmattan.congo@yahoo.fr

L'Harmattan Mali
Sirakoro-Meguetana V31
Bamako
syllaka@yahoo.fr

L'Harmattan Togo
Djidjole – Lomé
Maison Amela
face EPP BATOME
ddamela@aol.com

L'Harmattan Côte d'Ivoire
Résidence Karl – Cité des Arts
Abidjan-Cocody
03 BP 1588 Abidjan
espace_harmattan.ci@hotmail.fr

L'Harmattan Algérie
22, rue Moulay-Mohamed
31000 Oran
info2@harmattan-algerie.com

L'Harmattan Maroc
5, rue Ferrane-Kouicha, Talaâ-Elkbira
Chrableyine, Fès-Médine
30000 Fès
harmattan.maroc@gmail.com

Nos librairies en France

Librairie internationale
16, rue des Écoles – 75005 Paris
librairie.internationale@harmattan.fr
01 40 46 79 11
www.librairieharmattan.com

Librairie l'Espace Harmattan
21 bis, rue des Écoles – 75005 Paris
librairie.espace@harmattan.fr
01 43 29 49 42

Lib. sciences humaines & histoire
21, rue des Écoles – 75005 Paris
librairie.sh@harmattan.fr
01 46 34 13 71
www.librairieharmattansh.com

Lib. Méditerranée & Moyen-Orient
7, rue des Carmes – 75005 Paris
librairie.mediterranee@harmattan.fr
01 43 29 71 15

Librairie Le Lucernaire
53, rue Notre-Dame-des-Champs – 75006 Paris
librairie@lucernaire.fr
01 42 22 67 13

www.ingramcontent.com/pod-product-compliance
Lightning Source LLC
LaVergne TN
LVHW011140061026
849535LV00003B/551